Vida del Presbítero

Don Félix Varela

JOSÉ IGNACIO RODRÍGUEZ

Vida del

Presbítero

DON FÉLIX

VARELA

EDICIÓN FACSIMILAR

Introducción
de
MARCOS ANTONIO RAMOS

EDITORIAL CUBANA

Miami, 2002

Library of Congress Control Number: 00134959

ISBN 1-878952-40-4

EDITORIAL CUBANA

La Editorial Cubana es una institución no lucrativa fundada en 1985. El objeto básico de su misión es poner al alcance de sus suscriptores, a precio de costo, libros clásicos de la cultura cubana, hoy totalmente agotados, mediante ediciones facsimilares.

Para pertenecer a esta entidad basta sólo con inscribirse como miembro suscriptor mediante el pago —una sola vez en la vida— de una cuota de $25.00.

Para suscribirse a la Editorial puede dirigirse a la oficina en la Biblioteca Ramón Guiteras: 500 S.W. 127 Ave., Miami, FL 33184, o llamar al teléfono (305) 223-8600, Ext. 182.

La Editorial se esfuerza por reproducir un promedio de cuatro obras al año. Cada suscriptor recibe las obras en su misma dirección, pero no está obligado a aceptarla. Puede devolverla a vuelta de correo.

LIBROS PUBLICADOS POR EDITORIAL CUBANA

Autores varios, **Presidentes de Cuba (1863-1933).**
Guy Pérez Cisneros, **Características de la... Pintura Cubana.**
Samuel Hazard, **Cuba with pen and pencil.**
Octavio R. Costa, **Santovenia. Una vida con sentido histórico.**
Emilia Bernal, **Alma Errante – América.**
Fernando Figueredo, **La revolución de Yara.**
Gustavo Amigó, S.J., **La posición filosófica del P. Félix Varela.**
Benigno Souza, **Máximo Gómez, el Generalísimo.**
Autores varios, **Los cubanos pintados por sí mismos.**
Agustín Acosta, **ALA (Poesías).**
Benito Viñes, S.J., **Investigaciones... Huracanes de las Antillas.**
Julián del Casal, **Bustos y Rimas.**
Jorge Mañach, **Historia y Estilo.**
Raimundo Cabrera, **Cuba y sus jueces.**
Carlos Márquez Sterling, **Agramonte.**
Carlos Ripoll, **José Martí / Antología Mayor.**
José Antonio Ramos, **Manual del perfecto fulanista.**
Jesús Castellanos, **Cabezas de estudio (siluetas políticas).**
Francisco Calcagno, **Diccionario biográfico.**
Félix Varela, **Cartas a Elpidio.**
Alberto J. Varona, **José Lacret Morlot.**
José Maceo Verdecia, **Bayamo.**
Gonzalo de Quesada, **Martí, hombre.**
Enrique José Varona, **Estudios y conferencias.**
Octavio R. Costa, **Hombres y destinos.**
Manuel Sanguily, **Discursos y conferencias.**
Manuel de la Cruz, **Episodios de la Revolución Cubana.**
Néstor Carbonell, **Próceres.**
Alfonso Hernández-Catá, **Un cementerio en las Antillas.**
Rafael Montoro, **Discursos y Escritos.**
José Ignacio Rodríguez, **Vida de Don José de la Luz y Caballero.**
Luis Estévez y Romero, **Desde el Zanjón hasta Baire.**
José Ignacio Rodríguez, **Anexión de Cuba a Los Estados Unidos.**
José Antonio Saco, **Papeles políticos sobre Cuba.**
Luis Machado, **La Enmienda Platt. La isla de corcho.**
Herminio Portell Vilá, **Medio siglo de "El Mundo".**
José Ignacio Rodríguez, **Vida del Presbítero Don Félix Varela.**

LIBROS DE PRÓXIMA PUBLICACIÓN

Foreign Policy Association, **Problemas de la nueva Cuba.**
Luis J. Bustamante, **Enciclopedia Popular Cubana.**
Rafael García Bárcena, **Redescubrimiento de Dios.**
A. Bachiller y Morales, **Apuntes para... historia de las Letras en Cuba.**
Domingo del Monte, **Escritos.**
Juan J. Remos, **Proceso histórico de las letras cubanas.**
Autores varios, **Las cien mejores poesías cubanas.**
Antonio Sánchez de Bustamante, **Discursos.**

UNA INTRODUCCIÓN
A LA
VIDA DEL PRESBÍTERO
DON FÉLIX VARELA
DE
JOSÉ IGNACIO RODRÍGUEZ

El fervor que demuestran muchos buenos cubanos ante la simple mención del nombre del Presbítero Félix Varela y Morales tiene raíces muy profundas, aunque no siempre se le honró y estudió con la intensidad que merece "el primero que nos enseñó a pensar" (palabras de José de la Luz y Caballero). La bibliografía acerca del ilustre sacerdote católico se ha enriquecido con contribuciones tan extraordinarias como aquella que lo identifica con su misión: *El Padre Varela: Biografía del Forjador de la Conciencia Cubana*, obra de Antonio Hernández Travieso (La Habana: Jesús Montero, Editor, 1949).

Tampoco pueden pasarse por alto los loables esfuerzos del siempre recordado y admirado Monseñor Eduardo Martínez Dalmau, Obispo de Cienfuegos, el prelado que defendió con valor la ortodoxia doctrinal de Varela y que no sólo pronunció discursos y escribió ponencias sobre tan alta figura, sino que fue el valiente autor del sonado prólogo de una edición cubana de la obra pionera de José Ignacio Rodríguez: *Vida del Presbítero don Félix Varela* (La Habana, Arellano, 1944). Con su actitud intentó ponerle punto final al "tristísimo silencio" (por utilizar una frase de José Martí en referencia a un asunto no demasiado diferente) que prevaleció en sectores eclesiásticos y políticos ante la inmensa contribución de Varela. También el eruditísimo polígrafo don Marcelino Menéndez y Pelayo, en una larga nota de su monumental *Historia de los*

Heterodoxos Españoles en que demuestra conocer la obra de Rodríguez, se había referido a la "pureza de su fe católica", la de Varela, y al "entusiasmo con que promovió los estudios filosóficos", aunque añadiendo, con evidente injusticia e ironía, que Varela era "varón más digno de loor por lo que practicó que por lo que escribió y enseñó a sus discípulos", lo cual responde, junto a otros desafortunados comentarios suyos, a la sincera posición ultramontana y al apasionado integrismo español de don Marcelino.

Es precisamente la *Vida del Presbítero don Félix Varela*, originalmente publicada en Nueva York (Imprenta de El Nuevo Mundo, 1874), utilizada por Menéndez y Pelayo, la que llega ahora, mediante esta edición cuya introducción se nos ha encargado, a las nuevas generaciones y a los lectores de lengua española, gracias a Editorial Cubana. Por muchos y valiosos que hayan sido los recientes aportes a la bibliografía valeriana resulta imprescindible acudir de nuevo, incluso en forma reverente, a la primera obra biográfica de valor significativo, por los méritos de su autor y por la extensión de la misma, publicada acerca de la vida de Varela un cuarto de siglo después de su muerte. Es cierto que distinguidos colegas nuestros se han ocupado fielmente de estudiar la vida y obra de Varela, contando ahora con los recursos de métodos más científicos, demostrando un rigor exhaustivo que ha producido resultados tan especializados en el quehacer valeriano como el reciente libro *Por la vida y el honor: El Presbítero Félix Varela en las Cortes de España: 1822-1923* (Santo Domingo: Instituto Pedro Francisco Bonó, 2000) del presbítero Manuel Pablo Mata Miquel, de la Compañía de Jesús, pero el acudir nuevamente a la obra de Rodríguez se reviste de un significado especial por razones que no son únicamente de carácter cronológico, como veremos más adelante.

El investigador O. C. Ternevoi, autor de *La filosofía en Cuba: 1790-1878* (Minsk: Universidad Estatal de

Bielorrusia, 1972) dedicó varios capítulos, muy documentados por cierto, a la obra de Varela, a quien considera "un destacado pensador criollo, el reformador de la educación filosófica en Cuba que liberó definitivamente a la filosofía cubana de la teología y la escolástica", aunque reconociéndole como "católico ortodoxo". Sin embargo, uno de los defectos de su interesante libro es no haber profundizado en el ambiente en que se desenvolvió Varela, ignorando, entre otras, la magnífica obra de Rodríguez en una copiosa, pero evidentemente incompleta, bibliografía. A partir de ahora, con este esfuerzo benemérito de Editorial Cubana, será absolutamente injustificable cualquier omisión de esta primera biografía de Varela. Y sería difícil encontrar un biógrafo que haya estado más cerca del entorno de Varela que José Ignacio Rodríguez, que no sólo nos ofrece un cuadro bastante completo del insigne pensador, uno de los padres de nuestra independencia y de nuestra cultura nacional, sino apéndices de gran utilidad y una insuperable ventaja representada por vivencias y relaciones personales que nos aproximan considerablemente a Varela, a su vida y a sus tiempos.

José Ignacio Rodríguez y Hernández, nacido en La Habana el 11 de noviembre de 1831 y fallecido en Washington el primero de febrero de 1907, era hijo del licenciado José Ignacio Rodríguez, cubano, y de la madrileña Catalina Hernández. Sus años juveniles tuvieron como entorno la capital cubana, donde por lo general residió, aunque con frecuentes viajes a Sagua la Grande, donde, entre otros familiares, nacería su hermano menor el Dr. Eduardo Francisco Rodríguez Hernández (1852-1918), destinado a recibir, como veremos después, el homenaje de generaciones de sus coterráneos. Gerardo Castellanos, gran estudioso de los cubanos de la emigración, menciona las dificultades creadas en la vida de José Ignacio Rodríguez por una fractura de una pierna. Sus primeros estudios los cursó en el colegio de Antonio Navea. Estudió las carreras de Filosofía y Derecho Civil y Canónico en la Universidad de La Habana, recibiéndose de licenciado en Derecho el 14 de junio de 1851 y de doctor en 1863. Según Francisco Calcagno, llamó mucho la atención su discurso de tesis sobre "Utilidad del estudio de la Historia" para la obtención de su grado de filosofía, publicada en 1851 por *Revista de La Habana*. También fue muy reconocida su tesis para el doctorado en Derecho: *Estudio sobre la situación civil de la mujer en España* (La Habana: Imprenta La Antilla, 1863). Más adelante se distinguiría especialmente en estudios de Derecho Internacional al participar con efectividad en la resolución de cuestiones planteadas por representaciones consulares de distintos países en la Isla de Cuba.

Rodríguez se desempeñó también como profesor de filosofía en la Universidad de La Habana y de química y física en la Escuela General Preparatoria. Sobresalió especialmente en su condición de profesor del afamado Colegio El Salvador de José de la Luz y Caballero, a quien dedicaría también una útil biografía: *Vida de don José de la Luz y Caballero*, también publicada recientemente, en una nueva edición, por Editorial Cubana, con prólogo del doctor Elio Alba Bufill. Por algún tiempo ocupó cargos públicos como la Alcaldía Mayor de Colón y algún otro distrito, y se desempeñó como secretario de la afamada Sociedad Económica.

Las credenciales del primer biógrafo conocido de Varela no se limitan a estudios formales o grados académicos sino a su condición de redactor de la *Revista de Jurisprudencia*, de *Brisas de Cuba* y de otras, a su desempeño como director de *La Idea*, a sus labores como corresponsal de *El Monitor Republicano* de México y sobre todo a la variedad de su producción bibliográfica, en la cual resaltan además de esas notables labores, tanto las de su *Breve Exposición de la Eneida*, como las de su obra *La Educación en Prusia* y las de su mucho mejor conocida y difundida *Vida de Don José de la Luz y Caballero*, (Nueva York, Imprenta de El Mundo Nuevo, 1874) así como una serie de trabajos científicos, legales, históricos y políticos como su *Cartilla teórico-práctica de procedimientos conforme a la Nueva Ley de Enjuiciamiento Civil* (La Habana: Imprenta La Antilla, 1866), *Curso elemental de química, arreglado para texto de la Escuela General Preparatoria de la Habana, primera parte, Química Mineral* (La Habana: Imprenta Spencer, 1856), *Cartas a María, Lecciones de química popular* (La Habana: Imprenta de M. Soler, 1859), *Elogio del Excelentísimo Señor don Manuel Gómez Marañón* (La Habana: Imprenta La Antilla, 1864), *Cuba before the United States. Remarks on the Honorable Charles Sumner's Speech, delivered at the Republican convention of Massachusetts the 22nd September, 1869. Adopted and aproved by the central Republican junta of Cuba and Porto-Rico* (New York: Styles & Cash, 1869)), *La Comisión Mixta de Reclamaciones mexicanas y americanas* (México, 1873), *Vida del Dr. José Manuel Mestre* (La Habana: Avisador Comercial, 1909), etc. También publicó junto con don Anselmo Suárez y Romero *Ofrenda al bazar de la Real Casa de Beneficencia* (La Habana: Imprenta del Tiempo, 1864), una obra en la cual insertó trabajos en prosa y verso de numerosos autores cubanos. No deben olvidarse sus traducciones, sobre todo el haber vertido al español *La Cabaña del Tío Tom* de Harriet Beecher Stowe. Lamentablemente el manuscrito se perdió. Es cierto que no puede considerarse un escritor de altos vuelos literarios. En señalar esa limitación se han ocupado críticos tan prestigiosos como Anselmo Suárez y Romero, Francisco Calcagno y el maestro Juan J. Remos, pero todos ellos reconocen que en su obra prevalece una erudición utilísima, producto de su vasta cultura humanística y jurídica y su sentido del valor de los estudios históricos. Suárez y Romero señalaba que carecía de las dotes que constituyen al orador y que "la abundancia de su frase no corre parejas con la corrección en el estilo. A ocasiones más parece artista que filósofo y abogado".

En relación a este autor, que bien puede calificarse tanto de prolífico como de erudito y que utilizó los seudónimos "Un cubano", "Un adoquín", o simplemente "R", sería su importantísimo *Estudio histórico sobre el origen, desenvolvimiento y manifestaciones prácticas de la idea de la anexión de la isla de Cuba a los Estados Unidos de América* (La Habana: Imprenta La Propaganda Literaria, 1900), la publicación que ratificaría su carácter de más alto ideólogo de la corriente anexionista en las últimas décadas del siglo XIX y principios del XX. Rodríguez fue el único cubano presente durante las negociaciones que condujeron al Tratado de París (1898). Su presencia allí, como asesor de la delegación norteamericana se debió a los servicios que prestaba como asesor del Departamento de Estado y no a su innegable oposición al dominio colonial español sobre la Perla de las Antillas, posición que todos le reconocen. Ni siquiera los que han criticado su tránsito al anexionismo niegan sus contribuciones a la causa separatista y la ayuda que prestó a sus compatriotas partidarios de la independencia. Al terminar una breve reseña biográfica de Rodríguez, el doctor Peraza nos recuerda sus contribuciones fundamentales a que la República de Cuba no se viera obligada a pagar gastos de la guerra, reclamados por España.

José Ignacio Rodríguez había emigrado a Estados Unidos durante la Guerra de los Diez Años (1868-1878) y adoptado la ciudadanía americana. Es más, desempeñó funciones oficiales con rango de asesor en el Departamento de Estado de los Estados Unidos. Perteneció a un grupo de cubanos y cubanoamericanos que desempeñaron en el siglo XIX y principios del XX funciones de importancia en las fuerzas armadas, la prensa y el gobierno norteamericanos. Esa lista, muy anterior al éxodo de las décadas posteriores a la del 1960, incluye además de alcaldes o legisladores estatales en la Florida a partir de 1878, y de generales unionistas y coroneles confederados durante la Guerra Civil (1861-1865), a personajes más conocidos en la historia política o literaria de Cuba, como son los casos del antiguo lugarteniente del general Narciso López, don Ambrosio José González, alto oficial del Ejército Confederado y el primer cubano prominente que se afilió a una iglesia protestante; del fino poeta don José Agustín Quintero, director del famoso diario *Picayune* de New Orleans y enviado extraordinario y plenipotenciario del presidente confederado Jefferson Davis en México, además de alto funcionario del gobierno estatal de Texas en épocas posteriores a la Guerra Civil; y por supuesto de William Elliot González, editor del entonces importantísimo diario *The States* de Carolina del Sur y ministro de Estados Unidos en Cuba durante la administración de Woodrow Wilson. Se trata del famoso "Mr. González" de los textos de nuestra historia republicana; debe aclararse que era hijo de Ambrosio José González.

Retomando la biografía que nos ocupa, la del Presbítero Varela, debe tenerse en cuenta un factor que contribuyó grandemente al sincero deseo de Rodríguez de dejar un testimonio escrito de la vida ejemplar de uno de los fundadores de la nación cubana. Le unía a Varela su devoción por la fe cristiana. José Ignacio Rodríguez, originalmente identificado con las ideas de los librepensadores de su época, contrajo matrimonio durante su larga residencia en Estados Unidos con una virtuosa dama de conocida devoción católica, la señorita Mary A. Joyce, la cual contribuyó a llevarlo a la fe. A partir de entonces, el conocer algo de su firme militancia religiosa facilita el comprender e interpretar mejor algunas de las decisiones y posiciones adoptadas por Rodríguez en cuanto a la figura del Presbítero Varela, en quien todos los cubanos, no sólo los católicos apostólicos romanos, encontramos al gran predicador de la independencia y a nuestra figura cumbre en lo que respecta al pensamiento cristiano. De las convicciones religiosas y el amor por su Iglesia que sentía el biógrafo de Varela queda el recuerdo de su inconclusa "Historia de la Iglesia en Cuba", escrita en inglés, inédita como una "Historia de Cuba", también en lengua inglesa, que revela su acendrado amor por su tierra natal.

Curiosamente, años después de su encuentro con la fe, su hermano menor, el médico y funcionario público Eduardo Francisco Rodríguez (conocido cariñosamente como "Panchito" Rodríguez), experimentaría otra conversión religiosa, identificándose con la confesión bautista y llegando a convertirse en uno de los primeros presbíteros ordenados por esa denominación cristiana en Cuba. Con el tiempo, Eduardo Francisco, uno de los expedicionarios del "Lilliam", un patriota que había sufrido prisión y exilio por la causa independentista cubana, se desempeñaría ejemplarmente como pastor de la Iglesia Bautista de Sagua La Grande y sus servicios como filántropo, conocido popularmente como "el médico de los pobres", harían que esa ciudad levantara un impresionante monumento a su ilustre persona, la del primer clérigo protestante en ser honrado de esa manera en territorio cubano.

Como Varela y como Eduardo Francisco, José Ignacio Rodríguez conoció los rigores y las oportunidades de la emigración. Es cierto que cuestiones de afinidad religiosa influirían en el estilo hagiográfico que prevalece en algunas descripciones y comentarios. Pero en una biografía de Varela nada que sea inspirador debería sorprendernos. Aun cuando utilicemos en nuestro tiempo otros métodos y adoptemos otros tonos, Varela seguirá siendo siempre el santo y el sabio. Santo para todas las épocas, sobre todo para una de intenso ecumenismo como ésta, y sabio en el sentido esencial de contribuir a la difusión del conocimiento de los mejores datos filosóficos y a la abolición del peor fanatismo religioso. Por viejas, estas páginas de Rodríguez están mucho más cerca de Varela que aquellas que sean escritas desde un distanciamiento cronológico y geográfico como el que nos imponen las realidades del aquí y el ahora. La "Vida del Presbítero Don Félix Varela", además de contener información adecuada sobre las primeras décadas de la vida del sacerdote, su actividad a favor de la cultura en Cuba, su condición de renovador de los estudios filosóficos y teológicos, su quehacer político e independentista en España y el extranjero, es rica en datos confiables acerca de las actividades del benemérito clérigo en Estados Unidos, país a cuya Iglesia Católica contribuyó significativamente sobre todo en el noreste del país. Según Juan J. Remos, se trata de erudición con categoría de "a primera mano", a la cual "hay que acudir siempre" cada vez que se habla del autor de "Cartas a Elpidio". Como activista del catolicismo en territorio norteamericano, Rodríguez podía entender detalles significativos del ministerio pastoral de Varela, difíciles de comprender para católicos formados en otras latitudes y en un entorno más favorable a su tradición religiosa y su cultura.

La obra vareliana de José Ignacio Rodríguez fue elogiada por don Francisco Calcagno, pero las palabras del editor del *Diccionario Biográfico Cubano* nos revelan también un problema fundamental en el quehacer vareliano. Después de calificar de "muy completa" la biografía, Calcagno añade en referencia a esa obra de Rodríguez lo siguiente: "...con cuya obra hizo un verdadero servicio a su país: ya no leemos a Varela porque no se nos obliga a ello; desde que su obra dejó de ser texto los rasgos del autor se iban borrando de la memoria. ¡LOOR AL ILUSTRADO CUBANO QUE LOS RENUEVA Y VIVIFICA!" Independientemente de las conclusiones a las que hayamos podido llegar en torno a la posición anexionista del autor o a su participación particular en el proceso histórico cubano, José Ignacio Rodríguez, por su proximidad al "primero que nos enseñó a pensar" nos invita a recorrer de nuevo una ruta que los cubanos nunca debimos descuidar, la que conduce al ejemplo y el pensamiento del Presbítero Félix Varela Morales.

MARCOS ANTONIO RAMOS

EDICIÓN FACSIMILAR

VIDA

DEL PRESBÍTERO

DON FÉLIX VARELA

POR

JOSÉ IGNACIO RODRIGUEZ

NUEVA YORK

IMPRENTA DE "O NOVO MUNDO"

39 Park Row, "Times" Building

1878

A LA GENEROSA

JUVENTUD DE LA ISLA DE CUBA,

AHORA MAS QUE NUNCA RESPONSABLE

DE LOS DESTINOS DE LA PATRIA,

ESTE LIBRO

QUE LE RECUERDA

LAS SUBLIMES VIRTUDES DE TODO GÉNERO

DEL MAS GRANDE DE LOS CUBANOS

ES RESPETUOSAMENTE

DEDICADO.

PRÓLOGO.

El trabajo que he acometido en este libro, al que, no obstante sus defectos, he consagrado por mucho tiempo una gran parte de mis vigilias, no necesita de explicacion. Nos hallamos, por fortuna, en tiempos muy distintos de aquellos calamitosos que deplora con tanta amargura el historiador filósofo de Roma, cuando al ofrecer al público su *Vida de Julio Agrícola,* se siente con la necesidad de disculparse, y va á buscar amparo bajo el escudo de la imitacion de los antiguos. En las circunstancias en que estamos, puede tambien decirse y con razon, repitiendo las palabras de aquel grande hombre, que siempre fué muy útil, y que estuvo ademas acostumbrado, representar ante los ojos del público la vida y las costumbres de los patriotas eminentes, *clarorum virorum facta moresque tradere antiquitus usitatum;* pero ese no será de seguro, ni el único, ni el más seguro pasaporte, con que este libro se somete á la indulgencia de sus lectores.

Nunca quizás se ha presentado una ocasion tan oportuna, como la que se ofrece èn estos momentos, para que la ilustrada atencion de los cubanos se fije con esmero en la figura nobilísima del grande hombre á que estas páginas se consagran. Los magestuosos rasgos de su esplendente fisonomía se estaban ya borrando, por la accion del tiempo, y 'sumergiéndose en la indefinida vaguedad de la leyenda. Los cubanos de este tiempo, alejados por multitud de causas diferentes, de las esferas de actividad de nuestros mayores, estaban ya empezando á acostumbrarse, si bien atesorando siempre entre los recuerdos de sus glorias, el venerable nombre del Padre Varela, á verlo solo, sin embargo, bajo el fundamento de sus *bondades*, ó por el aplauso relativo de que su mérito era grande atendidos aquellos tiempos y circunstancias. Y miéntras por una parte los enemigos del nombre y del progreso de Cuba se aprovechaban ya de esta penumbra para continuar su infanda obra de lanzar cieno sobre la faz augusta de los más esclarecidos de nuestros hombres, no faltaba tampoco entre los que tuvieron la fortuna de haber nacido en la isla de Cuba, alguno que otro, muy contado, que movido de indiscreto celo, sin suficiente estudio de los hechos, y sin contar entre sus virtudes la humildad, haya creido tributarle grande honra, aplicándole el cartabon de sus pasiones, y pretendiendo rebajarlo hasta el nivel de su pequeñez.

Es preciso que los cubanos de la generacion presente y las futuras puedan conocer al gran Varela, como lo conocieron los de las generaciones anteriores ; y que en la contemplacion de sus virtudes, en su humildad profunda, en su amor acendrado por su patria, y por todo lo que con su patria se relacionaba, en su actividad incansable, en su energía en defender la justicia, y sostener los fueros de la verdad, en la perspicuidad de su criterio siempre exacto, y enemigo de innovaciones temerarias, que no son más que el resultado de la vanidad de los que las inventan, ó las siguen, en su moralidad sin mancha, en su religion y su santidad, tengan siempre ante los ojos un ejemplo que los fortalezca y los aliente. Ese es el objeto de este libro, y ¡ ojalá que sus propósitos se puedan realizar !

A las imperfecciones naturales, y por decirlo así, intrínsecas, que debian esperarse de la incompetencia del obrero, en relacion con una obra de tamaña importancia, hay que añadir algunas otras que dependen exclusivamente de las circunstancias especiales en que este libro ha sido escrito. Levantado el edificio á gran distancia de dos

de los lugares, por lo ménos, donde se hallaban los más indispensables materiales, sin los cuales nada hubiera sido posible llevar á
cabo, y perdidos, y diseminados, los que podian hallarse en este
país en el profundo oceano de la tradicion oral, en publicaciones
impresas de carácter fugitivo, más fugitivo aún donde se vive, como
aquí, con tanta prisa, ó en manuscritos conservados por casualidad
por algun pariente, ó por un amigo íntimo, ha habido algun momento en que la tentacion se presentaba de abandonar la obra. Los
que conocen las inquietudes de un autor, cuando se encuentra con
versiones contradictorias, de un mismo hecho, ó cuando tiene que
fijar, contra datos que están en conflicto, ya una fecha, ya un simple
pormenor, en ocasiones insignificante en sí mismo, pero que desfi-
guraria el libro si se pasase en silencio, ó se dejase en vago, com-
prenderán lo que ha pasado en la composicion de este libro, á distancia de las fuentes de informacion, y cuando las circunstancias
políticas de la isla de Cuba, en los momentos en que aquel se escribia,
no permitian que sin peligro, ó sin inconveniente al ménos, para las
personas que allí vivian, se mantuviese una correspondencia seguida
y expedita con personas residentes en este país. La consideracion de
esos obstáculos será sin duda suficiente para atenuar en algo la severidad del juicio que se pronuncie contra el libro, si se le encontrase
por desgracia, demasiado inferior á sus aspiraciones y á su objeto.

Así como está escrito,—pequeño, desmedrado, é imperfecto,—lo
debo esencialmente, sin embargo, á la bondad inagotable de un grupo
de personas, que cada cual por su parte ha rivalizado en proporcionarme materiales, y en enviarme una palabra de animacion y sostenimiento. Entre los recuerdos más agradables que conservo, y que acari-
ciaré con mayor gusto en todo el resto de mis dias, en conexion con
esta obra, se encuentra en primera línea, el de un generoso jóven de
la Habana, que sabedor de la ardua empresa en que me hallaba yo
comprometido, inició espontáneamente una correspondencia conmigo, ofreciéndome sus servicios, de que ampliamente me aprove-
ché. Aquel amigo inteligente y entusiasta, que me hablaba cual si
hubiese sido mi discípulo, y que nunca vaciló en proporcionarme
copias y papeles, y en buscarme y encontrar, para mí, cuantas noti-

cias le pedí, se comunicó conmigo bajo un incógnito riguroso, que por de contado tuve siempre particular empeño en respetar. Pero la persona á quien debo de seguro mayor deuda de gratitud, porque á su inteligencia, su celo, su ilustracion, y su bondadosa deferencia hácia mí, hay que atribuir precisamente lo que exista de interesante en este libro, es mi querido amigo al Señor Doctor Don Vidal Morales y Morales. Sirva esta manifestacion pública, que aquí hago con tanto gusto, para acreditar mi alta apreciacion y agradecimiento de sus servicios.

Al Señor Doctor Don Agustin José Morales, de Nueva York, al Señor Doctor Don Raimundo de Menocal y Menocal, cuando se hallaba en Madrid, al Señor Doctor Don Eusebio Valdés Dominguez, de la Habana, y á otras muchas personas, entre las cuales figura en lugar prominente el Señor Don José Maria Casal, que hoy disfruta de mejor existencia, les es debida del mismo modo una expresion de gratitud. Abundantes alusiones se han hecho siempre en los lugares respectivos del texto, á los servicios que se sirvieron prestar.

Hay todavia otra persona, respetable en alto grado por sus principios, su ilustracion, y su carácter, cuyo nombre no puede pasarse en silencio cuando se trate de este libro. Por su consejo, y bajo la influencia de su estímulo, y de su amistosa y deferente solicitud, se emprendió la obra. Ante sus ojos ha crecido paso á paso; y su ilustrado apoyo la ha acompañado siempre hasta su término. Esa persona bondadosa es mi muy estimado amigo, el Señor Don Pedro José Guitéras, y es simplemente un acto de justicia presentarle en este punto el homenage de mi reconocimiento.

J. I. R.

Washington, D. C. }
Abril de 1878. }

INDICE.

CAPÍTULO I.

PRIMERA JUVENTUD.

PAGS.

Nacimiento.—Antecedentes de familia.—Primera educacion en Florida.—
Vuelta á la isla de Cuba.—Estudios mayores en la Habana.—Se fija su
vocacion por el sacerdocio y la carrera eclesiástica.—Recibe en 1806,
á la temprana edad de diez y ocho años, la primera tonsura clerical.—
Carácter piadoso é ilustrado celo que manifestó desde el principio..... 1

CAPÍTULO II.

ESTUDIOS UNIVERSITARIOS Y ECLESIÁSTICOS.

Continuacion de los estudios del Señor Varela en el Colegio Seminario.—
Se gradúa de Bachiller en Teología.—Oposicion á la cátedra de "Santo
Tomás y Melchor Cano."—Prima tonsura, órdenes menores, subdiaco-
nado, diaconado.—Es ordenado Presbítero.—Oposiciones á la cátedra
de "Mayores de Latinidad y Retórica."—Oposiciones á la cátedra de
Filosofía.—El Señor Obispo Espada le dispensa la edad, y es nombra-
do catedrático de Filosofía.—Portentosa actividad intelectual del Padre
Varela: multiplicidad de sus estudios y ocupaciones.—Músico distin-
guido: funda la primera sociedad filarmónica que hubo en la Habana.
—Tuvo participacion activa en todo el movimiento intelectual del país. 9

CAPÍTULO III.

PRIMEROS TRABAJOS FILOSÓFICOS.

Estado de la Universidad y del Colegio Seminario en aquella época.—
Antecedentes históricos de las dos instituciones.—El Obispo Espada.—
Propositiones variœ ad Tironum exercitationem.—Elenco de 1812.—

Elenco de 1813.—*Institutiones Philosophiæ eclecticæ ad usum studiosæ juventutis.*—Instituciones de Filosofía ecléctica para el uso de la juventud, tomo III.—Abolicion gradual del uso del latin en la enseñanza.— Consideraciones generales sobre el espíritu filosófico del Padre Varela en las obras publicadas hasta este momento, y en la práctica de la enseñanza 13

CAPÍTULO IV.

NUEVOS PROGRESOS EN LA ENSEÑANZA.

El castellano adoptado como lengua oficial de la clase.—Publicacion en castellano de los tomos 3? y 4? de las Instituciones.—Elenco de 1813.— Elenco de doctrinas físicas.—Tentativas de la Real Sociedad Patriótica para introducir la enseñanza de las ciencias naturales y de la Química en especial.—Los proyectos se desvanecen.—El Padre Varela es el iniciador de estas enseñanzas.—Proteccion del Obispo Espada.—Adelantamiento de la ciencia enseñada por el Padre Varela.—Gratitud que le debe el país tambien por este concepto 32

CAPÍTULO V.

PREDICACION Y TRABAJOS ECLESIÁSTICOS.

Dedicacion del Padre Varela á sus tareas sacerdotales.—Sus sermones.— Sermones que se conservan manuscritos.—Sermones que se recuerdan haber sido pronunciados por el Padre Varela, y que se han perdido en union de otros papeles de diverso género.—Discurso pronunciado por el Padre Varela el 25 de Octubre de 1812, en la iglesia del Santo Cristo del Buen Viaje en la Habana, donde dijo la misa del Espíritu Santo, ántes de celebrarse las elecciones que tuvieron lugar en aquella fecha.— Esta corta plática es elogiada por los diarios, y el Padre Varela con su modestia habitual da las gracias á los que la reprodujeron por la prensa 39

CAPÍTULO VI.

EL ELENCO DE 1816.

Desenvolvimiento y madurez de las ideas filosóficas del Padre Varela.— Su enseñanza encuentra una fórmula decidida en el Elenco de 1816.— Importancia de este trabajo.—Sus proposiciones más notables.—Espíritu de templanza y moderacion política del santo y sabio catedrático. 47

CAPÍTULO VII.

ADMISION DEL PADRE VARELA EN LA REAL SOCIEDAD PATRIÓTICA.

Ingresa el Padre Varela en la Real Sociedad Patriótica con el carácter de sócio de número.—Se le señala tema para el discurso de entrada.—Se le agrega á la Seccion de Educacion.—Discurso sobre influencia de la Ideología en la marcha de la sociedad, y medios de rectificar este ramo. 55

CAPÍTULO VIII.

OTROS TRABAJOS EN LA REAL SOCIEDAD PATRIÓTICA.

Servicios del Padre Varela en la Real Sociedad Patriótica.—Juicio crítico de la *Gramática Castellana* que escribió el Padre Laguardia.—Juicio crítico de los *Elementos de la lengua castellana* de Don Manuel Vasquez de la Cadena.—*Máximas morales y políticas.*—Se le confiere por aclamacion el nombramiento de sócio de mérito........................ 65

CAPÍTULO IX.

EL ELOGIO DE FERNANDO VII.

Pasmosa actividad del Padre Varela en este período de su vida.—Nuevos trabajos filosóficos y de otro género.—Elogio de Fernando VII en la Real Sociedad Patriótica.—Consideraciones sobre el estado político de la Isla de Cuba en diversas épocas de su historia................... 70

CAPÍTULO X.

ELOGIO DEL SEÑOR VALIENTE.

Muerte del Señor Don José Pablo Valiente, Intendente que habia sido de la Habana, y á quien Cuba debia notables beneficios.—Elogio fúnebre de este varon preclaro pronunciado por el Padre Varela en la Santa Iglesia Catedral de la Habana..................................... 81

CAPÍTULO XI.

LA ORACION FÚNEBRE DE CARLOS IV.

Muere en Roma el Rey Don Cárlos, padre de Fernando VII.—Se ordena la celebracion de exéquias fúnebres en todas las diócesis del reino.—Exéquias celebradas en la Habana.—El Padre Varela es el encargado de pronunciar el sermon.—Extractos de esta notable composicion oratoria... 96

CAPÍTULO XII.

EL CURSO DE 1818 A 1819.

Se acercan los momentos de más grande brillantéz en los trabajos filosóficos del Padre Varela.—LA LECCION PRELIMINAR de 1818.—Efectos de la enseñanza del Padre Varela, y del impulso por ella comunicado á todos los estudios.—Verdadera aspiracion final del venerable profesor.—Los APUNTES FILOSÓFICOS SOBRE LA DIRECCION DEL ENTENDIMIENTO HUMANO.—Consideraciones generales sobre el carácter de estas obras y su enlace con las demás á que sirvieron de antecedente.............. 102

CAPÍTULO XIII.

LA MISCELANEA FILOSÓFICA.

Carácter de la obra.—Cuando se escribió.—Cuando se imprimió por la primera vez.—Descripcion del libro.—Pasage relativo á la música.—Ediciones hechas de esta obra................................... 110

CAPÍTULO XIV.

LAS LECCIONES DE FILOSOFIA.

Importancia de esta obra.—Ediciones que de ella se han hecho.—Propósitos del libro.—Explicacion de su plan.—Exámen analítico de su contenido.. 119

CAPÍTULO XV.

CARACTER PERSONAL DEL PADRE VARELA, Y SU INFLUENCIA EN LA SOCIEDAD DE LA ISLA DE CUBA.

Carácter personal del Padre Varela.—Su método de vida.—Sus relaciones con sus discípulos.—Opiniones del Señor Don Juan Manuel Valerino, del Señor Don Antonio Bachiller y Morales, del Señor Don José Manuel Mestre, del Señor Don Anselmo Suarez y Romero, del Señor Don Ramon Zambrana, del Señor Don José de la Luz y Caballero, y de otros Señores, sobre el carácter ó influencia del Padre Varela y su enseñanza en la sociedad de la isla de Cuba................................. 141

CAPÍTULO XVI.

LA CÁTEDRA DE CONSTITUCION.

Se restablece en España la Constitucion de 1812.—Su proclamacion en la Habana.—Se establece en el Seminario la Cátedra de Constitucion.—Oposiciones para proveerla.—El Padre Varela es nombrado catedrático.—Apertura de la clase : discurso inaugural.—OBSERVACIONES SOBRE LA CONSTITUCION POLÍTICA DE LA MONARQUÍA ESPAÑOLA.—Juicio del Señor Don Antonio Bachiller y Morales acerca de este libro, y de la enseñanza del Padre Varela en esta nueva materia........... 157

CAPÍTULO XVII.

LA ELECCION DE DIPUTADO, Y VIAJE Á ESPAÑA.

Eleccion del Padre Varela para diputado á Córtes, por la Habana, en la legislatura de 1822.—Acepta con disgusto y en obedecimiento á los mandatos del Obispo Espada.—Se despide de la Real Sociedad Patriótica.—Sale de la Habana á bordo de la fragata *Purísima Concepcion*, capitan Don Pedro Gorostiola, el 28 de Abril de 1821.—Diario de este viaje llevado por el Señor Don Buenaventura Morales.—Llegan á Cádiz el 7 de Junio de 1821.—Itinerario de Cádiz á Madrid, escrito por el mismo Señor Morales.—Llegada á Madrid el 12 de Julio de 1821.. 169

CAPÍTULO XVIII.

TRABAJOS PARLAMENTARIOS.

Se establece en Madrid el Padre Varela, y hace allí una edicion de su MISCELÁNEA FILOSÓFICA.—Toma asiento en las Córtes y presta juramento, como diputado por Cuba, el 3 de Octubre de 1822.—Sus diversos trabajos parlamentarios.—Proyecto de gobierno autonómico para la isla de Cuba.—Precaucion con que debe mirarse lo publicado en algunos diarios de la época, como escrito, ó sostenido por el Padre Varela..... 178

CAPÍTULO XIX.

LOS ACONTECIMIENTOS DE 1823.

Rompimiento de relaciones entre el gobierno de España y los que formaron la Santa Alianza.—Acuerdan las Córtes trasladarse á Sevilla.—
Negativa del Rey.—Motin del pueblo.—Sale el Rey para Sevilla, con
el Gobierno y las Córtes.—Invasion del territorio español por un ejército francés á las órdenes del Duque de Angulema.—Manifiesto de este
Príncipe.—Junta Suprema de Oyarzum.—Manifiesto de Sevilla del Rey
Don Fernando.—Regencia absolutista de Madrid.—Avance de los franceses hácia Sevilla.—Acuerdo de trasladarse á Cádiz.—Negativa del
Rey.—Sesion de las Córtes del 11 de Junio.—Mociones de Don Antonio
Alcalá Galiano.—Se declara al monarca incapacitado temporalmente, y
se nombra una Regencia.—Actitud del Padre Varela en estas discusiones.—Su Breve Exposicion de los acontecimientos.—Sale el Rey
para Cádiz, y le siguen el Gobierno y las Córtes.—Sitio de Cádiz por
los franceses.—Toma del Trocadero.—Decision tomada por las Córtes.
Decreto Real de 30 de Setiembre.—Sale el Rey para el puerto de Santa
María, donde se hallaban los franceses.—Real Decreto de 1º de Octubre.—Entran en Cádiz los franceses.—Fuga de los diputados.—Se
escapa el Padre Varela á Gibraltar.—Peligros que corrió en el viaje... 195

CAPÍTULO XX.

PROSCRIPCION Y VIAJE Á LOS ESTADOS UNIDOS.

Medidas de reaccion del nuevo sistema.—Causa formada contra los diputados que votaron la destitucion del Rey.—Sentencia de la Real Audiencia de Sevilla.—Noticias bibliográficas respecto á este incidente.—
Determinacion del Padre Varela á venirse á los Estados Unidos.—Se
embarca en Gibraltar para New York, donde llegó el 17 de Diciembre
de 1823.. 206

CAPÍTULO XXI.

CARÁCTER POLÍTICO DEL PADRE VARELA.

Dificultades para apreciar debidamente el carácter político del Padre
Varela.—Criterio liberal de los cubanos anterior á 1837.—Liberalismo
del Padre Varela.—Citas de diversos pasajes de algunas de sus obras,
que ayudarán á formar concepto de sus ideas políticas con relacion á la
isla de Cuba.—Efecto de los errores y de los crímenes de España en
las opiniones políticas del Padre Varela posteriores á su proscripcion.. 213

CAPÍTULO XXII.

ELECCION DE DOMICILIO EN LOS ESTADOS UNIDOS.— PUBLICACION DE
"EL HABANERO."

Llegada del Padre Varela á Nueva York.—Su viaje á Filadelfia.—Empieza á publicar EL HABANERO en la capital de Pennsylvania.—Lo continúa en Nueva York.—Se fija definitivamente en esta ciudad.—Efecto

que produjo en la Habana la publicacion de aquel papel.—Tentativa de asesinato del Padre Varela en el año de 1825.—Invitacion para trasladarse á Méjico que le hace el General Don Guadalupe Victoria, Presidente de aquella República.—Segunda edicion de las LECCIONES DE FILOSOFÍA.. 226

CAPÍTULO XXIII.

MÁS TRABAJOS DE TRANSICION.

La traduccion del MANUAL DE PRÁCTICA PARLAMENTARIA escrito por Jefferson.—La traduccion de la Química de Davy.—Tercera edicion de la MISCELANEA FILOSÓFICA.—Edicion americana de las POESIAS de Zequeira.—Colaboracion en EL MENSAJERO SEMANAL............... 237

CAPÍTULO XXIV.

INICIACION DE LOS TRABAJOS ECLESIÁSTICOS DEL PADRE VARELA EN LOS ESTADOS UNIDOS.

El Obispo Connolly, de Nueva York, concede al Padre Varela la autorizacion necesaria para el ejercicio del ministerio sacerdotal.—Empieza por servir en la iglesia de San Pedro, de la que fué despues nombrado Teniente Cura.—Popularidad del Padre Varela entre los feligreses de aquella parroquia.—Adquiere el Padre Varela el edificio de la iglesia protestante episcopal denominada " de Cristo," y la convierte en iglesia católica.—Se le nombra Pastor ó Cura de esta iglesia, que es la cuarta de su clase fundada en Nueva York............................... 245

CAPÍTULO XXV.

LA IGLESIA DE CRISTO.

Inagotable caridad del Padre Varela.—Su celo ferviente en el ejercicio de sus funciones pastorales.—Catecismo de doctrina cristiana.—Proyecto de publicar por suscripcion, pequeños opúsculos, ó TRACTS, sobre asuntos bíblicos.—Empieza á publicar el periódico denominado EL ABREVIADOR Y EXPOSITOR DEL PROTESTANTE....................... 253

CAPÍTULO XXV

AGITACION ANTICATÓLICA EN LOS ESTADOS UNIDOS.

Maquinaciones de los enemigos de la Iglesia para detener el progreso de ésta en los Estados Unidos.—Agitacion anticatólica.—Servicios del Padre Varela durante la contienda.—Artículos de controversia en los periódicos que se publicaban en aquel tiempo...................... 259

CAPÍTULO XXVII.

DISCUSION ORAL EN DEFENSA DE LOS DOGMAS CATÓLICOS.

Reputacion del Padre Varela.—El artículo sobre las cinco Biblias de la Sociedad Bíblica.—Discusion oral, en público, en una iglesia protestante en defensa de los dogmas católicos....................... 271

CAPÍTULO XXVIII.

POLÉMICA POR ESCRITO CON EL DOCTOR BROWNLEE.

Reto del Doctor Brownlee publicado en las columnas del periódico católico denominado The Truth Teller.—Aceptacion por parte de los RR. PP. Powers, Levins y Varela.—Discusion.—Controversia por escrito sobre la doctrina de la posibilidad de salvacion de los que mueren fuera de la Iglesia.. 281

CAPÍTULO XXIX.

CORRESPONDENCIA CON LA HABANA.

Interés del Padre Varela en favor de la Revista Bimestre Cubana, que comenzó á publicarse en la Habana por esta época.—Trabajos con que contribuyó á esta publicacion.—Artículo crítico sobre la Gramática de la lengua castellana, de Don Vicente Salvá.—Carta á los Redactores de la Revista enviándoles dicho artículo.—Carta al Señor Don José de la Luz y Caballero.................................... 287

CAPÍTULO XXX.

EL PRIMER TOMO DE LAS CARTAS Á ELPIDIO.

Plan de la obra denominada Cartas á Elpidio.—Publicacion del primer tomo.—Su excelente acogida en la Habana.—Juicio de este libro por el Señor Don José de la Luz y Caballero.............................. 295

CAPÍTULO XXXI.

IGLESIA DE LA TRANFIGURACION.

Incremento de la poblacion católica.—Compra por el Señor Delmonico, para el Padre Varela, del templo presbiteriano reformado de Chambers Street.—Se funda en él la nueva iglesia de la Transfiguracion.—El Padre Varela es nombrado Pastor de esta iglesia.—Sus tareas y penalidades en la nueva parroquia.................................... 301

CAPÍTULO XXXII.

CARIDAD Y CELO PASTORAL DEL PADRE VARELA.

El Padre Varela realiza el tipo de un buen pastor.—Fundacion del Asilo de viudas, que luego se convirtó en Asilo de huérfanos de padre, en la ciudad de Nueva York.—Diversos rasgos de caridad del Padre Varela.. 311

CAPÍTULO XXXIII.

EL SEGUNDO TOMO DE LAS CARTAS Á ELPIDIO.

Publica el Padre Varela el segundo tomo de las Cartas á Elpidio.—Análisis de la obra.. 318

CAPÍTULO XXXIV.

OTROS TRABAJOS DEL PADRE VARELA EN LENGUA CASTELLANA.

Escrito sobre la distribucion del tiempo.—Máximas para el trato humano. Reflexiones sobre las prácticas religiosas.—Entretenimientos religiosos en la Noche Buena.—Advertencia á los católicos, principalmente á los españoles, que vienen á los Estados del Norte América, acerca de los protestantes y sus doctrinas.—Carta sobre la polémica filosófica sostenida en la Habana entre los Señores Don José de la Luz, Don Manuel Gonzalez del Valle, y otros discípulos y amigos suyos................ 332

CAPÍTULO XXXV.

EL EXPOSITOR CATÓLICO.

Emprende el Padre Varela, en compañía con el Doctor Pise, la publicacion de un periódico mensual que se denominó EL EXPOSITOR CATÓLICO.— Duracion del periódico.—Lista de los artículos publicados en él por el Padre Varela.—Observaciones sobre estos escritos, y sobre el espíritu y carácter de la publicacion.................................... 347

CAPÍTULO XXXVI.

HONORES ECLESIÁSTICOS CONFERIDOS AL PADRE VARELA.

Reconocimiento público de los merecimientos y virtudes del Padre Varela.—Representa á la diócesis de Nueva York, y funciona como procurador, en el tercer Concilio provincial de los Estados Unidos.—Es nombrado Vicario General de Nueva York.—Se trata de conferirle el episcopado, y se desiste del pensamiento solo en virtud de su oposicion decidida.—La facultad de Teología del Colegio de Santa María de Baltimore le confiere el grado de Doctor.—Asiste como teólogo, por la diócesis de Nueva York, al sexto Concilio provincial en 1846............ 352

CAPÍTULO XXXVII.

ENFERMEDAD DEL PADRE VARELA, Y VIAJES A FLORIDA.

Enfermedad del Padre Varela.—Primer viaje á Florida.—Regresa de San Agustin, creyéndose curado; pero tiene que volver por segunda vez.— Regresa á Nueva York en el verano de 1849, y lo visita el Señor Valerino.—Tiene que regresar á San Agustin, de donde ya no vuelve, en el invierno subsecuente... 356

CAPÍTULO XXXVIII.

VISITA DEL SEÑOR DON LORENZO DE ALLO, Y EFECTO QUE PRODUCE EN LA HABANA.

Viaje del Señor Don Lorenzo de Allo á San Agustin de la Florida.—Su visita al Padre Varela.—Carta del Señor Allo al Señor Presbítero Don Francisco Ruiz en la Habana.—Efecto producido por esta carta en la capital de la grande Antilla.—Junta celebrada en la morada del Señor Don Gonzalo Alfonso.—Accion individual y anticipada de este respetable caballero.—Acuerdos de la junta.—Se nombra un comisionado para salir en seguida para San Agustin.—Se propone para este cargo al Señor Don José de la Luz y Caballero, quien no puede aceptarlo.—Es nombrado Don José María Casal, que sale de la Habana el 23 de Febrero de 1853............. 360

CAPÍTULO XXXIX.

MUERTE DEL PADRE VARELA.

Fallecimiento del Padre Varela el 18 de Febrero de 1853—Carta del R.
P. Sheridan al M. R. Arzobispo de New York, participándole el funesto acontecimiento.—Efecto producido por la noticia.—Pormenores que se conservan de las escenas que acompañaron el fallecimiento—Solemne protestacion de fé en la presencia real de Nuestro Señor en el Sacramento de la Eucaristía.—Entierro verificado el dia 25 367

CAPITULO XL.

MONUMENTO A LA MEMORIA DEL PADRE VARELA.

Visita del Señor Casal al Reverendo Padre Aubril.—Van juntos al cementerio católico á visitar la tumba del Padre Varela.—Proyecto de erigir un monumento para custodiar aquellas cenizas.—Pensamiento de trasladar los restos á la Habana, y oposicion que encuentra entre los católicos.—Colocacion de la piedra angular de la capilla proyectada.—Solemnidades que tuvieron lugar y discurso del Señor Casal el 22 de Marzo de 1853.—Vuelve el Señor Casal para la Habana.—Se remiten de la Habana algunos objetos necesarios para completar la obra.—Se inaugura la capilla y se verifica la traslacion de los restos el 13 de Abril de 1853.—Carta del Padre Aubril al Señor Casal.—Conclusion 375

APENDICES.

Apéndice A.—Partida de bautismo del Padre Varela 391

Apéndice B.—Paralelo entre los Padres Varela y Cernadas, como oradores sagrados 392

Apéndice C.—Legislacion de embargos de las bibliotecas de particulares. 395

Apéndice D.—Análisis de las LECCIONES DE FILOSOFÍA, publicado en el *Observador Habanero* 398

Apéndice E.—Artículo del Señor Don José de la Luz sobre las doctrinas filosóficas del Padre Varela 400

Apéndice F.—Extracto de una obra inédita del Señor Don Anselmo Suarez y Romero titulada, "Mi vida como preceptor." 405

Apéndice G.—Discurso inaugural del Padre Varela en la Cátedra de Constitucion 408

Apéndice H.—Breve exposicion de los acontecimientos políticos de España desde el 11 de Junio hasta el 30 de Octubre de 1823, en que de hecho se disolvieron las Córtes. (Manuscrito del Padre Varela)....... 412

Apéndice I.—Real Decreto de 22 de Junio de 1823.................... 421

Apéndices J y K.—Manifiesto Real de 30 de Setiembre de 1823.—Real Decreto de 1? de Octubre de 1823............................... 423

Apéndice L.—Artículo crítico sobre la *Gramática de la lengua castellana* de Don Vicente Salvá, escrito por el Padre Varela para la REVISTA BIMESTRE CUBANA... 427

Apéndice M.—Pasaje relativo al Padre Varela, en el artículo sobre la literatura en la isla de Cuba, en el tomo X de la obra publicada en frances con el título de *Magasin de la Librairie*.................... 442

Apéndice N.—Lista de las obras del Padre Varela mencionadas en este libro.. 443

VIDA

Presbítero Don Félix· Varela.

CAPÍTULO I.

1788-1806.

PRIMERA JUVENTUD.

Nacimiento. — Antecedentes de familia. — Primera educacion en Florida.—
Vuelta á la isla de Cuba.—Estudios mayores en la Habana.—Se fija su
vocacion por el sacerdocio y la carrera eclesiástica.—Recibe en 1806, á la
temprana edad de diez y ocho años, la primera tonsura clerical.—Carácter
piadoso é ilustrado celo que manifestó desde el principio.

Don Félix Francisco José María de la Concepcion Varela y Morales nació en la Habana, la
capital de la isla de Cuba, el 20 de Noviembre de 1788.

Fueron sus padres el Señor Don Francisco Varela,
Teniente, entónces, del regimiento fijo de infantería de
la Habana, natural de la villa de Tordesillas, en Castilla
la Vieja, y la Señora Doña Josefa de Morales y Morales,
dama virtuosa, nacida en la ciudad de Santiago de
Cuba, ó hija legítima del Señor Don Bartolomé de

Morales y Remirez, Teniente Coronel del antedicho cuerpo, y de la Señora Doña Rita Josefa, del mismo apellido.

Si en los principios de este siglo eran tan exiguos y limitados los recursos con que podia contarse para la educacion de la niñez, como ha tenido ocasion de consignarlo el que esto escribe, en un trabajo suyo, destinado como el presente, á conmemorar, en especial entre los cubanos, el nombre y las virtudes de otro ilustre habanero, * los que existian en el momento, en que plugo á la Providencia mandar al mundo al hombre insigne, que tanto bien habia de hacer despues á su patria y á la humanidad, harian tal vez que aquellos se considerasen copiosísimos, y de aprovechamiento fácil y espedito.

El estado de la instruccion pública, primaria elemental, en aquella época, en la isla de Cuba, está pintado con elocuencia é ingenuidad en la noticia que contiene la *Guía de Forasteros* publicada en 1793.—"En los conventos de toda la isla de Cuba hay aulas; y en los de Belen escuelas de leer, escribir y contar, con mas de seiscientos muchachos, donde se suministra todo á los que son pobres; y tambien existen varias en toda la isla á cargo de particulares." †

Esta escuela de Belen, que era en la Habana la única gratuita, y sin duda alguna la mejor de las instituciones de enseñanza primaria, que hasta entónces se habian fundado en aquella ciudad, habia resuelto prácticamente el gran problema de las *escuelas mixtas*, que

---

* *Vida de Don José de la Luz y Caballero,* por José Ignacio Rodriguez. Nueva York, 1874, pag. 6 y siguientes.

† Página 87 de la *Guia de Forasteros* de 1793, citada en los *Apuntes para la historia de las letras y de la instruccion pública en la isla de Cuba,* por Don Antonio Bachiller y Morales. 1860, tomo I, pag. 7.

tanta agitacion y trastorno ha venido á causar posteriormente, aun en paises tan progresivos é ilustrados como los Estados Unidos. Los RR. PP. Belemitas admitian en su establecimiento, sin distincion de ninguna clase, los negros y los blancos; y la sociedad de la Habana, á pesar del sentimiento altamente aristocrático y refinado que siempre la ha distinguido, y á pesar de la institucion de la esclavitud, no solo aceptaba sin murmurar, lo que aquí hoy en muchos puntos causaria motines populares, sino que lo consideraba justo y bueno, y lo miraba sin ninguna especie de disfavor. La Religion, por ella misma, sin mas apoyo que la natural bondad y la nobleza de nuestro pueblo, se adelantó por casi un siglo á las declamaciones de los filántropos, y consiguió sin esfuerzo lo que no han logrado todavía, en este mismo pais, ni las bayonetas, ni las leyes.

En los interesantes trabajos sobre estadística de las escuelas que ha publicado en la Habana el Señor Don Pelayo Gonzalez de los Rios, y que el Señor Bachiller y Morales ha citado en su obra arriba mencionada, se registra con sentimiento que no existian entónces en la capital de la grande Antilla,—lo mismo que sucedió por algun tiempo despues,—mas que siete escuelas para niños, y treinta y dos para niñas. Casi todas estas últimas se hallaban dirigidas por negras y mulatas libres, y en ellas no se enseñaba otra cosa que á leer, rezar y hacer costuras y bordados. En las escuelas de varones, las mas adelantadas jamas pasaban, en aritmética, de las operaciones con números enteros; y en proporcion sucedia lo mismo con los demas ramos de la enseñanza.

Por fortuna para nuestro insigne compatriota, el exigüísimo banquete, que por entónces era el único á que podia invitarlo la hermosa tierra en que vió la luz, dejó pronto de contarlo entre los llamados á disfrutar de sus beneficios. Cuando apénas tenia seis años de edad, el regimiento en que servia su padre fue mandado pasar á la Florida, entónces perteneciente á la corona de España; y salió el niño de la Habana, en union de su familia, para establecerse en San Agustin.

Poco despues fué nombrado Gobernador de aquella ciudad, la mas importante de la provincia, el Señor Don Bartolomé Morales, su abuelo materno; y como entónces ocurriese, mas ó ménos contemporáneamente, el fallecimiento del Señor Don Francisco Varela, que ya habia ascendido á Capitan, el referido caballero tomó á su cargo la educacion del niño, y lo acogió bajo su amparo. Así fué que el espíritu elevado y excepcional del hombre grande, cuya vida se relata en este trabajo, comenzó por recibir sus primeras y mas duraderas impresiones, en la atmósfera de refinamiento, de piedad cristiana y de virtud caballerosa en que vivian sus padres y su abuelo, comenzando á hacerse desde entónces decidido objeto de estimacion y simpatía. *

Es, tal vez, á causa de este viaje, que algunos han querido privar á nuestra tierra de la honra insigne de

---

* La familia de Don Bartolomé Morales, que murió siendo Coronel efectivo, se componia de su señora, y cuatro hijos, que lo fueron Don Bartolomé, Doña Rita, Doña Josefa y Doña María Morales y Morales. Doña Rita y Doña María profesaron de religiosas en el convento de Carmelitas descalzas, tambien llamadas de Santa Teresa, de la Habana, de cuyo convento fue Priora la segunda por espacio de muchos años, bajo el nombre de Sor Natividad de Maria. Doña Josefa casó con Don Francisco Varela, y fue la madre de nuestro prohombre. De este matrimonio no nacieron otros hijos. Don Francisco Varela, que se casó dos veces, tuvo en las otras nupcias, otro hijo, que se llamaba Don Manuel, el cual se educó para el comercio y consiguió en la Habana una posicion muy distinguida. Todas estas personas, á excepcion de Don Bartolomé Morales y Remirez y de Don Francisco Varela, nacieron en la Habana.

contar al Señor Varela entre sus hijos : y hasta parece que esta especie (datando así de muchos años) hubo de llegar tambien á sus oidos, cuando habitaba en pais extraño, y se hallaba ya fijado definitivamente en los Estados Unidos de América. Así sin duda se deduce de la nota que se encuentra al pié de la página 88 del primer tomo de la segunda edicion de sus *Lecciones de Filosofía*, donde refiriéndose á unos exámenes de un colegio, dice que este colegio es el "Seminario de San Cárlos, de la Habana, (*mi única* y adorada patria) donde tuve el honor de servir la cátedra de filosofía por espacio de diez años, etc." Las expresiones del paréntesis y el hecho de escribir en itálicas las palabras *mi única* son bastante indicacion de lo que se ha expuesto.

Pero para evitar cualquiera duda, y dejar el punto definitivamente establecido, nos parece conveniente acompañar como un *Apéndice* * la partida de bautismo de nuestro prohombre, tal como se encuentra en el archivo de la parroquia del Santo Angel Custodio, en la mencionada capital.

Cuando llegó el momento en que debia emprender Don Félix Varela los estudios mayores, determinó su familia enviarlo otra vez para la Habana, donde por virtud del singular fenómeno que han notado todos los que se ocupan de estas cosas, habia entónces, lo mismo que despues, mayor facilidad para obtener una instruccion clásica, superior y universitaria, que para adquirir los conocimientos generales, que en los Estados Unidos, en Suecia y en Noruega, y en Alemania, penetran sin esfuerzo hasta las capas mas profundas y mas desheredadas del organismo social.

---

* Véase *Apéndice A.*

Consta de una manera positiva que el año de 1801, cuando apénas contaba catorce años de edad, se hallaba ya en la Habana, donde segun aparece del expediente de su carrera eclesiástica, en la Secretaría de aquel Obispado, le administró el Santo Sacramento de la Confirmacion el Illmo. Señor Obispo diocesano Don Felipe José de Tres Palacios.

En un artículo biográfico de nuestro benemérito compatriota, escrito en inglés, y publicado en un excelente periódico católico de la ciudad de New York, pocos dias despues de su fallecimiento, * se dice que apénas habia cumplido el Señor Varela los catorce años de su edad, se le ofrecieron los cordones de cadete, lo que le hubiera proporcionado rápido adelantamiento en la milicia, por los servicios de su padre y de su abuelo, y por la posicion de su familia; pero se añade, " su respuesta en esta ocasion, fué la que debia esperarse de quien mas tarde se acreditó hasta tal extremo como celoso misionero. *Yo quiero ser un soldado de Jesu-Cristo*, dijo. *Mi designio no es matar hombres, sino salvar almas.*"

Admitido casi inmediatamente como alumno externo en el Colegio Seminario de San Cárlos, que entónces se llamaba " el Real y Conciliar Colegio de San Cárlos y San Ambrosio," completó allí sus estudios de latin, humanidades y filosofía, grangeándose el aprecio de todos sus maestros, y convirtiéndose á poco tiempo en el hijo predilecto de la institucion.

" Algunos de sus maestros, dice el Señor Don Antonio Bachiller y Morales, en el excelente artículo biográfico del señor Varela, que publicó en la Habana

---

* *New York Freeman's Journal and Catholic Register*, número del 19 de Marzo de 1856, No. 38, volúmen 13 de la coleccion, y 4º de la nueva serie.

en el periódico denominado *Brisas de Cuba,* y mas tarde insertó en el tercer volúmen * de sus interesantísimos *Apuntes* ántes citados, han dejado un nombre apreciable en los anales de nuestra naciente civilizacion, contándose en ese número los Doctores Caballero y Ramirez, y el Licenciado O'Gavan, en el Colegio, y los Doctores Veranes y Cernadas en la Universidad."—El Doctor Caballero aquí nombrado es el varon eminentísimo, que influyó tanto en la formacion del espíritu de su ilustre sobrino el Señor Don José de la Luz y Caballero, y fue maestro de todos los hombres notables de aquel tiempo, y el verdadero iniciador de la reforma de los estudios superiores en su pais natal; miéntras que el benemérito Cernadas no era otro que el insigne religioso de la órden de Padres Predicadores, ó de Santo Domingo por otro nombre, Rev. Padre Maestro y Doctor Fray Remigio Cernadas, natural tambien de la isla de Cuba, y que se distinguió entre todos sus contemporáneos por la facilidad de su elocuencia brillante y arrastradora. Aun en los últimos años de su vida, cuando se hallaba ya doblegado por el peso de los años, del estudio, del trabajo y de la meditacion, el anuncio de que predicaba en algun templo, era bastante para atraer en torno suyo concurrencia inmensa y escogida. †

La grande inteligencia del Señor Varela se demostró palpablemente en aquellas aulas. El latin lo poseia, como lengua propia, hablándolo con elegancia y facilidad al mismo tiempo. El Señor Don José de la Luz y

---

* Pag. 71 y siguientes.

† En un periódico de la ciudad de Trinidad, en la isla de Cuba, denominado "El Correo," se publicó en el año de 1842 un artículo sumamente curioso estableciendo un paralelo entre los Padres Cernadas y Varela como oradores sagrados. Véase *Apéndice B.*

Caballero, en un artículo notable que se publicó en el periódico denominado "Gaceta de Puerto Príncipe," en la isla de Cuba, * en que se ocupa del Señor Varela y de sus *Lecciones de Filosofía,* y á que tendrémos ocasion de referirnos otra vez en el curso de nuestro trabajo, dice que el latin era una lengua "idolatrada y poseida por Varela en un grado de que todavía no pueden formar idea los que solo juzguen por sus escritos en aquel idioma divino, á pesar de la elegancia y y aticismo que los distingue; pues para graduar su *fuerza* era necesario haber experimentado en el dulce comercio, con aquel dulcísimo sacerdote, la soltura y facilidad con que manejaba en la conversacion familiar la lengua de Marco Tulio y de Terencio."

Saben bien todos aquellos que tuvieron la honra y la fortuna de conocer personalmente al Señor Luz que el voto suyo, en este punto como en todos, pero en este mas especialmente todavía, es abonado hasta el extremo.

Contemporáneamente con su adelanto en los estudios, se fijaba su vocacion para el sacerdocio y la carrera eclesiástica. Dios lo llevaba de su mano, empujándolo á los destinos gloriosos, para su nombre y para su pais, que le estaban encomendados. Decidióse definitivamente á sentar plaza en la milicia sagrada en el año de 1806, cuando contaba exactamente diez y y ocho años de edad, apareciendo del expediente de su carrera, ya citado, que fue en aquel año cuando recibió la primera investidura, que en el lenguage de la Iglesia se denomina "primera tonsura clerical."

---

* Número del 2 de Mayo de 1840.

CAPÍTULO II.

ESTUDIOS UNIVERSITARIOS Y ECLESIÁSTICOS.

Continuacion de los estudios del Señor Varela en el Colegio Seminario.—Se gradúa de Bachiller en Teología.—Oposicion á la cátedra de "Santo Tomas y Melchor Cano."—Prima tonsura, órdenes menores, subdiaconado, diaconado. —Es ordenado Presbítero.—Oposiciones á la cátedra de " Mayores de Latinidad y Retórica."—Oposiciones á la cátedra de Filosofía.—El Señor Obispo Espada le dispensa la edad, y es nombrado catedrático de Filosofía.— Portentosa actividad intelectual del Padre Varela : multiplicidad de sus estudios y ocupaciones.—Músico distinguido: funda la primera sociedad filarmónica que hubo en la Habana.—Tiene participacion activa en todo el movimiento intelectual del país.

Los estudios eclesiásticos del Señor Varela se continuaron en el Colegio Seminario ántes nombrado, con no ménos éxito y lucimiento que los anteriores. " Desde que empezó estos estudios," dice el R. P. J. F. O'Neill, en el elogio fúnebre que pronunció en San Agustin de la Florida, el 22 de Marzo de 1853, * cuando allí se

---

* *Funeral Oration, or Eulogy, on the death of the Very Reverend Dr. Varela,* delivered at St. Augustine, E. F., March 22, 1853, by Rev. J. F. O'Neill, of Savannah, Ga., inserta en el cuaderno publicado en Charleston, bajo el título: *"Ceremonies of the laying of the corner stone of a chapel in the Roman Catholic Cemetery in the City of Saint Augustine, Florida, dedicated to the memory of the Very Reverend Félix Varela, D. D., late Vicar General of New York, who died on Friday, February 25th, 1853.* Charleston. Printed by Councell and Phynney, 119 East Bay. 1853.

levantó el modesto monumento, que aun existe, á la memoria de nuestro esclarecido compatriota, "atrajo la atencion de los profesores de Filosofía y Teología, por razon del superior talento que demostraba, así como por su aplicacion constante al trabajo, y su perseverancia en la virtud. Su carácter moral era sin mancha : su piedad ferviente : su devocion sincera y sostenida."

Consta de su expediente de carrera que en el año de 1808 recibió el grado de Bachiller en Teología ; y que hizo oposicion á la cátedra que se denominaba entónces " de Santo Tomas y Melchor Cano."

En 1809 recibió las cuatro órdenes menores, y el subdiaconado.

En 1810 el diaconado.

En 1811, siendo todavia diácono, hizo oposicion á la cátedra denominada "de mayores de Latinidad y Retórica," que debia proveerse en propiedad en el referido Colegio Seminario, y á la que se llamaba de "Filosofía," del mismo instituto. Los ejercicios de estas dos oposiciones fueron brillantes. Los de la clase de Filosofía resultaron tan satisfactorios y lucidos, que la cátedra se proveyó en su favor, aunque era todavía menor de edad, y era requisito exigido por la ley vigente entónces la circunstancia de la mayoría. Pero el Illmo. Señor Don Juan José Diaz de Espada y Landa, Obispo entónces de la Habana, no era hombre cuya ilustracion consintiese privar al público y al colegio encomendados á su celo pastoral, de los servicios de un profesor que tanto prometia, nada mas que por un requisito de reglamento. Otorgóle sin titubear la necesaria dispensa de la edad, y quedó nombrado catedrático.

Poco despues, en el mismo año de 1811, se ordenó de Presbítero, celebrando por primera vez el santo sacrificio de la misa, en la iglesia anexa al convento de Santa Teresa, de la Habana, en que ya una de sus tias se encontraba de religiosa. Ofició de ministro en tan solemne acto un Señor Presbítero apellidado Ayala.

Con esta ordenacion de sacerdote y con el nombramiento de catedrático de Filosofía del Seminario, comienza un período de trabajo tal, tan vasto y tan variado, y de tan febricitante actividad en la vida de nuestro distinguidísimo compatriota, que se hace muy difícil, si no imposible, cualquiera tentativa de narracion metódica y ordenada.

En estos mismos cinco años, en que lo vemos arribar precipitadamente á la vida viril, adelantándose al tiempo, y apoderándose de una posicion altamente envidiable, se le ve preludiar dignamente los merecimientos que despues se acumularon sobre él. Su aplicacion era intensísima : su caridad ilimitada. Cuenta el Padre O'Neill * que " á muchos de los estudiantes, cuyas circunstancias de fortuna no les permitian residir permanentemente en el colegio, y aprovecharse así de todos los beneficios de la institucion, el Padre Varela, con su habitual bondad y benevolencia, les daba clases especiales en su propia morada," y que "así los ricos y los pobres salian beneficiados por la preciosa mina que estaba encerrada en la constitucion mental del bueno y caritativo sacerdote."

Casi puede decirse que no hubo ramo del saber humano que él no estudiase y profundizase. En la Filosofía y las ciencias morales, nadie fue mas léjos que él, en la isla de Cuba, ni en España. En ciencias naturales, aun en la misma Química, apénas salida de sus pañales cuando vino al mundo el Señor Varela, sus

---

* *Funeral Oration.* Pag. 6.

conocimientos alcanzaron hasta donde mas habia llegado nadie en aquella época. Como escritor era un artista completo; y como músico, cuyo divino arte explicó mas tarde bajo el punto de vista científico, se cuenta por los que en su juventud le conocieron, que era por demas notable y extraordinario. Tocaba el violin con perfeccion, y segun las tradiciones recogidas por nuestro erudito compatriota y maestro muy querido, el Señor Don Antonio Bachiller y Morales, fue nuestro preclaro sacerdote, quien en sus primeros tiempos de estudiante y de profesor, fundó junto con otros pocos entusiastas, la primera *Sociedad Filarmónica* que existió en la Habana.

Ademas de todo esto, su patriotismo ardiente, señalado desde entónces con el fervor que suele hacerse en la generosa juventud,—sobre todo en un período como aquel en que la Providencia quiso llamarlo á desempeñar tan gran papel en lo que á la isla de Cuba se referia, período que era sin duda de organizacion y creacion,—lo llamaba necesariamente á ocuparse sin cesar de la cosa pública, ayudando á la propagacion de la enseñanza por la fundacion de escuelas públicas, tomando parte en los trabajos de la Real Sociedad Patriótica, establecida en la Habana en el año de 1793, escribiendo para los periódicos que se publicaban, interviniendo en todo, y animándolo todo y enalteciéndolo.

CAPÍTULO III.

PRIMEROS TRABAJOS FILOSÓFICOS.

Estado de la Universidad y del Colegio Seminario en aquella época.—Antecedentes históricos de las dos instituciones.—El Obispo Espada.—Propositiones variæ ad Tyronum exercitationem. —Elenco de 1812.—Elenco de 1813.— Institutiones philosophiæ eclecticæ ad usum studiosæ juventutis.—Instituciones de filosofía ecléctica para el uso de la juventud, tomo III.—Abolicion gradual del uso del latin en la enseñanza.— Consideraciones generales sobre el espíritu filosófico del Padre Varela, en las obras publicadas hasta este momento, y en la práctica de la enseñanza.

Llamado, como lo fué en aquel momento, en el año de 1811, á ocupar la importante plaza de *maestro* de Filosofía, segun la denominaba el Reglamento de la famosa institucion, á cuyo lustre tanto habia de contribuir mas adelante, encontró nuestro preclaro sacerdote que estaba abierto, ante sus ojos, un campo vastísimo, en que casi todo se hallaba por cultivar.

El Colegio Seminario y la Universidad,—para no hablar de las aulas de los conventos que eran mas ó ménos particulares y privadas,—constituian las dos instituciones oficiales de enseñanza superior y de facultad, que existian en la Habana. La Universidad fundada por breve apostólico de Su Santidad el Papa Inocencio XIII, fechado en Roma el 12 de Diciembre

de 1721, á que se dió pase por el Supremo Consejo de
Indias en 27 de Enero de 1722, (fundacion que fue
luego confirmada por Real Cédula de 23 de Setiembre
de 1728), se estableció desde el principio en el convento de San Juan de Letran, de la órden de Predicadores de la Habana, "con las cátedras de Cánones,
Leyes, Medicina y Matemáticas,".... "demas de las de
Gramática, Teología y Filosofía,".....'segun y en la
misma conformidad que se tiene la del convento de
Santo Domingo en la isla Española." Era, como observa el Señor Bachiller y Morales, * un verdadero ana-
cronismo establecer una Universidad en la Habana en
el siglo XVIII, bajo el mismo plan que otra que habia
sido establecida en el XVI ; y sea ya por este vicio de
constitucion, ó ya por el espíritu conservador que
tenia, y naturalmente debia tener, una institucion de
este carácter, el hecho es que, segun la gráfica expresion
del mismo erudito escritor que acaba de citarse, "el
" siglo XVI triunfó en la Habana sobre el XVIII,
" y cuando este estaba ya muy entrado, y aun llegado
" el XIX, todavia se hallaba el Peripato reinando con
" toda su entereza en la Real y Pontificia Universidad."
El Colegio Seminario, por su parte, no se hallaba
mas adelantado. Erigido bajo la denominacion de
"San Ambrosio," en el año de 1689, y aprobado
por Real Cédula de 9 de Junio de 1692, fue en el principio una pobrísima institucion, fundada á fuerza de
trabajo, sin mas que doce becas de dotacion, y en que
solo se enseñaba gramática latina y canto llano.
Puesto despues en manos de los Reverendos Padres de
la Compañía de Jesus, se ensanchó notablemente y
recibió considerable impulso. Pero, extinguida la com-

---

* *Apuntes*, tomo I, pag. 142.

pañía, y expulsados sus miembros, "*ántes del amanecer*
"*del dia* 11 *de Junio de* 1767," se reorganizó bajo una
nueva forma, tomando el nombre de "Real Colegio
de San Cárlos y San Ambrosio de la Habana" gober-
nándose por el Reglamento que formó el Illmo Señor
Don José de Hechavarría Yelgueza, natural de la Habana, en el año de 1769, y que recibió la aprobacion
de S. M.

Segun las nuevas constituciones, las enseñanzas del
Colegio debian ser, en primer lugar, la Gramática (con
esto se entendia la latina) y la Retórica, y despues la
Filosofía, comprendiendo la Lógica, la Metafísica y la
Física experimental. Los profesores tenian permiso
para dictar sus textos á los escolares; pero, miéntras esto
no se hacia, deberian explicarse las materias, por los
libros de Nebrija, y Fray Luis de Granada, Fortunato
Brixia, Pedro Caytti y Gondni. El Reglamento autorizaba á los catedráticos á no seguir estrictamente estos
textos, "*enseñando lo que les pareciera mas conforme á
la verdad, segun los nuevos experimentos que cada dia se
hacen, y las nuevas luces que se adquieren en el estudio de
la naturaleza.* Concluidas estas materias en tres años,
se entraba á cursar la *Etica,* y lo que se denominaba
"Tratado de la Esfera;" y despues ingresaban los
alumnos en las Facultades ó carreras de Teología,
Derecho y Matemáticas.

Estas constituciones liberales, y que para honra de
Cuba se deben á un cubano, pues fue cubano de nacimiento su ilustrado autor, no vinieron á producir su
saludable efecto, en la totalidad al ménos, hasta que
algunos años mas tarde llegó á la Habana y se ciñó su
mitra el inolvidable Obispo Espada. Entónces fue
cuando se abrió para el Colegio la verdadera y grande
era de su prosperidad y adelantamiento. El espíritu

levantado, liberal ó ilustrado del benemérito Prelado, se hacia sentir en todas partes; y aunque en las cátedras, hasta en los mismos tiempos en que el Señor Varela fue nombrado, no habia mas lengua que el latin, ni mas filosofía que la *escolástica*, porque la ley no permitia otra cosa, pronto empezaron á preludiarse tales *novedades*, que llegaron á producir alarma en algunos ánimos timoratos por considerarlas peligrosas.

La colocacion del Padre Varela al frente de la cátedra mas importante de aquel colegio, en las circunstancias de aquel momento, determinó completamente la reforma. No parece sino que la mano misma de una Providencia bondadosa lo habia empujado á aquel destino.

El primer trabajo filosófico de que se tenga noticia del Padre Varela, escrito especialmente para su clase, es una serie de proposiciones en latin, que se imprimieron en un pliego suelto, con el objeto de servir de base á los ejercicios, que entónces se denominaban " *conclusiones* " durante el curso de la enseñanza. El título de este papel era simplemente el que sigue: *Propositiones variœ ad Tironum exercitationum.* (Varias proposiciones para ejercicio de los bisoños.)

Una muestra muy curiosa de este trabajo es el fragmento conservado por nuestro ilustrado y queridísimo amigo, el Señor Doctor Don José Manuel Mestre, como apéndice 3º de su interesante libro sobre la Filosofía en la Habana. * Allí se ve que era costumbre establecer primero una proposicion, que despues se *demostraba*, y era luego *impugnada*, haciéndose por fin

---

* *De la Filosofía en la Habana, Discurso por Don José Manuel Mestre, Doctor en Filosofía y Catedrático de la misma Facultad, en la Real Universidad Literaria.* Habana, Imprenta la Antilla.—1862.

una *réplica*, con lo que terminaba el ejercicio. Todo se efectuaba en latin en esta forma:

LA MEJOR DE TODAS LAS FILOSOFÍAS ES LA ECLÉCTICA.

Demostracion.—Es la mejor de todas aquella filosofía en que, hallándose mas remotas las causas de los errores, buscamos la verdad. Y como la filosofía ecléctica es de esta manera. Luego, la mejor de todas las filosofías es la ecléctica.

Se convence uno de la verdad de la *menor*, pensando en que la filosofía ecléctica estudia los sistemas, desechando toda idea de afecto ó desafecto. Pero como de estas ideas proviene el mayor número de los errores. Luego, etc.

Impugnacion.—En la filosofía ecléctica no seguimos á ningun maestro; pero dado este supuesto, claro es que podemos errar con facilidad. Luego en la filosofía ecléctica podemos fácilmente caer en el error. Luego no es la mejor de todas.

Réplica.—Distingo la mayor: No seguimos á ningun maestro. Si por esto se entiende que no juramos sobre la palabra de nadie, concedo. Pero si se quiere decir que procedemos sin norma, ni guia, y que de nadie aprendemos: niego. Lo que la filosofía ecléctica quiere, es que tengas por norma la razon y la experiencia, que aprendas de todos; pero que no te adhieras con pertinacia á nadie.*

Estas proposiciones, que se imprimieron en 1812, no fueron sino una especie de preludio de otro trabajo mas serio que vió la luz el mismo año, bajo la forma de un Elenco para los exámenes generales de fin de

---

* *Omnium optima Philosophia est eclectica.*

Demonstratur.—Ea est optima Philosophia in qua magis errorum causis remotis, veritatem quærimus: sed talis est Philosophia eclectica: ergo omnium optima Philosophia est eclectica.

Minor evincitur: Philosophia eclectica partium studium, omnemque affectum, aut odium, respuit: sed ex hoc maxime errores profluunt: ergo etc.

Oppones.—In Philosophia eclectica nullum sequimur magistrum sed hoc posito, facile errare possumus. Ergo in Philosophia eclectica facile errare possumus, et optima non est.

Respondes.—Distinguo majorem: nullum sequimur magistrum: Hoc est, in nullius verba juramus, concedo. Hoc est, sine norma procedimus, et a nullo edocemur, nego. Id unum enim sibi vult eclectica Philosophia. quod ratione et experientia pro norma habeatis, ab omnibus addiscas, sed nulli pertinaciter adhæreas.—*De la Filosofía en la Habana*, pag. 78.

curso. El Señor Bachiller y Morales, que no vino á
encontrar el dicho opúsculo (un cuaderno de 25 páginas en 4º) sino en el año de 1873, en la ciudad de
New York, lo califica en una interesantísima carta que
escribió al Señor Don José Manuel Mestre en 1º de
Abril de dicho año, y se publicó en *El Mundo Nuevo,**
como "el primer ensayo de la filosofía moderna" en
nuestro suelo. El Elenco está escrito en latin, y
comienza por estos versos en elogio de la ciencia á que
se refiere:

Cuncta hœc est philosophia nobis chara reponat
"Felix qui potuit rerum cognoscere causas."

Ocupándose de este Elenco, el Señor Bachiller y
Morales, en la carta mencionada, dice que en él se
trata "en primer lugar de la Lógica y tambien de las
ideas, del juicio, del racininio, del método y de la
filosofía en general," añadiendo que "Varela se
halla en él, al igual de los mas adelantados institu-
tistas contemporáneos." "La proposicion 12ª sostiene
que *la única regla para adquirir la verdad es el análisis
mental.* En la 13ª se dice que *el método cartesiano
tenia que admitirse siempre, por cuanto no debiamos
formar juicio ninguno sin previa meditacion.* En la 14ª
se vuelve á consignar que *la mejor de todas las filosofías
es la ecléctica.* Siguen luego proposiciones de Metafísica,
Ontología, Psicología, Teología natural ó Teodicea, y
tambien Física. Las proposiciones sobre esta última
ciencia tenian por punto de partida la experiencia. En
la marcada con el nº 43 se dice que *la experiencia y la
razon son las únicas fuentes ó reglas de los conocimientos*

___

* *El Mundo Nuevo, Enciclopedia ilustrada de política, ciencias, artes, literatura, modas, industria y educacion.*—Editores: Enrique Piñeyro, José Manuel
Mestre. Nueva York, 1873, tomo III, pag. 75.

en esta ciencia. Las propiedades de los cuerpos, la atraccion, el movimiento, la afinidad, las propiedades especiales de los fluidos y de los sólidos, etc., se encuentran allí tratadas con alguna extension, como tambien la vision, el sonido, el calor, el frio, el olor, el sabor, la porosidad, etc., explicándose igualmente los sistemas astronómicos de Ptolomeo, Tycho-Brahe y Copérnico. El capítulo de la Física concluye con proposiciones relativas al fuego, la electricidad, el aire, el agua, la tierra y los meteoros. Depues viene lo relativo á la moral, ó ética, completándose así 226 proposiciones que son todas las que tiene el Elenco."

El alumno que debia *defenderlas,* como se decia entónces en el lenguage de las escuelas, era el jóven Don Nicolas Manuel de Escobedo, que tan notable llegó á ser despues en los anales de nuestra patria. Ese inteligente habanero, que se acreditó mas tarde, entre otras cosas, como el orador mas distinguido que Cuba ha producido jamas, segun la tradicion universal de nuestro pueblo, á penas tenia entónces de 15 á 16 años. Habíase aficionado extraordinariamente á su maestro, y gustaba acompañarlo en su cuarto, y ayudarle en sus estudios y sus trabajos. Cuenta el Padre Varela, en una preciosa carta, fecha en New York el 22 de Octubre de 1840, que ha publicado como apéndice á su obra ántes citada el Doctor Don José Manuel Mestre, * la impresion que le causó una de las conversaciones que con él tuvo este predilecto discípulo suyo, y la influencia que sus palabras ejercieron en el resto de sus trabajos como filósofo. "Mi discípulo Don Nicolas Manuel de Escobedo, que tenia entónces 15 ó 16 años, dice el insigne sacerdote, me leia diariamente,

---

* *De la Filosofía en la Habana,* pag. 108,

y notando algunas cuestiones especulativas (que generalmente son el fundamento de los partidos) me preguntó con su natural candor y viveza : " Padre Varela,
¿ para que sirve esto ? " Confieso que me enseñó mas
con aquella pregunta, que lo que yo le habia enseñado
á él en muchas lecciones. Fue para mí como un sacudimiento, que despierta á un hombre de un profundo
letargo. ¡Qué imperio tienen las circumstancias! Nada
mas me dijo ; y me hizo pensar por muchos años. Poco
despues formé un Elenco en que aun tenia varias proposiciones semejantes á las que llamaron la atencion
de Escobedo, bien que yo no percibia su semejanza, y
cuando se le presentó al Señor Espada, dijo este á su
secretario : " Este jóven catedrático va adelantando ;
pero aun tiene mucho que barrer," y le hizo notar
como inútiles, precisamente aquellas proposiciones que
yo creia mas brillantes. Tomé, pues, la escoba, para
valerme de su frase, y empezé á barrer, determinado
á no dejar, ni el mas mínimo polvo del escolasticismo,
ni del *inutilismo,* como yo pudiese percibirlo."

Este nuevo Elenco, así podado por el ilustre Prelado
que tanto bien hizo á Cuba, en todos los sentidos, fue
probablemente el de los exámenes de 1813, que tambien encontró en New York el Señor Don Antonio
Bachiller y Morales, y de que se ocupa igualmente
en su carta al Señor Mestre ántes citada. Está escrito
en latin, y tiene por epígrafe una proposicion de Condillac, traducida á aquella lengua. La proposicion
n? 20 estaba concebida en estos términos : "*La autoridad de los Santos Padres en cuestiones filosóficas es la
misma que la de los filósofos que ellos seguian.*"

Fue poco ántes de aquel tiempo que encontrándose
accidentalmente en la Habana el Illmo. Señor Doctor
Don Pedro Valera y Jimenez, Arzobispo de Santo

Domingo, que distinguia con su amistad al jóven catedrático, le encargó que compusiese un libro para servir de texto en el seminario de su diócesis. Cuenta el Padre Varela * que en obedecimiento á este mandato, habia escrito "la Lógica y la Metafísica en latin, *segun era la costumbre de aquel tiempo.*" "Imprimióse en la Habana, agrega, en la imprenta de Gil en 1812, con el título de *Institutiones Philosophiæ eclecticæ,* sin nombre de autor. Despues enseñé por ella, cuando obtuve la cátedra del Seminario de la Habana; y entónces escribí el tercer tomo en castellano, por habérmelo permitido el Illmo. Espada."

En el "Catálogo de libros y folletos publicados en Cuba desde la introduccion de la imprenta hasta 1840," que ha insertado el Señor Don Antonio Bachiller y Morales, en el tercer tomo de sus interesantísimos *Apuntes,* tantas veces citados, se encuentra, en el año de 1812, la siguiente referencia á esta obra: †

Institutiones philosophiæ eclecticæ ad usum studiosæ juventutis. Habanæ Ant. Gil MDCCCXII.—Tomo 1º y 2º.—El primero comprende la Lógica; el segundo, la Metáfisica. La primera dividida en cuatro partes, con su apéndice: *Propositiones ad Tyronum exercitationum.* El segundo tomo solo tiene 47 páginas de doctrina, y el resto son 39 proposiciones, en las que trata de las relaciones del alma con el cuerpo, y en que se dice que es perdido el tiempo que se emplea en refutar los sistemas relativos á este particular, y principalmente el del "mediador plástico" de Cudworth.-- El tercer tomo se publicó en castellano en 1813.--Estas son las obras filosóficas con que principió el Presbítero Don Félix Varela su enseñanza.

Mas adelante, ‡ en el año de 1813, se encuentra esta segunda referencia:

Instituciones de Filosofia ecléctica para el uso de la juventud. Tomo 3º

---

* Carta ántes citada. *De la Filosofía en la Habana,* pag. 103.

† *Apuntes,* tomo III, pag. 146.

‡ *Apuntes,* tomo III, pag. 152.

—En la oficina de Don Estéban José Boloña, en 8°, con 148 páginas, sin la fé de erratas, ni la advertencia, ó indices. Esta obra es del Padre Varela ; y en sus *prenociones* dice : *aunque las dos primeras partes de estas Instituciones se imprimieron en latin, escribo la tercera en caste-* *llano, por esperarse que en el nuevo plan de estudios se mande enseñar* *en el idioma patrio, segun el juicio de los mejores sabios, y no por el* *deseo de innovar.*"

Un cuarto tomo de esta obra se publicó despues, tambien en castellano, el año de 1814. Refiriéndose á él, dice el Señor Bachiller y Morales, en el Catálogo que acaba de citarse :*

1814. *Instituciones de Filosofía ecléctica para el uso de la juventud.* —Tomo IV. Imprenta de Don Estéban Boloña.—Esta obra es del Padre Don Félix Varela, sobre la cual he publicado un artículo en *El Estí-* *mulo.* Contiene nociones de matemáticas, necesarias para la inteligen- cia de la Fisíca general."

En unas breves notas que respecto de las clases y de la persona del Padre Varela, tuvo la bondad de escribir para nosotros, accediendo á nuestra súplica, el Señor Don José María Casal, ilustrado cubano, arreba- tado por la muerte á sus amigos y á su patria, y que habia sido discípulo muy estimado del gran maestro, se lee que " aunque el Padre Varela hablaba el latin con la facilidad y la elocuencia que es posible en un idioma muerto, no enseñaba á sus alumnos en esa lengua, segun era obligatorio en aquel tiempo ;" pero que "no pudiendo sin embargo oponerse de frente á la ley vigente, escribió en latin un tratado de Lógica y otro de Metafísica, para texto de su clase, que aprendian sus alumnos." "En ambos libros, se seguian doctrinas mas modernas que las admitidas hasta entónces, ten- diendo á dar libertad al pensamiento, sin sujetarlo á fórmulas, ni á la opinion de ningun maestro, sino á la

* *Apuntes,* tomo III, pag. 238.

razon guiada por las doctrinas y sistemas que nos han precedido. Las explicaciones de la clase se hacian en castellano, en cuya lengua hablaban siempre el profesor y sus discípulos. Pero, á fin de que la ley no se violase por completo, y que los alumnos no perdiesen el gusto por el latin, y lo olvidasen, habia un dia de la semana dedicado especialmente á conversar en esta lengua, en que se hablaba sobre todos los asuntos, haciéndose ejercicios muy amenos, á que todos concurrian con gusto."

No entra seguramente en el plan de este trabajo, ni tampoco se encuentra, por el momento al ménos, dentro de las posibilidades que tenemos á nuestro alcance, emprender en este lugar un juicio crítico de estos primeros trabajos filosóficos del Padre Varela. No hemos tenido nunca la fortuna de examinar por nosotros mismos, ni las *Instituciones,* ni los elencos de que se trata en este capítulo. Lo que sabemos de esas obras es por referencia á lo que han dicho sobre ellas nuestros ilustradísimos amigos, los Señores Don Antonio Bachiller y Morales, y Don José Manuel Mestre, que sí las vieron y estudiaron. El primero facilitó al segundo, y poseyó hasta época muy reciente, en su riquísima biblioteca, atestada de curiosidades cubanas, y miserablemente saqueada por las autoridades españolas, ó sus agentes, cuando se dictó el embargo de las propiedades de aquel Señor, un ejemplar completo de las *Institutiones,* que era sin duda un verdadero tesoro bibliográfico. Cual sea la suerte que haya corrido, lo ignoramos completamente.

Entre los planes y expedientes, más ó ménos absurdos, á que las referidas autoridades de la isla de Cuba recurrieron, en el principio, para atajar la revolucion de Cuba y subjugarla, figura con oprobio para sus autores la confiscacion de las bibliotecas de los particulares complicados, ó sospechados de estarlo, en el movimiento insurreccional. Una vez apoderados de los libros, los agentes de aquel gobierno, que se llama á sí mismo ilustrado, emprendieron la tarea nefanda de diseminarlos ó destruirlos. Los unos fueron enviados á España, distribuyéndose entre diferentes bibliotecas públicas de aquel pais; otros más afortunados se pusieron en *depósito* en la de la apreciable Academia de Ciencias médicas, físicas y naturales de la Habana; y otros, en fin, fueron vendidos en pública subasta, cuando no sustraidos fraudulentamente, y apropriados por algunos de los que tuvieron intervencion en el asunto, en beneficio suyo, y para su uso particular. Allí se habrán perdido, junto con tantas otras cosas igualmente notables, las *Instituciones filosóficas* del gran cubano. *

A juzgar por lo que respecto de este libro han escrito tan competentes personas, como las dos nombradas hace poco, y que estudiaron su doctrina, no solo en sí misma, sino tambien en sus relaciones con la enseñada en las otras obras que publicó despues el mismo ilustre catedrático, no parece quedar la menor duda de que era una cosa notabilísima en alto grado.

"La primera obra trascendental del Presbítero Varela, dice el Señor Bachiller y Morales, † fué publicada en latin : *Institutiones philosophiæ eclecticæ ad usum studiosæ juventutis editæ. (Habanæ.* Ant. Gil. MDCCCXII.) Un segundo tomo de esta obra apareció en la misma lengua; pero progresando las ideas de

---

* Para recuerdo eterno de este hecho vergonzoso, publicamos como apéndice (Apéndice C), la legislacion hecha en la Habana respecto de este embargo y confiscacion de las bibliotecas.

† *Apuntes,* tomo III, pag. 72.

reforma, cuando dió á luz el tercero, salió ya éste en castellano, con el título de *Instituciones de Filosofía para el uso de la juventud.* (Habana. Oficina de Boloña. 1813.) Honra ciertamente á Varela su apostolado, y mucho más cuando sus trabajos se comparan con todos los otros de su época, pues á la verdad que nada pierden en el paralelo. Adelantábase el previsor maestro á las disposiciones oficiales y al sentir de los sabios de entónces, en querer que las ciencias se aprendieran en nuestra propia lengua. El modesto escritor no alegó las razones que tenia, y en que podria haber fundado su innovacion. Eso les hubiera dado cierto aire que su modestia repelía. Por eso, partiendo del supuesto de que el precepto iba á dictarse, se contentó simplemente con la siguiente explicacion, en forma de disculpa: *Los que piensen de diverso modo adviertan que no es precisamente el deseo de innovar el que me mueve, sino el de evitarles á los jóvenes que costean esta impresion* (la del 3? tomo) *un gasto que seria casi superfluo, si la órden superior es como se espera.*"

"El tomo 3°, continua el mismo erudito escritor, comprende la *Etica,* ó Moral. Es un volúmen pequeño, si se cuentan sus 148 fojas; pero está nutrido de excelentes doctrinas, en que se defienden las facultades del alma en los actos humanos de un modo notable: la nocion que da del sentido íntimo en que se ejercen esas faculdades sobre el alma misma, su explicacion sobre la libertad humana, ó libre albedrío, no se pueden confundir ni con el materialismo en boga á la sazon, ni con el fatalismo que ahora se ha extendido mas en las escuelas que lo defienden ó lo aceptan. La obra es mas ecléctica, que la que se le sustituyó posteriormente en el tratado del Hombre, en las *Lecciones de Filosofía.*"

" Vióse, pues, elogiado á Newton, dado á conocer

Descartes, recomendado el eclecticismo en la adopcion de las nuevas doctrinas de Gasendo y Leibnitz, y proclamado por el sabio Presbítero que la mayor gloria de esa restauracion á Descartes se debia: *Præcipua vero restaurationis gloria Carthesio tribuenda, qui certe strenuum Aristotelis sectatoribus bellum indixit. (Inst· Phil. eclect. I. Pag. 25.)*

"La Filosofía ensanchaba sus límites con la nueva doctrina que sacudia el yugo aristotélico, para sujetarse al de la razon. Si en Lógica propendia el ilustre innovador á levantar sobre bases sólidas la direccion del entendimiento humano en la investigacion de la verdad, en Metafísica deslindó el poder del alma, y en Moral defendió el principio de la justicia como base del bien. La proposicion 9ª de su *Etica* tiene por objeto probar que toda accion justa es conforme á la ley de la Providencia, y á la naturaleza del hombre, condenando el egoismo y la utilidad personal. "Pero no puede haber, decia, utilidad verdadera sino en lo que es justo, ni la injusticia que nos separa de Dios y de nuestros semejantes puede ser el principio de nuestra felicidad, á que se dirige todo lo verdaderamente útil, y que debe llenar nuestras necesidades." Encadenándose con esta las demas proposiciones, se recorren los tres cuadros en que divide la *Etica*: el hombre consigo mismo, con sus semejantes, y con Dios.

"El objeto de la moral no es, segun Varela, buscar cuestiones imaginarias sobre el hombre, su orígen y el orígen de la sociedad. Estudia al hombre, sí, pero es para dirigir bien su voluntad: como en la Lógica se le estudió para dirigir bien su inteligencia.... Varela no se ocupa de la cuestion del hombre ántes de la sociedad, ni se digna impugnar la absurda teoría de Rousseau, de quien dice tan sólo en una nota, que *nadie hubiera*

*hecho caso del soñador, si sus impugnadores no le hubie-
ran dado el ser que no tenia.*"

"Del hombre en Religion, concluye el Señor Bachiller, habla extensamente este tratado, y no esquiva
ni uno solo de los argumentos que se han hecho contra
la unidad del culto y su necesidad. Léjos de disminuir
las objeciones, las reproduce fielmente, para desmenu-
zarlas con la claridad inimitable de su lacónica exposicion. Esta parte del libro le mereció especial esmero ;
y sus ideas se reflejan en gran parte en la obra que
escribió más tarde sobre el particular de la irreligion,
con el título de *Cartas á Elpidio.*"

Con esta extensa cita, que es bastante para suplir
con ventaja la imposibilidad en que nos hallamos de
presentar un juicio propio acerca de esta obra, nos
parece de importancia acompañar algunas frases, no
ménos interesantes, de nuestro amigo el Señor Mestre,
con relacion al mismo asunto.

"La obra, dice, * de que se publicaron en latin los
dos primeros tomos con el título *Institutiones Philosophiæ eclecticæ ad usum studiosæ juventutis* (1812) y el
tercero en castellano (1813), está significando en esa
misma diferencia de forma la lucha con que Varela
inauguraba su noble tarea. La forma latina era sin
duda un homenage al pasado, una transaccion, si se
quiere, con el añejo sistema..... Pero si vemos á nuestro
filósofo con esas vacilaciones dar principio a su interesante mision, muy otro es el espectáculo que nos
presenta su combate cuerpo á cuerpo con el escolasticismo y su trabajo de regeneracion. El mismo título
de su primera obra está proclamando el principio que
lo animaba: al llamar el Padre Varela *ecléctica* á su

* *De la Filosofía en la Habana,* pag. 19 y 20.

filosofía, quiso significar que, sacudiendo el yugo de la escuela, se revelaba contra el *magister dixit,* que tan autorizado se encontraba."

" La Lógica del Padre Varela * *quæ mentem dirigit,* es una verdadera lógica, llena de buen juicio y de tino, que debió producir una profunda impresion de sorpresa en los exaltados é incansables disputadores de la época, y que basta por sí sola para comprobar la elevacion de espíritu y de miras de su distinguido autor. Anticipado el estudio de ese ramo al de la Psicología, en las notabilísimas Constituciones del Colegio de San Cárlos (1774), de la misma manera que hoy sucede en nuestra Universidad, Varela se vió en el caso de hacer frecuentes incursiones en el campo de la conciencia en sus tratados sobre la direccion del entendimiento, no siendo por tanto extraño encontrar en estos muchas cuestiones enteramente psicológicas... Pero fuera de tan explicable confusion, de que en nuestros dias no nos vemos libres aun, por la razon indicada, nada más avanzado y bien entendido que la *Lógica del Padre Varela.*"

Ocupándose despues el Señor Mestre del tratado de Metafísica que es el segundo tomo de las *Instituciones* † se fija desde luego en la definicion allí dada de esta ciencia : " *quæ rerum universales proprietates, resque insensibiles contemplatur.*" Marca tambien que se define la Moral, aquella ciencia " *quæ mores informat;*" y despues de diferentes apreciaciones muy justas y acertadas, añade : "Especialmente en lo que atañe á la libertad de albedrío, Varela se nos presenta con todo el brillo de su distinguido talento, con todos

---

* *De la Filosofía en la Habana,* pag. 22.
† *De la Filosofía en la Habana,* pag. 27.

los tesoros de la mas rica erudicion, con toda la energía de una argumentacion solidísima. Cuantas cuestiones guardan relacion con esta materia se encuentran acabadamente dilucidadas en las *Instituciones de Filosofía ecléctica,* lo mismo que en sus otras obras; pero sobre todo en las *Instituciones,* donde se hace el estudio más detenido y completo de todas ellas, desmenuzando una por una todas las objeciones que se han hecho al libre albedrío, y refutando victoriosamente á Bayle, Spinoza, Helvecio, Leibnitz, Voltaire y Diderot."*

Nos parece que lo expuesto basta para que pueda formarse juicio de la primera grande obra de nuestro esclarecido compatriota. ¡ Calcúlese, en vista de esto, dadas las cosas como estaban en la Habana en aquel momento, cuán grande y cuán profunda debió haber sido la sorpresa que causara en la mayor parte de los ánimos calificados de reposados y sensatos, la novedad de estas doctrinas ! ¡ Qué temerario atrevimiento debió considerarse el de aquel jóven catedrático que se lanzaba á proclamar en alta voz, ante la faz de todos, cuando sólo tenia 23 años de edad, que la fé era aplicable únicamente para el caso de las cosas divinas, y que la razon y la experiencia son el único recurso en las humanas : *"Fides in divinis : in humanis vero ratio et experientia sunt unicè veritatis adquirenda media !* ¡Cuántas cosas no se dirian, ó pensarian al ménos, por los hombres *graves* de aquel tiempo, cuando escucharon á aquel jóven llamar á la razon el *principio directivo* del hombre, y definirla : *lux quædam moderatrix operationum hominum, ei adhærens divinoque veritatis fonte derivata !*

Hoy mismo, que las circunstancias, así en Cuba como

---

* *De la Filosofía en la Habana,* pag. 33 y 34.

en el mundo, han variado tanto, no se deja de oir, de vez en cuando, áun en los centros mas ilustrados de América y de Europa, alguna voz airada condenatoria amarga *de la razon y la experiencia,* aun en asuntos puramente humanos, y exclusivamente referentes á las ciencias físicas. Todavía no suele ser excesivamente extraordinario, que vayan á buscarse en la Escritura algunos textos que, torturados mas ó ménos, vengan á presentarse en divergencia con el principio, ó ley, que se combate. No se acuerdan los que tal hacen de la exactitud de aquella frase, tan feliz y concluyente del Cardenal Baronio, citada por Guizot, * cuando dijo que "la intencion de la Escritura Santa es enseñarnos como se va al cielo, y no como va el cielo." Pero si, á pesar de todo eso, todavia se puede suscitar hoy alguna agitacion y alarma en las conciencias, por virtud de novedades del mismo género ¡ qué no seria en Cuba, y en la Habana, en 1811, cuando se estaba en pleno escolasticismo, y cuando un grande sentimiento religioso, ferviente y decidido, predominaba en todo! ¡ Figúrense los ojos con que se mirarian los ataques al sistema del filósofo de Estagira cuando la Universidad de la Habana, no pudiendo proveerse fácilmente para el uso de sus alumnos de las obras de aquel *maestro,* por ser ya muy escasas, ó estar agotadas enteramente las ediciones, se habia reunido solemnemente en claustro, y acordado que se pidiesen á España, y se hiciesen venir oficialmente, y como si fuera asunto de bien público !

Favorecióle sin embargo al Padre Varela su gran talento, su moralidad sin mancha, el prestigio que

---

* *Meditations sur l'essence de la Religion Chrétienne,* par M. Guizot. Paris Michel Levi. 1864

sabia imprimir á todas sus acciones, y la proteccion decidida de su ilustradísimo Prelado. Nadie salió á su encuentro por entónces, de una manera franca y decidida. La hora de la reforma habia llegado. Estaba en los designos del Altísimo que Cuba empezara á ser en el terreno de las ciencias, y de la ilustracion y del progreso legítimo, lo que tenia el derecho y la posibilidad de conseguir. A nuestro esclarecido compatriota le estaban reservadas la honra y la fortuna de comenzar el movimiento y llevarlo á cabo.

CAPÍTULO IV.

1814—1816.

NUEVOS PROGRESOS EN LA ENSEÑANZA.

El castellano adoptado como lengua oficial de la clase.—Publicacion en castellano de los tomos 3º y 4º de las Instituciones.—Elenco de 1813.—Elenco de Doctrinas físicas.—Tentativas de la Real Sociedad para introducir la enseñanza de la ciencias naturales, y de la Química en especial.—Los proyectos se desvanecen.—El Padre Varela es el iniciador de estas enseñanzas.—Proteccion del Obispo Espada.—Adelantamiento de la ciencia enseñada por el Padre Varela.—Gratitud que le debe el pais tambien por este concepto.

En el transcurso del año académico de 1813 á 1814, que fué el tercero de la enseñanza encomendada al Padre Varela, se presenció en la Habana el espectáculo nunca visto hasta entónces, de que abierta y definitivamente se adoptara el castellano, como lengua de las clases de lo que en aquella época y en el Colegio Seminario se denominaba "Filosofía;" y de que se estableciese una cátedra formal de ciencias naturales, explicándose la Física y la Química, con experimentos y bajo el mismo espíritu y sistema con que se enseñan en el dia.

Como hemos visto en el capítulo precedente, fué para este curso (año de 1813) que el Padre Varela hizo imprimir, en castellano, anticipándose á las disposiciones oficiales, el tercer tomo de sus *Instituciones.* Pero ademas de esto, y contemporáneamente con la conclusion del curso, (año de 1814) dió al público un *Elenco* que debió servir en los exámenes, y que probablemente fué el primero entre los trabajos de su clase que se haya nunca impreso en nuestra lengua, así en la isla de Cuba, como en España, y en los paises españoles del mundo entero. Este cuaderno, que se compone de trece páginas en 4º, se titula: " *Resúmen de las doctrinas metafísicas y morales enseñadas en el Colegio de San Cárlos de la Habana. Oficina de Boloña,* 1814." Entre los alumnos que figuraron en este exámen se encontraron los Señores Don Francisco Garcia, Don Joaquin Suarez y Don Antonio Maria de Escobedo, todos ellos despues muy conocidos entre los hombres útiles de nuestra tierra. Las doctrinas que comprende este Elenco están clasificadas bajo los títulos de Ontología, Neumatología, Teología natural, y Doctrinas morales.

Segun la distribucion dada á los estudios por la legislacion vigente entónces, era en el tercer año de *Filosofía* donde debian enseñarse las ciencias físicas; y por consiguiente fué este curso el primero en que se presentaron ante el público estos otros frutos, no ménos provechosos é importantes, de la enseñanza del Padre Varela.

Como igualmente se ha visto, el cuarto tomo de las *Instituciones,* que se publicó en 1814, se referia á este ramo, llegando hasta á comprender aquellas nociones de Matemáticas que se consideraban necesarias para la inteligencia de la Física, ó de algunos de sus tratados;

pero, independientemente de este libro, hizo imprimir
tambien en el mismo año de 1814, con el título de
"*Doctrinas físicas que expondrán por conclusion de
término veinte alumnos de la clase de Filosofía, Imprenta
del Comercio,*" un cuaderno de proposiciones sobre
Geografía, Astronomía, Física, Química y Botánica.
" Cuando no habian aun penetrado en las Universidades las que hoy se llaman ciencias naturales, y,ménos
la Química, dice el Señor Don Antonio Bachiller y Morales,*casi eran indispensables esas excursiones. Puede,
pues, sostenerse, añade el mismo erudito escritor, que
por la época en que se publicaba este elenco, era
aquella la vez primera que en un *Colegio Seminario*
español se enseñaban, y se enseñaban en castellano,
aquellos ramos y doctrinas desatendidos por completo
en las Universidades."

Verdad es que desde el año de 1794, los prohombres
cubanos de la Real Sociedad Patriótica habian comprendido "*que no era demasiado exigir de los jóvenes
que habian de obtener los públicos oficios de la patria, un
curso elemental de las ciencias y artes* fundamentales, †
entendiéndose por estas las Matemáticas, el Dibujo, la
Física, la Química, la Historia natural, la Botánica y
la Anatomía.

Verdad es tambien que un año ántes, ‡ el Señor Don
Nicolas Calvo y O'Farril, primer Censor de aquel ilustre
cuerpo, habia propuesto que se estableciera una *Escuela
de Química,* y que el pensamiento se acogió por unanimidad, y con entusiasmo tal, que no concluyó el año,
sin que se encontrasen reunidos ya los 24,615 pesos, á

---

* Carta al Señor Mestre, publicada en *El Mundo Nuevo,* ántes citada.
† Junta de 7 de Junio de 1794. Discurso del Censor de la Real Sociedad.
‡ Junta del 31 de Octubre de 1793.

que subió la suscripcion, y debian emplearse en la instalacion de dicha *escuela.*

Pero tambien es cierto que ninguno de estos pensamientos habia logrado realizarse en la época á que nos estamos refiriendo en este capítulo. El plan de estudios secundarios, en que pensó la Sociedad tuvo que quedarse postergado por algun tiempo, y la *Escuela de Química,* para la que se anduvo buscando en vano un maestro, primero en Madrid, y luego en Lóndres, por conducto del Señor Don Simon de la Casas, Embajador de España en aquella corte, no vino á establecerse hasta 1819, y aun eso de una manera fugacísima porque no bien se habia hecho cargo de ella el profesor frances Mr. de Saint-André, que se trajo de Paris bajo un contrato muy liberal, cuando desgraciadamente fué atacado por la fiebre amarilla, y pereció víctima de aquella enfermedad.

En cuanto á la Universidad, " es inútil decir, observa el Señor Bachiller y Morales, * que respecto de la Física experimental, y las nociones de ciencias naturales, nada se enseñó en ella sino en la segunda época constitucional (despues de 1821), en que se admitió por poco tiempo la Filosofía moderna. Del Colegio de San Cárlos partió el estímulo y el movimiento en todos estos ramos de la Filosofía."

Es, pues, á nuestro insigne sacerdote, á quien se debe, entero, todo el honor de este trabajo. Anticipándose á su época, á su pueblo, y á la nacion á que pertenecia, hace traer aparatos, los construye él mismo, ó indica la manera de construirlos, y descubre ante los ojos de la juventud atónita que lo rodeaba con tanta veneracion como cariño, un nuevo campo, inmenso y hermosísimo, de investigacion y estudios serios.

---

* *Apuntes,* tomo I, pag. 198.

"En ese tiempo, y bajo la proteccion del Señor Espada, dice el Señor Casal en las notas manuscritas con que se sirvió favorecernos, y han sido ya citadas, comenzó por primera vez á enseñarse en la Habana la Física experimental, donando el mismo Señor la máquina neumática, la eléctrica, las cajas galvánicas, y algunos otros aparatos, así como tambien un sistema planetario movible, y facilitando aparte de eso cuanto se iba necesitando. Mas que esta ayuda material, era todavía la moral que dispensaba al catedrático, sosteniendo siempre al Padre Varela, y defendiéndolo contra todos los ataques, abiertos ó embozados, que eran consiguientes á haber sido él el primero que enseñaba la Filosofía moderna, y comprobaba con experimentos las verdades físicas y los fenómenos de la naturaleza. Esta oposicion que fué grande, y que se encontró hasta en los Doctores, le hizo sufrir mucho; pero tenia de protector al hombre mas ilustrado y generoso que nos ha venido de la Península, y Varela fué adelante."

En un país, como la isla de Cuba, donde á las ciencias naturales, y á sus importantísimas aplicaciones á la agricultura, la industria azucarera, el ramo de minas, y otros, se debe el estupendo grado de riqueza á que ha llegado, á pesar de los obstáculos de una política ciega é ininteligente, y á que podrá llegar en lo futuro cuando el sol de la libertad y de la justicia se levanten sobre su horizonte, como es forzoso que suceda algun dia, nada podrá jamas decirse en suficiente elogio de quien, ántes que todos, supo empujar la juventud por aquel camino. Así lo hizo el Padre Varela, y las gracias de ese pueblo, al que tanto amó toda su vida, no sólo se le deben, incesantes, por el hecho relativo de haberse anticipado á todos los demas en impartirle tan grande beneficio, sino tambien en absoluto, por la naturaleza misma de su enseñanza, que fué tan vasta, tan completa y tan adelantada, como la que más podia serlo en aquel tiempo, en cualquiera otro punto del mundo. Los discípulos del Padre Varela, que hemos alcanzado, y con quienes hemos tenido la felicidad de conversar, nos han contado que recibia los libros y periódicos que se publicaban en Europa sobre ciencias físicas, y que se mantenia, y mantenia á sus alumnos, al corriente de los últimos descubrimientos y de las novedades más recientes. Por nuestra parte podemos decir que, leyendo con cuidado, como creemos haberlo hecho, los tratados de Física de que se componen los dos últimos tomos de sus *Lecciones de Filosofía*, que se publicaron mas tarde, se admira uno de que entónces se enseñasen en la Habana las mismas doctrinas, que sólo un año ántes habian sido expuestas en Europa, y se las comprobase con los mismos experimentos.

Para concluir con este punto, dejarémos constante que el Señor Don Antonio Bachiller y Morales publicó en la Habana, en un periódico literario denominado *El Estímulo*, mucho ántes de que conociese el Elenco de *Doctrinas físicas* de que se habla en la página 35, dos artículos interesantes, el primero sobre las obras filosóficas del Padre Varela ,* y el segundo, discutiendo con la erudicion que lo distingue, " *cual fué la primera edicion de los textos del Padre Varela sobre las ciencias físicas y matemáticas que enseñó.*" †

En el primero de estos dos útiles escritos, se contienen á la vez que algunos datos, ya presentados en este trabajo, otros que fueron despues rectificados por

---

* *El Estímulo. Periódico científico, dedicado á los estudiantes de la Real Universidad de la Habana.—Directores, Felipe F. Rodriguez, José Bruzon.* Habana. 1863. Imprenta La Proteccion. Maloja 18.—Tomo II, pag. 18

† Id. id. tomo II, pag. 207.

su apreciable autor, en consecuencia de sus pesquisas incesantes ó inspiradas constantemente en el amor de Cuba y de sus cosas. Una nota de este artículo contiene la noticia, que pudiera aprovecharse en lo futuro, de que el Señor Don Antonio María Tagle, catedrático que fué tambien de la Universidad de la Habana, poseia un ejemplar de las *Institutiones Philosophiæ eclecticæ.*

En el segundo, se explica, entre otras cosas, que el cuarto tomo (en castellano) de las *Instituciones* da principio con unos "clarísimos tratados de Matemáticas," que comprenden "la aritmética, el álgebra y la geometría, hasta secciones cónicas y líneas trigonométricas;" y que, cuando trata ya de la Física, ofrece á los lectores "cuanto entónces se sabia, reducido á compendio." "El mismo autor, añade el Señor Bachiller y Morales, hizo constar en esta parte de su obra, que podria mirársela como un extracto de las que habian escrito Muschenbroeck, Nollet, Sigaud de la Fond, Paulian, Seguin, Brisson, Para, Chavaneau, Haüy, Almeyda, Basozabal, Celis y otros, que no siempre se han nombrado para excusar la multitud de citas."

CAPÍTULO V.

1811--1816.

PREDICACION Y TRABAJOS ECLESIÁSTICOS.

Dedicacion del Padre Varela á sus tareas sacerdotales.—Sus sermones.—Sermones que se conservan manuscritos.—Sermones que se recuerdan haber sido pronunciados por el Padre Varela, y que se han perdido en union de otros papeles de diverso género.—Discurso pronunciado por el Padre Varela el 25 de Octubre de 1812, en la iglesia del Santo Cristo del Buen Viaje en la Habana, donde dijo la misa del Espíritu Santo, ántes de celebrarse las elecciones que tuvieron lugar en aquella fecha.—Esta corta plática es elogiada por los diarios, y el Padre Varela con su modestia habitual das las gracias á los que la reprodujeron por la prensa.

Antes de conducir más adelante la exposicion de los trabajos del Padre Varela, como catedrático del Seminario, y regenerador y propagador de la Filosofía y de las ciencias en la isla de Cuba, habrá de sernos lícito volver los ojos hácia atras, y recorrer de nuevo, á grandes pasos, el período que ya dejamos estudiado, á fin de considerar al gran cubano bajo un aspecto diferente, aunque no ménos grande é interesante.

Las tareas de la enseñanza, y su *apostolado* en este

ramo, como dijo con frase tan feliz como acertada el Señor Don Antonio Bachiller y Morales en los pasages que citamos anteriormente, no le impedian en modo alguno consagrarse, cordial y decididamente, en cuerpo y alma como suele decirse, y con la asiduidad y la conciencia con que él supo siempre hacer las cosas, á las funciones de su sagrado ministerio. La oracion, la caridad, la visita de los enfermos, la administracion de los sacramentos, la predicacion, constituyeron siempre para él un deber muy principal que jamas pospuso, ni descuidó por ningun motivo. La tradicion recuerda que á pesar de ser tan jóven, sus contemporáneos no sabian si era más de admirarse en él la prudencia del consejo y la sabiduría de la advertencia, en la conversacion particular, y en el confesionario, ó la piedad ferviente con que desempeñaba sus deberes de sacerdote, y se mostraba siempre listo para cualquiera empresa de abnegacion y sacrificio.

Dice el Señor Bachiller y Morales * que como orador sagrado no se levantaba comunmente el Padre Varela, en sus discursos improvisados, hasta la altura y magnificencia á que llegaba en los que preparaba de antemano, necesitando para ello meditacion y estudio. Pero ésto, que no es raro, sino, muy por el contrario, naturalísimo y frecuente, pues se ve que los mejores frutos del espíritu, sobre todo en materias graves, no son por lo comun, ni pueden serlo, el resultado exclusivo de una brillante espontaneidad, jamas disminuyó en lo mas mínimo la reputacion que disfrutaba entre sus compatriotas. Improvisadas, ó estudiadas, las palabras del Padre Varela se escuchaban siempre con grande gusto, y hasta se deseaban con impaciencia.

---

* *Apuntes*, tomo III, pag. 74.

Es grande lástima, que deplorarán constantemente los amantes de Cuba y de sus letras, que nunca se pensara en conservar coleccionados los más notables, por lo ménos, de estos esfuerzos de elocuencia y piedad cristiana de la juventud del Padre Varela. Un grande número de ellos está perdido para siempre. Los pocos que nos quedan son suficientes, sin embargo, para poder juzgar de los demas. En ellos se justifica plenamente la popularidad que disfrutaba, desde entónces, entre sus compatriotas, aquel insigne sacerdote, revelándose de antemano lo que habia de ser más tarde, cuando vegetando en tierra extrangera, y hablando en una lengua que no era la suya, ni tampoco le era simpática, se colocó de lleno en la primera línea de los campeones de la fé católica y defensores de la Religion y de la Iglesia.

El Señor Don Agustin José Morales, distinguido catedrático de la lengua y literatura castellanas en el "Colegio de la ciudad de Nueva York," primo hermano del Padre Varela, discípulo suyo, y habanero tambien de nacimiento, conserva como reliquias venerandas los sermones manuscritos que á continuacion se expresan, con indicacion de las iglesias, solemnidad y tiempo en que fueron pronunciados.

1º Exhortacion pronunciada el 25 de Julio de 1812, en la iglesia parroquial del Santo Cristo del Buen Viage, en la Habana, con motivo de haberse jurado en ese dia la Constitucion política de la monarquía española.

2º Sermon predicado en la Santa Iglesia Catedral de la Habana, en la festividad de San Cristóbal, patrono de la misma ciudad (16 de Noviembre), el año de 1813.

3? Sermon de San Felipe de Neri, en la Habana, predicado en 1814.

4? Sermon predicado en la Habana el dia 9 de Octubre de 1814, en la iglesia parroquial del Santo Angel Custodio, con motivo de la translacion del Santísimo Sacramento al referido templo.

Otros sermones de aquel tiempo, que no se sabe donde hallarlos, pero que se recuerdan entre los trabajos mas notables del Padre Varela, son igualmente los que siguen:

1. Uno predicado en la iglesia de Santa Catalina de la Habana, en la festividad de la Purísima Concepcion de Maria Santísima, el dia 8 de Diciembre de 1813.

2. El predicado en la Santa Iglesia Catedral de la Habana, en la festividad de la Ascension del Señor, el año de 1814.

3. Uno sobre la Asuncion de Maria Santísima.

4. Otro titulado "del Dardo," que predicó en Santa Teresa, en la Habana, el 17 de Octubre de 1816.

5. El predicado en la Iglesia de San Agustin de la Habana, en la festividad de Santa Cecilia, en 1816.

6. El de la iglesia parroquial de El Señor de la Salud, en la Habana, en el mismo año de 1816.

7. El de la festividad de Santa Ursula, en la iglesia del Convento de monjas Ursulinas de la Habana, en 1817.

8. El de la fiesta de la Natividad de Nuestra Señora, el 7 de Setiembre de 1817, predicado en el Santuario de la Santísima Vírgen, en el pueblo de Regla.

9. El predicado en la iglesia parroquial del Espíritu Santo, de la Habana, el domingo de Carnestolendas de 1818.

10. Siete sermones más, predicados en la Habana, en la Santa Iglesia Catedral, durante la Octava de

la festividad del Corpus Christi, en el año de 1818.

11. Otros siete sermones, igualmente predicados en la misma Santa Iglesia Catedral de la Habana, con ocasion de las mismas solemnidades de la Octava del Corpus Christi, en el año de 1819.

Se sabe que el Padre Varela, aun despues de establecido en los Estados-Unidos, conservaba todos estos manuscritos, junto con otros muchos igualmente preciosos; pero desgraciadamente se han perdido todos, segun parece, bien en alguno de sus viages á Florida, bien despues de su fallecimiento.

Aparte de esto, y sin embargo de tantas y tan graves ocupaciones, se comprende bien que era imposible, sobre todo en aquella época de tanto y tan provechoso movimiento, en que la patria demandaba urgentemente el favor de sus hijos, que una persona tan ilustrada y popular como el Padre Varela permaneciese retirado de la escena pública, consagrándose exclusivamente á los deberes de su oficio, como sacerdote, y como maestro. Por mucho que su modestia padeciera, su puesto estaba siempre entre los primeros. Sus compatriotas, ó sus superiores, le llamaban, y no le quedaba más remedio que obedecer y salir al frente.

Una de las ocasiones en que esto sucedió fué en Octubre de 1812, con motivo de ciertas elecciones que se verificaron en la Habana, el 25 de aquel mes. La isla de Cuba se hallaba entónces colocada al igual de las demas provincias españolas bajo un régimen constitucional; y no es poco interesante, ni deja de ser tampoco característico de nuestro pueblo, nuestras tradiciones y nuestras costumbres, el rasgo que aquí vemos de combinar la Religion con los actos públicos, y de no proceder á una eleccion sin que se invocaran previamente los auxilios del Omnipotente. Era costumbre que ántes de hacerse la eleccion en un distrito, se dijese para los votantes la misa que se denomina del Espíritu Santo, rogándole que descendiese sobre el pueblo, y le inspirase el mejor acierto. Fué el Padre Varela el escogido para decir esta misa en la iglesia del Santo Cristo del Buen Viaje, cabeza de una de las parroquias más populosas de la Habana; y á la bondad del Señor Bachiller y Morales debemos una copia del discurso que pronunció en aquella ocasion.

Este discurso se publicó en el *Diario del Gobierno de la Habana*, del juéves 29 de Octubre de 1812, nº 813 del tomo V, y dice así :

Discurso que el Presbítero D. Félix Varela hizo el 25 de Octubre de 1812 á los feligreses del Santo Cristo del Buen Viage en la misa de Espíritu Santo, que se celebró ántes de las elecciones.

Veritatem tantum et pacem diligite. Zach. 8, 19.
Amad solamente la verdad y la paz.

Penetrado Zacarias de un celo ardiente por la gloria de Dios, y lleno de un santo regocijo, le habla á la casa de Israel, manifestándole que llega el tiempo en que el Señor convierte los gemidos en cánticos, las penas en delicias, la perturbacion en paz eterna. Les recuerda la brecha que abrieron los caldeos en los muros de Jerusalem y el incendio del templo, la muerte de Godolías, el sitio de la ciudad santa: desgracias á que correspondian los ayunos de los meses 4º, 5º, 7º y 10º, pero que iban á transformarse en bienes que parecerian increibles en algun tiempo á las reliquias de aquel pueblo, exigiendo solamente para entrar en la posesion de estas felicidades, *que amen la verdad y la paz.* ¿Y de qué otro modo deberé yo hablar á un pueblo católico que se congrega para pedir al padre de las luces el acierto en un acto civil, que siendo justo producirá una gran parte de la felicidad pública, y cuyo vicio puede ocasionarle su miseria? Sí, cristianos, yo os exhorto á que ameis la verdad y la paz, para alcanzar del Señor los innumerables dones que puede proporcionarnos la eleccion que va á emprenderse.

La religion es la base y cimiento del suntuoso edificio del Estado, y este cae envolviendo en sus ruinas á los mismos que lo habian fabricado, luego que la impiedad y la supersticion, dos mónstruos formidables

llegan á minar y debilitar aquel apoyo. Entónces su antigua opulencia sólo sirve para hacer más horrorosa su caida; se deshace en graves
y destructoras masas, que oprimen á sus moradores, cuyo destrozo
presenta la espantosa imágen de la muerte, y el espeso polvo que rodea
á aquellos miserables fragmentos de la prosperidad y gloria ciega y
aturde á los que tuvieron la fortuna de escapar de la comun calamidad.
Una multitud de voces melancólicas se esparce por los aires; pero vanos son los gemidos, vanos los esfuerzos, cierta la desgracia: el espectador sensible de esta espantosa catástrofe se conmueve y aterra aprendiendo prácticamente que sólo es prosperidad la que se funda en la
virtud.

Tal es la imágen de un pueblo, cuyo infortunio le ha conducido á la
irreligiosidad; al paso que una nacion fomentada con el fuego sagrado
de la religion sube como el árbol fértil para producir copiosos frutos.
El amor á la verdad y á la paz, de que nos habla el citado profeta, amor
inseparable de la verdadera creencia, es el único principio de la felicidad política. Si la estrechez del tiempo no me lo impidiera, os mani-
festaría esta verdadad confesada aun por las naciones idólatras. El
Egipto, aquel pueblo pacífico y verdaderamente sabio, que admiran las
historias, nos daria una leccion importante; allí veriais el acierto en
elegir su *junta de judicatura*, presidida por la paz y amor á la verdad:
una quietud pública y un desinterés heroico que causaria vuestra admiracion. Podria representaros á Tébas, floreciente por la sabiduría
de sus reyes, mereciendo particular consideracion los dos Mercurios.
Oiríais, sí, al Trimegisto inspirar al pueblo la paz y el amor á la verdad como medio seguro del tino en toda accion popular. Por el contrario, podria manifestaros los funestos efectos de la desunion de los
grandes héroes que abatió al pueblo dividido: veríais al gran Milciades, á Arístides y al sábio Focion ser víctimas de la furia popular. Os
recordaría aquel ostracismo que privó á las repúblicas de los mejores
hombres, por la indiscrecion de un pueblo que no amaba la verdad, que
no conocia la paz.

Pero estas reflexiones me detendrian demasiado. Yo me ceñiré únicamente á exhortaros á que desatendiendo la voz tumultuosa de las
pasiones que encadenan y ponen en una tenebrosa cárcel al espíritu
humano, oigais la voz apacible aunque enérgica de la razon. No con-
sidereis otra cosa que el bien de la patria, y para conseguirlo, haced
que la palabra de Dios sea la luz de nuestro camino, segun decia el
profeta. Dejad todas las miras privadas que puedan presentaros como
odiosos los ciudadanos más beneméritos, y como apreciables los más
delincuentes. Meditad y reflexionad vuestra eleccion; no procedais por

un ciego instinto y mera costumbre, que es otro de los principios que inducen á error al entendimiento. Ciudadanos virtuosos y sabios deben ser el objeto de vuestras miras, sean del estado y condicion que fueren. De este modo podreis gloriaros de haber contribuido al bien de la patria.

Conservad la paz y el sosiego público que debe caracterizar á un pueblo cristiano. No quebranteis por pretexto alguno esta tranquilidad, porque induciréis á males mayores que los que quereis evitar. Se engañan mucho los que creen que sirven á la patria con excitar acciones que, aunque justas é íntimamente combinadas con el bien público, unas circunstancias poco felicez suelen convertirlas en calamidades y miserias. Estos hijos indiscretos de la patria la devoran. Sacrificad vuestros intereses privados en obsequio de la sociedad. Ojalá se impriman en vuestros pechos estas máximas de la verdadera política, y entónces conocereis que no es la multitud de enemigos que lleva el vencedor asidos á su carro triunfal, quien trae la felicidad á los pueblos, sino sus virtudes que inspiran unas sabias leyes. Los horrores de la guerra suelen ser la defensa del cuerpo político de los males eternos que le aquejan; mas las virtudes y la religion son el alma que lo vivifica así como el vestido en el cuerpo físico le defiende contra la intemperie y los males externos; mas su animacion le viene de un principio interno.

Concluyo, pues, con el mismo Zacarías, exhortándoos á que ameis la verdad y la paz: *veritatem tantum et pacem diligite.* Si lo hiciéreis, esperad del Señor los auxilios necesarios para vuestro acierto, y bien de la patria, haciéndoos acreedores á la bendicion que á todos vosotros deseo, en el nombre del Padre, del Hijo, y del Espíritu Santo. Amen.

El anterior discurso mereció muchos aplausos del vecindario y de la prensa: y segun nos ha informado el Señor Bachiller y Morales, en 1º de Noviembre del mismo año se publicó una carta del Padre Varela, dirigida al Señor Don Juan de Arango, que era el que habia enviado su oracion á los periódicos, dándole gracias, y por él al público, por los elogios con que se le favorecia. Las modestas expresiones de esta carta contribuyeron mucho á aumentar su popularidad.

CAPÍTULO VI.

1816.

EL ELENCO DE 1816.

*Desenvolvimiento y madurez de las ideas filosóficas del Padre Varela.—Su ense-
ñanza encuentra una fórmula decidida en el Elenco de 1816.—Importancia
de este trabajo.—Sus proposiciones más notables.—Espíritu de templanza y
moderacion política del santo y sabio catedrático.*

Ha quedado ya constante en los capítulos precedentes que, bajo la proteccion ilustrada del grande
Obispo de la Habana, Señor Don Juan José Diaz de
Espada y Landa, y en obedecimiento, ademas, á la
incontrastable accion del tiempo, el campo de la Filosofía y las ciencias en la isla de Cuba, y especialmente
en la Habana, se iba ensanchando de dia en dia. Un
grande paso se habia dado con sólo libertar la ciencia
de las trabas numerosas que le imponia la necesidad
de emplear para su estudio la lengua latina, ó mejor
dicha aquella jerga especial indigna de este nombre,
y que generalmente se llamaba "latin de las escuelas,"
ó "latin de cazuela." Pero era inmenso, ciertamente, y
hasta, en concepto de muchos, peligroso y revolucio-

nario, el que se dió en el Seminario de la Habana, bajo la direccion del Padre Varela, desterrando para siempre y condenando al desprecio, en mucha parte al ménos, las formas de Aristóteles, tan de antiguo consagradas por la tradicion y aun por la ley. La Filosofía trataba ya de escaparse de los claustros para entrar en el mundo, y parecia aspirar á divulgarse entre el pueblo, y á que se la contase en lo futuro entre las ciencias prácticas y aplicables.

Todo el honor de este trabajo, que por lo ménos en una forma concreta y determinada, reducida á sistema, si así puede decirse, se debe ciertamente al Padre Varela, encuentra un nuevo título en el Elenco importantísimo de que es objeto en especial este capítulo. La enseñanza que nuestro esclarecido compatriota estaba dando á sus alumnos en el Colegio, quizas no habia encontrado todavía una fórmula bastante explícita y comprensiva, ó que pudiera decirse con fundamento que contenia la totalidad de su doctrina. Ademas de la vacilacion, ó por mejor decir, de la prudencia con que se habia de proceder en los primeros pasos para no comprometer el éxito de la reforma, hay que tener tambien en cuenta la evolucion que siempre existe en las ideas del hombre y del maestro, y el hecho indubitable de que una vez que se convierte la enseñanza en verdadero sacerdocio, y se practica bajo la inspiracion constante del patriotismo y del deber moral, no es posible que pase ningun dia sin que traiga una mejora ó un progreso, más ó ménos importante y trascendental.

Se aproximaban los exámenes á que la clase del Seminario debia presentarse en el mes de Julio de 1816:*

---

* En los dias 16, 17, 18 y 19 de Julio de 1816.

y fué con este motivo que el distinguido catedràtico
escribió é hizo imprimir, en la Habana, el importante opúsculo que se conoce generalmente con el
nombre de ELENCO DE 1816.*

Mas que como un elenco, segun observa juiciosamente el Señor Don Antonio Bachiller y Morales, en sus
Apuntes ya citados, (tomo I, pag. 197,) se debe considerar este trabajo, tanto por su extension cuanto por sus
otras circunstancias, como una especie de compendio
de Filosofía. Su espíritu se revela desde luego con sólo
considerar los epígrafes que pone á su cabeza y que
están tomados de Batteux, en sus *Principios filosóficos
de la Literatura,* obra entónces muy leida, y estimada
generalmente.

"*La credulidad es el patrimonio de los ignorantes,* dice
uno de estos epígrafes; *la incredulidad decidida lo es de
los semi-sabios; la duda metódica es la que corresponde á
los sabios. En los conocimientos humanos, un filósofo
demuestra lo que puede, cree lo que está demostrado, des-*

---

* El verdadero título de este opúsculo es el siguiente : *Doctrinas de Lógica
Metafísica y Moral enseñadas en el Real Seminario de San Cárlos de la Habana
por el Presbítero Don Félix Varela, en el primer año del curso filosófico, las
que expondrán en diversos exámenes veinte alumnos en el órden siguiente:*

*Exámen primero.—Don Miguel André y Don Desiderio Solis, colegiales de
número; y el Señor Don Ignacio de Peñalver, Marques de Arcos, Don Manuel
Castellanos, y Don Félix de Hita.*

*Exámen segundo.—Don Cárlos Matanzas, y Don José Maria Llanos, cole-
giales de número; y Don Manuel Gonzalez del Valle, Don Gabriel Valdes y Peñalver y Don Juan Cascales.*

*Exámen tercero.—Don José Maria Casal, colegial de número; y Don Gre-
gorio Aguiar, Don José Maria Morales, Don Francisco Palacios y Don Silvestre
Alfonso.*

*Exámen cuarto.—Don Diego Jimenez, colegial de número; y Don Basilio La-
saga, Don José María Beltran, Don Francisco Ruiz, y Don José Gonzalez
Carbajal.*

Se tendrán dichos exámenes los dias 16, 17, 18 *y* 19 *de Julio, á las nueve de
la mañana.*

*Con licencia. En la oficina de la Cena. Habana.—*1816."

echa cuanto repugna al buen sentido y á la evidencia, y suspende su juicio sobre todo lo demas."

El otro, más breve, pero no ménos significativo, añade:

" Las artes no crean las reglas; ellas no dependen de su capricho, sino están trazadas invariablemente por el ejemplo de la naturaleza."

Cuatro eran los exámenes á que se destinaba esta interesante publicacion. El primero se consagró á la Lógica exclusivamente; el segundo á la Metafísica, comprendiendo los tratados del alma humana y de Dios; el tercero á la *"Ciencia moral,"* circumscribiéndola al estudio del hombre considerado en sí mismo; y el cuarto, á la misma ciencia, considerando al hombre en sociedad, y en sus relaciones con sus semejantes, y con el Ser Supremo.

Aunque este Elenco mereceria por su importancia que se le publicase íntegro, su demasiada extension por una parte, y por otra el hecho de que el Señor Bachiller y Morales lo ha conservado en sus *Apuntes,* * donde no es difícil examinarlo, nos han determinado á no ofrecer á los lectores sino un extracto de esta obra. Con él podrá juzgarse de lo transcendental del movimiento iniciado por su eminente autor, y lo fundamental de su doctrina.

"La autoridad, (dice al hablar de los obstáculos de los conocimientos humanos) es el principio de una veneracion irracional, que atrasa las ciencias, ocultando muchos su ignorancia bajo el frívolo pretexto de seguir á los sabios. La autoridad divina es la fuente de la verdad, y el que se somete á ella procede con arreglo á la recta razon; pero es muy frecuente el abuso de este principio sagrado, haciéndole servir á las ideas humanas con perjuicio de las ciencias, y ultraje de la revelacion. Creemos, por tanto, que es ridículo el argumento sacado de la Escritura

---

* *Apuntes,* tomo II, pag. 157.

en materias puramente filosóficas, á no ser que la verdad histórica del texto sagrado no pueda absolutamente convenir con el sistema filosófico, porque siendo aquel infalible, debe éste rechazarse." (Exámen I. Proposicion 26.)

"Los Santos Padres no tienen autoridad alguna en materias filosóficas; y así debe atenderse únicamente á las razones en que se fundan." (Exámen I. Proposicion 27.)

"Atrasa nuestros conocimientos la práctica de no enseñar las ciencias en la lengua nativa, y mucho más cuando se hace en un idioma muerto." (Exámen I. Proposicion 29.)

"Las disputas en forma escolástica, segun el órden en que las vemos practicar no traen utilidad, y las ciencias no deben nada á tantos siglos de *ergos* como han puesto nuestros doctores."..... (Exámen I. Proposicion 45.)

"Los metafísicos han hecho de la Ontología un conjunto de sutilezas, y un gérmen de cuestiones inútiles."... (Proposicion 1ª del Exámen 2º)

"Dios es un ente perfectísimo: nada mas podemos decir. Su existencia la publica abiertamente la naturaleza, la comprueba el consentimiento de los pueblos, y la evidencian las razones metafísicas. La verdadera Filosofía supo siempre cual era su orígen, le confesó, y acató; mas los falsos filósofos han querido dirigir sus débiles saetas al trono del Eterno, cuya simplicidad, unidad, justicia y providencia manifestarémos contra los embates de hombres tan alucinados." (Exámen II. Proposicion 29.)

"Es un absurdo querer destruir las pasiones humanas; pero es una obra de sabiduría rectificar el uso de ellas. Lo primero nos haria insensibles é inhumanos: lo segundo nos conserva el derecho de racionales." (Exámen III. *De las pasiones.*)

"Decir que pasa una *vida filosófica* el hombre que, retirado, y sin atender mas que á sí mismo, vive entre sus semejantes sin interesarse en los bienes de la sociedad, es el mayor absurdo, aunque vemos practicarlo con frecuencia." (Exámen IV. *Del hombre considerado en sociedad.*

"El hombre tiene contraida una obligacion estrecha con su patria, cuyas leyes le han amparado; y debe sostener sus derechos y defenderla." (Exámen IV. Prop. 15.)

"Uno de los atrasos de la sociedad proviene de la preocupacion de excluir á las mujeres del estudio de las ciencias, ó á lo menos no poner mucho empeño en ello, contentándose con lo que privadamente por curiosidad pueden aprender, siendo así que el primer maestro del hombre es su madre, y que ésto influye considerablemente en el resto de su educacion." (Exámen IV. Prop. 29.)

" Todo hombre está obligado á tener religion y seguir la verdadera."
(Exámen IV. Prop. 34.)

" A Dios se le debe un culto interno y externo. No está al arbitrio del hombre establecer ese culto, ni alterarlo, debiéndose sujetar precisamente al que ha prescrito Dios." (Exámen IV. Prop. 42 y 43.)

" El obsequio que damos á la revelacion es racional y filosófico. Por no tener una verdadera idea de la razon humana, han creido muchos que está como en cadenas, cuando se trata de cosas reveladas." (Exámen IV. Prop. 46.)

En la proposicion 43 del Primer exámen, califica de *bagatelas* los artificios de la argumentacion escolástica, y dice que todas esas argucias y sutilezas las "introdujo el capricho, las repugnó la naturaleza y las resistieron las ciencias."

Las proposiciones destinadas á tratar de la "argumentacion" y las "disputas," son tan juiciosas y acertadas, que por sí mismas constituyen como una especie de código del buen sentido, que nadie hasta entónces se habia atrevido á formular en la isla de Cuba. Sus preceptos se reducen á combatir el orgullo, á inculcar en sus discípulos que *es de sabios mudar de consejo*, y á demostrarles que el mejor modo de rectificar el espíritu y hacerlo progresar es *meditar mucho y disputar poco*.

La lectura cuidadosa de este Elenco, junto con el adecuado conocimiento que se tenga de la situacion en que se hallaba la enseñanza de la Filosofía, así en Cuba, como en España y en los demas paises en que se hablaba el castellano como lengua nacional, conducirá forzosamente á convenir en que ningun otro escritor en dicha lengua habia ido jamas tan adelante como el Padre Varela, y que, hasta entónces, el filosófo habanero, catedrático del Colegio de San Cárlos y San Ambrosio de su ciudad natal, era el que habia hecho mejor uso, en la extension de los dominios que pertencian á España, ó la habian pertenecido anteriormente, del saludable método recomendado por Descartes.

No es, por tanto, sin razon, que el Señor Don Antonio Bachiller y Morales, al ocuparse de este Elenco, * califica sus doctrinas como " las mas puras, " y " las mas adelantadas de su época," y que se admire siempre y se agradezca el espíritu patriótico, con que deseaba que se llevasen á la práctica, y se tradujesen en los hechos de la vida real las enseñanzas de su cátedra. Esto no supone, sin embargo, que el Padre Varela fuese en ningun concepto un maestro de *revó-lucion*, ni que hiciese nada por inducir por ese camino á sus discípulos. Léjos de ello, esquivaba con cuidado cuanto podia rozarse en algun modo con la política militante; y en el mismo ELENCO dió una prueba de su reserva y moderacion á este respecto.

Al exponer, en el exámen cuarto, una proposicion en que sostiene que " el hombre por su naturaleza es sociable," creyó el Padre Varela que debia consignar por una nota, que firmó ademas con sus iniciales, la siguiente manifestacion:—" De ningun modo entraré-mos en cuestiones políticas de gobiernos ni de cosa alguna que tenga relacion estrecha con nuestras leyes fundamentales y derechos del soberano; y así suplico á todas las personas que quieran hacerme el favor de contribuir al exámen de mis discípulos, que omitan semejantes preguntas, no extrañando en todo caso que yo les mande no contestar cosa alguna en estos puntos." †

---

* *Apuntes para la historia de las letras y de la instruccion pública en la isla de Cuba*, tomo I, pag. 198.

† En un libro, más ó ménos de especulacion y circunstancias, publicado en Madrid en 1872 con el título " *Las insurrecciones en Cuba, Apuntes para la historia política de esta isla en el presente siglo*, por Don Justo Zaragoza, se

Este rasgo es bastante por sí solo para juzgar de la época, y la atmósfera especial en que se vivia entónces, y se siguió viviendo luego, en la capital de la isla de Cuba.

---

encuentran, entre otras con relacion al Padre Varela las siguientes frases : "Varela que habia adoptado, hasta respecto del criterio, el método de Descartes, publicó unos Apuntes filosóficos para la direccion del espíritu humano ; y explicando en sus doctrinas, las más puras y adelantadas de la época, segun sus admiradores, los deberes del hombre tanto en la vida social pública y doméstica, cuanto en sus relaciones con la Divinidad, intercalaba aquel entre las distintas proposiciones de su sistema, todo lo que pudiera contribuir á enseñar el derecho natural, así privado como social. Rehuia, sin embargo, las aplicaciones políticas, por no ser las circunstancias á propósito, ni pertinente el asunto, sino muy peligroso en los tiempos que corrian ; y lo rehuia hasta el punto de advertir á sus discípulos, que si alguno intentaba salirse del terreno filosófico, penetrando en los terrenos prácticos, no debia extrañar que eludiese la contestacion.......... *Tales evasivas en un* GENIO SUPERIOR, *como el de Varela, ¿no pudiera muy bien manifestarlas, como incentivo á la juventud escolar, tan ansiosa de invadir el terreno de las prohibiciones, y de penetrar en el estudio de lo desconocido?* (Tomo I, capítulo 5º).

No brillan, á la verdad, en estas frases, ni la gramática, ni el estilo, ni un conocimiento bastante completo de las cosas sobre que se habla ; pero creemos importante reproducirlas, como elocuente muestra de la lógica de promotor fiscal, apasionada y ciega, con que se juzgan en España nuestras cosas, y se interpretan hasta nuestra misma prudencia y abstencion. Dios ha querido que la inquietud sea siempre el primer fruto que producen la iniquidad y la injusticia.

CAPÍTULO VII.

1817.

ADMISION DEL PADRE VARELA EN LA REAL SOCIEDAD PATRIÓTICA.

Ingresa el Padre Varela en la Real Sociedad Patriótica con el carácter de socio de número.—Se le señala tema para el discurso de entrada.—Se le agrega á la seccion de Educacion.—Discurso sobre la influencia de la Ideologia en la marcha de la sociedad y medios de rectificar este ramo.

En la época de la vida del Padre Varela á que hemos llegado en este momento, era la Sociedad Patriótica de la Habana, como lo habia sido ántes, y como continuó siéndolo despues, la generosa corporacion que simboliza cuanto de grande y noble, de verdaderamente saludable y provechoso para el país, se ha hecho jamás en la isla de Cuba. A esa Sociedad inolvidable pertenecieron sin excepcion nuestros pro-hombres. En ella trabajaron todos con el ardor, y el resultado, que las circunstancias permitieron. Y del seno de sus pacíficas deliberaciones, inspiradas constantemente en el amor de Cuba y de su pueblo, brotaron siempre, como si fuera de un manantial inagotable, raudales copiosísimos de luz y de progreso, que levantaron el país en poco tiempo hasta una altura verdaderamente envidiable. A una corporacion de esta especie tenia que pertenecer el Padre Varela: y ella á su turno habia de ver en él uno de sus más preciosos ornamentos.

Consta de los archivos de la Real Sociedad, que en 24 de enero de 1817, y siendo Director de ella el inolvidable Intendente de la Habana, Señor Don Alejandro Ramirez, se celebró una junta, en que se dió cuenta con la instancia, fechada el 23, que habia presentado el Padre Varela, en solicitud de su admision en aquel cuerpo, con el carácter de *socio de número,* lo que le fué concedido sin dificultad. * Y como los Estatutos exigian, que al ingresar un socio, se le señalase un tema, para escribir sobre él una disertacion, ó discurso, que se leyese luego en alguna de las sesiones ordinarias, el que se escogió para el Padre Varela, y que quedó definitivamente decidido en la junta inmediata del dia 1º de Febrero, se procuró que fuese en armonia con sus estudios, y con el espíritu de progreso práctico que ya desde aquel tiempo le distinguia. El tema de que tratamos fué el siguiente: *Demostrar la influencia de la ideología en la sociedad, y medios de rectificar este ramo.*

En 20 de Febrero se agregó al Padre Varela á la seccion de educacion; y en la junta celebrada en ese mismo dia, que fué la primera á que concurrió el nuevo socio, se dió lectura á su discurso.

---

* Fueron tambien admitidos en aquella fecha, en el mismo concepto de socios numerarios, los Señores Don Ignacio Calvo, Don Justo Velez, Don Antonio Duarte y Zenea, Teniente retirado Don Antonio Veguer, Don Miguel Peñalver, Don Francisco de Cárdenas y Chacon, Don Antonio María Serrano Presbítero Don Joaquin de Pluma, Don Dionisio María Matamoros, Doctor Don Pedro José Gordillo, Don Juan de Arredondo, y Don Ramon Riscl.

Tenemos á la vista el ejemplar de las *Memorias de la Real Sociedad* * en que se publicó este trabajo, y de él lo reproducimos textualmente.

Dice así:

Discurso leido por el Presbítero D. Félix Varela, catedrático de filoso- fía en el Real Seminario de San Cárlos, en la primera junta de la Sociedad Patriótica de la Habana, á que asistió despues de su admi- sion en dicho cuerpo.

La naturaleza prescribe al hombre ciertos deberes respecto de sí mismo, en los que conviene con todos sus semejantes: la sociedad le impone otros no ménos sagrados, que dirigiéndose al bien comun, le pertenecen particularmente segun el puesto que ocupa en el sistema social. Todos deben aspirar á la ilustracion de su entendimiento. Este es un dictámen de la naturaleza. Los que se encargan de la enseñan- za pública deben no excusar medios algunos de hacerse capaces de tan árduas funciones. He aquí un precepto de la sociedad. Uno y otro me impelen á proporcionarme los conocimientos necesarios para indi- car los pasos del espíritu humano, y exponer las obras del Ser supremo á una porcion escogida de la juventud que asiste á mis lecciones públicas.

Por tanto en una época en que á esfuerzos de una mano protectora ofrece esta corporacion los más abundantes frutos á la literatura, me he creido estrechamente obligado á acogerme á ella, para recibir las rectificadas ideas que exige el ministerio que ejerzo.

Este es el motivo, Señores, que me trae á vuestra sociedad. He juz- gado siempre que el libro maestro de la filosofía es el trato de los sa-

---

* *Memorias de la Real Sociedad Económica de la Habana, número 7, distri- buido en 31 de Julio de 1817.* Contiene: 1º Discurso leido por el Presbítero Don Félix Varela, catedrático de Filosofía en el Real Seminario de San Cárlos, en junta de la Real Sociedad; 2ª Representacion del consulado en la Habana sobre los derechos de la plata; 3º Real órden en que se concede el comercio libre de neutrales, y amigos al puerto de Baracoa; 4º Estado que manifiesta el valor cn que fueron rematados los diezmos del ramo de estancias del obis- pado de la Habana, en el cuatrieno que finalizó en 1816, y el importe de los que acaban de rematarse por el corriente de 1817 á 1820.—Con superior permiso. Habana. Oficina del Gobierno y Real Sociedad Patriótica, por S. M."

bios, y que nuestros conocimientos adquieren la última perfeccion, cuando se comunican mútuamente en un cuerpo destinado á fomentarlos. Yo seré en lo sucesivo el órgano por donde lleguen vuestras ideas á la juventud que mirais con tanto aprecio. Nada más análogo al celo que os anima que proporcionaros un conducto tan inmediato para esparcir los verdaderos conocimientos filosóficos, y nada más honorífico para mí que ser yo este conducto de vuestra últimas instrucciones.

La juventud está bajo de vuestra proteccion. Lo están los maestros. Tengo un doble derecho para reclamar en mi favor, y en el de mis discípulos vuestras luces, siendo un deber respecto del público, lo que en órden á mí no es, sino un efecto de vuestra bondad, que me inspira el más profundo reconocimiento.

Doy, pues, á esta corporacion las más respetuosas gracias por el honor que me ha dispensado en admitirme; y en cumplimiento de sus mandatos, pasaré á desenvolver el tema, que su muy digno Director se ha servido darme en estos términos.

Influencia de la ideología en la sociedad, y medios de perfeccionar este ramo.

Reducir las ideas del hombre á su verdadero orígen, indicando los pasos con que se fueron desenvolviendo las facultades intelectuales y morales, y la relacion de los conocimientos adquiridos, es el objeto de la ciencia que llamamos *ideología*. De modo que lo que al principio no fué otra cosa que una sucesion de sensaciones con que los objetos exteriores obligaron al hombre á poner en uso la actividad de su espíritu, vino á formar un plan científico, que será tanto más exacto, cuanto más conforme á los dechados naturales que sirvieron á su formacion.

Es por tanto absolutamente necesario que observemos al hombre y sus relaciones, para encontrar los fundamentos de la *ideología*. Yo no me detendré en el pormenor del sistema ideológico, hablando á una corporacion ilustrada que sin duda percibe estas cosas con la mayor exactitud. Reflexionaré únicamente sobre aquellos puntos que tienen una relacion estrecha con el objeto de mi discurso.

En el hombre hay unas sensaciones que producen el deseo de obtener sus objetos, ó de separarlos. Estas llamamos necesidades. Un deseo permanente de ocurrir á dichas necesidades, forma la pasion, y en consecuencia el hombre se constituye un ser sensible y apasionado. Sus ideas le dieron uno y otro atributo, y todo el sistema del hombre moral, depende inmediatamente del hombre ideal, si puedo valerme de esta expresion.

Ya me parece que veo, Señores, que vuestro entendimiento sumamente exacto y diestro concluye el raciocinio que yo he empezado á formar. Sí, me parece que os oigo decir tácitamente: supuesto que el hombre moral forma los elementos de la sociedad, y este ser sensible y apasionado es el producto del sistema ideológico, la ideología es la base del cuerpo social.

Cultivemos, pues, un ramo del que ha de nacer el frondoso árbol de la felicidad pública. El hombre será menos vicioso cuando sea ménos ignorante. Se hará más rectamente apasionado cuando se haga más exacto pensador. ¡Qué abundantes reflexiones se deducen de este principio! ¿Cual será el estado del hombre en la sociedad, en que no tenga una directa influencia el sistema de sus ideas? ¡Cuáles las ventajas que puede sacar el conjunto social de la rectificacion de cada uno de los individuos!

Si conducimos al hombre, por decirlo así, desde la cuna, con unos pasos fundados en la naturaleza, enseñándole á combinar sus ideas, y apreciarlas segun los grados de exactitud que ellas tengan, le vemos formar un plan científico el más luminoso, una prudencia práctica la más ventajosa á la sociedad. Pero si por el contrario le abandonamos en manos del pueblo ignorante, y dejamos que sus ideas tomen el giro que el capricho ha querido prescribirlas, entónces la preocupacion será el fruto de su desarreglo, la inexactitud el distintivo de sus pasos, la fiereza el impulso de sus operaciones. Le verémos adquirir un conjunto informe de ideas que llamará ciencias; pero su espíritu estará envuelto en tinieblas tanto más densas é incapaces de disiparse, cuanto ménos pueda penetrar á lo interior de esta mansion lóbrega de abstraccion, vagos sistemas, inexactas nomeclaturas y conocimientos adocenados, la luz benéfica de la verdadera filosofía.

No es la multitud de ideas la que constituye las ciencias; es sí, el órden de ellas el que forma los sábios. Un magnífico edificio nunca pudo provenir de la aglomeracion desarreglada de diversos materiales: así tambien es imposible que el órden armonioso de las ciencias sea el producto de infinitas nociones mal combinadas. Necesitamos que un exacto sistema ideológico ponga órden en nuestros conocimientos, clasificándolos segun sus objetos; y de lo contrario las ciencias vendrán á ser unos grandes pesos que agovien nuestro espíritu.

El recto juicio tan deseado de todos, tan interesante al bien público, tan necesario á cada uno de los estados del hombre social, no es sino un efecto del plan ideológico. ¿Queremos juzgar bien de las cosas y sus relaciones? No hay otro medio que el de analizarlas. ¿Queremos analizarlas rectamente? Observemos el órden con que la naturaleza nos fué dando las ideas de estas mismas cosas y relaciones. ¿Queremos aprender á observar ? Ejercitémonos en la ideología, en esta ciencia que dividiendo por decirlo así el espíritu del hombre, nos presenta en un cuadro el más bello, la armonía de sus conocimientos, y la relacion de sus facultades. La ideología, pues, forma el buen juicio; y en consecuencia ella es la fuente abundante de los bienes de la sociedad.

" Si en todas las ciencias, dice un sábio ideólogo, es preciso proceder " de lo conocido á lo desconocido, no hay duda que la ideología es la " base de todas las demás, porque no conocemos los objetos exteriores, " sino por nuestras ideas; pues lo que está fuera de nosotros no se co- " noce, sino por lo que está dentro de nosotros. Por tanto, para llegar " al conocimiento de los objetos, es preciso aplicarse ántes á conocer " nuestras mismas ideas, su origen y relacion." *

Tú, don excelso de la palabra, que el cónsul filósofo te llama el distintivo de la especie humana, tú eres un retrato fiel de los pensamientos, y participas de las mismas perfecciones ó deformidades que en ellos se encuentran. El que piensa bien habla bien. Jamás un correcto lenguage fué el compañero de unas ideas inexactas. Elocuencia, delicias de la sociedad, tú que tienes las llaves del corazon humano, que le das libertad, ó le aprisionas segun tus designios, tu imperio todo está fundado en la ideología. Enseñas á los mortales, cuando se te suministran ideas bien desenvueltas y ordenadas segun los pasos del análisis. Deleitas cuando percibes las relaciones de los objetos con nuestra sensibilidad. Mueves, cuando adviertes iguales relaciones con los intereses del hombre apasionado. Debias prestarme ahora todos tus giros y bellezas en favor de la ideología. De la ideología que te ha despojado de aquel atavío de fórmulas y figuras con que te vistieron los que buscaron tu orígen en el capricho de los hombres, y no en las sendas de la naturaleza. Yo reclamo estos derechos á tu proteccion en beneficio de tu misma causa. Pero me he excedido; ya oigo tus voces: ellas me advierten que cuando los objetos se presentan por sí mismos, conviene dejarlos aparecer bajo su natural sencillez. La ideología es un resultado de las leyes naturales, y cuando la naturaleza habla, el hombre debe escucharla en silencio.

He dicho, Señores, bien poco de lo que podria exponerse acerca de la influencia de la ideología en la sociedad, pero demasiado para hablar en una reunion de literatos, que por un mero bosquejo de una imágen científica, sabe formar ideas de sus últimos coloridos. Paso, pues, al análisis del segundo miembro del tema propuesto.

Para encontrar los medios de rectificar un ramo de las ciencias, es pre-

---

* *Daube, Essai d'Ideologie.* Pág. 13.

ciso primeramente observar el estado en que se halla, y las causas que producen este efecto. Me es muy sensible; pero absolutamente necesario exponer que la ideología está entre nosotros en la mayor imperfeccion. La prudencia no dicta que yo pruebe este aserto, refiriéndome á las personas que habiendo ya salido de las clases ejercen la literatura, porque estoy bien persuadido que entre esta especie de gente hay muy pocos que quieran ver, menor número que vea, y muchos que obstinadamente se opongan á todo lo que no es conforme á las ideas con que fueron educados. Hablaré solamente de la juventud, que aun está en disposicion de recibir el influjo benéfico del cuerpo patriótico, si percibimos los males que la aquejan y sus causas.

Tengo probado por experiencia lo que habrán conocido todos los que se hayan dedicado á reflexionar sobre la educacion pública, y es que la juventud bajo el plan puramente mecánico de enseñanza que se observa casi en todas partes, adquiere unos obstáculos insuperables para el estudio de la ideología, y es preciso que tenga un gran empeño en olvidar lo que ha aprendido con tantas fatigas. ¡Desgraciada suerte de la juventud! No me acuerdo que haya venido á oir las primeras lecciones de filosofía un jóven cuyas ideas hayan sido bien conducidas en la primera enseñanza. Se les encuentra inexactos, precipitados, propensos á afirmar ó negar cualquier cosa sin examinarla, y solo porque se lo dicen, llenos de nomenclaturas vagas, sin entender una palabra de ellas; tan habituados al órden mecánico de repetir de memoria sin poner atencion en nada de lo que dicen, que cuesta un trabajo inmenso hacerles atender; y se hallan en unas regiones absolutamente desconocidas, cuando se les manifiesta que toda esa rutina es despreciable, y que en órden á las ciencias no han dado un paso, siendo perdidos casi todos sus trabajos anteriores.

Tal es la situacion, Señores, de la juventud habanera. Yo no temo ser desmentido; la experiencia es muy constante. A los quince años, los más de nuestros jóvenes han sido como unos depósitos en que se han almacenado infinitas ideas, las más extravagantes, ó como unos campos en que se han sembrado indistintamente diversos granos, cuyos frutos mezclados con irregularidad presentan el trabajo más penoso para clasificarlos, rara vez se consigue.

Investigando el orígen de estos males, encuentro que provienen principalmente de la preocupacion que reina en muchos, de creer que los niños son incapaces de combinar ideas, y que debe enseñárseles tan mecánicamente como se enseñaría á un irracional. Nosotros somos, dice el gran maestro del duque de Parma, nosotros somos los irreflexivos, cuando atribuimos á la incapacidad de los niños lo que es un efecto de nuestro método y lenguage.

Efectivamente, Señores, si conducimos un niño por los pasos que la naturaleza indica, verémos que sus primeras ideas no son numerosas; pero sí tan exactas como las del filósofo más profundo. Hablemos en el lenguage de los niños, y ellos nos entenderán. Es temerario el empeño de querer que sus primeros pasos sean tan rápidos como los del hombre ya versado; pero es igualmente un error prohibirles que los den, ó á lo ménos no excitarlos á este efecto.

Se dice vulgarmente que llegando al uso de la razon pensarán con acierto, y que á las clases de filosofía pertenece desenvolver los talentos de la juventud. Preocupacion perjudicial, que ha causado graves daños á la sociedad. El hombre usa de su razon desde el momento en que tiene facultades y necesidades, que es decir, desde que presentándose como un nuevo individuo en el teatro de los seres, inmutan estos sus órganos sensorios, y le hacen percibir las relaciones que ha contraido con el universo. La filosofía empieza para el hombre cuando nace, y concluye cuando desciende al sepulcro, dejándole aun espacios inmensos que no ha recorrido. Los que enseñan no son más que unos compañeros del que aprende, que por haber pasado ántes el camino, pueden cuidar que no se separe de la direccion que prescribe el análisis. El verdadero maestro del hombre es la naturaleza.

Estas consideraciones me conducen á pensar que la ideología puede perfeccionarse mucho en esta ciudad, si se establece un nuevo sistema en la primera educacion, y dejando el método de enseñar por preceptos generales aislados, y pocas veces entendidos, aunque relatados de memoria, se sustituye una enseñanza totalmente analítica, en que la memoria tenga muy poca parte, y el convencimiento lo haga todo.

No es mi ánimo sobrecargar á los jóvenes con el gran peso de prolijas meditaciones. Tampoco pretendo que un aparato científico, lleno de todos los adornos que suelen ponerse á las obras del ingenio para darlas el mérito que no tienen, venga á deslumbrar los tiernos ojos de la niñez. Muy léjos de esto. Estoy persuadido que el gran arte de enseñar consiste en saber fingir que no se enseña. Yo creo que todas las reglas que con tanto magisterio se suelen presentar, vienen á ser como unas columnas de humo, que las disipa el menor viento, si no están fundadas en investigaciones anteriores, siendo el resultado de unos pasos analíticos, cuya relacion se haya percibido.

Las reglas son el término de nuestras investigaciones, y no pueden ser el principio de ellas. Las proposiciones generales resultan del análisis de muchos individuos que forman como una gran cadena, y si el entendimiento no percibe la union de sus eslabones, todos los axiomas son inútiles, diré más, son perjudiciales, porque alucinan al espíritu con su evidencia mal aplicada, y el hombre será tanto más ignorante, cuanto ménos cree serlo. Es preciso concluir por donde ahora se empieza. Esta proposicion pareceria una paradoja á la vista de hombres poco instruidos, mas yo creo que es una verdad muy clara para vosotros que no ignorais los trabajos inmortales de los célebres ideólogos.

Los fundamentos de la ideología no pueden darse sino cuando se ha hecho pensar bien al hombre, sin que él perciba que el ánimo era formar un plan ideológico; pues entónces la historia por decirlo así, de sus aciertos compendiada en cortas expresiones, formará su lógica perfectamente entendida porque no será más que lo que él mismo haya hecho.

Entónces, podrá verificarse que los jóvenes cuando pasen á las clases de filosofía vayan á rectificar su entendimiento, esto es, á observar los pasos que ellos mismos habian dado sin saber que los daban, á rectificar algunos de ellos y facilitarse la carrera de las ciencias, y no como sucede actualmente que solo van á aprender lo que es costumbre se aprenda, quedándose sobre poco más ó ménos con los mismos defectos intelectuales que ántes tenian.

Esta regla no es universal: vuestra prudencia lo conoce. Yo haría un agravio á los profesores públicos de filosofía que tanto fruto han dado y están actualmente dando, si dijera esto de todos los jóvenes que han cursado y cursan dichas clases. Yo mismo me privaria del honor que me hacen muchos de mis discípulos, si agraviando su mérito negara la rectitud de sus ideas. Pero esto lo deben á las luces con que la naturaleza quiso favorecerlos, á su aplicacion y génio filosófico, y algun tanto á mis cuidados.

Propongo, pues, que la Sociedad mande formar, por alguno de los muchos sujetos instruidos que la componen, una obra elemental para la primera educacion. Por mi dictámen, esta obra debe ser la mas breve y clara que sea posible. No debe encontrarse en ella ninguna voz técnica, ni palabra alguna que los niños no hayan oido millares de veces. Todas las divisiones y subdivisiones inútiles deben desterrarse. Por seguir lo que siempre se ha seguido, no caigamos siempre en los mismos errores. Vale más acertar con pocos, que errar con todos.

Reputo esta obra como un ensayo práctico, y base fundamental de la ideología teórica que se aprenderá á su tiempo. Para esto conviene se elijan las materias más interesantes, y que con más frecuencia deben tratarse, á saber, nuestra santa religion y las obligaciones del hombre social.

Estos objectos que forman nuestra felicidad son los mismos más ignorados. Un catecismo repetido de memoria en forma de diálogo, esperando el niño la última sílaba de la pregunta para empezar la primera de su respuesta, es el medio más eficaz para perder el recto juicio sin instruirse en la doctrina cristiana. El diálogo no es para las obras elementales, y el aprender de memoria es el mayor de los absurdos. Yo no me detengo en probarlo, porque la Sociedad, sobre manera ilustrada, no puede ménos que percibir claramente los fundamentos de esta proposicion.

Creo, Señores, que ensayados los jóvenes en pensar bien sobre unos objetos tan familiares como dignos, se harán capaces de percibir los principios de la gramática universal, que deben ser el complemento de la obra que propongo.

Me persuado igualmente que con estos ensayos podrán aprender la gramática de su lengua, la del idioma latino y cualquiera otra, sin más trabajo que procurar los maestros, conducirlos por los mismos pasos que les han visto dar en esta primera educacion.

La Sociedad, con su acostumbrado acierto, ha prevenido muchos de los medios de rectificacion de la enseñanza pública que podrian ser objeto de mi discurso, como causas que influyen notablemente en la ideología. Veo con mucha complacencia que el bello sexo es atendido. La Habana se promete muchas ventajas de este esmero. Dos amigos han desempeñado con la mayor propiedad el encargo que se les hizo en órden á las escuelas de niñas, y su informe prueba bien por lo claro la necesidad que hay de mejorarlas. Tengo entendido, que se ha encardo la formacion del plan general de enseñanza á uno de nuestros amigos, que lo es mio por relaciones particulares, y cuya instruccion me es tan conocida que no puedo ménos que prometerme los más felices resultados.

De todo lo expuesto se deduce lo interesante que debe ser para vosotros enseñar al hombre á pensar desde sus primeros años, ó mejor dicho, quitarle los obstáculos de que piense. Yo he insinuado algunos medios, vuestra inteligencia les dará el valor que tuvieren, y suministrará otros muchos ventajosos, pues yo no dudo que tendreis siempre en consideracion *la influencia de la ideología en la sociedad, y los medios de rectificar este ramo.*

CAPÍTULO VIII.

1817-1818.

OTROS TRABAJOS EN LA REAL SOCIEDAD PATRIÓTICA.

Servicios del Padre Varela en la Real Sociedad Patriótica.—Juicio crítico de la Gramática castellana que escribió el Padre Laguardia.—Juicio crítico de los Elementos de la Lengua castellana de Don Manuel Vasquez de la Cadena. MÁXIMAS MORALES Y POLÍTICAS.—*Se le confiere por aclamacion el nombramiento de socio de mérito.*

Poco despues de su admision en la Real Sociedad, comenzó el Padre Varela á dar muestras inequívocas de la actividad y celo con que se proponia llevar á cabo las funciones nuevas de la posicion que habia deseado. El título de sócio de número de aquella corporacion tan bien denominada patriótica, no fué nunca para el Padre Varela, sino ocasion propicia para emprender ciertos trabajos, que por sí solo no habria tal vez tenido nunca la posibilidad de llevar á cabo.

El Señor Don Antonio Bachiller y Morales nos ha dicho que varias veces habia oido de un cierto juicio crítico, que escribió el Padre Varela por encargo de la Sociedad, sobre un tratado de Gramática castellana, que compuso el Padre Laguardia, y que dedicó á aquella corporacion ilustre; y en el "Catálogo" de libros y folletos, de que ántes se ha hecho mencion, * consigna la siguiente referencia:

"*Elementos de la lengua castellana*, por Don Manuel Vazquez de la Cadena.—Fué censurado por Don Félix Varela y Don Justo Velez, de órden de la Sociedad Económica: y aunque no he visto la obra impresa, se me ha manifestado por algunos que llegó á publicarse."

Debe entenderse por la palabra "censura" usada en esta nota, el juicio crítico que la Sociedad acostumbraba encomendar á dos de sus miembros sobre toda obra que veia la luz pública en la Habana, ó en la isla de Cuba, ó que se sometia á su consulta y aprobacion.

Una obra más importante que todas estas, en cuanto á la forma al ménos, es la coleccion de *Máximas morales y sociales*, que por encargo de la misma benemérita corporacion escribió el Padre Varela para el uso de las escuelas y para que se difundiesen en el pueblo. Se publicó esta obrita por primera vez, segun parece, en las *Memorias* de la Real Sociedad; y despues, nos dice el Señor Bachiller y Morales, se hicieron muchas ediciones separadas, por acuerdo de la seccion de Educacion de aquel ilustre cuerpo, que se distribuyeron con profusion, y se agotaron prontamente.

El ejemplar que el Señor Bachiller y Morales pudo examinar, es del año de 1841, y llevaba como apéndice algunas fábulas de Iriarte, Samaniego y Rentería.

En un informe, fechado el 11 de Diciembre de 1818, que dió á la Real Sociedad Patriótica de la Habana el Señor Don Juan N. de Arocha, Secretario de la Seccion

* *Apuntes*, tomo III, pag. 183.

de Educacion de aquel Cuerpo, exponiendo los trabajos ejecutados durante el año, se hace mencion de "un cuaderno de instrucciones morales y sociales para la juventud, escritas por Don Félix Varela y Don Justo Velez, impreso á expensas de dicha Sociedad."

Nosotros no hemos tenido nunca la fortuna de encontrarnos con un ejemplar de este librito. Pero sí hemos podido saborear algunas de las sentencias, ó *instrucciones* como las llama el Señor Arocha, que allí se contenian, y que han sido salvadas del olvido, merced al celo inteligente del ilustrado profesor Señor Morales, á quien ántes hicimos referencia. Este Señor tuvo la buena idea de conservarlas en su importante libro titulado "*Progressive Spanish Reader, with an Analytical study of the Spanish language.*—New York, D. Appleton & Co., 1876." No siendo muchas, y valiendo tanto, por sí mismas, por su autor, por el período de tiempo en que se escribieron, y por su rareza bajo el punto de vista bibliográfico, las insertamos á continuacion :

LA PRECAUCION.

No te fies de los hombres ántes de experimentarlos; pero no desconfies tampoco sin razon, porque es contrario á la caridad y á la justicia.

LA GRATITUD.

No tengas envidia de tu bienhechor, no te esfuerzes nunca en ocultar el beneficio que has recibido de él, pues aunque valga más obligar que estar obligado, y aunque un acto de generosidad atrae la admiracion; no obstante, la confesion humilde del agradecimiento mueve siempre al corazon y es agradable á Dios y á los hombres. Pero no recibas favor alguno de mano del orgulloso; ni te dejes obligar del interesado ó avaro ; la vanidad del orgulloso te expondrá al sonrojo, y la codicia del avaro jamas estará contenta.

LA BENEVOLENCIA.

La benevolencia produce en nosotros una sensacion apacible, y en los demas aprecio : pues todos aman al que desea los bienes para sus semejantes. Sin embargo, es preciso que no degenere en una absoluta condescendencia, y un deseo de que todos consigan lo que apetecen, ora sea justo, ora sea injusto.

LA TEMPLANZA.

La templanza pone unos justos límites á todos nuestros apetitos, para que no se opongan á lo que dicta la razon y manda la ley, sirviendo así mismo para conservar la salud. No sólo en los manjares, como se cree por lo comun, sino tambien en los deleites de los demas sentidos tiene cabida la templanza. Nos enseña á usar los placeres como medios para aliviar nuestro espíritu, y no como objetos en que debe fijarse nuestra alma.

LA BENEFICENCIA.

La beneficencia nos hace amables; pero será indiscreta si distribuimos los beneficios sin consideracion á las personas; pues muchas veces se conceden dones á sujetos que no han de hacer uso de ellos y son inútiles, ó á personas que les dan mala aplicacion y vienen á ser perjudiciales.

LA CONMISERACION.

La conmiseracion es como el distintivo de la humanidad, pues sólo las fieras no se resienten de los estragos de sus semejantes, ni ponen término á su furor. Pero es preciso no confundir la conmiseracion con la debilidad que pretende dejar impunes los delitos y proteger al malvado.

LA PRUDENCIA.

La prudencia indica al hombre lo que debe elegir, practicar y omitir en cada circunstancia. Esta virtud no se adquiere sino por la reflexion continua, que llega á hacernos habituar á juzgar bien. Procurémos conocer las cosas como son en sí, y no como las pintan los hombres; y entónces podrémos hacer buen uso de ellas. Sin embargo, es preciso estar al tanto de las acciones de los otros para dirigir nuestras operaciones respecto de ellos.

LA JUSTICIA.

La justicia nos prescribe dar á cada uno lo que le corresponde, y es la virtud que sostiene la sociedad. Debemos, pues, no privar á otro de los bienes, honor y crédito que posee; y tampoco se han de negar los premios y alabanzas que cada uno merece. Así mismo es preciso corregir los defectos y castigar los delitos; pero de un modo arreglado á la prudencia, en términos que siempre se produzca un bien, que el castigo no exceda al delito, ni el premio al mérito.

LA FORTALEZA.

La fortaleza sostiene al hombre en los peligros : le enseña á sufrir los males ; á no vacilar en la abundancia de los bienes; y á emprender grandes obras. Pero es preciso que no degenere en temeridad, ó mejor dicho, en barbarie; pues hay muchos que creen que son fuertes, porque se exponen á todos los peligros sin necesidad, y buscan, por decirlo así, los males, para ostentar que pueden sufrirlos. Otros destierran de su alma la compasion : otros aspiran al bárbaro ejercicio de sus fuerzas contra sus semejantes, como lo harian entre sí los animales mas feroces; y esto creen que es la virtud de la fortaleza. ¡ Qué engañados viven ! Toda virtud es racional, y no puede inspirarnos operaciones tan brutales.

LA IRA.

La ira convierte al hombre en una fiera, privándole de todo el uso de su razon. Basta decir esto para entender que debe ser reprimida. Sin embargo, hay una ira santa, que es la que excita en un espíritu arreglado la vista del crímen y la obstinacion del criminal. En tal caso, debe arreglarse por la ley divina y humana, para no perder el amor natural que debemos á todo hombre, por el odio que merece el vicio. Amémos el malo, y aborrezcamos su maldad : pero miéntras no se corrija, manifestémos el rigor que merece.

LA DESESPERACION.

La desesperacion siempre es irracional, y jamas tiene fundamento. El hombre débil, el hombre de un espíritu bajo es el que no puede sufrir los males y se desespera. Siempre la desesperacion proviene de ignorancia, pues no se advierten los medios de evitarla, ó proporcionarla, y en consecuencia el espíritu se embrutece.

LA VENGANZA.

Prueba la venganza un alma débil y rastrera, porque verdaderamente los males recibidos no se destruyen con hacer otros iguales al que los causó : y es una necia complacencia la de no sentir los males porque otro tambien los siente. Pero no se debe inferir de aquí que el que hace un daño se quede impune ; pues hay el recurso de aplicarle la pena que merece, no por venganza, sino por correccion, para evitar que haga mayores daños.

LA ALEGRIA.

La alegría exalta el alma, y es como el gran resorte de sus operaciones ; mas cuando es excesiva llega á trastornar el espíritu, y da cierta ligereza opuesta á la madurez y buen juicio. Conviene reflexionar sobre la inconstancia de la alegría en el mismo acto en que la experimentamos : esto servirá para moderarla, y hacernos ménos sensible su pérdida.

LA TRISTEZA.

La tristeza debe moderarse con todo empeño, porque un alma triste es un alma decaida ó abatida ; y en el abatimiento no pueden ejercerse acciones grandes. Debemos considerar un espíritu triste como un cuerpo desfallecido, que apénas puede ejercer las acciones más sencillas.

LA INQUIETUD.

Mira el orígen de la inquietud que traes, y las desgracias de que te quejas, y veras que provienen de tu propia locura, de tu amor propio, y de tu desarreglada imaginacion. Corrige tu interior, y no te digas : "Si tuviera hacienda, poder, y reposo, yo seria feliz." Advierte que estas cosas tienen sus inconvenientes y dañan á los que las poseen. No tengas envidia al que goza una felicidad aparente ; porque no conoces sus penas secretas. La mayor sabiduría es contentarse con poco ; porque el que aumenta sus riquezas, aumenta sus cuidados.

LA INGENUIDAD.

El hombre ingenuo desprecia los artificios de la hipocresía, se pone de acuerdo consigo mismo, y jamas se embaraza en sus operaciones : tiene bastante valor para decir la verdad, y le falta para mentir. El hipócrita opera de un modo contrario á sus sentimientos : está profundamente escondido : da á sus discursos las apariencias de verdad ; miéntras que la única ocupacion de su vida es el engaño. Es incomprensible para los necios ; pero está muy descubierto á la vista del prudente. ¡ O insensato hipócrita ! las fatigas que pasas para ocultar lo que eres son más grandes que las que costaria conseguir lo que quieres parecer.

LA MODESTIA.

Pon freno á tu lengua, para que las palabras que salgan de tu boca no alteren tu sosiego y te proporcionen discordias. Cualquiera que habla con gusto de las faltas ajenas, oirá con dolor hablar de las suyas. No te alabes á tí mismo, porque no grangeas sino el menosprecio. No procures hacer ridículos á los otros, porque es peligroso empeño. Una burla picante es la ponzoña de la amistad ; y el que no puede contener su lengua, no vivirá con quietud. Un grande hablador es el azote de las concurrencias ; se aflige el oido con su locuacidad ; y generalmente enfada y molesta, porque es su lengua como un torrente en que se aniega la conversacion.

Los servicios del Padre Varela no podian dejar de merecer de parte de la Sociedad alguna demostracion del aprecio y gratitud con que los aceptaba. Y así fué que en una junta general, que tuvo efecto el 14 de Diciembre de 1818, bajo la Presidencia del Gobernador Capitan General de la isla, Excmo. Señor Don José de Cienfuegos y Jovellanos, y siendo Director del cuerpo el mismo Señor Ramirez, de quien ántes hemos hablado, se le confirió por unanimidad y aclamacion el nombramiento de *socio de mérito.* Léese en el acta de la sesion de aquel dia que el Señor Director hizo presente á la Junta que el Presbítero Don Félix Varela "habia " contraido muy buenos méritos en la Seccion de edu- " cacion, desempeñando todas las comisiones que se le " habian conferido con el mayor celo, actividad y " acierto...... y que por estos motivos y las demas " recomendables circunstancias que concurren en este " jóven, era de parecer que la Sociedad le concediese " la patente de *socio de mérito,* como un premio muy " digno de su aplicacion, y un estímulo el más apropó- " sito para que este cuerpo tenga en su seno mayor " número de individuos que aspiren á esta distincion."

"La Junta, añade el acta, de acuerdo con los senti- " mientos del Señor Director, quiso que *ni se procediera* " *á la formalidad de votar, sino que por aclamacion que-* " *dara nombrado, como lo quedó en efecto el amigo Don* " *Félix Varela,* SOCIO DE MÉRITO *de esta Sociedad;* y así " acordado, se encargó al Secretario lo participase al " interesado para su satisfaccion, dirigiéndole la pa- " tente, y copia del acuerdo en lo pertinente á este " particular."

CAPÍTULO IX.

1818.

EL ELOGIO DE FERNANDO VII.

Pasmosa actividad del Padre Varela en este período de su vida. — Nuevos trabajos filosóficos y de otro género.—Elogio de Fernando VII, en la Real Sociedad Patriótica.—Consideraciones sobre el estado político de la isla de Cuba en diversas épocas de su historia.

Como se verá dentro de poco, no se detuvo en este punto la grande obra de enseñanza científica y filosófica, que habia sido encomendada al Padre Varela. La actividad incansable del maestro y su celo siempre ardiente en favor de la juventud, lo empujaban constantemente hácia adelante. Su vida en el espacio á que se dedica este capítulo fue ciertamente tan pasmosa, que casi no se puede ni comprenderla, ni seguirla.*

---

* Don Justo Zaragoza, en su obra ántes citada, dice : "En aquella época liberal, conocida por la de 1812, el sabio cubano Varela, de quien decian sus adeptos que nunca dejó de conceder su proteccion á los desvalidos, puesto al frente de la filosofía en Cuba, *educaba hasta con vertiginosa actividad, y como si el tiempo hubiera de faltarle,* á cuantos neófitos podia atraer á sus doctrinas.

Dentro de este corto espacio de tres años, hay que
agrupar unos con otros los trabajos más importantes
del sabio habanero en el ramo de Filosofía, y los que
dieron ciertamente á sus doctrinas filosóficas una
expresion definitiva. Pero ademas de estas tareas, y del
trabajo requerido en la preparacion de los nuevos y
sazonados frutos de su meditacion y sus vigilias, de
que dentro de poco tendrémos que ocuparnos, otros
asuntos vinieron á llenar su tiempo en beneficio de
sus compatriotas y en el servicio de su país.

Un hombre tan popular y tan amado como el Padre
Varela, ya lo dijimos ántes, no podia quedar tranquilo
en el humilde rincon de su colegio, cuando alguna
cosa grande acontecia en la Habana, ó cuando se queria conmemorar en ella, de una manera realmente satisfactoria cualquier suceso de importancia. Para todo
se apelaba al Padre Varela, y nada se creia completo
sin su cooperacion y auxilio.

Una de estas diversas ocasiones en que el ilustre
catedrático, teniendo que ceder á los deseos de sus compatriotas, se vió en la necesidad de ocuparse de cosas
diferentes de su enseñanza y de sus deberes de sacerdote, fué con motivo de celebrarse en la Habana las
juntas generales de fin de año de la Real Sociedad
Patriótica, y de haberse acordado por sus socios que
en la que debia tener lugar el 12 de Diciembre de 1818,
se pronunciase en público y en sesion solemne, un
elogio de S. M. Don Fernando VII, que reinaba entónces en España.

Es un fenómeno curioso en la historia de la isla de
Cuba, digno por cierto de meditacion y estudio, que en
aquella tierra privilegiada, se haya debido siempre más,
en cuanto á justicia para sus habitantes, y á interes sincero respecto de su adelanto material y su cultura, al

sistema de gobierno denominado en España del *absolutismo* puro, que al decantado régimen *liberal*, que lo sustituyó desde 1837, y que se ha mostrado siempre conculcador audaz de todas las libertades, lo mismo en su pais que en Ultramar. *

Bajo el reinado de Fernando VII, y en el período

---

* A este sistema *liberal* se debe en la isla de Cuba, la no admision de sus diputados en las Córtes de 1837, el famoso artículo adicional de la Constitucion votada entónces, por el cual se priva á Cuba de representacion en el Congreso, y se la ofrecen leyes especiales; el establecimiento del estado de sitio permanente, con supresion de todas las libertades públicas, y con facultades omnímodas en los Capitanes Generales, extendidas hasta el grado de desobedecer á su voluntad, y suspender cuando les parezca oportuno, las leyes de toda clase, y los decretos del soberano; la supresion de los conventos y la confiscacion de sus propiedades; la supresion del Consulado y de nuestros antiguos Ayuntamientos, y la de todas las [instituciones que representaban en algun modo la libertad local más insignificante, para sustituirlas con corporaciones sin iniciativa y puramente consultivas, y con un sistema de gobierno que, como decia el General Serrano, Duque de la Torre, en su notable informe de 10 de Mayo de 1867, no es más que "un gobierno militar y absoluto desde los mas altos hasta los mas bajos grados de la escala." En Cuba, más tal vez que en ninguna otra parte de los dominios de España, se ve justificada la severidad del juicio que un excelente autor inglés ha hecho de los liberales españoles. "Ellos no han aprendido nada con el tiempo, ni con la adversidad. El principio que los ha unido siempre es un principio de injusticia y de espoliacion. Con las palabras "libertad" y "regeneracion" constantemente sobre sus labios, jamas han pensado en otra cosa que en sí mismos, y en su propia conveniencia. En tiempo de desgracia han asumido el carácter de patriotas desinteresados, que sufrian por la causa de la libertad; pero cuando han triunfado, el éxito los ha presentado con sus colores verdaderos. Su desinterés no es más que la mayor licencia para ejercer el peculado; y su sistema de libertad es simplemente una variedad más opresiva de despotismo. Ellos pregonan un amor ilimitado á sus paisanos, y sin embargo los matan sin piedad, los encarcelan en mazmorras inmundas, ó los destierran á climas pestilenciales. Cuando han cogido las riendas del gobierno, siempre se han manchado con asesinatos, matanzas, medidas horrorosas de represion.... Jamas son hombres prácticos, sino cuando se necesita inflamar á las masas, para arrastrar autoridades, matar prisioneros, confiscar propiedades; jamas son justos, sino cuando se destruyen y destierran unos á otros. Lo que saben hacer en los peligros es dar decretos, ó escribir sobre el papel modelos de legislacion empírica, puramente teórica y especulativa, que no conducen á más que á satisfacer su vanidad.—*Revolutions of Spain from* 1808 *to the end of* 1836, *by W. Walton. London* 1837,

precisamente que ha solido considerarse más *ominoso* para España, se vió favorecida la isla de Cuba por una serie de medidas productoras de inmenso bien, y que llenaron de placer á los patriotas. En el año de 1817 se celebró el tratado entre España y la Gran Bretaña para la abolicion de la trata de esclavos. * En el mismo año se puso en planta el Real Decreto del desestanco del tabaco. En 1818 se dictó la Real cédula por la cual se abrieron los puertos de la isla al comercio extrangero. Contemporáneamente se dispuso que fuese libre la introduccion de la moneda de oro y plata, sujeta hasta entónces á pagar un derecho de aduana. Otras medidas adoptadas tambien por el monarca, en aquella misma época, tendiendo á favorecer en especial el desarollo del comercio de la ciudad de Matanzas, culminaron en 1819 con la llegada del primer buque de vapor que surcó las aguas de la isla, que se denominó *El Neptuno,* y que se destinó á dar viages entre Matanzas y la Habana.

No era, pues, de extrañarse que la Sociedad Patriótica, establecida en la capital de la grande Antilla, y la primera siempre en promover, ó en aplaudir, cuanto

---

* Para honor de Cuba y los cubanos, debe decirse que desde el año de 1790 habian ellos dirigido representaciones al monarca en favor de los esclavos : que en 1796 repitieron sus esfuerzos en el mismo sentido por medio del eminente habanero Señor Don Francisco de Arango y Parreño ; y que en 1811, en una forma mas concreta, el Ayuntamiento y las corporaciones de la Habana elevaron al trono un respetuoso memorial, redactado por el Señor Arango, en que se pedia la cesacion del tráfico de esclavos, el cual se conserva impreso en un interesante libro titulado *Documentos de que hasta ahora se compone el expediente que principiaron las Córtes extraordinarias sobre esclavitud de los negros. Madrid.* 1814. Esta obra se tradujo al francés, y se publicó en Paris, en el mismo año, con el título de *Recueil de diverses pièces, et des discussions, etc., sur la traite et l'esclavage des nègres.* El Baron de Humboldt, que cita con frecuencia al Señor Arango, y que conocia esta obra suya, califica á aquel insigne habanero, en su *Ensayo sobre la isla de Cuba,* como "uno de los mas ilustres estadistas de su nacion."

se hizo de notable y verdaderamente provechoso para el país, determinase manifestar su gratitud al soberano á quien se debian tantos favores, y que para dar forma á este pensamiento, acordase comisionar á uno de sus miembros para escribir el *Elogio* de S. M., "contraido solamente á los beneficios que se habia dignado conceder á la isla de Cuba," y que este *Elogio* se leyese en una de las sesiones públicas solemnes al fin del año.

El honor de la eleccion recayó en el Padre Varela. ¿A quien, sino á él, habian de volverse los ojos cuando se trataba del bien de Cuba, y de dar expresion digna al pensamiento de los cubanos? El resultado demostró que la eleccion de la Sociedad, tan bien llamada Patriótica, habia sido acertadísima, pues el *Elogio de Fernando VII* es un trabajo de primer órden, y como dice el Señor Don Antonio Bachiller y Morales,* "contiene párrafos que nadie puede mejorar en lo descriptivo."

Este *Elogio*, que se leyó como se ha dicho el 12 de Diciembre de 1818, se imprimió en las *Memorias* de la Sociedad, en el nº 25 del tomo III, distribuido el 31 de Enero del año siguiente.

Tenemos á la vista una copia de este bellísimo trabajo, que debemos á la bondad del ilustrado amigo incógnito de quien se habló en el Prólogo. Desearíamos insertarlo íntegro, aunque fuese como un apéndice; pero como, por una parte, es muy extenso, y por otra corre impreso, en union de otros, en un volúmen que se publicó en Matanzas † por el Señor Don José María

---

* *Apuntes*, tomo III, pag. 75.

† *Discursos del Padre Varela, precedidos de una sucinta relacion de lo que pasó en los últimos momentos de su vida, y en su entierro, hasta que se depositaron sus cenizas en la capilla que al efecto levantaron los cubanos en el cementerio de San Agustin de la Florida.* Matanzas. 1860. Imprenta del Gobierno.

Casal, y que nos parece no es difícil de adquirir, preferimos presentar únicamente aquellos pasages que á nuestro parecer son mas notables. *

Al empezar manifestando lo que la naturaleza hizo por Cuba, para seguir despues desenvolviendo lo que hicieron los hombres en beneficio de la misma, se propuso el Padre Varela dejar trazada en pocas líneas la descripcion de aquella tierra, que segun la expresion de Raynal, "podria ella sola valer un reino." †

" La naturaleza, (dice) puso en la entrada de un apacible golfo, que baña á los opulentos paises del tesoro del Nuevo Mundo, una isla afortunada en que imprimió sus carismas. No quiso mandar á ella la víbora venenosa, ni la cruel langosta : separó las fieras devoradoras, como extrañas de la mansion de la paz; prohibió se acercasen el huracan furioso, el pesado granizo, y la escarcha destructora ; al mismo rayo le puso justos límites ; reprimió el volcan abrasador para que no vomitase sus mortíferas lavas sobre el país de su cariño ; hizo brotar rios numerosos que serpenteando por los risueños prados communicasen la fertilidad, y se detienen de mil modos, pues parece que dejan con pesar un suelo privilegiado. El sol prometió acompañarla siempre, mas sin hacerla sentir los rigores que sufre el tostado africano. Por todas partes una tierra hambrienta convida al hombre á entregarla copiosas semillas, ofreciéndole pagar con usura. Un mar benigno baña sus costas, y hundiéndolas por diversos parajes, forma puertos en que respeta las naves, como para convidarlas á que vuelvan. La miseria se ahuyenta hasta las heladas regiones, no hallando cabida en el país donde reina una eterna primavera. En esta isla deliciosa habita un pueblo generoso. Hijo de la abundancia, desconoce las pasiones que inspira la escasez. A él se acercan todas las naciones del orbe; y las luces adquiridas con este trato no alteran sus nobles y sencillos sentimientos."

. . . .

* Hablando de este discurso y del sermon del Padre Varela sobre Cárlos IV, dice Don Justo Zaragoza en la obra citada: "Varela era sacerdote,...... y como tal escribió un excelente panegírico de Cárlos IV, y un conmovedor elogio de Fernando VII, mostrando en ámbos trabajos grandes dotes de orador cristiano." Tomo I, cap. V.

† L'île de Cuba pourrait seule valoir un royaume. *Histoire philosophique et politique des établissements et du commerce des Européens dans les deux Indes,* par S. T. Raynal. Livre XII.

"Soberbias olas del Tíber, exclama en otra parte, vosotras que envolvísteis las víctimas de la miseria agrícola, manifestada por el célebre Manucio, quizas nuestros rios hubieran imitado vuestra fiereza, sepultando al desgraciado labrador que en el suelo de la abundancia moria de hambre, si la mano poderosa de un Príncipe no hubiera roto las cadenas de la agricultura, y no hubiera desatado los robustos brazos que ligó una mala política. Aquel padre de familia que, por premio de sus copiosos sudores, sólo recogió la miseria para sus hijos, en la pérdida de sus frutos decretada por la arbitrariedad y escudada por la ley; aquella esposa, compañera no ménos en los afanes que en la desgracia; las copiosas lágrimas de aquella porcion apreciable del pueblo, cuya vida llamó Tulio libre de la codicia y observadora de sus deberes, conmueven nuestro espíritu. El rústico, ¡ que asombro ! el amable rústico vió salir del santuario de la ley los rayos destructores de su fortuna, y la espesa nube que extendida sobre sus campos los sumergió en una noche eterna. Pero al fin la voz de la libertad, que sale de unos labios bienhechores se deja oir por todas partes. Sembrad vuestro tabaco, vendedlo á vuestro arbitrio, poned precio á los frutos de vuestro sudor, y sed los jueces acerca del mérito de vuestros bienes. La ley renuncia un derecho que la deshonra. Bajo un Príncipe bondadoso, no hay lugar á opresiones ni á monopolios."

"El respetable anciano que habita el humilde terreno que le vió nacer, y que ha sido testigo de sus penas, apoyando su cuerpo trémulo sobre el fuerte báculo, se reanima, y aun se atreve á elevar un rostro, en que el tiempo ha puesto los caractéres de la prudencia, y la virtud los del mérito; levanta sus pesados párpados para mirar en el ocaso de sus dias al alto cielo que derrama tantos bienes : se dirige despues hácia el horizonte venturoso por donde resuena la grata voz de libertad; y últimamente fija su vista sobre el robusto jóven á quien ha dado el ser. "Anímate, le dice, un Príncipe que ha sabido el primero conciliar los intereses del trono con los derechos del vasallo, quiere que seas feliz. Bendícele. Mas no te detengas, apresúrate, subyuga al toro feroz, agita al perezoso buey ; abre, sí, abre la tierra con mano firme, pues un númen benéfico sigue tus pasos, y derrama el rocío de la proteccion Real sobre el surco que forma tu penetrante arado. Dueño de los frutos de tu trabajo por la naturaleza, lo serás tambien por la piedad de un Príncipe que no sabe contradecirla. Nó, no temas : la ley armada no vendrá á arrebatar de tus manos los dones que la tierra tu madre ponga en ellas. Para vivir no será preciso quebrantar la ley, ni exponerse á la ignominia. Reune pues á tus amigos : esfuérzate con ellos ; y renovad juntos los felices tiempos de los pastores de la Arcadia."

Las palabras de nuestro esclarecido compatriota, viriles y sentidas, representaban ciertamente el espíritu de la Sociedad y del país. Con el Rey Don Fernando VII, usando la frase que emplea tratando de este asunto el Señor Bachiller y Morales, en el lugar ántes citado de sus *Apuntes*, "nunca fueron desoidas las necesidades de la isla de Cuba," y "el comercio, la poblacion, las ciencias, se desarrollaron grandemente en esa época en que se hallaban cerca del trono los Ramirez y los Arango," celosos siempre de propender en todo lo posible al bien de nuestra tierra.

Hoy, en medio del rugido de las pasiones, y cuando los desaciertos de España, y su injusticia, han desencadenado contra ella y contra Cuba, el huracan violento, que amenaza arrebatarlo todo, y hundir en el abismo la obra hermosa que habian logrado levantar tantos patriotas eminentes, se comprenderá tal vez con dificultad, por lo ménos entre las masas populares, y los que se llaman *espíritus avanzados*, el sentimiento de este *Elogio*. Era, sin embargo, en aquel tiempo, en pleno *absolutismo*, en 1816, cuando el ilustre habanero Don Francisco de Arango y Parreño, entónces en Madrid, aconsejaba al Rey que se siguiera, respecto de la isla de Cuba y de los cubanos, "el útil plan de atraer con beneficios á aquellos hijos de España, haciendo que Cuba en todos sentidos sea una de sus provincias. Este es mi deseo, agregaba, ménos por el bien del momento, que por llevar al sepulcro el dulce consuelo de que mis paisanos se conserven en los tiempos más remotos, tan fieles vasallos de S. M. C. como lo ha sido y será siempre Francisco de Arango."

Palabras semejantes, aunque mucho ménos fuertes y decididas, y pronunciadas con ménos entereza, han valido en épocas modernas, en que dominaba en España el *liberalismo,* el destierro y la persecucion de muchos cubanos distinguidos. No hace mucho, cuando España, en nombre de la *honra nacional,* acababa de lanzar del trono, y desterrar de su suelo, á la augusta hija de aquel mismo Don Fernando VII, y cuando acababa de instalarse un Gobierno provisional, basado en un programa de principios el más *liberal* imaginable, el mismo pensamiento que Don Francisco de Arango formulaba en Madrid, en alta voz, y que Don Fernando VII escuchaba con agrado y benignidad, llegó á considerarse reprensible, y aun á tomar carácter de delito. (*)

La comparacion del resultado que cada uno de estos sistemas ha producido, tanto en España como en Cuba, bastará sin duda para juzgarlos.

(*) Sabido es que en Noviembre de 1865 se expidió un Real Decreto abriendo una informacion en Madrid sobre las reformas políticas, administrativas y económicas que debian introducirse en la isla de Cuba, y llamando á Comisionados de Cuba y Puerto Rico á contestar diversos interrogatorios.

Estos comisionados expresaron sus votos solicitando las reformas que en su concepto convenian. Una de ellas era extender á la isla de Cuba las libertades públicas de que disfrutan las demas provincias de España, y de que habia sido despojada inicuamente en 1837.—Formada luego una causa criminal contra los autores y auxiliadores de la revolucion, que estalló en Yara en 1868, y no ha cesado todavía, el Fiscal militar que instruyó los procedimientos, y que pidió la pena capital para todos los encausados, no vaciló en decir que las reformas políticas se habian solicitado, porque con ellas *vislumbraban* los cubanos *el camino de sustraer á Cuba de la dominacion de la monarquía española·* (Conclusion fiscal del Señor Don Francisco Montaos, Juez fiscal de la causa, fecha 7 de Noviembre de 1870.)

Sea dicho, sin embargo, en honor de la verdad, y para eterno monumento de lo que puede la pasion política, que el autor de estas palabras tan poco afortunadas, siempre fué reputado, y con razon, como uno de los pocos militares españoles, de sentimientos verdaderamente religiosos y cristianos,—buen católico, enemigo decidido de la esclavitud de los negros, admirador de los Estados Unidos, y amigo de la verdad y la justicia.

CAPÍTULO X.

1818.

EL ELOGIO DEL SEÑOR VALIENTE.

Muerte del Señor Don José Pablo Valiente, Intendente que habia sido de la Habana, y á quien Cuba debia notables beneficios.—Elogio fúnebre de este varon preclaro, pronunciado por el Padre Varela en la Santa Iglesia Catedral de la Habana.

Mucho ménos conocido que el anterior *Elogio* de S. M. Don Fernando VII de España, y á la verdad tan raro y tan difícil de encontrar, que casi podria decirse que el ejemplar que hemos examinado, gracias á la bondad sin límites de nuestro ilustrado amigo el Señor Don Vidal Morales y Morales, es el único que se conserva, es el que pronunció nuestro esclarecido sacerdote, el 10 de Marzo de 1818, en la Santa Iglesia Catedral de la Habana, en honor del Excmo. é Illmo. Señor Don José Pablo Valiente y Bravo, Intendente que habia sido de la misma ciudad, y que por sus beneficios hácia Cuba, habia merecido que la Real

Sociedad Patriótica lo llamase á su seno, concediéndole por aclamacion el nombramiento de *socio de honor*, que era, conforme á sus Estatutos, la más alta de las distinciones que podia conceder.

El Señor Valiente, que habia nacido en Cumbres-Mayores en el año de 1740, y fué Catedrático de la Universidad de Sevilla, y Oidor de la Audiencia de Méjico, vino de allí para la isla de Cuba, á peticion del Capitan General Don José de Espeleta y Veire, y tomó posesion de la Intendencia General de Hacienda el 17 de Febrero de 1792. En este puesto, y en el que despues desempeñó de Consejero de Indias, para que fué nombrado en 1799, se empeñó mucho en el progreso de la isla, y aconsejó, ó llevó á cabo, multitud de empresas beneficiosas. A su muerte, acaecida en Tudela el 28 de Octubre de 1817, se sintió en la Habana una impresion profunda de tristeza. La Real Sociedad determinó que se pronunciase su *elogio* en las inmediatas juntas generales, encomendando esta tarea al Excmo. Señor Doctor Don Bernardo O'Gaban. El vecindario, por su parte, en union del clero y del gobierno, organizó tambien la solemnidad religiosa que tuvo lugar el 10 de Marzo de 1818, en la Santa Iglesia Catedral, en que ofició el Obispo de Chìapa, y en que se pronunció el *Elogio* del difunto. Fué al Padre Varela á quien se confirió el honor de este trabajo. *

El Señor Don Antonio Bachiller y Morales, en el

---

* Los que quieran conocer mayores pormenores sobre la vida de este ilustre español, y el juicio que de él formaban el Señor O'Gaban ántes nombrado, el Señor Don Tomas Romay, y otros prohombres, harán bien en consultar la notable obra publicada en la Habana con el título de *Necrópolis de la Habana Historia de los Cementerios de esta ciudad, con multitud de noticias interesantes, por Domingo Rosain. Habana. Imprenta El Trabajo, Amistad,* 100. 1875. En la página 187 de este libro comienza una biografía de este célebre personaje.

Catálogo de libros y folletos, etc., que forma parte de sus *Apuntes*, muchas veces citados, † sólo tiene, con referencia á este trabajo, la siguiente nota :

Elogio del Excmo. é Illmo. Señor Don José P. Valiente y Bravo, pronunciado en la Catedral de la Habana, por Don Félix Varela. Imprenta de Arazoza y Soler. 1818. En cuarto con 17 páginas.

Por la naturaleza del trabajo, y por el deseo de que se conserve, consideramos excusable reproducirlo íntegro. Dice así :

Elogio del Excmo. é Illmo. Señor Doctor Don José Pablo Valiente y Bravo, Caballero Gran Cruz de Isabel la Católica, Ministro togado del Consejo y Cámara de Indias, Asesor general de Cruzada, y de la Superintendencia y Direccion general de correos, caminos y canales, Vocal de la Junta militar de Indias, del gremio y claustro de leyes de la Universidad de Sevilla, individuo del número de aquella Sociedad patriótica y Secretario de su diputacion en Madrid, socio honorario de la de la Habana, etc., pronunciado en la iglesia catedral de la Habana, por el Presbítero Don Félix Varela, maestro de Filosofía en el Real Seminario de San Cárlos, el dia 10 de Marzo de 1818.— Con superior permiso. Habana. Oficina de Arazoza y Soler, impresores honorarios de Cámara, del Gobierno y de la Real Sociedad patriótica por S. M.

> Consiliarius, vir prudens et litteratus.
> Consejero, varon prudente y letrado.
> *Paralip. Lib. 1. Cap 27, V. 32.*

La muerte inexorable acaba de arrancar del seno de la Patria á uno de sus hijos más amantes. En vano esta augusta madre le estrechaba entre sus brazos, en vano se empeñó en conservarlo, fué preciso que cediera al Arbitro de la naturaleza que prescribe el fin de los mortales, y adorando sus divinos decretos siempre justos, siempre santos, ha perdido un hombre digno de todo aprecio, y sólo le queda el consuelo de conservar los frutos de su talento y de sus fatigas. El voto de los buenos y las miradas de los patriotas siguen las sombras fugitivas del sábio que entra y se esconde en la region de la inmortalidad. Los ayes lastimeros resuenan por todas partes, ellos atraviesan los dilatados

---

† *Apuntes.* Tomo III, pag. 159.

mares, y llegando á nuesto suelo, á nuestro suelo, digo, donde están manifiestos los beneficios del hombre público que acabamos de perder, encuentran mil voces que, animadas por la gratitud, y dirigidas por el justo aprecio, corresponden unánimes, y repiten los ecos del lamento.

La memoria de un mortal que sacrificaba sus intereses privados por los públicos ; que dirigia con sus consejos, siempre juiciosos, la agitada nave de la nacion, en las circunstancias mas peligrosas; la memoria, repito, de un nuevo Simónides que poco ha disfrutábamos, y en un momento hemos perdido ; exige que, en medio de las justas lágrimas, le apliquémos el elogio que la Escritura Santa hace á Jonatan conse-jero de David, pues todos conocen que el Excmo. ó Illmo. Señor Don Pablo Valiente y Bravo, cuya pérdida lamentamos, fué un consejero prudente y letrado. *Consiliarius, vir prudens et litteratus.* Tomando la palabra por todos los buenos ciudadanos á quienes animan estos mis-mos sentimientos, yo repetiré que hemos perdido un Jonatan, un con-sejero prudente y letrado.

Yo no le tributaria estos elogios, si aquella alma grande estuviera aprisionada con las cadenas de la carne. La Escritura Santa me lo prohibe expresamente ; pero cuando ha llegado á el ocaso tranquilo de su vida, cuando reposa en el sepulcro, yo me atreveré á regar algunas flores sobre la losa fria que le cubre, pues el mismo espíritu del Señor enseña, que al fin del hombre se manifiestan sus obras, y que el dia de la muerte es el verdadero dia del nacimiento.

Dispensadme, Señores, si en medio de los trofeos de la muerte y en la santa tristeza que inspiran tan lúgubres ceremonias, mi lenguage debe traslucir un ánimo complacido. Dispensadme si yo tengo la im-prudencia de interrumpir la pena de los amigos del Señor Valiente, manifestando sentimientos de alegría en medio de sus gemidos. Yo lo confesaré ; mi espíritu, al paso que se penetra del sentimiento de una pérdida tan notable, se regocija en el Señor al ver que la Patria aun tiene hombres dignos de alabanzas que lleguen al túmulo en la ancia-nidad, sin haber manchado su carrera civil, ni haber faltado un mo-mento á las necesidades del reino. Sí, la España ha visto descender al sepulcro al Excmo. é Illmo. Señor Valiente con aquella misma tran-quilidad con que le veia entrar en las grandes asambleas para sostener sus derechos. El amor á su patria, la fidelidad al Soberano, el interés por todo lo justo, la buena amistad, formaban su carácter, y este hom-bre grande, alejándose de la region de los mortales, no se ha llevado consigo todos estos bienes, sino que los deja en su memoria para que sirvan de estímulo á sus compatriotas. Este fúnebre aparato me parece erigido para el hombre, y no para el magistrado; aquel ha muerto, éste vive, y vive en sus obras, vive del modo más digno, pues como decia el Cónsul filósofo, con la muerte del hombre no perecen sus dictámenes, y ellos conservan perpetuamente la memoria de un *consejero prudente y letrado*.

Aras Sacrosantas, donde acaba de ofrecerse el Cordero de Dios que quita los pecados del mundo, yo no me atreveré á profanaros desde la cátedra de la verdad. Illmos. Prelados de la Iglesia, * cuya presencia me infunde el mayor respeto, yo no cometeré el crímen de quebrantar la ley santa de sus Doctores. Hay justos y sabios; pero sus obras están en la mano de Dios, y el hombre ignora si es digno de amor ó de odio, quedando estas causas inciertas para lo futuro : el Eclesiástico me lo enseña. No he olvidado las lecciones del Apóstol, que nos manda suspender todo juicio acerca de la justicia de los mortales, reservándolo al Ser Supremo. Yo hablo del Excmo. é Illmo. Señor Don José Pablo Valiente y Bravo considerándolo como un hombre público, por lo que presentan sus acciones civiles, y al mismo tiempo uno mis preces á las que públicamente se hacen en este dia para que el Dios de las misericordias, en cuya presencia, como dice el Profeta, no se justificará ningun viviente, lave con su sangre, y perdone los defectos á que la fragilidad humana haya arrastrado al sabio á quien yo elogio.

¿ Pero qué digo Señores ? ¿ Soy yo el que elogio al Illmo. Valiente? No son sus obras las que deben elogiarle ? Yo me limitaré á presentar algunas de sus operaciones públicas haciendo ver que procedió como un varon prudente y letrado, y esta sencilla narracion formará todo mi discurso.

No hablaré de sus primeros estudios, ni del genio y talento que manifestó en todos sus actos literarios. La Universidad de Sevilla se gloría de tenerle por discípulo, y de contarle en el número de sus doctores. En ella sirvió por espacio de siete años la cátedra del derecho patrio que obtuvo con admiracion general á los veinte y uno de su edad. Seria inútil referir los elogios que se prodigaron por todos los sabios á este jóven, anciano ya en sus conocimientos ; cuando la voz pública que le dió á conocer, no ha cesado de acompañarle hasta el sepulcro. Las prensas nos transmitieron entónces los frutos del ingenio y del juicio siempre sólido del jóven abogado del colegio de Sevilla, incorporado despues en el de Madrid. Sus escritos manifestaron que reunia las circunstancias que en sentir de un sabio deben tener los que se dedican al

---

* El Illmo. Señor Diocesano, asistente, y el Illmo. Señor Don Salvador Samartin, dignísimo Obispo de Chiapa, celebrante.

estudio de las leyes. "Si hay algun mortal, dice, cuyo ánimo generoso "esté adornado con una sabiduría fuerte y gloriosa; que se haya "adquirido una suma prudencia para causar y conservar la felicidad "de la república, que conozca fácilmente lo justo, lo honesto, lo deco- "roso, y todos los medios de investigar la verdad; por último, que "tenga impresas en su espíritu las costumbres de su patria: éste es "un buen jurisconsulto." Estas palabras son un bosquejo del Señor Valiente. Reunia sin duda estas prendas tan recomendables, y ellas no pudieron estar ocultas por mucho tiempo. El digno ministro Galvez las advirtió muy pronto, y admirando á este letrado apreciable, dijo que *deseaba darlo á conocer al mundo*, y lo recomendó especialmente para que S. M. se dignase concederle la plaza de oidor de la Audiencia de Guatemala, que obtuvo y desempeñó con sumo aplauso.

Empiezan ya, Señores, los esfuerzos del protector de la América. Un genio sublime, un genio rectificado, va á desenvolver todos sus recursos, todas sus luces en favor de un suelo capaz de todo lo grande, todo lo digno. Guatemala ilustre, Guatemala, yo te usurpo tus derechos; tú debias ahora continuar el elogio del Señor Valiente. Tú, con la energía que comunican las obras grandes cuando se presencian, manifestarias entre otras cosas que el émulo de Solon fué tambien discípulo de Lavoisier. ¡Qué no emprende una alma grande! ¡Cuáles serán los límites del espíritu humano cuando le dirige la naturaleza y nó la preocupacion, y cuando le anima el amor á la verdad y el interés por la patria! Mejor diré ¡hasta dónde se extiende la sabiduría de los mortales, cuando el padre de las luces, de quien desciende todo don perfecto, atendiendo á las buenas intenciones, se digna concederles la disciplina y la ciencia que le pedia su Profeta!

Yo admiro, Señores, al profundo jurisconsulto, que en medio de las dificultosas funciones de la toga, se dedica, como superintendente director de la casa de moneda, á investigar todos los medios de su adelantamiento. El hace ensayar los metales, medita sus afinidades y el valor de sus ligas, en una palabra él se asocia á los más hábiles químicos mineralogistas, y obtiene por fruto de sus desvelos un nuevo método de ensayar la moneda de oro, cuya práctica adoptada desde entónces y mandada observar por órden expresa del Soberano ha proporcionado grandes ahorros. ¡Qué frutos produce la meditacion de un sabio! Pasan las obras de la fuerza, permanecen las de la inteligencia; cesan los bienes que produjo el poder, no se extinguen los del talento. Dos años permanece este gran hombre en aquel país, y en tan corto tiempo hace conocer su profunda instruccion en todos ramos. El se manifiesta sublime no ménos en la jurisprudencia que en la economía política.

El.... ¡ Pero qué ! ¿Intentaré yo traer á la memoria todos los bienes producidos en Guatemala por el hombre público á quien elogio ? Ved un género de oracion en que hablando como el orador de Roma, me sería más difícil encontrar el fin que el principio de ella. Yo paso con pena dejando á un lado las infinitas acciones del Señor Valiente miéntras estuvo en Guatemala, y quiero considerarle para ser su admirador en la Audiencia de Méjico.

Me seria igualmente imposible enumerar los méritos que contrajo este letrado para aquellos habitantes, y en la necesidad de pasar en silencio muchas de sus acciones públicas las más interesantes, yo recordaré solamente una, que del todo le pertenece y cuya gloria no divide con nadie. Si yo no estuviera persuadido de que los objetos por sí grandes tienen toda la sublimidad en la misma sencillez, y que nada deben al orador que los presenta, éste seria sin duda el lugar de mi discurso en que me veria más complicado. Pero, por fortuna, la vida pública del Señor Valiente no necesita adornos oratorios para aparecer grande y decorosa; y el hecho de que yo voy á hablar es uno de los que más le distinguen. Los extensos conocimientos políticos y económicos de este padre de la patria le hicieron ver muy á lo léjos la calamidad que amenazaba á Méjico por falta de granos y pérdida de todo género de cosechas, males que no estaban al alcance de espíritus ligeros, y cuyo remedio no hubiera proporcionado una alma tímida y sin recursos. Pero el Señor Valiente trayendo á la memoria las sabias disposiciones de José para libertar á el Egipto del hambre, y confiando en la asistencia del Señor que no desampara á los que le invocan, discurre medios, los practica, consigue los fines, Méjico es libre. Estas cosas se suceden con la mayor rapidez, y millones de almas, sustentadas y libres por las disposiciones del Señor Valiente, dirijen sus votos al cielo y reconocen en el fiscal de aquella audiencia, *un varon prudente y letrado.* Su crédito vuela velozmento conducido, no por la adulacion, sino por la justicia : en todas partes se le alaba, y yo me figuro la casa de este sabio como la de Quinto Mucio, á la cual ocurre una multitud de personas de todas clases para oir dictámenes de prudencia y literatura ; mil padres de familia le elogian, mil pobres le bendicen. En hora buena que Gorgias Leontino, desmintiendo los sentimientos de la verdadera filosofía, haga levantar una estatua para eternizar su memoria ; el Señor Valiente, más filósofo que aquel gentil, y animado de los sentimientos cristianos, no quiere dejar en Méjico otros monumentos de su gloria que los frutos de su prudencia, los efectos de su instruccion, siempre amable, siempre interesante, él deja con sentimiento universal aquel territorio, para consagrar sus desvelos al nuestro.

Los dignos y juiciosos comerciantes y hacendados de nuestra Habana, me prestarán toda la materia en esta parte interesante de mi oracion. Ellos admirando los innumerables bienes producidos en esta isla por la prudencia y conocimientos de este sabio, pidieron con constancia al Soberano se dignase conservarlo en el empleo de intendente que desempeñaba con tanto acierto. Ellos probaron hasta la evidencia que los intereses del Rey y del vasallo pedian la continuacion de un hombre que sacándolos de la nada los llevaba á la opulencia. Con cuánta satisfaccion dirijo mi vista, Señores, á este monumento levantado al mérito por la amistad. Yo le veo adornado con los emblemas de la agricultura y el comercio. Yo oigo la voz de los sensatos que repiten *justamente*, *justamente*. Otro cenotafios construidos por la necesidad ó por la adulacion, se adornan con prendas extranjeras, que en nada honran la memoria de sus héroes; pero el que vemos no es más que una imágen de lo que disfrutamos. Bastaria haber puesto *el Señor Valiente ha muerto* para que los buenos ciudadanos que presenciaron sus fatigas, y los políticos que admiraron sus talentos, explicaran estas ideas diciendo: el protector del comercio de la Habana ha muerto, el que fomentaba su agricultura ya no existe, el que puso los cimientos de la felicidad de esta isla se ha desaparecido; pero su memoria permanece grabada en el ánimo de los apreciadores del mérito.

Es nada tener grandes empleos, es mucho merecerlos, es cosa admirable desempeñarlos dignamente. El sabio á quien yo elogio es un dechado de estas máximas. Satisfecho con el testimonio de su conciencia, y el voto de los buenos, él se expone á todos los riesgos, él arrostra todos los peligros de una caida civil, por desempeñar dignamente sus encargos, siendo fiel á la confianza que merecia del Soberano, y á los intereses del pueblo que lo habia hecho su depositario. En todo manifiesta su prudencia y sus conocimientos, y me hace recordar que el sabio es animoso y fuerte segun las divinas letras. La envidia, esta pasion baja y cruel, que, como dice un célebre orador, perdona algunas veces ú la virtud, pero jamas á los talentos, no se atrevió á disputarle esta gloria.

Yo temo, Señores, que mis palabras tengan el aspecto de un artificio oratorio, más bien que el de una manifestacion de la verdad. Debo, pues, contraerme á hechos públicos é innegables, para que áun los críticos mas delicados justifiquen mi conducta. Nadie podrá negar que cuando nuestro comercio estaba casi arruinado y próximo á aniquilarse por la prohibicion que habia de hacerlo con las naciones extranjeras y áun con nuestras provincias de América, el hombre público de quien yo hablo, el varon prudente y letrado á quien yo elogio, se tomó sobre sí el grave peso de la infraccion de las leyes, del odio del egoismo, de los cargos y acusaciones de la envidia, de los esfuerzos del poder, y despreciándolo todo, abrió nuestros puertos á los extranjeros, para que con ellos nos entráran las immensas riquezas. Nuestra agricultura tomó un giro incalculable, el estímulo se esparció por todas partes, innunerables brazos, agitados con una actividad premiada, obligaron á nuestro suelo á darnos los copiosos frutos de que es susceptible. Cuando los hacendados carecian de instrumentos y utensilios necesarios para el trabajo del campo, este hombre útil, los proporcionó con abundancia y á ínfimo precio, dando las órdenes más juiciosas para evitar todo monopolio. El contribuye á la introduccion de la caña de Otaity, que acababa de traerse, animando á todos para su cultivo. La prosperidad de esta isla vuela con las alas de la proteccion, y el Arístides de la Habana espera tranquilo las resultas, creyendo firmemente que un gobierno justo, un Rey padre de su pueblo, no desaprobaria una .conducta que produjo tantos bienes. En efecto el Soberano, apreciando los talentos y patriotismo de tan digno jefe, no sólo aprueba sus disposiciones, sino que le manifiesta su Real complacencia. Yo dejo á los hábiles economistas que calculen la prosperidad que produjo y está produciendo esta acertada disposicion de este sabio. Entretanto yo sólo diré que Epaminóndas despreciaba el número de sus detractores, diciendo que le bastaba la batalla létrica para conservar su fama la posteridad: el Señor Valiente, con una modestia cristiana, pudo recordar este paso de su vida, esperando que los habitantes de la Habana, en consideracion á un servicio tan distinguido, le condonasen los defectos que acaso se le escaparon por la fragilidad humana.

Este varon prudente y letrado, es digno de nuestra memoria y gratitud por otros muchos títulos. En las circunstancias calámitosas de la guerra, cuando se veía esta ciudad más amenazada por el enemigo, influyó considerablemente en las operaciones acertadas del gobierno y fortificacion de esta plaza, siendo atendidos sus dictámenes con el mayor interés y practicados con el mejor éxito. A sus conocimientos y actividad se debió la conservacion de los caudales del Rey que se esperaban de Veracruz, y que hubieran sido apresados por los buques enemigos, si este buen patriota y leal vasallo no hubiera empleado todos los medios para libertarlos, armando buques nacionales para que salieran á su defensa, y dando las órdenes más juiciosas para conseguirlo. El comercio y la agricultura recibieron entónces mucha proteccion por los buques que armó el celo infatigable de tan digno Intendente.

Brillan sus conocimientos en el arreglo de todas las oficinas, las aduanas con especialidad reciben un nuevo órden, y el cobro de los derechos se hace del modo más prudente y útil, no ménos al erario que al comercio. Así se expresan en su representacion los comerciantes y hacendados.

La deuda de la Real Hacienda se extingue rápidamente, los caudales esparcidos por el pueblo forman su prosperidad, todo muda de aspecto: el contento reina y nadie ignora la mano que lo trajo. El Dios de las misericordias se digna esparcirlas sobre su pueblo; él dá la prudencia, él dá la sabiduría porque él solo la posee. Yo no miro ya al Señor Valiente que fué un hombre sujeto á las miserias del corazon humano; yo miro sólo el instrumento del Dios de Abraham, de Isaac y de Jacob, cuya sabiduría se dirije á los fines con fortaleza, disponiendo los medios con suavidad, segun se expresa la Escritura Santa. Este Dios excelso es el que constituia á los varones prudentes de Israel. Este formó á Jonatán, y éste dió al hombre á quien yo elogio las prendas que le distinguian. Nada tuvo que no lo hubiera recibido conforme á la expresion del Apóstol, y si todo lo recibió, de nada debió gloriarse.

Yo creo, Señores, que el Illmo. Valiente se hallaba penetrado de estos sentimientos, y sin investigar los secretos de su alma que sólo Dios los sabe, la justicia pide que yo lo suponga atendiendo á sus operaciones públicas. Yo le veo dirigir todos sus esfuerzos para fomentar la Casa de Beneficencia; siete mil pesos de sus fondos se consagran á este objeto, su vigilancia es incesante, su proteccion es continua, y una juventud protejida por este buen padre, forma su mayor gloria.

Mas ¡ oh tú humanidad desgraciada que yaces en el lecho del dolor; no reclames por más tiempo el elogio del mortal que te dispensaba sus cuidados, ni reprehendas mi omision! Tus voces lánguidas pero esforzadas, se hacen ya perceptibles, y yo publicaré en tu nombre los méritos de tu protector. Efectivamente, Señores, el hospital de San Ambrosio fué objeto de los desvelos del Excmo. é Illmo. Valiente. A este digno jefe debe su arreglo, su organizacion, su aumento y todo lo que pudo conducir á hacer mas llevadera la suerte de los desgraciados enfermos. Yo no necesito explanar unas verdades que nadie ignora, ni recomendar unos hechos que han merecido públicas alabanzas. Sólo pediré al Señor que hace dichoso al que atiende al necesitado y al pobre, segun la expresion del Profeta, que se digne derramar su misericordia sobre el hombre que en esta sola accion atendió á tantos necesitados, y alivió á tantos pobres.

El celo de este varon prudente y letrado, se extendió igualmente á la enseñanza pública. ¡ Qué obstáculos no removió para este intento;

cuál fué su solicitud para conseguirlo ! La Sociedad Patriótica de quien fué digno Director, presenció todos estos pormenores, y los aplausos que justamente le tributaron los padres de familia. La escuela de Belen adquirió bajo su proteccion un aspecto el mas ventajoso, y las escuelas particulares no experimentaron menores ventajas. En un tiempo en que la educacion pública se hallaba abandonada y en la cuna, este genio protector la restablece, la anima y tiene la gloria de dar los primeros pasos. El dirije sus miradas á la Real Universidad, informando al Soberano acerca de sus estudios, y principalmente los del derecho; extendiendo sus reflexiones á la práctica de esta facultad. El no omite medio alguno de rectificar y promover la enseñanza de las ciencias.

Este hombre público, dotado de prendas tan raras como apreciables, se adquirió una reputacion tan bien fundada en esta ciudad, que pudo contar con los bienes de los más acaudalados sin reserva alguna. Este crédito le sirvió para proporcionar al Rey cuantiosos donativos, y para colectar en calidad de empréstamo sumas millonarias, que difícilmente hubiera conseguido otro jefe ménos acreditado. Esta reputacion le sirvió para la nueva fábrica de la iglesia de Jesus del Monte, recibiendo de los vecinos de aquel lugar, infinitas señales de reconocimiento. Yo no concluiria, Señores, si quisiera manifestar los frutos que produjó este *varon prudente y letrado* en los catorce años que sirvió la Intendencia de la Habana. Yo le considero ya en su partida para la Península, con el fin de ocupar una de la plazas del Consejo de Indias que S. M. le habia concedido. Yo me figuro á sus amigos dirigiendo votos; no como los del poeta lírico en favor de la nave conductora del Mantuano, sino como los que dirigia el Profeta para dar gracias al Señor por sus beneficios, y pedirle hiciera salvos á los rectos de corazon.

La nave se apresura, él llega, Cádiz le vé, Cumbres-Mayores lugar de su nacimiento le espera, el corre á protegerles, su templo arruinado se reedifica y aumenta ; sus aguas son conducidas por costosas cañerías á los parajes más cómodos ; una escuela de primeras letras se establece, arregla y dota, todo ésto se hace de los fondos del Señor Valiente, que tiene la complacencia que acostumbraba en emplearlos en beneficio del público. El se hallaba en medio de las demostraciones de la sensibilidad patriótica, cuando el Dios inexcrutable, cuyos *caminos están en el mar, y sus veredas en las grandes olas*, quiere probarle por la tribulacion. La envidia se alarma, las preocupaciones se autorizan, la voz de una plebe descompasada ahoga los dictámenes de los sabios, el desórden reina, y la tempestad descarga toda sobre el Señor Valiente, atribuyéndole los males de la peste destructora, á aquel que no habia hecho sino bienes. El sabio, el prudente consejero se vé ultrajado, la virtud gime en las prisiones, miéntras el odio sorprende los tribunales. Más ¡ ó Dios de piedad ! Tú á proporcion de las aflicciones con que pruebas al hombre, le dás tambien sus consuelos para levantar su espíritu. El Profeta me lo enseña, tú le diste la tranquilidad á esta alma grande, tú le comunicaste la fortaleza y la moderacion para sostener la justicia sin quebrantar la caridad. El sabia muy bien que, como enseñaba un filósofo gentil, es fuerte el que rechaza la injuria, y no el que se atreve á hacerla ; pero no fueron estas sus normas : tu ley santa fué entónces la luz que guiaba sus pasos, él leyó con acatamiento y júbilo las palabras del Profeta en que tú te reservas la venganza y la retribucion ; para decirlo de una vez, tú le sacaste victorioso.

Si el espíritu del Señor Valiente no se hubiera guiado por estos sentimientos, él hubiera querido morir en la peste de Cádiz, como el sabio Perícles en la de Aténas, primero que experimentar el desagrado del pueblo español que tanto amaba. Pero este hombre fuerte confia en la misericordia del Señor, esperando que el tiempo haria patente la justicia de su causa. Su elocuencia nativa, sencilla, insinuante y sublime, desenvuelve un fondo inagotable de conocimientos. El manifiesta que poseia en alto grado los elementos de la crítica más delicada para la investigacion de los hechos. El explana las ideas más exactas de jurisprudencia, y los dictámenes más sólidos que deben seguirse en semejantes casos. El examina con una física nada vulgar todas las teorías inventadas para la explicacion de los contagios, y emplea una química luminosa para determinar las afecciones atmosféricas, las combinaciones de sus gases, y su influencia en la economía animal. Todos admiran los conocimientos de este digno consejero, y patentizada su inocencia, el gobierno, que nunca habia dudado de su justicia aunque habia accedido legalmente á su calificacion, determinó que no sólo se le pusiese en entera libertad, devolviéndosele sus bienes y papeles, por absoluta falta de motivos en la acusacion, sino que era forzoso y de rigorosa justicia, darle una satisfaccion pública por medio de un impreso, para que se hiciera notoria su inocencia, y se asegurase su crédito para toda la posteridad.

Más llegamos, Señores, á considerar á este hombre célebre cuando sus beneficios no se limitan á ningun lugar ni provincia, sino que se extienden á toda la nacion. En la desgracia de nuestro augusto Monarca, su fiel vasallo, su noble consejero, va á demostrar que la España tiene espíritus fuertes que hablan á sus opresores con la misma entereza que Dion á el tirano Dionisio. El Señor Valiente, como secretario de la junta presidida por S. A. el Infante Don Antonio, extendia todos sus acuerdos con la mayor firmeza, y en ella hablaba sin temor ni reserva manifestando claramente las intrigas del enemigo, á los oidos de Murat, que tenia allí mismo sus emisarios. En la triste noche del Dos de Mayo permaneció en el Real Palacio con riesgo de la vida para extender el acuerdo, concluyéndolo en la madrugada para que amaneciese fijado á la vista del pueblo.

El Rey intruso pretende que el consejo dé las cédulas competentes para su jura. " Tratóse el punto, dice el Señor Valiente ; y al ver yo " en los ocho votos que me precedian y en la tristeza de los demás, " las señales ciertas de una inevitable deferencia, llegada mi vez, tomé " la palabra y fuí tan dichoso que por absoluta uniformidad se excusó " el Consejo." Me parece, Señores, que veo á Demóstenes manifestando los ardides de Filipo, me parece que le veo increpando á los emisarios de Xerxes. El consejo de Indias se ha convertido en los Eforos de Lacedemonia; obra es ésta de un gran genio ; obra de una gran prudencia, obra es de Valiente, y sólo de Valiente. El pueblo se desvelaba por conseguir una copia del informe que extendió este sábio, y una multitud de buenos ciudadanos sin conocerle ni tratarle le estrecharon entre sus brazos con lágrimas de reconocimiento.

El que se decia secretario de Estado hizo mil tentativas para ganarse á este ilustre Español, ya fuera por los premios, ya por las amenazas ¡Más qué fragiles recursos ! Entre todo un pueblo á quien deslumbra el oro, rinde la fuerza, y dobla su rodilla delante de la estatua de Nabucodonosor, tres jóvenes adoradores del verdadero Dios permanecen erguidos, y prefieren las llamas á la ignominia ; éstos son los dechados que mira el Señor Valiente, él quiere ser fiel á su religion, siéndolo á su Rey, á su patria y á sus deberes. Las amenazas no se hicieron para las almas grandes, ellas son los resortes de los débiles para atraerse á su partido á otros más débiles ; pero con relacion á los espíritus elevados vienen á ser como frágiles represas en los grandes rios, que sólo sirven para acumular su poder haciendo que venzan los obtáculos, y envuelvan entre sus olas enfurecidas á los que tuvieron la temeridad de reprimirlos. El Señor Valiente no habia aprehendido á temer con vileza y en la ancianidad despues de treinta años de magistrado, cubierto no ménos de virtudes patrióticas que de honores civiles; era muy tarde para ensayar las primeras lecciones en la debilidad ignominiosa.

Desde este momento el *consejero prudente y letrado* de quien yo hablo obtuvo los primeros puestos, y con ellos la confianza de la nacion. ¡Yo no sé qué relaciones misteriosas tienen entre sí los verdaderos sabios ! ¡Yo admiro la naturaleza que los conduce por un mismo camino, al paso que deja extraviar los espíritus superficiales! El Señor Jovellanos, este sabio á todas luces, este talento destinado á cosas grandes, forma planes que atraen la admiracion de todos los políticos, y estas ideas sublimes se encuentran del todo conformes á la memoria que el Señor Valiente habia puesto en manos del secretario. Desde entónces tuvieron una estrecha alianza estos dos genios superiores y trabajaron unánimes en favor de la patria.

Fué llamado el Señor Valiente por el gobierno que necesitaba sus luces cuando él se hallaba enfermo y extenuado. Pero él no tiene otros males que los de la patria á quien se ha consagrado. Emprende el penoso camino de doscientas leguas haciendo gastos cuantiosos en una época en que alcanzaba al erario en sumas considerables. Sería interminable mi discurso, Señores, si quisiera observar al Excmo. Valiente en las innumerables circunstancias en que manifestó su patriotismo, prudencia y literatura. El mereció siempre la confianza del pueblo, y entrando en las Córtes se portó con la euergía y la elocuencia de Esquines, diputado de los atenienses. El sostuvo los derechos de su patria y los de su Rey, sin temor á las amenazas de muerte que repetidas veces se le hicieron. Verdaderamente un sabio no se gana por la fuerza : el entendimiento del hombre es tan poderoso que si no se le convence son perdidos todos los recursos. Yo admiro la firmeza del Illmo. Valiente ; Yo admiro su constancia..... Mas ¡ oh sombra augusta, yo respeto tus mandatos, yo imito tu prudencia, yo sigo tus consejos luminosos ! Me prescribes que estos momentos de tu gloria queden reservados y no recuerden á las naciones el ultraje que en el acaloramiento recibió la virtud. Sí, tu amas á tu patria, y no quieres que tus cenizas exciten memorias poco favorables ! El Soberano premió tu heroismo, y ántes lo habian premiado todos los buenos.

Puesto en el trono de sus mayores el Señor Don Fernando Séptimo, tuvo en consideracion repetidas veces las luces del Señor Valiente, y de su real órden se le consultó para dar instrucciones al Señor Don Pedro Labrador, ministro plenipotenciario español en el Congreso de Viena. Yo quisiera tener ahora el acierto necesario para manifestar los méritos del Señor Valiente con relacion á las Américas. Este hombre célebre contesta con la mayor firmeza en favor del comercio libre de estos dominios, él hace reflexiones profundas acerca de las leyes de Indias, combina las relaciones políticas y mercantiles con un tino propio de un espíritu ejercitado, y su papel, su apreciable papel es el fruto más sublime del talento. No fueron ménos interesantes sus dictámenes en otros muchos puntos los más delicados de nuestra situacion política. El Soberano atendiendo á los extensos conocimientos que tenia en todos ramos, le destina á la junta militar, y este Milciades se hace célebre, no ménos cimentando la paz que proyectando la guerra.

Pero los hombres grandes, decia un sabio orador, son como unos préstamos que la naturaleza se digna hacer al género humano por cierto tiempo, y el término de la carrera del Señor Valiente ha llegado. Yo me lo figuro dirigiendo sus miradas hácia todas partes, y llenándose de complacencia de encontrar siempre objetos que le recuerden sus fatigas por la patria. Su imaginacion le presenta á la América, y él se despide protestándola que hasta los últimos momentos defendió sus derechos y procuró su prosperidad. Entre tanto implora las misericordias del altísimo, pide el perdon de sus pecados, y duerme en paz.

Genios protectores de las almas grandes : recoged los adornos para el sepulcro de un sabio. No es Artemisa la que va á levantar el portentoso mausoleo, que expresa más la habilidad de los artistas, y la opulencia de quien lo erige, que las virtudes del Rey que contiene ; es la patria quien va á rendir un homenaje al mérito, y un tributo á la virtud. Recoged de los mismos escritos del Señor Valiente los epitafios que deben honrarle. Poned por una parte : * *los buenos me oyeron con extraordinario gozo, y los degenerados me respetaban y procuraban aquietar al verse tan descubiertos.* Escribid por otra : *cuando hablé, lo hice siempre sin mengua de afecciones ó de personalidades.* Fijad en otro puesto : *el supremo Consejo de Indias llevado de mi fortaleza, tuvo resoluciones que lo honran y le pusieron en inminente peligro.* Colocad en otro pasaje : *al ministro del Rey José pudo pesarle su indecente tentativa, porque en confianza silla a silla oyó lo que era propio de un digno español.*

Vos, Dios eterno, en cuya mano está la suerte de los hombres fuente inagotable de la felicidad, dignaos comunicarla á vuestro siervo, por las preces que en este dia os dirige vuestra Iglesia ; y vosotros católicos, reunid vuestros votos para alcanzar la misericordia divina en favor del *consejero, varon prudente y letrado* que hemos perdido del Excmo. é Illmo. Señor Dr. Don José Pablo Valiente y Bravo, que en paz descanse. Así sea.

---

* Todas estas palabras son sacadas de la représentacion del Señor Valiente, excusándose de volver á las Córtes.

CAPÍTULO XI.

1819.

LA ORACION FÚNEBRE DE CÁRLOS IV.

Muere en Roma el Rey Don Cárlos, padre de Fernando VII.—Se ordena la ce-
lebracion de exequias fúnebres en todas las diócesis del reino.—Exequias
celebradas en la Habana.—El Padre Varela es el encargado de pronunciar
el sermon.—Extractos de esta notable composicion oratoria.

Otro trabajo extraordinario, pero tambien en armonía con el carácter sacerdotal del Padre Varela,
fué la oracion que pronunció el 12 de Mayo de 1819,
en la Santa Iglesia Catedral de la Habana, en la ceremonia de las exequias funerales del Rey padre Don
Cárlos IV de Borbon.

Este monarca, que desde 1808 habia abdicado la corona en favor de su hijo Don Fernando, y se habia
retirado á Roma, donde llevó una existencia relativamente oscura, acababa de fallecer en aquella ciudad:
y Don Fernando, aunque de jóven habia conspirado
contra él, y aunque nunca habia olvidado que, revo-
cando su abdicacion, firmó otra en favor de Napoleon
I, Emperador de los franceses, intentando así despo-

seerlo del trono, consideró oportuno sin embargo, hacer demostraciones ostentosas de extraordinario sentimiento, y ordenó se celebrasen honras fúnebres solemnes, lo más grandiosas que pudiesen ser, en las diversas diócesis del Reino. No es nuevo, ni se observa sin frecuencia, que los honores póstumos reemplazan el respeto que se dejó de tributar durante la vida. Pero hijas del sentimiento, ó de la política, las exequias que se celebraron en la Habana fueron realmente muy notables. La descripcion de ellas se conserva en un cuaderno en folio, titulado *"Exposicion de las exequias funerales que, por el alma del Rey padre Don Cárlos IV de Borbon, celebró la siempre fiel ciudad de la Habana, en 12 de Mayo de 1819, en la Santa Iglesia Catedral, con la oracion que se dijo en ella. Imprenta de Arazoza y Soler, impresores de cámara de S. M. 1819."*

El Padre Varela fué el escogido para pronunciar este sermon. La tarea era difícil; pero la desempeñó con maestría, y con no poca felicidad. Su discurso se imprimió, como queda indicado, formando cuerpo con lo demas del cuaderno descriptivo, cuyo título acabamos de mencionar; y despues lo publicó de nuevo en Matanzas el Señor Don José María Casal, en union de otros trabajos, en el libro suyo ya citado en el capítulo precedente.

"Yo no elogio á un hombre, decia el Padre Varela, yo pido por un Rey. Sí: yo pido al Rey de los Reyes, que puso el cetro en manos de Cárlos, derrame sobre su siervo el raudal de sus misericordias, y perdone las fragilidades humanas, al paso que dirija mi entendimiento para presentar con acierto algunas de las muchas obras que un reinado de veinte años hizo en favor de un pueblo.

Fué un hombre, y como tal, sujeto á las miserias : fué un Rey, y bajo este aspecto, si los resultados no correspondieron siempre á sus rectas intenciones, por lo ménos es innegable que poseyó un corazon habitualmente bueno....Dios, autor de la verdad, no permita que yo

la ultrage profanando el sagrado ministerio. Léjos de mí la vana lisonja que sin honrar al elogiado cubre de oprobio al panegirista. Las piedades de Augusto se alabaron en la misma tribuna en que se habia presentado la cabeza ensangrentada de Marco Tulio; y el cruel Maximiano encontró orador que lo describiese como el encanto de la naturaleza; pero un Rey católico, el bondadoso Cárlos, que nunca quiso hacer correr la sangre, sino enjugar las lágrimas, no necesita estos vanos elogios. Yo no lo presentaré como el dechado de las perfecciones, sino como un Rey amante de su pueblo, dotado de un alma franca y sencilla, digna de gratitud por lo que hizo, y de una justa consideracion por lo que dejó de hacer.".................................
....

"El soberano cuya memoria nos ocupa, subió al trono que acababan de dejar las virtudes del gran Cárlos III. La viva imágen de un modelo tan digno le acompañaba en todos los momentos, y aspirando cuanto era posible á su imitacion dirigía sus miras al fomento de aquellos ramos que influyen más en la prosperidad del Reino, y que hubieran producido los frutos más abundantes, si la perfidia, este mónstruo que se alarma con todo lo bueno, este principio de ruina de los Estados, este orígen de la desgracia de los hombres, siempre fértil en funestos recursos, no hubiera destruido con mano asoladora lo que edificaba en favor de su pueblo un Rey piadoso. Yo me atreveré á decir del cuarto Cárlos lo que un sabio orador dijo del buen Germánico: "él tuvo un defecto, y fué el de ser muy bueno para una corte tan corrompida."

Desde el principio mismo de esta oracion notable, el Padre Varela se elevó á considerable altura:

"Sombras plañideras, que habeis fijado vuestra mansion en este santo templo, (así comenzó diciendo) para lamentar los trofeos de la muerte y las desgracias de la ilustre España: sombras melancólicas, que en la lúgubre noche, interrumpiendo el más profundo y religioso silencio, habeis hecho que en estas sagradas bóvedas se repitan con desmayado acento los augustos nombres de Isabel, Maria Luisa y Cárlos: aciagas sombras, que agitando con vuestros ayes una atmósfera henchida ya de los cantos tristes de la hija de Sion, pronunciabais nuevos males, cuando el amor nacional apénas habia extinguido con trémula mano la tea fúnebre en la pérdida de la digna esposa del gran Fernando: separaos por un instante: alejaos de este cenotafio erigido á la memoria del amable Cárlos: permitid que los rayos consoladores de la esperanza atraviesen el frio mármol, y que las yertas cenizas puedan reanimarse por el calor benéfico de la piedad cristiana: permitid que mi voz, ménos interrumpida por vuestros lamentos, presente al antiguo soberano de las Españas con aquella misma paz y sencillez de espíritu que le caracterizaban : permitid que yo ponga en sus labios, frios ya por los rigores de la muerte, las palabras que en otro tiempo dirigió al Dios de las misericordias un Rey formado segun su voluntad : yo sé, decia David, yo sé Dios mio, que tú pruebas los corazones y amas la sencillez."

" Cuando un conjunto de circunstancias las más interesantes parece debian fijar mi atencion en estas tristes ceremonias, mi espíritu se transporta, y corre atento la espaciosa Iberia. Yo observo un pueblo numeroso anegado en pena y cubierto de luto,....nuevas y enormes masas tenebrosas caen deleznables sobre los altos Pirineos, y deslizándose por sus escarpadas faldas rellenan los valles, cubren los pueblos, sumergen las ciudades, enlutan el magnífico palacio, no ménos que la humilde cabaña, inspirando el desconsuelo al noble y al plebeyo, al pobre y al rico, al jóven y al anciano. Todo recuerda aquella region tenebrosa que describe Job, en que habita un *horror sempiterno*.... Envuelta en estas densas tinieblas corre por todas partes la infausta voz *" murió Cárlos "* : voz terrible que, cual rayo destructor, viene á herir el corazon de un Rey educado en la escuela del sufrimiento ; pero á quien la Divina Providencia aun no habia hecho probar un cáliz tan amargo. La muerte llevando asida á su funesto carro esta nueva prenda que acababa de arrebatar al amor de los españoles, recorre los pueblos conduciendo la desgracia. Este mónstruo alimentado con las lágrimas del huérfano, los gemidos de la viuda, y los suspiros del esposo, blasona en este dia sus triunfos, ó paseándose por nuestras provincias, mira con denuedo las almas sensibles en quienes difunde la afliccion."

" ¡ O juicios del Eterno siempre incomprensibles ! Desaparecen las cosas humanas como el humo ligero que se deshace agitado por el viento : la virtud sólo es constante. El hombre pasa en imágen, segun la expresion del Profeta, y en vano se conturba. *Oid Reyes, y entended: instruíos los que juzgais la tierra.* El augusto Cárlos ha pasado en imágen : él es víctima de la muerte : él es un polvo miserable. Religion divina, único principio de verdaderos bienes y de la paz del alma, tus consuelos le fortalecian ; y ellos animan á una nacion, que recuerda la amabilidad y sencillez de un espíritu, siempre pronto á seguir el bien, aunque no siempre dichoso en que se le presentase."

Ocupándose de las diferentes medidas dictadas por el monarca, destinadas á fomentar la agricultura, las artes, y la industria, dice el Padre Varela en otro punto:

"Para promover mucho más la agricultura, pone S. M. su particular empeño en la formacion de caminos y puentes, venciendo todos los obstáculos que la naturaleza oponia para que se comunicasen libremente el principado de Asturias, con el reino de Leon y las demas provincias. Al celo de un español que descendió al sepulcro colmado de méritos más que de honores, se le presentó un dilatado campo en que ensayar su patriotismo y talento, llenando los deseos del soberano á quien tenia el honor de servir. Estas obras serán un eterno monumento de la actividad, y honrarán la memoria del reinado del Señor Don Cárlos IV. Excusado es decir que hablo del sabio ó infatigable Jovellanos; pero, nombrándolo yo, no puedo ménos que hablar de un instituto que recuerda sus desvelos y la bondad del Príncipe que supo no malograrlos. Observó S. M. detenidamente los frutos que se deben á los esfuerzos de Felipe V en la creacion del Seminario de nobles, y la Academia española, y á los de Fernando VI fundando la Real Academia de nobles artes: quiso imitarlos; y no solamente aprueba el Instituto asturiano en que se ven florecer las ciencias del modo más brillante, sino que lo fomenta dotando una cátedra de Química, y haciendo otras demostraciones muy sensibles del alto aprecio con que miraba tan útil establecimiento."

A Cárlos IV se debe la disposicion por la cual se removió de los expósitos la mancha de bastardía que las costumbres y la ley les habian impreso injustamente. Hablando á este respecto decia el Padre Varela:

"Pero un objeto el más sublime atrae á mi espíritu. La Humanidad y la Religion misma toman parte en el justo elogio del benéfico Cárlos. Una multitud de hijos de la naturaleza dirigen sus votos al cielo en favor de un soberano á quien deben la vida civil. La Humanidad viene á depositar estos desgraciados en los brazos de un gran Príncipe. La Religion viene á inspirarle los sentimientes caritativos de un alma cristiana. A uno y otro imperio cede el corazon de Cárlos; y con los más tiernos y paternales afectos acoge á los expósitos, y les concede todos los privilegios de la legitimidad, poniendo fin á una cadena de males casi interminable."

El ejemplar que poseemos de este magnífico discurso, y que debemos á la bondad inagotable del inteligente y bien amado corresponsal incógnito, que tanto nos ha ayudado con su exhortacion y con su auxilio moral y material, podria imprimirse como apéndice. Pero militando respecto de él las mismas razones que tuvimos para no reproducir el Elogio de Fernando VII, nos contentamos ahora, como entónces, con presentar estos extractos.

CAPÍTULO XII.

1818—1819.

EL CURSO DE 1818 Á 1819.

Se acercan los momentos de más grande brillantez en la enseñanza filosófica del Padre Varela.—La LECCION PRELIMINAR *de 1818.—Efectos de la enseñan. za del Padre Varela, y del impulso por ella comunicado á todos los estudios.— Verdadera aspiracion final del venerable profesor.—Los* APUNTES FILOSÓ-FICOS, SOBRE LA DIRECCION DEL ENTENDIMIENTO HUMANO.—*Considera-ciones generales sobre el carácter de estas obras, y su enlace con las demas á que sirvieron de antecedente.*

El año de 1818 marca en especial, en la vida del Padre Varela, un momento de poderío intelectual extraordinario. Llegado apénas á la edad de treinta años, época en que la mayor parte de los hombres escasamente puede decirse, que comienzan á madurar su espíritu, y á dar contornos fijos á los pensamientos que el estudio y la meditacion les hayan sugerido, se le encuentra ya colocado de lleno en los primeros puestos, cuando no en el primero de todos, entre los prohombres de la isla de Cuba. Va ahora á dar un paso más, y á asegurarse un nombre, más allá de su patria, en la historia del desenvolvimiento intelectual del género humano.

El curso de los estudios del Seminario, en el año de 1818, se abrió el dia 30 de Marzo; y nos es dado referirnos, pues la tenemos á la vista, á la *leccion preliminar* con que el Padre Varela quiso favorecer á sus discípulos, en aquella solemnidad académica. Ella explica, en breves formas, el programa entero de la enseñanza, en el estado á que la habia llevado hasta aquel momento, y la madurez de la doctrina que inculcaba en la juventud. *

" La verdad, la virtud, les decia el Padre Varela, serán los objetos de nuestras investigaciones. La naturaleza, esta madre universal de los mortales, guiará nuestros pasos, rectificando nuestro espíritu oscurecido por las preocupaciones, extraviado por la costumbre, é inerme por la irreflexion."

" Nuestro ser ocupará el primer lugar en el estudio que emprendemos ; y saliendo despues, por decirlo así, de nosotros mismos, observarémos ligeramente el hermoso cuadro de las demas criaturas. Ellas nos conducirán muy pronto al conocimiento del Criador, y advirtiendo nuestras relaciones con este Ser infinito, aparecerá la Religion santa con un nuevo brillo, á la luz de la Filosofía. Verémos nacer de aquí los vínculos sociales, y los deberes del hombre respecto de sí mismo, de Dios y de sus semejantes."

" El exámen detenido de los cuerpos merecerá entónces nuestra atencion. Contemplarémos las propiedades que convienen á todos, y las que son propias de algunos de ellos, las leyes que guarda la naturaleza, las fuerzas que emplea, el auxilio que puede proporcionarse el hombre por medio de las máquinas, y todo lo que pertenece al movimiento, alma del universo."

"Pasarémos luego á la consideracion de cada especie de cuerpos ; y baste decir que todo cuanto percibimos será objeto de nuestro exámen. No sólo el conocimiento de las cosas, sino tambien su aplicacion á las necesidades de la vida privada y social, debe ocupar á un filósofo ; y éste será nuestro principal empeño. En dos años concluirémos este estudio ; pero será preciso continuar seis meses más, para acomodarnos á la

---

* *Leccion preliminar dada á sus discípulos por el Presbítero Don Félix Varela, al empezar el estudio de la Filosofía, en el Real Colegio de San Cárlos de la Habana, el dia 30 de Marzo de 1818. Con superior permiso. En la imprenta de Don Pedro Nolasco Palmer.*

práctica autorizada, pues no siempre puede hacerse todo lo que se debe."

"Los progresos filosóficos exigen docilidad sin abatimiento, y un carácter firme sin orgullo, constante sin pertinacia, generoso sin afectacion, y franco sin ligereza. Mis esfuerzos se dirigirán á inspirarlo, y yo espero que no serán en vano."

"Mis discípulos tendrán una plena libertad de discurrir, y proponer sus pensamientos del modo que cada uno pueda. La emulacion rara vez llega á ser racional, y por lo regular degenera en un encubrimiento de pasiones despreciables. Ella no entrará en mis clases, si yo no soy muy desgraciado. Entre nosotros nadie sabe, y todos aspiramos á saber. Los conocimientos que se adquieren son bienes comunes, y los errores no son defectos mientras no se sostienen con temeridad."

"Hay un idioma *greco-latino-bárbaro-arbitrario*, que llaman "escolástico," y unas fórmulas y ceremonias que dicen se deben enseñar en las clases de Filosofía. Yo no enseñaré nada de ésto, porque no soy maestro de idiomas, ni de formulajes, sino un compañero que va facilitando á los principiantes el estudio de la naturaleza, la cual no es de ningun idioma, ni admite reglamentos. Los inteligentes conocen que yo puedo decir mucho más.... El que arrostra la costumbre encuentra pocos aprobadores; mas yo renuncio el honor de ser aplaudido por la satisfaccion de ser útil."

"Sé que algunos se compadecen de mis discípulos por considerarlos sin las disposiciones necesarias para continuar el estudio de las ciencias, y para lucir en los actos públicos. Si las ciencias son el conjunto de los delirios de los hombres, de voces hijas del capricho, de prácticas y reglamentos mecánicos; desde luego confieso que mis discípulos no están dispuestos para estudiarlas, ántes al contrario tienen el obstáculo que presenta la razon rectificada á todo lo que nada vale. Mas si las ciencias naturales son el agregado de conocimientos exactos, sugeridos por la naturaleza; si la sagrada es la reunion de verdades reveladas y mandatos divinos explicados segun el espíritu de la Iglesia en su constante tradicion; si la jurídica es el conocimiento de lo justo, de lo honesto, y de las leyes fundamentales del Estado, y conservadora de los mutuos derechos; mis discípulos no encontrarán tropiezo en una carrera que viene á ser una continuacion de los pasos ideológicos en que están versados. Por lo que hace al lucimiento, lucir en voces raras, y acciones compasadas, es lucir en *juegos de aire*."

"Por tanto, sin darme por ofendido, aseguro á semejantes compasivos que no les agradezco su buen afecto, y les prometo no enmendarme jamas. Sin embargo, yo debo confesar, que muchos de ellos proceden de buena fé, pues se conforman á sus ideas, y ésto puede disculpar de algun modo el ultraje que hacen á la razon y á la Filosofía. Otros conocen la verdad; pero son débiles para seguirla. Sus relaciones sociales exigen una conducta contraria, y en la imposibilidad de hacer otra cosa, ellos ceden á su interés. Otros lo hacen por no perder en un momento lo que adquirieron en muchos años. Estos no son muy buenos. Yo tambien he perdido, aunque no mucho. Pierdan conmigo, y dividirémos igualmente las verdaderas ganancias. De lo contrario, ellos siempre perderán para las ciencias, aunque por desgracia ganen para los hombres."

Esta *leccion preliminar* que da una idea del estado de los espíritus en aquel tiempo, fué digna precursora de las *Lecciones de Filosofía*, que se publicaron por primera vez el mismo año, y se encuentra en armonía con la *Miscelánea filosófica*, que vió la luz por aquel tiempo. El curso que así se inauguraba, más aun tal vez que todos los otros anteriores, se vió favorecido por el público, concurriendo á él lo más notable de la Habana, y de la isla entera. La clase estaba llena por cuantos aspiraban al dictado de progresistas y avanzados. Allí acabó de declararse cruda guerra á todas las sutilezas del Peripato, y de comunicarse un grande impulso al estudio de la Física experimental y de la química. "Los progresos de los otros paises, dice el Señor Bachiller y Morales,* se oyeron y entendieron en aquella clase, y la isla de Cuba supo entónces lo que era mecánica, hidrostática, hidráulica, magnetismo, electricidad, galvanismo, y astronomía. Para conseguirlo se trajeron aparatos, y algunos de ellos se construyeron en la Habana, bajo la direccion del Padre Varela."

Cinco años más tarde, y gracias á este empuje tan poderoso y sostenido, las ciencias físicas se hallaron en la Habana, en el mismo colegio Seminario, y en aquella misma clase, "*á la misma altura que en las na-*

---

* *Apuntes*, tomo III, página 35. Biografía del Obispo Espada.

ciones más adelantadas de Europa." Así lo asegura, comprobándolo con documentos interesantes, otro gran cubano, que sustituyó en su cátedra al Padre Varela. *

Pero el objeto primordial del Padre Varela, y el fin supremo á que se dirigieron sus esfuerzos, fué, para valernos de la misma expresion que usaba él con frecuencia, *rectificar* el espíritu de sus discípulos, poniéndolos en posesion de sí mismos, y en completa aptitud de adelantarse, con provecho, y sin trabas, ni temor alguno, por el inmenso campo de la ciencia. Como ántes lo habia hecho Sócrates, el Padre Varela ménos se propuso inculcar en sus alumnos una determinada solucion á tal ó cual problema filosófico, que emanciparlos de las trabas de la ciencia oficial, y ponerlos en disposicion de pensar por sí mismos, colocándolos en el camino verdadero por donde se llega á la verdad.

"Las disputas escolásticas, decia él contemporáneamente †, son el teatro de las pasiones más desordenadas, el cuadro de las sutilezas y capciosidades más reprensibles, el trastorno de toda la Ideología, el campo en que peligra el honor y á veces la virtud, el estadio donde resuenan las voces de los competidores, mezcladas con un ruido sordo que forman los aplausos ligeros y las críticas injustas, ahu-

---

* El Señor Don José Antonio Saco, en su "Estado de las ciencias físicas en la Habana," impreso en sus "*Papeles científicos, históricos, políticos y de otros ramos sobre la isla de Cuba*," publicados en tres tomos, en Paris, tomo 1º, página 20.

"Y no se crea que tan brillante progreso, agrega el Señor Saco, empezase en la época mencionada (1823 y 1824), ni que tampoco á mí se debiese. Débese sí, á la gran revolucion literaria que desde 1812 hizo el venerable sacerdote, el esclarecido cubano Don Félix Varela, de quien tuve yo primero el honor de ser discípulo y despues el de sucederle en la cátedra."

† Miscelánea filosófica.

yentando á la amable y pacífica verdad, que permanece en el seno de la naturaleza por no sufrir los desprecios de una turba descompasada, que con el nombre de filósofos dirige las ciencias, cuando sólo está á la cabeza de las quimeras más ridículas. La razon reclama contra estas prácticas : la experiencia enseña que no han producido un solo conocimiento exacto, y sí muchos trastornos. Sin embargo ellas subsisten, y unidos los intereses individuales con los científicos, éstos fueron sacrificados en favor de aquellos."

Para ese mismo curso de 1818 escribió tambien el Padre Varela, el pequeño libro titulado " APUNTES FILOSÓFICOS," que debia servir á sus discípulos, para repaso de sus lecciones, ó para prepararlos para los exámenes. El Señor Bachiller y Morales dice que esta obrita se publicó por primera vez en las *Memorias de la Sociedad Patriótica,* y que despues se reimprimió por separado en 1820 para los exámenes del curso principiado en 14 de Setiembre. * El ejemplar que tenemos á la vista al escribir este capítulo está impreso en la Habana, en 1818, formando un cuadernito de 27 páginas en octavo, y es el mismo que el Padre Varela envió al Señor Don José de la Luz y Caballero, invitándole á presenciar las conclusiones ó exámenes del mes de Julio, en el referido Colegio, y en que debia tomar parte como colegial de número el Señor Don Antonio de la Luz, hermano de nuestro grande hombre.

---

* *Apuntes,* tomo I página 200.

Una edicion se hizo de esta obrita el año de 1822, con el siguiente título : " *Apuntes filosóficos sobre la direccion del espíritu humano,*" *hechos en el año de 1818, por el Presbítero Don Félix Varela, adicionados y corregidos nuevamente, por el mismo, para que sus discípulos recuerden las doctrinas ideológicas que se contienen en el primer tomo de sus Lecciones de Filosofía, y las demas que ha expuesto al enseñar estas materias en el curso actual, empezado el dia 14 de Setiembre de 1820. Habana, Imprenta de Palmer,* 1822.

Su título completo es el siguiente:—"*Apuntes filosófi-cos sobre la direccion del espíritu humano, hechos por el Presbítero Don Félix Varela, para que sus discípulos puedan recordar las doctrinas enseñadas acerca de esta materia.* Con licencia. Habana.—Imprenta de Don Pedro Nolasco Palmer. 1818."

Estos *Apuntes* corresponden exactamente con su tí-tulo. Son una especie de condensacion brevísima, pero luminosa y comprensiva, de todo lo que se con-tiene en lo que pudiéramos llamar la "Lógica" del Pa-dre Varela, y que constituye el primero de los tratados en que dividió sus LECCIONES DE FILOSOFÍA. Todo lo sustancial de ese libro, reducido á cortas fórmulas, y siguiendo exactamente el mismo órden y colocacion que en aquel se adoptaron, se encuentra consignado en este opúsculo. Era un precioso *vademecum* que reemplazó en gran parte, con ventaja para el estudian-te, á los elencos acostumbrados.

Mas tarde, en 1827, se publicaron como parte de la *Miscelánea filosófica,* con la siguiente nota:

" Estos apuntes, que forman un compendio de las doctrinas ideológi-das contenidas en mis "Lecciones de Filosofía," sirvieron de índice para los exámenes públicos en el último curso que enseñé en el Cole-gio de San Cárlos de la Habana. Por este motivo se notará alguna sequedad ó demasiada precision, y que en varios lugares se hace refe-rencia á lo enseñado. He puesto como notas los fundamentos de al-gunas proposiciones, pues los de otras, que acaso podrian desearse, se hallan en otros artículos de esta Miscelánea." *

Estas notas son numerosas y harto extensas para que nos sea lícito reproducirlas.

Sabemos tambien de una edicion que se hizo en San-tiago de Cuba, en 1835, y forma un cuadernito de 23 páginas, en octavo español.

---

* Miscelánea filosófica, página 143, tercera edicion, New York. 1827.

Además tenemos noticias positivas de una edicion más hecha en la Habana de esta misma obrita, en el año de 1824, en la Imprenta Fraternal de los Señores Diaz de Castro, la cual se dió al público con el objeto de servir como elenco para los exámenes de una clase que debia presentar el Señor Don José de la Luz y Caballero, que á la sazon servia la cátedra de Filosofía del Seminario, en calidad de profesor interino, durante la ausencia del propietario. Un ejemplar de esta edicion de los Apuntes se conserva en la valiosa biblioteca del Señor Lopez Prieto.

CAPÍTULO XIII.

LA MISCELÁNEA FILOSÓFICA.

Carácter de la obra.—Cuando se escribió.—Cuando se imprimió por la primera vez.—Descrípcion del libro.—Pasaje relativo á la música.—Ediciones hechas de esta obra.

Antes de hablar de las LECCIONES DE FILOSOFÍA, la obra más importante del Padre Varela en el período de su vida que estamos estudiando, tenemos que ocuparnos de un interesantísimo volúmen publicado por él, con el título de *Miscelánea filosófica.*

Mucho se ha disputado entre nosotros, acerca de la época en que por primera vez se dió al público este libro, y si precedió, ó nó, á las LECCIONES DE FIEOSOFÍA, y si se imprimió en Cuba, ó en España. En realidad de verdad, esa cuestion quedó resuelta con lo que dice el Señor Mestre, en su discurso,* y lo que explicó el Señor Bachiller y Morales en sus *Apuntes;* * y aun en el caso de que ninguno de estos asertos se estimase suficiente, todavía las palabras mismas del autor del libro, en la introduccion que le puso, bastarian para dejar demostrado que la *Miscelánea* se pu-

---

* *De la Filosofía en la Habana,* pag. 79.

† *Apuntes,* tomo III, pag. 168.

blicó en la Habana, y que la edicion hecha en Madrid en 1821, no fué más que una reproduccion de la que ya habia sido impresa en la isla de Cuba.

" A instancias de un discípulo mio (Don Cayetano Sanfeliú, quien tuvo la bondad de servirme de amanuense), cuya memoria me es tan grata, como sensible su muerte, dice el insigne sacerdote *, me dediqué á escribir sobre algunos de los objetos de nuestras conversaciones, y por complacerle dí al público estos entretenimientos filosóficos, bajo el título de Miscelánea, por ser tan varios como lo fueron sus motivos. Hallábame entónces en el lugar de mi nacimiento, y en el santuario de las letras que habia frecuentado desde mis primeros años, y en que tenía el honor de ocupar un puesto, para indicar á una estudiosa y amable juventud las sendas de la razon y de la moralidad, los portentos y delicias de la naturaleza. Miéntras mi espíritu se ocupaba de estas apacibles ideas, fuí arrebatado por el torbellino político que aún agita la Europa; y más feliz que otros, lanzado á la tierra clásica de la libertad, donde reviso tranquilo estos ocios mios para presentarlos ménos imperfectos."

" He suprimido las dos primeras observaciones sobre el escolastismo, y ojalá fuese tiempo de suprimir la tercera, mas por desgracia, no faltan defensores de la Lógica escolástica, bien que su número sea muy reducido. Además de los artículos agregados en la edicion hecha en Madrid, que fué la segunda, he escrito otro sobre las causas del atraso de la juventud en la carrera de las letras, y he insertado, á insinuacion de un amigo, el del patriotismo, que se halla en la última edicion de mis Lecciones de Filosofía, extendiéndole

---

* *Miscelánea filosófica. Tercera ediccion. New York,* 1827.—*Introduccion.*

algo más con las reflexiones sugeridas por una lamentable experiencia."

No podia dudarse, por lo tanto, que la primera edicion del libro se hizo en la Habana, dentro del período precedente á 1821; pero á nadie, sin embargo, le era dado determinar con exactitud la fecha de la impresion, ni el establecimiento en que se hizo. Ni el Señor Bachiller y Morales, ni el Señor Mestre, ni ninguna otra persona con quien habláramos, ántes de comenzar la impresion de esta biografía, habia tenido la fortuna de ver el libro publicado en la Habana; y de este hecho ha resultado, en union tambien de la circunstancia de no haberse expresado en la edicion de Madrid que era la segunda que se hacia de la obra, la confusion y divergencia de pareceres que poco ántes se ha indicado. Pero ahora, y gracias exclusivamente á la laboriosidad é inteligencia de nuestro distinguido amigo el Señor Doctor Don Vidal Morales y Morales, la cuestion está resuelta definitivamente. El ha encontrado la primera edicion, hecha en efecto en la Habana, en la imprenta de Palmer, en 1819, bajo el siguiente título, *Miscelánea filosófica, escrita por el Presbítero Don Félix Varela, Catedrático de Filosofía en el Real Colegio de San Cárlos de la Habana. Tomo I. Con licencia. Habana. Imprenta de Palmer.* 1819. *

---

* Nos parece de importancia conservar en esta nota las expresiones mismas del Señor Morales, con motivo de haberle nosotros comunicado las pruebas de este capítulo, tal como originalmente lo habiamos escrito.

Habana, Octubre 10 de 1877.

Sr. D. José Ignacio Rodriguez.
Washington, D. C.

Mi muy querido é inolvidable amigo:

Me apresuro á comunicarle, con el más grande alborozo, la noticia del feliz hallazgo, en la valiosa coleccion de libros y papeles sobre la Isla de Cuba del

Los primeros nueve capítulos del libro no son composicion original del esclarecido sacerdote. Son sim
plemente, como él mismo los denomina en el título
general que les puso, unos extractos hechos por él de
la Lógica de Destutt Tracy. En los pasajes en que
el Padre Varela no estaba de acuerdo con el autor, ó
en que le parecia necesario agregar alguna explicacion,
una ú otra cosa se expresaron por medio de una nota.

Las páginas restantes son artículos más ó menos extensos, sobre diversos temas, á que se agregaron los
Apuntes filosóficos, una *carta á un amigo respondiendo á
algunas dudas ideológicas,* y dos disertaciones, la una

---

ilustrado jóven Don Antonio Lopez Prieto, de la primera edicion de la Miscelánea Filosófica del Padre Varela, impresa em la Habana.

· Despues de haber leido el capítulo que usted dedica á dicha obra en su apre-
ciabilísimo libro, me quedé triste y pensativo. ¡Cómo es posible, me decia yo
que esté perdido este libro! ¿Seria muy dificil hallarlo? Creo que no, existiendo aquí jóvenes que han concebido el propósito laudable de salvar del
olvido cuanto han producido nuestros hombres distinguidos, siguiendo en esto
la huella de nuestro Bachiller y Morales. Así razonaba yo cuando se me presentó en casa el referido Sr. Lopez Prieto que me ha prestado la preciosa
obrita cuya descripcion emprenderé, con ánimo de que en una nota al final
esclarezca usted este interesantísimo punto.

La obra se titula así:

Miscelanea Filosofica.—*Escrita por el Presbítero D. Félix Varela, Catedrático de Filosofia en el Real Colegio de San Cárlos de la Habana.—Tomo I.—
Con licencia.—Habana.—Imprenta de Palmer.—*1819.

Al reverso de esta portada se halla un trozo traducido de la obra de Deslan-
des, Historia crítica de la Filosofia. Tomo 4? pág. 173.

Sigue así la primera página enteramente igual á la de la edicion de Nueva
York, año de 1827, que yo regalé á usted. De la misma manera continuan
todos los capítulos hasta el noveno que tambien se titula: *De la deducion de
nuestras ideas.*

En la página 50 empieza ya la variacion, dando principio á las *Observaciones sobre el escolasticismo,* que son tres: la primera se refiere á explicar la manera "cómo se introdujo el escolasticismo"; la segunda, "las causas que le conservan y efectos que produce"; y la tercera sobre "la forma silogística," conservada en la edicion de 1827 y reproducida en la página 121.

sobre *"el idioma latino considerado ideológicamente,"* y la otra sobre *" la forma silogística".* Con ellos se acompañó más tarde la notable leccion del *patriotismo* que ocupa un lugar tan justamente distinguido en las LECCIONES DE FILOSOFÍA.

El espíritu práctico, y eminentemente provechoso, de la enseñanza del Padre Varela, se observa donde quiera en estos trabajos. El titulado *De las obras elementales escritas en verso* se propone combatir la idea, bastante frecuente entónces, de recurrir á esa forma,

---

En la 103 empiezan los "Fundamentos de algunas proposiciones que se hallan en los apuntes filosóficos sobre la direccion del espíritu humano," que son las siguientes:

Proposicion 1ª Los cuerpos nada tienen semejante á nuestras sensaciones, ellas no son verdes, frias, calientes, ni pesadas.

Proposicion 2ª Los filósofos han dicho que hay un sujeto que sustenta las propiedades y por eso le llamaron *sustancia.* Ellos dicen lo que piensan y no lo que han observado.

Proposicion 3ª Seria conveniente distinguir la figura de los cuerpos de su forma exterior. La vista puede enseñar la figura, pero no la forma. Esta y las distancias se conocen solo por el tacto.

Proposicion 4ª El juicio no es la reunion de dos ideas como dicen los escolásticos, ni de dos sensaciones, segun quiere Condillac.

Proposicion 5ª Ninguna definicion es exacta ni puede serlo.

Proposicion 6ª La idea que no puede definirse es la más exacta.

Proposicion 7ª Los gramáticos diciendo que hay nombres substantivos y adjetivos, han causado gran perjuicio á la ciencia. Seria mejor llamar al substantivo nombre total, y al adjetivo nombre parcial.

El idioma latino considerado ideológicamente, (reproducido en la pág. 178 de la edicion de 1827.)

De las obras elementales escritas en verso, (hasta la página 132, que es la última del libro.

No parece que se halle impreso el 2º tomo, pues al terminar el 1º no dice "fin del primer tomo."

Esta edicion es en 16vo. ú 8vo. menor, plagada de erratas, siendo veinte y cinco las que constan en la fé de las mismas.

....

Adios. Reciba usted un cariñoso abrazo de nuestro buen Anselmo, y otro de su affmo. amigo que le quiere de veras.

VIDAL MORALES Y MORALES.

artificial en el lenguaje científico, para enseñar la ciencia, con el pretexto de hacer así más fácil su adquisicion ó retencion. El titulado *Reflexiones sobre las palabras de Bacon de Verulamio,* "*no conviene dar al entendimiento plumas para que vuele, sino plomo para que le sirva de lastre,*" es un escrito interesantísimo. Las "*Observaciones sobre el sistema de Gall acerca del cerebro,*" y las "*Reflexiones sobre algunas causas del atraso de la juventud en la carrera de las ciencias,*" así como el artículo *sobre las cuestiones inútiles,* son obras dignas de leerse en todo tiempo, y que nunca se estudiarán sin sacar provecho.

En el artículo denominado *Imitacion de la naturaleza en las ártes,* cuajado de verdaderas perlas, hay un pasage relativo á la música, que no resistimos á la tentacion de reproducir. Dice así :

"Posteriormente se ha observado más en la práctica, lo que especulativamente todos admitian, y es que *el gran arte consiste en ocultar el mismo arte....* Una facilidad aparente es el mayor encanto de las obras modernas."

"Sin embargo, la música parece que tiene diverso carácter, por lo ménos en algunos paises. La antigua, toda era sensible, cantable, de fácil ejecucion, de pasages más conocidos, llena de imitaciones ó remedos entre los diversos instrumentos ó voces, en una palabra, más acomodada al gusto de la generalidad. No procedia esto, como algunos creen, de que el arte aún estaba en su infancia, y la imaginacion no se habia enriquecido y adiestrado para las invenciones, sino de que el gusto se dirigía á diverso objeto, sin duda muy agradable, aunque de distinto órden ; quiero decir, á la sencillez que causar los placeres, sin fatigar el oido, y á la imitacion de la naturaleza humana, cuando manifiesta sus pasiones tranquilas y moderadas, en las que todo es claro y perceptible. De ningun modo es mi ánimo afirmar que los antiguos no expresaron en sus composiciones musicales las pasiones fuertes y desarregladas ; sino que ésto mismo lo hacian conservando cierta sencillez que ponía al alcance de todos el objeto que se queria expresar. Un conjunto de hombres enfurecidos pueden lanzar un grito formidable que llene de un horror repentino al espectador ; mas su alma no forma idea alguna de la causa de esta furia, y la comnocion que experimenta, aunque fuerte, es muy vaga, y poco radicada, de modo que pasa casi con la terminacion del sonido. Mas supongamos que estos mismos hombres, reprimiendo su có'era, dan lugar á que sucesivamente cada uno se dé á entender, miéntras los otros animan su exposicion por medio de un ruido sordo, que indica los esfuerzos que hacen para reprimirse, y que de tiempo en tiempo sueltan los diques á este torrente de pasiones, y todos se expresan con una energía extraordinaria, pero confusamente, y luego se contienen de nuevo para dejar percibir mejor las expresiones de sus sentimientos : entónces se tendrá el carácter de la música antigua, cuando quiere expresar fuertes pasiones. Las obras de Hayden abundan de modelos semejantes : y las de Pleyel, siempre claras y sensibles, comprueban cuanto acabamos de decir sobre esta materia.

La música moderna manejada por Biotti, Romberg, Kromer, Kreuzer, Beethoven, y otros célebres profesores, es mucho más implicada, tiene más rareza en los pasages, no quiere que el que oye los adivine mucho ántes de ejecutarse : la sorpresa es su delirio, y la monotonía el escollo de que huye con todo esfuerzo. Encubre el arte, y desea que el músico, á imitacion de las aves, parezca que se conduce por movimientos vagos y variados de la naturaleza, y no por un órden mecánico de reglas bien sabidas. Un compas poco marcado, y si es posible, no percibido, unas pausas distribuidas como al acaso, una armonía constante, en medio de la independencia con que parece operan los instrumentos entre sí, son los principales medios de que se vale para conseguir su intento. Esta es la causa porque á los principiantes, y á las personas poco acostumbradas á oir este género de música, suele no agradarle mucho, ó á lo ménos no tanto, como la de Pleyel, ú otro autor antiguo ; pues no percibiendo la composicion, ni distinguiendo fácilmente la parte que ejecuta cada instrumento, es imposible que experimenten tanto placer. La música italiana conserva mayor sencillez, y seguramente una composicion de Rossini es capaz de agradar á toda clase de personas, pues los inteligentes hallan en ella lo más selecto del arte, y los que nada entienden de música perciben, sin embargo, los pasajes con mucha claridad.

De las reflexiones que acabamos de hacer se infiere, que todos han imitado la naturaleza, y á pesar de ésto se han diferenciado considerablemente en el carácter de la composicion, y en el gusto musical. Todo consiste en las diversas relaciones que se han querido imitar en la naturaleza, que puede variarse infinitamente. Para establecer una regla de imitacion, es preciso conciliar la sencillez con la variedad, el artificio magestuoso y raro, la sensibilidad y distincion de los pasajes. Es necesario, pues, no olvidar la imposibilidad en que están los hombres de imitar á la naturaleza en todas las inflexiones y variedad de los sonidos, y no ostentar una aptitud de que carecen, dejarse de imitar las aves, y tomar por objeto de imitacion á los hombres, cuando expresan sus pasiones, y áun ésto puede hacerse hasta cierto punto, pues todo empeño en la identidad es ridículo. Cuanto se dice de que un profesor imita con su instrumento el canto de un pájaro, ú otro sonido de la naturaleza, sólo sirve para darnos una idea de su destreza, y á veces sólo de su trabajo infructuoso, pues la imitacion, por más que se diga, jamas será perfecta, y aunque lo fuera, para oir pájaros no se necesitan instrumentos músicos.

En todas las ártes de imitacion han procurado las más veces los profesores dar á conocer su habilidad por los obstáculos que superan y la dificultad de las obras que ejecutan, más bien que arreglarse á lo que dicta la razon, y que puede llamarse la filosofía de las ártes. ¿Qué importa que haya costado mucho trabajo una obra, si ella no es por sí agradable? Contrayéndonos á la música, de que hablábamos, ¿qué importa que el que toca ejecute un pasage de muchísima dificultad, si es de tal naturaleza que no agradaria en el momento en que supiéramos que no era difícil? Solo servirá para acreditar al profesor, mas no para deleitar á los que le oyen, si tienen un gusto rectificado. Bastante dificultad hay sin buscarla, en la imitacion de la naturaleza, contrayéndose sólo á lo que habla al corazon, que es el remedo de las pasiones, y lo que sorprende la imaginacion, que es el hallazgo de modos siempre nuevos y siempre interesantes. No es preciso, nó, inventar dificultades caprichosas, que sólo ejercitan las manos, ó la voz, del músico, y el entendimiento del que observa la estravagancia de semejantes composiciones."

Las ediciones de la *Miscelánea filosófica* han sido tres, como hemos dicho:

La primera hecha en la Habana, en 1819. (página 113.)

La segunda hecha en Madrid, en 1821, con este título: "Miscelánea filosófica, escrita por el Presbítero Don Félix Varela, catedrático de Filosofía del Colegio de San Cárlos de la Habana. Madrid, 1821. Imprenta que fué de Fuentenebro."

Y la tercera hecha en New York, en 1827, bajo este título: "Miscelánea filosófica, por Félix Varela. Tercera edicion. New York. Por Enrique Newton, calle de Chatham, Nº 157.—Se vende en casa de Behr y Kahl, Nº 183. Broadway. 1827."

CAPÍTULO XIV.

1818.

LAS LECCIONES DE FILOSOFÍA.

Importancia de esta obra.—Ediciones que de ella se han hecho.—Propósitos del libro.—Explicacion de su plan.—Exámen analítico de su contenido.

Las Lecciones de Filosofía constituyen, si puede así decirse, el coronamiento de la obra filosófica y educadora del Padre Varela en su país natal. Es en ellas donde se encuentra formulada, más sin duda que en cualesquiera otros de sus libros, la grande idea que le preocupó toda la vida, la de vigorizar y enaltecer el espíritu de sus compatriotas, inspirándoles amor á la verdad, y mostrándoles cual era el verdadero medio de encontrarla. El noble y sabio sacerdote se hallaba sobradamente convencido de que en espíritus sanos y robustos, no viciados por efecto de una educacion incompleta ó mal dirigida, si bien caben los errores, así en la ciencia como en la religion y en la política, porque al fin humano es el errar, los estragos que produzcan, aunque no ménos deplorables, serán más fáciles de remediar ó de impedir.

Acostumbrado desde temprano el hombre á ver las
cosas cuales son en sí, sin deprimirlas, ni exagerar-
las, habrá de descubrir bien pronto, y evitar con
repugnancia y desprecio, todo lo que hay de sutileza
estéril, de abstraccion absurda, de palabrería vana y
sin sentido, en la falsa ciencia, tan á menudo suplan-
tada en el mundo á la verdadera, y tan fecunda en
destruccion y males de todo género.

Inspirando en sus discípulos, y en general en sus
paisanos, ese sentimiento de rectitud intelectual, ese
amor vivo hácia el estudio de las cosas verdaderas, y
ese disgusto marcadísimo por todo lo soñado, obra
exclusiva de la imaginacion y del capricho, el Padre
Varela habia llegado á grande altura como patriota,
como profesor y como cristiano. Con tal gimnástica
del alma, y no de otra manera, es como se pueden formar hombres, en el sentido elevadísimo del gran precepto de la Escritura. * Sin ella, la dignidad del ser
humano se deprime, y se le prepara fácilmente para
todas las especies de esclavitud. El libro del Padre
Varela, de que nos vamos á ocupar en este momento,
vino á dar, como quien dice, la ultima mano á su trabajo educador, y constituyendo un monumento perdu-
rable de sus afanes, trasmitirá su memoria á las generaciones del porvenir.

La primera edicion de las "Lecciones de Filosofía"
se hizo en la Habana en el año de 1818. He aquí como
la registra el Señor Bachiller y Morales en su catálogo
mencionado:†

" *Lecciones de Filosofia, escritas por el Presbítero Don Félix Varela,
maestro de dicha ciencia en el Reál Colegio de San Cárlos de la Habana. Tomo I, con licencia. Imprenta de Palmer. 1818. Habana.*— En

* *Confortare et esto vir.* Regum. lib III. Cap. II. V. 2.
† *Apuntes,* tomo III, página 159.

octavo con 111 páginas, sin los índices y advertencias.—En 1819, el siguiente con 221 y más páginas, se publicaron los demas tomos hasta el cuarto. Los dos últimos comprendian la Física ó tratado del Universo, con láminas explicativas : por lo costoso de estas no publicó el quinto.—Los dos primeros contienen el tratado del Hombre, Lógica, Metafísica y Moral, con más, ideas sobre el cuerpo humano y sus funciones : los dos últimos tratan del Universo, ó sean los cuerpos. Por esa obra se enseñó Filosofía moderna en castellano. Desde esa época fueron mejorando sus ediciones sucesivas en el extranjero, hasta la 5ª, y sirvió de texto en la isla, y otros puntos de la América española por muchos años. Las ediciones de New York se hicieron en 8º prolongado en tres tomos."

Las láminas 1ª, 2ª y 3ª del segundo tomo, y siete del tomo tercero, fueron dibujadas por el Señor Don Juan Manuel Valerino, uno de los discípulos del Padre Varela, de que más tarde tendrémos ocasion de hablar otra vez. El grabado lo ejecutó en la Habana el Señor Don Pedro María Picard.

La segunda se hizo en Filadelfia en 1824, bajo el título de "Lecciones de Filosofía, por Don Félix Varela. Segunda edicion, corregida y aumentada por el autor. Filadelfia. En la Imprenta de Stavely y Bringhurst, nº 70, calle tercera del Sud. 1824." (Tres tomos.)

La tercera en New York, en 1828, bajo el título de "Lecciones de Filosofía, por Don Félix Varela. Tercera edicion, corregida y aumentada por el autor. Nueva York. 1828." (Tres tomos).

La 4ª en New York, bajo este título : "Lecciones de Filosofía, por Don Félix Varela. Cuarta edicion corregida y aumentada por el autor. Nueva York. Impreso por G. F. Bunce, 224 Cherry Street. 1832." (Tres tomos).

La 5ª, tambien en New York y se titula de este modo : "Lecciones de Filosofía, por Don Félix Varela. Quinta edicion, corregida y revisada por el autor. Nueva York. Imprenta de Don Juan de la Granja, nº 47 Liberty Street. 1841." (Tres tomos.)

Tenemos entendido que en México se han hecho algunas ediciones de esta obra. Allí sirvió de texto en muchos de los establecimientos públicos, y hemos conocido aquí varias personas, naturales de aquel país, que estudiaron por este libro.

No es posible que digamos, dentro de los límites que la naturaleza misma de las cosas impone á nuestro trabajo, todo lo que nos ocurre en alabanza y en explicacion de la doctrina y plan de esta obra importantísima. * Baste decir, por el momento, que no hay ninguna otra en que nuestro gran maestro se muestre tan esencialmente reformador y grande; y no seguramente porque en ella se contengan doctrinas nuevas, y jamas oidas, ó porque se desenvuelvan *sistemas* ingeniosos, descubiertos por el autor, ó inventados á capricho suyo, con grande esfuerzo y aparato, ni mucho ménos porque suelte los naturales frenos del espíritu del hombre, que es por su naturaleza limitado, y lo deje lanzarse desbocado, y sin guia, ni retencion alguna, por el ilimitado campo de las hipótesis,—sino porque, muy al contrario precisamente de todo eso, *humaniza* la ciencia, la pone al alcance de todo el mundo, y se ocupacon empeño de poner cada cosa en su lugar, restableciendo la autoridad de la razon, tan á menudo ultrajada y desconocida, y defendiendo al mismo tiempo el privilegio y los derechos de la autoridad en toda su fuerza y extension.

El lema mismo que va escrito como epígrafe del libro, en el reverso de la portada, explica su intencion. Es una cita de Condillac, en que se dice:—"Yo no escribo sino para los ignorantes. Como ellos no hablan

---

* Un breve análisis de se publicó en *El Observador Habanero,* y lo insertamos como apéndice. Vease *Apéndice D.*

la lengua de ninguna ciencia pueden con más facilidad entender la mia, que está más á su alcance que ninguna otra, por haberla sacado de la naturaleza que les hablará como yo."

Las palabras con que termina el primer tomo, el único dedicado al estudio del espíritu y sus funciones, acabarán de hacer patente el mismo pensamiento:—"¡Ojalá, dice, puedan estas *Lecciones* contribuir de algun modo á separar á los jóvenes, así del ridículo fanatismo, como de la funesta irreligiosidad!—¡Puedan ellas inspirarles amor á una religion que los hará felices, y á una patria, que en ellos,... sí, en ellos, funda toda su esperanza!"*

La nocion de la Filosofía que se da en este libro, de acuerdo con el plan de estudios de la época, es sumamente comprensiva. "Todos los hombres tienen un deseo de saber, dice el ilustrado catedrático, y una luz natural que les indica el modo de conseguirlo. Los conocimientos adquiridos por este medio forman la Filosofía, reduciéndose á ella todas las ciencias naturales."... "Es una ciencia tan antigua como el género humano, pues desde que hubo hombres se dirigieron por la luz de la razon para adquirir conocimientos, y fueron filósofos ántes de pensar en serlo."†

El libro se divide en tres "Tratados," denominados: el 1º, "Tratado de la direccion del entendimiento;" el segundo, "Tratado del hombre;" y el tercero, "Tratado de los cuerpos, ó estudio del Universo."

El 1º, que se compone sólo de nueve lecciones, es esencialmente práctico, y corresponde de todo punto con su objeto. Es, como si dijéramos, una especie de

---

* *Lecciones de Filosofía.* 2ª ed., tomo Iº, pag. 224.
† Ibid., pag. 3.

ejercicio preliminar á que se somete el espíritu, para llevarlo luego, convenientemente preparado, á cultivar campos hermosos. Nada es más recto, más sensato, ni mejor calculado, que esa especie de manual de higiene del espíritu, cuyos consejos saludables serán siempre, si se ponen en ejercicio, barreras poderosas contra el error y la maldad.

Pudiera suceder muy bien, que no sean en realidad los sentidos externos, y lo que el Padre Varela llama *sentido íntimo*,* las únicas fuentes de donde se derivan los conocimientos humanos, ó que el tacto no sea en efecto el sentido que corrige á todos los demas y los hace útiles, ó que tampoco las definiciones que nos da de la idea, del juicio de la abstraccion, etc., sean de todo punto exactas y admisibles, segun los gustos é inclinaciones de los que dan importancia á esos detalles de lenguage ó de nomenclatura. Pero aun entónces, y suponiendo que á los cambios que quieran sugerirse, no pueda aplicarse de nuevo la pregunta del Señor Escobedo cuando era estudiante, "*¿para que sirve todo eso?*", resultará siempre que la totalidad de la doctrina ha de quedar incólume, constituyendo el paso mas avanzado en el camino del desenvolvimiento intelectual que jamas se ha dado entre nosotros.

El Padre Varela no era hombre de definiciones, ni de perder el tiempo en la invencion de fórmulas, que aunque muchas veces ingeniosas, tienen por necesidad que ser incompletas. "Debe tenerse presente, dice él, † que no se entiende todo aquello que se sabe nombrar, y que nuestra ciencia muchas veces viene á ser sólo de

---

* El conocimiento que tiene el hombre de lo que pasa en sí mismo. *Lecciones.* 2ª edicion, tomo I, pag. 180.

† *Lecciones.* 2ª edicion, tomo I, pag. 58.

palabras, cuando creemos que es de objetos reales...."
" Nuestro entendimiento, satisfecho con una definicion
que nada dice, cree entender las cosas cuando está
muy distante de conseguirlo." El saber no consiste en
repetir frases, sino en ser " capaz de formar el conocimiento de nuevo por sí mismo, indicando las operaciones practicadas para conseguirlo, y percibiendo
todas las relaciones que hay entre ellas." *
Todo lo que el eminente catedrático concede en esta
obra á la parte de nomenclatura y tecnicismo, que tan
frecuentemente se sustituye á la verdadera ciencia, es
sólo la primera de sus lecciones. Allí nos dice lo que
se entiende por sensaciones, cuales son las causas que
las producen, y de que manera se corrigen ; qué cosa
es *idea*, y cuales los diversos sentidos en que se toma
esta palabra : cuales son las que se llaman individuales
y cuales generales : cómo se definen la atencion, la
abstraccion, el juicio : qué es definir y clasificar : qué
significan las palabras *extension* y *comprension* de los
términos de clasificacion : qué es raciocinar por deduc-
cion, y por conexion ; y por fin, qué cosas son la memoria, la imaginacion y la reflexion. "El entendimiento, concluye, es la facultad de ejercer todas las
operaciones indicadas en esta leccion."†
Prestado este homenage á la necesidad y á la costumbre, entra luego lo esencial del libro : la tarea tan
grave como fecunda de indicar á los alumnos la manera
de discurrir con acierto y exactitud. La leccion segunda
les enseñará " el modo de corregir las operaciones
intelectuales," dictándoles reglas tales y tan claras, que
siempre conseguirán su objeto, si las siguen. Comba-

---

* *Lecciones.* 2ª edicion, tomo I, pag. 56.
† Ibid, pag. 25.

tiendo, por ejemplo, el empeño de algunos en estudiarlo todo de memoria, dice : " Espreciso advertir que nuestros conocimientos se fijan en el espíritu por medio de la atencion, y cuando queremos conservar las palabras de un autor, por más cuidado que pongamos, atendemos á ellas mucho más que á la doctrina, pues parece que descansamos en el trabajo de dicho autor, que suponemos habrá examinado lo que ha escrito... Cuando se trata de aprender, es un absurdo empeñarse en conservar las palabras á la letra ; y sin duda que si uno se figurara que era un sabio porque era capaz de repetir á la letra muchas autoridades, mereceria que le tuviéramos lástima..." " El aprender de memoria, descansando en el trabajo que tuvo el autor, nos sirve de gran atraso, pues nadie puede caminar con pies agenos en materias científicas ; y así aun cuando el autor sea bueno, nosotros serémos unos pedantes." *

En la leccion tercera se explica lo que se entiende por "talento," "ingenio," "juicio," (es decir la cualidad de ser juicioso, reposado y razonable) y " buen gusto," acompañandolo todo con las reglas más prudentes y mejor inspiradas.

La cuarta se ocupa de la accion y de las palabras como medio de "manifestacion de nuestros conocimientos," y recomienda que en el lenguage se procure siempre conservar la sencillez, la brevedad, la claridad, y la precision, demostrando con perspicuidad inimitable, como es que suele decirse tan á menudo y con tanta razon, que una cosa se entiende, pero que no puede explicarse.

La leccion quinta enumera cuales son los " obstácu-

* _Lecciones._ 2ª edicion, tomo I. pag. 33 y 34,

los de nuestros conocimientos," citando entre ellos lo
que se conoce con el nombre de *preocupaciones* ó ideas
tenidas de antemano, incompletas muchas veces, y
adquiridas por lo comun en consecuencia de mal
órden en los estudios, el amor propio y la pasion en
sus diversas faces, el hábito de pensar de un modo
dado, la falta de aptitud ó disposicion especial que se
requiere en el espíritu para el determinado asunto á
que se aplica, el lenguage y las definiciones, que no
dan mas que palabras muchas veces en lugar de ideas
ó de conocimientos, las generalizaciones indiscretas, el
espíritu de sistema, el aparato científico, y el tecnicismo que arredra y á nada satisface, como no sea la
vanidad, la multiplicacion de las cuestiones, y el ocuparse de las que son inútiles, y por último el principio
de la autoridad mal aplicado.

"El aparato científico, dice, es un buen modo de
cubrir necedades... Es aquel aire de magisterio y órden
afectado con que suelen proponerse las materias,
usando muchas veces de un language ininteligible y
nuevo... Yo estoy persuadido de que uno de los motivos de conservar las voces técnicas es el de ocultar la
ignorancia, pues si todos entendieran lo que dicen,
muchos de los que se reputan por sabios perderian
gran parte de su crédito. Los hombres á proporcion
que van sabiendo van presentando el cuerpo desnudo
del ropage que encubria sus defectos. *

"La autoridad, dice en otro punto, † es otro principio de nuestros atrasos, porque sin examinar las cosas
confiamos en el dicho de otros, y aun cuando conozcamos sus errores, nos parece imposible que hayan

---

* *Lecciones.* 2ª edicion, tomo I, pag. 62 y 64.
† Ibid, pag. 66.

errado, y no atendemos á la razon que interiormente
nos lo demuestra. Dios es infalible, y á este ser infinito
debemos someternos ; pero los hombres abusan de la
autoridad divina, y quieren extenderla arbitrariamente,
pues no hay doctrina filosófica que no se quiera defender ó impugnar, con autoridades de las sagradas letras,
las cuales, como observa el Padre San Agustin, no se
dirigen á formar filósofos, ni matemáticos, sino creyentes. Muchos, con una veneracion irracional, pretenden
que los Santos Padres tengan autoridad en materias
filosóficas, oponiéndose á la misma doctrina de tan
respetables maestros, que á cada paso publican en sus
obras la libertad de pensar que tienen todos, cuando
se trata de objetos puramente naturales, y no hay una
autoridad divina que diga expresamente lo contrario."

"Yo no hablaré de la autoridad de los filósofos como
Aristóteles, Cartesio y Newton, pues no hay nada mas
despreciable que decir, que una cosa es cierta porque
ellos la han afirmado. Sirva el dictámen de los sabios
para dirigirnos en las investigaciones y para estimular-
nos á examinar el objeto mas detenidamente ; pero un
niño, por un acaso feliz, puede encontrar verdades, que
se ocultaron al sublime Newton ; y al fin de sus tareas
este físico admirable, este hijo predilecto de la naturaleza, deberia mendigar, en tales circumstancias, los
conocimientos que otro mortal mas afortunado habia
adquirido en sus primeras investigaciones."

En la leccion sexta se trata "de los grados
de nuestros conocimientos," entendiéndose por esta
frase la diferente "aproximacion á la verdad," que
aquellos puedan alcanzar, ó el carácter de certidumbre
mayor ó menor que los adorne. Las reglas que contiene
con respecto á la credibilidad de los testigos, y alasenso
que debe darse á sus dichos, así como el estudio con

que termina, con respecto á las *probabilidades*, son de mucha importancia.

No lo son ménos las "observaciones sobre los libros y el método de estudiar," que constituyen el asunto de la leccion séptima. "Siempre que emprendemos un estudio, dice, es conveniente figurarnos que es fácil, ó que á lo ménos sus dificuldades no son insuperables."*
"Por lo que hace á la materia de nuestros estudios, añade despues en otro punto, † cada uno debe empeñarse en aquellas que pertenecen á la carrera que piensa seguir en la sociedad, pero esto se ha de hacer sin excluir totalmente otros estudios; pues así como el deseo inmoderado de ser sabios universales ha formado muchos ignorantes, así tambien la obstinacion en limitarse á un solo género de conocimientos ha hecho perder su mérito á muchos talentos sobresalientes..." "Suele opinarse de diverso modo sobre la reunion de estudios, si conviene estudiar muchas cosas á un tiempo, ó si es preciso, para estudiar una ciencia, desprenderse enteramente de las otras. La prudencia prescribe un medio entre estos extremos."

La ·leccion octava combate el "pedantismo" en todas sus faces; y la novena con que concluye el Tratado se ocupa "de las disputas literarias," asunto que, como hemos visto, le mereció siempre una atencion marcada. Cuando en 1824 hacia la segunda edicion de sus *Lecciones de Filosofía*, creyó deber decir en una nota, lo siguiente: ‡

"Muchos extrañarán que en el año de 1824 aun me detenga yo en impugnar el escolaticismo; pero desgra-

---

* *Lecciones.* 2ª edicion, tomo I, pag. 78.
† Ibid, pag. 79.
‡ Ibid, pag. 90.

ciadamente aun no es tan innecesaria esta impugnacion en España."

El Tratado del hombre, que es el segundo de la obra, se compone de diez y ocho lecciones. La primera y la segunda se dedican á estudiar respectivamente la naturaleza y la actividad del alma, explicando tambien las facultades de que está dotada. Su espiritualidad é inmortalidad, y la libertad del albedrío se demuestran allí con tanta sencillez como elocuencia.

El cuerpo humano y su vida son el objeto de las dos lecciones subsecuentes, en que se encierran nociones utilísimas de anatomía y fisiología. La sensibilidad se estudia en la quinta, y las relaciones del alma con el cuerpo en la sexta. La séptima y octava se ocupan de las inclinaciones del hombre, y de la diversidad de ellas, entrando en pormenores de análisis exquisito. En la novena se estudia la influencia de las ideas en las pasiones, demostrando cuanto puede hacer la ilustracion en la mejora de las costumbres, de donde "el gran empeño, dice, que han puesto los filósofos en despreocupar los pueblos."* "Un rústico apasionado, agrega, se distingue poco de un animal, á quien es preciso conducir por sensaciones fuertes que superen las contrarias. Un sabio en medio de su pasion es como el sol, á quien oscurecen las nubes que él mismo ayuda á disipar...." "Es dueño del corazon del hombre, concluye este pasage, el que lo es de sus ideas; exceptuando aquellos casos en que la sensibilidad física encuentra ciertos atractivos que contrapesan á la serie de nuestros conocimientos. Hay ciertas teclas que movidas siempre encuentran cuerdas en el corazon del hombre, que correspondan con la mayor exactitud. Al

---

* *Lecciones.* 2ª edicion, tomo I, pag. 154.

filósofo le toca investigarlas por una observacion diaria: busquémos á los hombres por su interes y los encontrarémos."

"Conociendo la influencia que tienen las ideas en las pasiones, inferirémos que sólo un hábito de analizar las cosas para percibirlas bajo sus verdaderas relaciones, y un gran cuidado en no dejar que el espíritu las aprecie en más, ó en ménos, de lo que ellas valen, pueden hacer del corazon del hombre la morada tranquila de las pasiones arregladas, y no la horrorosa mansion de las furias." *

La leccion décima prosigue en el estudio de las pasiones, examinando especialmente la influencia que los objetos exteriores ejercen sobre ellas, y deduciendo reglas juiciosísimas para inspirar en los demas sentimientos sublimes ó patéticos, ó de otro genero, y que sean naturales y duraderos. Con esto se presenta una ocasion para hablar de la música, y se dice: "La música tiene entrada libre en el corazon humano; las almas sensibles la acogen con entusiasmo; y á la verdad es preciso tener un espíritu muy frio y estéril para no recibir sus impresiones..... La música ruge, se enfurece, se alegra, se entristece, sin presentar objeto alguno, y sin necesitar intérprete, pues lo es el alma que reconoce unos signos de que se ha valido tantas veces, y que ha observado siempre en sus semejantes." †

Hablando tambien de la palabra, dice:

"El influjo de la palabra es tan grande que muchas veces domina más nuestro espíritu que los mismos objetos. Un rio nos agrada; pero descrito por un buen poeta nos eleva, y aquellas mismas circunstancias que

* *Lecciones.* 2ª edicion, tomo I, pag. 156.
† Ibid, pag. 160.

habiamos notado con frecuencia, y que ya no nos causaban admiracion, vienen á parecernos nuevas y admirables sólo por el modo de representarlas.... Los pueblos rústicos, cuyas inclinaciones tienen siempre el carácter de la ferocidad, poseen un lenguage escaso, incorrecto y áspero : sólo en las fuertes pasiones, en que la naturaleza siempre es fértil, los vemos elocuentes ; pero aquellos otros atractivos del lenguage y los sentimientos delicados que inspira la sociedad no se conocen entre los bárbaros. Todo esto prueba el gran influjo de la palabra sobre el corazon humano."

" El filósofo, concluye, debe estar prevenido para correr estos velos con que muchas veces se cubre el error, y para conocer los resortes, que en diversos casos de la vida humana mueven nuestro corazon, y le inclinan hácia distintos objetos, sin conocer muchas veces la causa que nos conduce, y el término á que aspiramos." *

La leccion undécima se titula " medios que fomentan y reprimen las pasiones," y con ella se cierra este estudio tan importante. Sus observaciones sobre la " condicion de las personas;" el gusto de los unos por lo antiguo; el decidido empeño de los otros en no seguir sino lo que es moderno ; el efecto á que conduce con frecuencia la contradiccion de un sentimiento; y otros puntos igualmente prácticos y provechosos, se leerán siempre con interés. " Toda pasion que se halla muy exaltada, dice, † debe manejarse con suavidad ; pero con gran delicadeza, para que no tome nuevos aumentos, y conduzca al desacierto. El contrarrestar de un modo fuerte una pasion semejante es llevarla al sumo

---

* *Lecciones.* 2ª edicion, tomo I. pag. 162,
† Ibid, pag. 164.

grado, y no conseguir vencerla jamas, pues el espíritu humano, cuando no oye á la razon, y ejerce toda su actividad, es superior á todas las fuerzas que puedan oponersele... Si queremos corregir un alma, que la prudencia tome sus medios, y un descuido bien afectado sea el órgano por donde se comuniquen al corazon los sentimientos rectos. Procurémos variar los intereses, variar con destreza las circunstancias, trastornar el plan de las ideas dándolas un nuevo giro, y la victoria es segura, ora luchémos con nosotros mismos, ora nos propongamos atraer á otros."

La leccion duodécima, cambiando ya de asunto, se refiere á "la luz de la razon, y derecho natural." Ni Krause, ni su discípulo Ahrens, habian escrito sus tratados filosóficos sobre el Derecho, cuando el sacerdote cubano escribia estas *Lecciones;* y sin embargo su nocion del *derecho* es la misma que la de aquellos grandes escritores. " El hombre tiene por bueno todo lo que le causa una perfeccion, y por malo aquello que es contrario á este objeto... Puesto el hombre en el cuadro de los seres, debe aspirar á su perfeccion, así como parece que aspiran todos ellos. Pero el hombre tiene un alma y un cuerpo; debe pues perfeccionar la una con los conocimientos y las virtudes, y el otro con el ejercicio libre de sus funciones, en que consiste la buena salud. La naturaleza le da estos primeros documentos. Todo cuanto le rodea se lo inspira. He aquí lo que llamamos *derecho natural*, admitido por toda la especie humana." * " Todas las leyes de los pueblos se fundan en estos dictámenes de la razon, y cuando se separan de ellos son injustas, el grito universal que las condena es una prueba de que se oponen á otra ley

---

† *Lecciones.* 2ª edicion, tomo I, pag. 168.

más poderosa que está impresa en el corazon de los hombres." *

En la leccion décima tercia se trata " de la moralidad, ó naturaleza de las acciones," dando reglas para juzgar de ella con acierto.

La catorce se ocupa "del sentido íntimo, ó conciencia;" y la quince, "de las virtudes." Hablando de la fortaleza, dice: † "Muchos han querido hacer al varon fuerte como insensible á los males; pero éstos no han consultado la naturaleza humana, y quisieron que para ser virtuoso dejara de ser hombre. Parece más racional decir que el varon fuerte debe sentir los males; pero no dejarse dominar por ellos: que en él tienen lugar las pasiones, pero no un imperio: usa de su naturaleza como un medio para hacer brillar su virtud; y no se deja abatir por los impulsos de esa naturaleza. Se alegra, se entristece, se llena de ira y de compasion, teme y confia; más en todos estos actos es dueño de sí mismo. Tal es la idea de un hombre fuerte."

Las " relaciones del hombre con la sociedad " son el objeto de la leccion siguiente, que es la diez y seis. Allí se explica que el hombre es por su naturaleza un ser sociable, y se agrega:—"¡ Qué absurdo es decir que pasa una vida filosófica el misántropo que, sin atender más que á sí mismo vive entre sus, semejantes sin interesarse en los bienes de la sociedad! ¡ Qué filosofía es ésta que enseña á renunciar á los placeres puros, que sumerge al hombre, y lo entierra vivo, que lo convierte en un ser inútil! La mayor parte de los hombres ridículos se valen del medio de esconderse

---

* *Lecciones de Filosofía.* 2ª ed., tomo I?, pag. 172.
† Ibid., pag. 191.

para excitar la curiosidad de buscarlos, y afectando vivir desprendidos, sólo aspiran á las consideraciones de la sociedad que fingen despreciar." *

"El hombre está obligado, dice en otro punto, † á guardar las leyes de la sociedad en que vive, aunque las crea contrarias al bien público, pues si cada uno pudiera ser juez en esta materia, nunca hubiera una sociedad arreglada, siendo contrarios los pareceres ; y todo hombre de juicio conoce que al bien social le interesa más el cumplimiento de una ley por absurda que parezca, que no su infraccion, pues la ley producirá un mal, pero el desórden de la sociedad, autorizándose cada uno para infringirla, produce infinitos males."

La leccion décima séptima se ocupa "de la naturaleza de la sociedad y del patriotismo," y contiene, entre otras cosas, estos notabilísimos pasages : ‡

"Deben las leyes ser conformes á la naturaleza humana para serlo al derecho natural, ó igualmente deben conformarse con las circunstancias y costumbres del pueblo á quien se dirigen, y principalmente con el tiempo en que se promulguen, pues la gran prudencia legislativa consiste en promover el bien general del pueblo que se gobierna."

"Expresando la ley la voluntad general, por la que se obliga á ciertas operaciones el cuerpo social, se deduce que todos sus individuos están obligados á su observancia. Pues aunque haya alguno que sea de dictámen diverso y juzgue contraria la ley que la sociedad ha establecido, debe observarla, porque viviendo en un cuerpo social, está obligado á promover su bien

---

* *Lecciones.* 2ª edicion, tomo I, pag. 194.
† Ibid, pag. 195.
‡ Ibid, pag. 200 y siguientes.

comun, y no hacer oficios contrarios á su unidad, en que consiste la vida civil."

Lo que se dice en el particular del *patriotismo* lo recomendariamos, sin titubear, como lectura diaria y asunto de meditacion constante para la juventud. El amor al país en que nacimos es natural, es legítimo, y constituye un deber. Aquel mismo sentimiento que se denomina *provincialismo*, con el intento de rebajarlo, no puede considerarse ilegítimo, sino cuando se lleva "á un término contrario á la razon y á la justicia..." Pero " hay un fanatismo político, que no es ménos funesto que el religioso, y los hombres, muchas veces con miras al parecer las más patrióticas, destruyen su patria, encendiendo en ella la discordia civil.... En nada debe emplear más el filósofo todo el tino que sugiere la recta ideología, que en examinar las verdaderas relaciones de estos objetos, considerar los resultados de las operaciones, y refrenar los impulsos de una pasion que á veces conduce á un término diametralmente contrario al que apetecemos." *

" Muchos hacen del patriotismo, continúa exponiendo, un mero título de especulacion, quiero decir, un instrumento aparente para obtener empleos y otras ventajas de la sociedad. Patriotas hay (de nombre) que no cesan de pedir la paga de su patriotismo, que le vociferan por todas partes, y dejan de ser patriotas cuando dejan de ser pagados... ¡Cuánto cuidado debe ponerse para no confundirlos con los verdaderos patriotas! El patriotismo es una virtud cívica, que á semejanza de las morales, suele no tenerla el que dice que la tiene; y hay una hipocresía política, mucho más baja que la religiosa... Patriotas hay que venderian su

---

* *Lecciones.* 2ª edicion, tomo I, pag. 203.

patria si les dieran más que lo que reciben de ella. La juventud es muy fácil de alucinar con estos cambiacolores, y de ser conducida á muchos desaciertos."

" No es patriota el que no sabe hacer sacrificios en favor de su patria, ó el que pide por estos una paga, que acaso cuesta mayor sacrificio que el que se ha hecho para obtenerla, cuando no para merecerla. El deseo de conseguir el aura popular es el móvil de muchos que se tienen por patriotas,... pero cuando el bien de la sociedad exige la pérdida de esa aura popular, he aquí el sacrificio más noble y más digno de un hombre de bien, y he aquí el que desgradaciamente es muy raro. Pocos hay que sufran perder el nombre de patriotas en obsequio de la misma patria, y á veces una chusma indecente logra con sus ridículos aplausos convertir en asesinos de la patria los que podrian ser sus mas fuertes apoyos. ¡Honor eterno á las almas grandes que saben hacerse superiores al vano temor y á la ridícula alabanza!"

" Otro de los obstáculos que presenta al bien público el falso patriotismo consiste en que muchas personas las mas ineptas, y á veces las mas inmorales, se escudan con él, disimulando el espíritu de especulacion, y el vano deseo de figurar. No puede haber un mal más grave en el cuerpo político, y en nada debe ponerse mayor empeño que en conocer y despreciar estos especuladores."

Un defecto que causa muchos males, es figurarse los hombres que nada está bien dirigido cuando no está conforme á su opinion... Este sentimento debe corregirse no perdiendo de vista que el juicio en estas materias depende de una multitud de datos, que no siempre tenemos ; y la opinion general, cuando no es abiertamente absurda, produce siempre mejor efecto que la particular, aunque sea mas fundada... Se finge á veces lo que piensa el pueblo, arreglándolo á lo que debe pensar, segun las ideas de los que graduan esta opinion; y así suele verse con frecuencia un triste desengaño, cuando se ponen en práctica opiniones que se creian generalizadas."

Es un mal funesto la preocupacion de los hombres; pero aun es mayor mal su cura imprudente. La juventud suele entrar en esta descabellada empresa."

La leccion décima octava, que es la última, se titula del " conocimiento que tiene el hombre de su Criador, y obligaciones respecto de él." Es un magnífico tratado de Teodicea cristiana, lleno de uncion y de ortodoxia. En ella resplandece la solidez de su doctrina, y se preludia dignamente la grande obra del que estaba llamado á ser mas tarde uno de los propagadores más ardientes de nuestra santa Religion.

El tercer Tratado, que se titula " de los cuerpos," se encuentra precedido de una introduccion, conteniendo doctrinas generales importantes á la que sigue un breve estudio sobre el " método de proceder en las investigaciones naturales, " y una explicacion circunstanciada del sistema métrico decimal. El cuerpo de la obra ocupa los tomos 2º y 3º en la edicion segunda y en las posteriores, y se divide en dos partes. La primera trata " de las propiedades. que observamos con mas frecuencia en los cuerpos, y de las que sirven para clasificarlos. Y la segunda exámina "las propiedades de las diversas especies de cuerpos."

La primera parte es un tratado de Física general, metódico, filosófico, clarísimo y perfectamente acomodado para servir de texto en una clase. Hoy mismo pudiera enseñarse por él, sin mas que agregar en el lugar que le corresponda lo que la ciencia ha descu-

bierto despues, durante el medio siglo que ha transcurrido desde entónces. Allí se encuentra consignado
todo lo que en aquella época se sabia respecto de este
punto. Allí está el último descubrimiento, y la última
doctrina de aquellos tiempos. Allí está todo, ademas,
acompañado con observaciones, como la siguiente,
altamente educadoras y provechosas. "Parece ser la
divisa familiar de la naturaleza, economia y simplicidad en los medios, riqueza y variedad inagotable en
los efectos." *

La segunda parte empezando por explicar la nomenclatura, las operaciones, y los instrumentos químicos,
continua con tratados muy extensos sobre el calórico,
el lumínico, la electricidad y el magnetismo, y concluye con varias lecciones sobre la atmósfera, los
gases, el agua y los meteoros. Allí se explica lo que
entónces se sabia sobre el electro-magnetismo, y se
da cuenta de los memorables experimentos de Oersted,
hechos á fines de 1819. Allí se habla de la polarizacion
de la luz y de otros fenómenos, cuyo conocimiento
era relativamente contemporáneo. Allí se encuentra
en fin, justificado, que hasta bajo el punto de vista de
las ciencias físicas, este libro de nuestro insigne compatriota es un monumento imperecedero.

Cuando el Señor Don José de la Luz y Caballero
escribió su notabilísimo informe sobre la organizacion
del proyectado INSTITUTO CUBANO, el texto que propuso para usarse en las clases de Física del mismo
no fue otro que el escrito por el Padre Varela. "La
Física, decia puede enseñarse con ventaja por los
tomos 2º y 3º de las *Lecciones de Filosofia* del Señor
Varela, con solo agregarle un tratado de Astronomia

---

* *Lecciones de Filosofia.* 2ª edicion, tomo II, pag. 30.

física, cuyo trabajo podrá exigirse al Profesor que se encargue de la clase. Son varias las dotes que recomiendan la obra del Señor Varela para la enseñanza. Es breve, está al nivel de los ultimos descubrimientos, redactada bajo un excelente plan, y en cuanto á su estilo, baste decir que en concepto de la Comision, ningun escritor ha dado entre nosotros mejores muestras de lo que debe ser un lenguage verdaderamente didáctico."

CAPÍTULO XV.

CARÁCTER PERSONAL DEL PADRE VARELA Y SU INFLUENCIA EN LA SOCIEDAD DE LA ISLA DE CUBA.

Carácter personal del Padre Varela.—Su método de vida.—Sus relaciones con sus discípulos.—Opiniones del Señor Don Juan Manuel Valerin, del Señor Don José María Casal, del Señor Don Antonio Bachiller y Morales, del Señor Don José Manuel Mestre, del Señor Don Anselmo Suarez y Romero, del Señor Don Ramon Zambrana, del Señor Don José de la Luz y Caballero, y de otros Señores, sobre el carácter é influencia del Padre Varela y su enseñanza en la sociedad de la isla de Cuba.

Con lo expuesto en los capítulos precedentes se tienen ya bastantes datos para juzgar con acierto cual era el carácter personal del Padre Varela, y cual fué la influencia ejercida por él en la sociedad en que vivia.

" *Miéntras se piense en la isla de Cuba,* ha dicho el Señor Don José de la Luz y Caballero, * *se pensará con veneracion y afecto en quien primero nos enseñó á pensar.*" Y esta frase, tan expresiva como característica de los gustos y del estilo del grande hombre que la escribió,

---

* Carta agregada como *Apéndice E.*

no es otra cosa ciertamente que un reflejo de la opinion universal en el pais.

Los discípulos del Padre Varela, y cuantos mas tuvieron la fortuna de acercarse á él y conocerlo personalmente, convienen unánimes en presentarlo como un hombre sabio y santo, exclusivamente consagrado al bien de los otros, incansable en el estudio, y dedicado enteramente al ejercicio de sus deberes de profesor, de sacerdote y de cubano.

Sus alumnos le acompañaban siempre, así en la cátedra como en su habitacion particular. En la primera les explicaba sus lecciones como maestro; en la segunda les enseñaba con su ejemplo. Los unos le ayudaban en sus trabajos, prestándose gustosos á servirle de amanuenses : los otros le leian en alta voz los libros nuevos recibidos, ó los que necesitaba consultar para sus escritos. Con algunos bajaba al gabinete físico del colegio, ó al laboratorio de química, para ensayar y preparar con anticipacion los experimentos que solian hacerse para mejor inteligencia de las lecciones. Con todos conversaba, como amigo, sobre materias diferentes, discurriendo con ellos, edificando siempre su espíritu, y cautivando su corazon con su benevolencia y con su afecto.

Un comercio tan constante, tan sostenido, tan íntimo, fecundado y santificado por el espectáculo que á todas horas presenciaban, de una virtud sin mancha, de una regularidad de hábitos exquisita, de una disciplina severísima, aunque siempre plácida y sonriente, no podia ménos de producir un efecto inmenso en el corazon de aquellos jóvenes. Sus discípulos, y discípulos suyos, puede decirse, fueron todos en la Habana, los que no directamente por haber tomado asiento en los escaños de sus clases, ó inscrítose en sus listas. por lo ménos porque aprendieran en sus libros, lo visitaran lo escucharan, lo admiraran y trataran de imitarlo, dejaron de ser discípulos, en la acepcion comun de esta palabra, para convertirse en una especie de sectarios, apologistas y continuadores.

Uno de estos alumnos, que hoy reposa en la tumba, el Señor Don Juan Manuel Valerino, tuvo la feliz idea de consignar en el papel algunos datos relativos á su insigne maestro, poniéndoles por título el siguiente encabezamiento : *Noticias acerca del Presbítero Don Felix Varela, que escribo en muy grato recuerdo de él, y para que el curso de ningun tiempo jamas borre la memoria de un hombre de tanta celebridad.* * En ellas nos dice que el Padre Varela era un hombre " de estatura mediana, delgado, de color trigueño, lampiño, frente muy ancha y sumamente miope. Su semblante se mostraba siempre risueño, dejando ver un interior el mas amable; y jamás se le vió alterarse un solo momento, ni aun con las faltas algunas veces cometidas por sus discípulos, á quienes cuando se las advertía, era siempre halagándolos en algun modo, con lo cual se los atraia. Todos lo amaban cordialmente. Era muy nervioso de temperamento, y tan susceptible á las más ligeras impresiones, que muchas veces cuando se cargaban las cajas galvánicas, para explicar experimentalmente esa materia física, si los alambres conductores tocaban la *turca,* ó bata de seda negra, que acostumbra usar en la isla de Cuba el clero secular, y con que siempre salia vestido de su cuarto el Padre Varela cuando bajaba á dar su clase, la impresion que recibia

---

* Este memorandum que se compone de nueve páginas manuscritas, en papel de cartas del tamaño chico usado para esquelas, pertenece á la Señora viuda de su autor, y nos fue comunicado por nuestro amigo el ilustrado Señor Doctor Don Agustin José Morales.

á pesar de la mala conductibilidad de la seda era tan fuerte, que lo hacia sufrir mucho, y en ocasiones lo obligaba á suspender la leccion."

"Cuando en 1816, continua el mismo Señor Valerino, estudié Física experimental con él, en el Colegio de San Cárlos de la ciudad de la Habana, en la isla de Cuba, lo veia todos los dias, y pasaba la mayor parte del tiempo en su cuarto, donde él acostumbraba hallarse siempre ocupado en oir la lectura de libros de Filosofía, en distintas lenguas, que le hacian otros discípulos, en dictar á algunos de ellos los pliegos que se necesitaban, é iba pidiéndole la imprenta de su obra sobre la misma ciencia que habia de usarse como texto en su clase, y en recitar su oficio divino. Salia tan solo á prima noche, y siempre por poco tiempo, comunmente sin mas objeto que el de visitar á sus consanguíneos."

"Memorable será el Presbítero Varela por su sabiduría en todos los lugares en que vivió, y en la Habana, sobre todo, donde regenteando en el Colegio de San Cárlos la cátedra de Filosofía, dió á los estudios una nueva direccion, que produjo distinguidos discípulos, y el adelanto en todos los ramos, en que se halla la educacion en aquella ciudad. Formó época en la literatura de ella, cuya historia, si algun dia se escribe con imparcialidad, debe referirlo así en justicia, y como un hecho cierto y del mayor interes en los sucesos de un pueblo. Desde entónces acá se han visto y ven brillar en la Habana y en distintas carreras literarias hombres y jóvenes que han dado y dan honor á la isla de Cuba."

Otro discípulo del Padre Varela, que era el Señor Don José María Casal, en las notas que se sirvió escribir para nosotros y que ya otras veces se han citado, se expresa como sigue:

"La historia de las letras de esta tierra privilegiada
(Cuba), recuerda los nombres de algunos de sus hijos
ilustres que se adelantaron á su época, á fines del siglo
pasado, y principios de este, que comprendian ciertamente las causas que les impedian marchar hácia la
meta que tiene señalada la humanidad; pero poco
hicieron, casi nada, para romper las trabas, limitando
sus esfuerzos á estudiar privadamente y á decir al oido
á sus amigos las verdades que encontraban, y las que
se revelaban á sus almas en momentos de intuicion.
Mas el año de 1812, el Padre Varela, menor de edad
todavía, apareció en el oscuro escenario de la letras; y
sin temor á consideraciones humanas, como si el progreso estuviera encarnado en él, encendió la antorcha
del eclecticismo, para dar la verdadera luz al entendimiento, que pretendieron apagar los memoristas y los
ignorantes que estaban en opinion de sabios, y que no
queriendo hacer uso de su dormida razon, atacaron al
nuevo filósofo."

"Empero, este, alentado con la aprobacion de su
ilustre Prelado, luchó cerca de diez años, é instruyó
á millares de jóvenes, infundiéndoles su valor y
resignacion; y muchos de ellos, como Don José de la
Luz y Caballero, llevando tambien como su maestro
esa antorcha por todas partes, derramaron con profusion
la luz de la verdad filosófica que conduce al hombre á
la perfeccion."

"Varela enlazó la nueva ciencia con la Religion
cristiana de una manera tan lógica y natural que no
puede dudarse de la una, sin dudarse de la otra, y lan-
zando los errores que estorbaban el progreso de la
razon, elevó tambien á esta al conocimiento de la pre-
cisa existencia de un Ser único, sin principio ni fin, y
de las verdades reveladas, hermanando la ciencia
humana con la divina."

Ya en otros puntos hemos visto lo que respecto de este asunto ha dicho y repetido nuestro ilustrado amigo y maestro, el Señor Don Antonio Bachiller y Morales. Habrá de sernos lícito, sin embargo, transcribir para coronamiento de su juicio, las palabras con que termina su artículo biográfico sobre nuestro grande hombre, en el tercer tomo de sus *Apuntes*. "El Presbítero Varela descuella en primer término como autor elemental, como iniciador de una nueva era filosófica. Hay quien le haya comparado á Sócrates; pero le excedió como cristiano. Puede asimilarse á Descartes, porque sus obras son hijas del movimiento dado por este padre de la Filosofía; pero Varela, el primero de los filósofos cubanos, se contentó con atribuir el mérito á sus maestros, y destruír el reino del escolaticismo. El movimiento posterior de la Filosofía á él se debe; y su nombre será siempre citado entre los que han contribuido más á los progresos de ella y de la Física en la isla de Cuba." *

Nuestro querido amigo el Señor Doctor Don José Manuel Mestre, despues de haber trazado con habilísima mano, en su discurso sobre la Filosofía en la Habana, otras veces citado, una brillante exposicion de las doctrinas filosóficas enseñadas por el Padre Varela, en los nueve años que duró su clase en la isla de Cuba, cerró su cuadro como sigue:

"Tal fue Varela. Júzguese ahora despues del imperfecto bosquejo que acabo de trazar, con mano temerosa, si se le atribuye con fundamento la regeneracion intelectual de nuestro pais. Combatiendo el escolasticismo, rompió para siempre con un pasado que parecia haberse encarnado perdurablemente en nuestro modo de ser;

---

* *Apuntes*, tomo III, página 77.

enseñandonos el método cartesiano, nos abrió las puertas de una nueva existencia, y ofreció ante nuestra ansia de saber los verdaderos é inmensos horizontes de la ciencia. Pero hizo más : consecuente al consejo del grande maestro, no se contentó con aquella *duda metódica y provisional*, que no es mas que el elemento negativo del método de Descartes, sino que dedicando todos sus afanes, todas las fuerzas de su privilegiada inteligencia, su vida entera, á la mision del magisterio, imprimió extraordinario empuje al desarrollo de las ideas en los mas principales ramos del saber, y distribuyendo á manos llenas, y por todas partes, la buena semilla, nos hizo recuperar con admirable rapidez el tiempo tan desgraciadamente perdido, y para decirlo de una vez, nos puso de repente en pleno siglo XIX."

" Y la prueba de que la influencia del Padre Varela formó realmente época en nuestra vida intelectual está en que no tardó en dejarse sentir en todas las manifestaciones ó aspectos de esta vida, imponiéndolas el elevado sello de sus principios y de sus tendencias. Despues de Varela puede decirse que cuantos en su tiempo, y en este pais, se dedicaron al estudio cualquiera que fuese la ciencia preferida, otros tantos fueron sus discípulos. Don José Antonio Saco, explicando la Física en el Colegio de San Cárlos, segun las doctrinas vigentes *en las naciones mas adelantadas de Europa;* y Don Nicolas Manuel de Escobedo, aquel ciego inolvidable, profundo jurisconsulto, y orador sin igual entre todos los hijos de Cuba, ¿que fueron sino discípulos estimadísimos de Varela? ¿Y no fueron tambien sus discípulos Don José Agustin Govantes, el maestro de nuestros abogados; Don Domingo del Monte, el maestro de nuestros escritores y poetas; Don José de la Luz, el modelo de todos los maestros; y

Don Manuel Gonzalez del Valle, el entusiasta y distinguido fundador de la enseñanza filosófica en nuestra
actual Universidad? Hoy es hoy, y todavía cada vez
que contemplo á ese respetable y querido Don José de
la Luz, en medio de sus apasionados discípulos, doblado sí por la dura mano del sufrimiento físico, pero con
el corazon jóven, y el espíritu elevado, ora fecundando
las inteligencias de todos con los tesoros de la más
vasta y enciclopédica sabiduría, ora comentando admirablemente alguna epístola del gran apóstol San Pablo, ora, más que todo, edificando con el ejemplo de su
heróica abnegacion por la enseñanza, viene á mi mente
el recuerdo de Varela, y su sombra venerable parece
coronar el cuadro y bendecirlo.".*

En el excelente libro inédito sobre diversas materias
literarias de la isla de Cuba, que tantas veces tuvimos
ocasion de citar con aplauso en nuestra *Vida de Don
José de la Luz y Caballero,* se encuentran varias páginas
dedicadas, como era natural, á nuestro egregio sacerdote. De ellas tomamos lo que sigue :

" Varela fué el regenerador intelectual de nuestro
país, á causa de la admirable enseñanza que con sus
obras de Filosofía, y con el ejemplo de su vida sin
mancha, difundió y propagó hasta nuestros dias en
todos los ramos del saber..." " No se juzga bien á un
escritor, si no se tienen en cuenta las circunstancias
que le rodearon; y para saber lo que fué Varela es
absolutamente necesario contemplar los míseros medios que para ilustrarse habia entónces en el pueblo
cubano. En la capital de éste, que fué donde en el año
de 1788 nació, y en la cual, por ser bajo todos sentidos
la ciudad principal de la isla, debian advertirse mayores

---

* *De la Filosofía en la Habana,* pag. 39 y siguientes.

progresos, apénas habia más que una imprenta, y un periódico para publicar las disposiciones de las autoridades; en las escuelas, escasísimas en número, y de las que, excepto la de Belen, rara era la gratuita, la enseñanza estaba circumscrita, bajo pésimos métodos, á una parte de los ramos primarios; y al Latin, á la Retórica, á la Filosofía escolástica, á la Teología, al Derecho romano, al canónico, y al patrio, por textos en general atrasados, reducíanse los estudios superiores. ¿Qué librerías habia donde surtirse de obras buenas? ¿Cuáles bibliotecas públicas para ir el hombre, que en su casa no podia formar una selecta y numerosa coleccion de libros, á instruirse de balde? Abrió una la Real Sociedad Patriótica; pero por mucho que se aplauda su institucion, hay que confesar que ella no bastaba por sí sola para derramar la luz en los entendimientos cubanos. Habíalas en los conventos; pero, prescindiendo de que tenian el carácter de privadas, religiosas eran casi todas las obras encerradas en sus estantes, y aunque muy buenas para la instruccion de los frailes, y muy escogidas algunas, con ellas no era dable hacernos entrar en el movimiento de la época. De las relaciones mercantiles puede decirse que tan sólo alboreaban. Tal es en breves pinceladas trazado el cuadro intelectual de los tiempos en que Varela se educó; y, sin embargo, este hombre extraordinario fué el que, habiendo tenido que luchar con tantos inconvenientes, causó desde la cátedra de Filosofía del Colegio de San Cárlos, del cual habia sido alumno, la profunda revolucion en los espíritus que hasta nosotros ha llegado...."

"Varela no vivió más que treinta y tres años entre sus compatriotas, y ese breve período le bastó para levantar aquí los estudios filosóficos á la altura que nadie hubiera predicho al escuchar en las aulas, la ronca voz de los ergotistas. * De sesenta y siete falleció; pero para medir con justicia su valor, es menester reparar en lo que hizo, á manera de un relámpago que alumbra súbitamente la tempestad, en tan pequeño espacio de tiempo; y entónces no puede uno ménos de inferir que su talento debió ser muy claro, muy constante su aplicacion, muy poco el tiempo que perdió, y muy tenaz la constancia con la cual logró descollar tanto en la Filosofía. El gran número de discípulos notables, formados bajo su direccion, demuestra que,

---

* Con ocasion de estas palabras, nos parece oportuno referirnos á la excelente publicacion que ve la luz en la Habana, con el título de REVISTA DE CUBA, y á las *Cartas de D. Buenaventura Pascual Ferrer*, describiendo la isla en 1798, que en ella imprime por primera vez, con valiosísimas notas, nuestro amigo el Señor Dr. Don Eusebio Valdes Dominguez. Hablando el Señor Ferrer de la enseñanza de la Filosofía en la Habana, en el año antedicho, se expresa de este modo : "La Filosofía que aquí se enseña es la peripatética. Absurdidades y cuestiones de voces ocupan tres años á los jóvenes, y al cabo no saben más que los nombres de *predicamentos predicables*, *materia prima*, *blictiri*, y otros infinitos de este tenor, con los que ya son tenidos por filósofos, pues tuvieron dos ó tres disputas públicas, en donde demostraron su afluencia en aplicar estos términos de un modo incomprensible. En algunos conventos se enseña la filosofía moderna, aunque no la mejor, pero siempre al estilo peripatético, esto es, con poco ménos caudal de voces, las mismas disputas, é igual pérdida de tiempo. El objeto, segun dicen, es descubrir la verdad; pero el modo que usan es más para confundirla con cuestiones ridículas. Prueba de ésto son las conclusiones que aquí acostumbran hacer acabado el curso. Yo asistí á uno de estos actos, que se ejecutan en medio de la Iglesia. El Lector se sentó en la cátedra, el sustentante debajo, y los que le argüian en frente; con un gran concurso de personas de todas clases. Despues de haber tocado varios instrumentos los músicos, el actuante recitó una arenga latina no corta, y comenzaron los argumentos. Cada arguyente parecia un energúmeno por los gritos y patadas que daba : la gente del pueblo se mostraba llena de alborozo con esta descompostura tan impropia del santuario, y lo más gracioso es que juzgaban por más sabio al argumentante que era más terco, y que tenia más robustez de pulmones para hacer resonar la bóveda con sus ecos."— *Revista de Cuba, periódico quincenal de ciencias, derecho, literatura y bellas-artes. Director, Doctor José Antonio Cortina. Habana. La Propaganda literaria.* Tomo I. 1877, pag. 533 y 534.

como profesor, reunia todas las dotes de paciencia, de amor, de entusiasmo, de discrecion y de método, que son precisas en un maestro...."

" Hasta bajo el aspecto puramente literario son muy notables sus obras... Su diccion siempre correcta, y sobre todo clara y sobria, realiza por completo la máxima de que es menester explicarnos de modo que, aun á despecho suyo, nos entienda la persona á quien nos dirigimos. Aquellas frases limpiamente ordenadas, y que de un solo rasgo enuncian lo que otros tendrian que escribir en muchas páginas, revelan por un lado el poder de su talento contraido siempre á su asunto, como los rayos de luz en los espejos ustorios, y ademas que todas sus composiciones eran emitidas despues de largas meditaciones sobre la materia...." " Varela fué un hombre que nació á tiempo para combatir y extirpar doctrinas y preoccupaciones añejas y funestas."

Los que quieran formar juicio de la extension á que llegó esa influencia, inmediatamente ejercida en la sociedad cubana por la enseñanza del Padre Varela, y de la brillantez de aquella pléyade de grandes hombres, que se levantó en Cuba ante el poder de la palabra fascinadora del ilustre maestro, harán bien en consultar el excelente prólogo que nuestro amigo muy querido, el Señor Don Anselmo Suarez y Romero, escribió para las obras de nuestro distinguido poeta el Señor Don Ramon de Palma.* En el cuadro que allí se presenta, trazado con una mano tan maestra como patriótica, se ve bien claro, lo que fueron aquellos jóvenes formados por el Padre Varela, que más tarde se levantaron á tanta altura.

---

* *Obras de Don Ramon de Palma. Habana. Imprenta del Tiempo.* 1861.

Nos es penoso multiplicar las citas, que sobre alargar tal vez nuestro trabajo más allá de los límites permitidos, podrian causar enojo, fatigando demasiado la atencion del lector; pero la autoridad de las personas, y el mérito eminente de los escritos á que nos referimos en apoyo de nuestras convicciones, para mejor hacerlas conocer y difundirlas, nos servirán de alguna excusa. Hay, sobre todo, dos escritos que se relacionan con este asunto, debidos, uno á la correcta pluma del esclarecido habanero Señor Suarez y Romero, que acaba de citarse, y otro á la del malogrado catedrático Señor Doctor Don Ramon Zambrana, que no pueden dejar de mencionarse.

Es el primero una especie de narracion histórica que sobre la introduccion del método explicativo en la enseñanza en la isla de Cuba, acompañada de algunas reflexiones sobre su índole y eficacia, forma un interesantísimo capítulo de una obra que todavía no se ha publicado, y de que, merced al celo inteligente y bondadoso de un amigo comun, * hemos tenido el gusto de saborear algunas páginas. Autorizados como estamos á aprovecharnos de ese escrito todo lo que queramos, nos decidimos á reproducir como apéndice el capítulo de que se trata. † Allí se verá hasta que punto es literalmente cierto que todo el movimiento intelectual cubano es debido al Padre Varela.

El otro es un detenido exámen de las doctrinas de nuestro grande hombre, que constituye el segundo de los opúsculos reunidos en la coleccion de las obras del Señor Zambrana, ‡ y se títula La Filosofía de Varela.

---

* El Señor Don Vidal Morales y Morales.

† Veáse *Apéndice F.*

‡ *Obras literarias, filosóficas y científicas del Señor Don Ramon Zambrana Habana. Establecimiento tipográfico La Cubana, calle de Mercaderes nº 8. 1858.*

En este artículo, perfectamente escrito, y mejor pensado, se refiere más en especial el Señor Zambrana, á las *Lecciones de Filosofía*, " obra cuyas doctrinas, dice, le enseñaron á pensar, y le iniciaron en esa ciencia transcendental y siempre útil para el hombre;" y obra "que ha tenido una influencia incontestable en la causa del saber en nuestro país, en la marcha de nuestra cultura y de nuestra civilizacion." * Para el Señor Zambrana, " la crítica no puede ménos de tributar un justísimo homenaje de respeto al sabio pensador, al lógico concienzudo, al Sócrates cubano," † autor de estas *Lecciones*; y luego dice : " Sí, á cada página que leemos, no ya con la poca reflexion del estudiante, sino con la detencion y el escrúpulo que exigen los principios que encierra, de quien enseña la misma materia en el mismo respetable recinto en que su autor los sostuviera: ‡ á cada párrafo que examinamos, nos convencemos más y más de que el ilustre reformador de nuestros estudios filosóficos poseia en el grado más alto el don rarísimo de dirigir las inteligencias; de ilustrarlas con cortos esfuerzos ; de desarrollarlas en breve tiempo; de hacerlas comprender las más profundas cuestiones sin correr el riesgo de extraviarlas ; de fortalecerlas, de perfeccionarlas con el método más sencillo, con el interes más vivo y constante." §

"Escríbanse, enhorabuena, volúmenes sobre volúmenes; despléguense en ellos todos los recursos de la misma inteligencia ; discútase cada punto con todo el detenimiento que se quiera ; formúlense de mil maneras los principios fundamentales de la ciencia ; invéntense

---

* *Obras.* Tomo I, pag. 11.

†. Id. Tomo I, pag. 19.

‡ El Señor Zambrana era cuando ésto escribia (1853), catedrático de Filosofía del Seminario.

§ *Obras.* Tomo I, pag. 20.

clasificaciones más ó ménos brillantes; todo vendrá á
reducirse en su última expresion, que es la única provechosa para el que desee adquirir una justa idea de
la doble naturaleza del hombre, á lo que nuestro
insigne Varela tan breve, luminosa y oportunamente
nos enseña. Habrá quien ostente más erudicion, más
lujo de frases, y más habilidad, si se quiere, en recurrir á pruebas extraordinarias para sostener sus opiniones; pero no quien manifieste más exactitud y severidad en sus investigaciones, ni un juicio más sólido y
certero, ni una sencillez más persuasiva, ni quien mejor
interrogue á la naturaleza, ni quien con más claridad
explique sus leyes bienhechoras, ni quien con más
firmeza y tino nos conduzca por sus senderos. Varela
explica, y todos le comprenden, porque jamas se
estravía en esas oscuras especulaciones á que conducen
muchos de los peregrinos sistemas de nuestra época;
Varela presenta los fundamentos de la ciencia filosófica, y nada parece más fácil y comprensible que esta
ciencia, cuyo nombre es sin duda el más imponente
para los que desean iniciarse en el saber humano; porque nunca recurre Varela á esas formas retumbantes,
y huecas en ocasiones, á ese complicado embolismo
en que hace gala de su profundidad el *talento mara-*
villoso de muchos escritores de nuestros dias, y áun de
los pasados; Varela enseña, y tal parece que no hace
más que despertar en nuestro entendimiento cosas que
ya sabiamos perfectamente, conocimientos que habiamos ya adquirido por los solos esfuerzos de nuestra
inteligencia. ¿Quién puede disputarle este don precio-
sísimo? ¿Quién como él lo emplea más útilmente, con
resultados más brillantes, con beneficio más general y
seguro?"*

---

* *Obras.* Tomo I, pag. 30 y 31.

" Con lo que hemos dicho, así concluye el artículo, *
hay bastante para calificar la obra como superior en
su clase, y para reconocer en su autor una capacidad
de primer órden, un criterio profundo, un discerni-
mento clarísimo, unas convicciones arraigadas en lo
más íntimo de su alma, un corazon lleno de amor á
los hombres y á la sabiduría, un verdadero filósofo y
un consumado maestro."

" Y lo diremos, al fin, lealmente, como lo hemos pro-
metido, las exigencias que han hecho preferir otros
textos á las Lecciones de nuestro ilustre Varela, no
pueden ser otras que las de iniciar á la juventud estudiosa en el enmarañado laberinto de tantas y tan contrarias opiniones como reinan en el dia ; conocimiento
preciso, si se quiere, porque así únicamente puede pre-
venirse á esa juventud contra el absurdo y la extrava-
gancia que en muchas de esas opiniones campean ;
pero conocimiento que no puede adquirirse en un texto
tan breve como el de nuestro filósofo, que se limitó
solamente á establecer en él los principios fundamentales de la ciencia."

Para dejar cerrado este capítulo, de una manera
correspondiente á su objeto, nos referirémos igualmente
á la carta, de que ya tenemos hecha mencion, escrita
por el Señor Don José de la Luz y Caballero, y que
insertamos como apéndice, † que se publicó en la
Gaceta de Puerto Príncipe. El juicio del Señor Luz
coronará dignamente el cuadro que hemos tratado de
bosquejar.

La grandeza de la figura de nuestro esclarecido
compatriota era demasiado portentosa y conspicua,

---

* *Obras.* Tomo I, pag. 44.
† Véase *Apéndice E.*

para que desde el principio no hubiera dejado de suscitar oposicion y envidia. Contemporáneamente con su
vida de abnegacion y sacrificio en aras del bien
público, espíritus medrosos, ó apasionados, ó retrógra-
dos, enemigos de Cuba y los cubanos, salieron á su
encuentro, combatiéndolo más ó ménos á las claras
y ostensiblemente. Poco más tarde, cuando habitaba
léjos de la patria, y continuaba aquella misma vida,
depurándola cada vez más, y levantándola hasta las
sublimes esferas de la santidad, algunos hombres,
como el *ciudadano del mundo,* á quien contestó el Señor
Luz, y otros cuyos nombres conocemos, pero no queremos mencionar, se lanzaron á la palestra con mayor
audacia, aprovechando las ventajas de la situacion
política respectiva. Ahora, despues de su muerte,
escritores adocenados, que saben poco lo que dicen, y
que defienden malas causas, quieren hacerlo responsable de lo que es el resultado natural de los errores políticos y de las iniquidades cometidas contra
el pueblo cubano en la isla de Cuba, y retrotraen
hasta la cátedra de nuestro insigne compatriota,
el orígen de la revolucion de Cuba. Ninguno de estos
impugnadores ha sobrevivido á su osadía. Los unos y
los otros se han ido sepultando poco á poco en el
abismo sin fondo de su propia insignificancia. Seria
pecado imperdonable de parte de nosotros, si, á pretexto de refutar sus opiniones, viniésemos ahora á
recordar sus nombres, y á ayudarlos, tendiéndoles la
mano, á que salgan otra vez de la oscuridad en que
se encuentran.

CAPÍTULO XVI.

1820.

LA CÁTEDRA DE CONSTITUCION.

Se restablece en España la Constitucion de 1812. — Su proclamacion en la Habana.—Se establece en el Seminario la Cátedra de Constitucion.—Oposiciones para proveerla.—El Padre Varela es nombrado catedrático.—Apertura de la clase : discurso inaugural. — OBSERVACIONES SOBRE LA CONSTITUCION POLÍTICA DE LA MONARQUÍA ESPAÑOLA.*— Juicio del Señor Don Antonio Bachiller y Morales acerca de este libro, y de la enseñanza del Padre Varela en esta nueva materia.*

Los acontecimientos que tuvieron lugar en España en el mes de Marzo de 1820, determinaron un gran cambio en la corriente de la vida del Padre Varela. Los españoles, capitaneados por el famoso General Don Rafael del Riego, habian logrado restablecer en su nacion la Constitucion política de 1812, obligando al Rey Don Fernando VII á reconocerla y jurarla. El nuevo régimen quedó establecido en España el 9 de Marzo; y el 11 de Abril se le proclamaba ya solemne-

mente en la isla de Cuba, en la Habana, señalándose
el 22 de Agosto para las elecciones de Diputados. *

Un cambio tan profundo en las instituciones del
país, y en su modo de ser político y social, no podia
dejarse pasar desapercibido, y sin que se tratase de
utilizarlo lo más posible. Los grandes hombres de
aquel tiempo, los fundadores de esa patria, que todos
adoramos, no creyeron, como parece que hoy se cree
generalmente, así en Cuba como fuera de Cuba, que
en política se improvisa, y que á pesar de la complicacion inmensa y de las dificultades graves que presenta
esa ciencia, no se necesita estudiarla, y está el primer
venido en aptitud de dar su voto, á riesgo de empujar
el pueblo hácia el abismo. Estos amigos de su tierra, y
el gran cuerpo que los congregaba en su seno con
frecuente regularidad, la Real Sociedad Patriótica de
la Habana, determinaron estudiar el movimiento, y
aprender para adelantar. Acordaron, por lo tanto, que
se estableciese una *Cátedra de Constitucion*, para la que
redactaron un Reglamento, poniendo la enseñanza al
alcance de todo el mundo ; y con el consentimiento del
Obispo Espada, siempre el primero en materias de
progreso, de ilustracion y de libertad, se agregó la
clase al Seminario, comprendiéndola entre los objetos
de su instituto.

Los siguientes documentos, que se encontrarán muy
inreresantes, y debemos á la bondad inagotable de

---

* Los que resultaron nombrados por la Habana fueron el Teniente General
Don José de Zayas, y el Magistrado Don José Benitez, los dos naturales de
la Habana, y el Señor Don Antonio Modesto del Valle, oficial de guardias
españolas. Por Santiago de Cuba fué elegido el Canónigo de la Santa Iglesia
Catedral de la Habana, Don Juan B. O'Gavan, que habia sido diputado
en 1812.

uno de nuestros amigos más estimados y distinguidos,
el ilustrado habanero Señor Don Vidal Morales y
Morales, darán la historia entera de este asunto:

I.

Comunicacion de la Real Sociedad Patriotica.

Excmo. é Illmo. Señor..

Tengo el honor de acompañar á V. E. I. copia certificada del acta
de la junta ordinaria de la Sociedad, de 11 del corriente, relativa á la
ereccion de una cátedra de Constitucion, que quiere poner bajo los aus-
picios de V. E. I. en justo aprecio de las eminentes cualidades que
concurren en su venerable persona. A lo cual no tengo que añadir
por mi parte, sino la gran satisfaccion que me resulta de ser el órgano
por donde la Sociedad presenta á V. E. I. un testimonio, el más merecido, de su consideracion y respeto.

Dios guarde á V. E. I. muchos años. Habana y Setiembre 14, de
1820. ALEJANDRO RAMIREZ.

Excmo. é Illmo. Señor Don Juan José Diaz de Espada.

(Copia anexa al oficio anterior.)

Certifico : que en junta ordinaria de 11 del corriente, se trató entre
otras cosas lo siguiente :—" Leido el acuerdo de la junta preparatoria
de 5 del presente, se aprobó el pensamiento que propone, de que, para
generalizar y rectificar cada vez más la inteligencia de la Constitucion
política de la monarquía, cuya enseñanza está recomendada por repetidas Reales Ordenes, se establezca una Cátedra de Constitucion,
costeada por los fondos de la Sociedad, con la asignacion de mil pesos
anuales, á la cual se optará por todos los trámites de una rigurosa
oposicion. Y queriendo la Sociedad, en conformidad del mismo acuerdo,
dar al establecimiento mayor impulso y realce, acordó rogar al Excmo.
é Illmo. Señor D. Juan José Diaz de Espada, su dignísimo socio
honorario, que se sirva admitirlo bajo su inmediata proteccion y dependencia, recibiendo éste como un testimonio del alto concepto que le
merecen al Cuerpo patriótico las circunstancias personales de ilustracion, buen celo, y acreditado amor á la Constitucion, que en S. E. I.
concurren. Que obtenida, como es de esperarse, la anuencia de S. E. I.,
quede á su entera voluntad y eleccion, el local donde haya de situarse
la Cátedra, la formacion del Reglamento, el nombramiento de la persona que pueda representarla en la presidencia de las oposiciones, y por
esta vez, la eleccion del individuo más digno para el desempeño de
esta importante enseñanza. Todo lo cual, con copia certificada de esta

acta, y por el conducto del Señor Director, se communique al referido Excmo. é Illmo. Señor, para los útiles efectos que se ha propuesto la Sociedad.

Habana y Setiembre 14, de 1820.

José María Peñalver.

II.

Contestacion del Señor Obispo.

Señor Intendente General de Ejército.

Me ha sido sumamente agradable y satisfactorio el testimonio de aprecio y consideracion con que la Sociedad Patriótica de esta ciudad me ha distinguido, en su junta ordinaria de 11 del corriente mes, poniendo á mi cuidado el establecimiento de la Cátedra de Constitucion, y los demas particulares que refiere la copia certificada que V. S. me dirige con oficio del 14.

Ese ilustre cuerpo, que con los talentos y el infatigable celo de V. S. como su digno Director, ha dado tantas y tan solemnes pruebas de amor al bien público, en los objetos de primera utilidad, y muy especialmente en el ramo de la educacion, ha querido coronar sus tareas erigiendo y dotando con mano liberal la escuela de la Constitucion política de la monarquía, para que los españoles de este precioso suelo conozcan los verdaderos y sólidos principios de la legislacion fundamental del Estado, y conciban las más altas esperanzas de su prosperidad futura. Un hombre célebre en la ciencia legislativa dice, que *las mejores leyes políticas y las mejores leyes civiles son el mayor bien que los hombres pueden dar y recibir.* Los que se empeñan en hacer estudiar y conocer el sabio código de la legislacion nacional hacen tambien un eminente servicio á sus conciudadanos.

La parte que se me concede generosamente en tan noble empresa, me hace tributar á la Sociedad Patriótica las más sinceras gracias, y asegurarle que emplearé todas mis facultades para corresponder á su honrosa demostracion y confianza, comunicándola en oportunidad el expediente que se instruya, el reglamento que se forme, y la persona que resulte elegida en el concurso para el desempeño de la cátedra.

Sírvase V. S., como benemérito Director de la Sociedad de Amigos del país, hacerla presente mis sentimientos de gratitud y mis vivos deseos de cooperar á sus patrióticos afanes.

Dios guarde á V. S. muchos años. Habana, 22 de Setiembre de 1820.

Juan Jph, Obispo de la Habana.

Señor Intendente General de Ejército y de la Hacienda pública.

III.

Otra comunicacion del Señor Obispo.

Señor Intendente General de Ejército,

Consiguiente á lo que dije á V. S. en mi oficio de contestacion, fecha 22 del mes próximo pasado, he puesto el decreto de la copia adjunta, y formado el Reglamento que tambien en copia dirijo á V. S. con el fin que el mismo decreto expresa.

Sírvase V. S. presentarlo á la Sociedad Patriótica, y comunicarme su acuerdo para la prosecucion del expediente.

Dios guarde á V. S. muchos años. Habana, 3 de Octubre de 1820.

JUAN JPH, Obispo de la Habana.

Señor Intendente de Ejército, Director de la Sociedad Patriótica.

(Decreto acompañado.)

Habana, 3 de Octubre de 1820.

Con el oficio del Señor Intendente General de Ejército, Director de la Sociedad de Amigos del país, copia del acta de la misma, de mi contestacion, y del Reglamento que, en justo aprecio y aceptacion del encargo de tan ilustre cuerpo, he formado para el establecimiento y gobierno de la Cátedra de Constitucion en el Colegio Seminario, arréglese el expediente para la provision de ella en concurso, publicándose en tres Diarios de Gobierno, para que los pretendientes ocurran con sus peticiones á mi Secretaría, dentro del término de quince dias, y proceder despues á los ejercicios de la oposicion, esperándose para la publicacion que se comunique el Reglamento á la misma Sociedad, por medio del Señor su Director, á fin de que pueda añadir ó variar, lo que le parezca más acertado.

EL OBISPO.

Por mandado de S. E. I.,

GABRIEL DE LAFUENTE Y VARGAS, Secretario.

(Reglamento tambien acompañado.)

REGLAMENTO PARA LA CÁTEDRA DE CONSTITUCION QUE SE ESTABLECE EN EL COLEGIO SEMINARIO DE LA HABANA, DOTADA POR LA SOCIEDAD PATRIÓTICA DE ELLA.

1º Esta Cátedra se proveerá en concurso por la Sociedad Patriótica, ó por la Comision que la misma diere ; mas el primer nombrado lo será en la misma forma por el actual Obispo Diocesano, conforme al acuerdo de la misma Sociedad.

2? Para toda provision se convocarán los opositores por la Sociedad, por tres Diarios de Gobierno, con señalamiento de término. En esta vez lo hará el actual Obispo Diocesano.

3? Será admitido á la oposicion todo ciudadano español ; y serán preferidos en lo sucesivo en el nombramiento, los que, manifestando igual instruccion, tengan certificacion de haber asistido á esta cátedra.

4? Los ejercicios para los actos de oposicion serán mutuas preguntas sobre todos los artículos de la Constitucion, que durarán hora y media, reservándose arreglar las cuaternas de los opositores por el que presida los actos, segun su número. Se ha dicho cuaterna, por haber de consistir el ejercicio en hora y media de preguntas, que se han de hacer por tres á un cuarto preguntado, turnando así por todos el mismo ejercicio. Si fuesen ménos los opositores quedará al prudente arbitrio del que preside el arreglo de los ejercicios, por el mismo tiempo, en cuanto á los que han de ser examinados.

5? La presidencia de estos ejercicios será, esta primera vez, por el actual Obispo Diocesano ; y en las demas, por el Director que fuere de la Sociedad, concurriendo al acto dos individuos de ella para que, con el mismo Director, la informen del mérito de los opositores ; pero si por la misma Sociedad se hubiere nombrado comision para proveer la Cátedra, será esta comision la que se asocie con el Director en los actos de oposicion.

6? Será obligacion del Catedrático explicar los artículos de la Constitucion por su órden, durando las lecciones una hora en cada dia, en todos los que tiene clase la Cátedra de Economía política; y pareciendo la más proporcionada para la asistencia de muchos jóvenes que cursan otras clases, la de diez á once, se señala ésta, á reserva de poderla variar el Catedrático, de acuerdo con el Director de la Sociedad, si en la práctica de este artículo se hallase algun inconveniente.

7? Podrán asistir á estas lecciones todos los que las puedan recibir en las demas clases.

8? El lugar de su establecimiento es el Colegio Seminario, y las lecciones se darán en el aula magna, ó en otra pieza proporcionada.

9? Tendrá el Catedrático un Libro de asiento de los asistentes, y no dará certificacion al fin de cada año á los que, ó no hubiesen aprovechado, ó hubiesen faltado más de veinte dias; á no ser que la mayor capacidad del sujeto compense esta falta.

10? Dos años se necesitarán de este estudio para la preferencia indicada en la provision de la Cátedra.

11? El Catedrático presentará en cada año el número de estudiantes más aprovechados para su exámen, en dos dias, y en cada uno, dos horas, compartiéndolos el Catedrático proporcionalmente á su número; y su exámen se hará por mutuas preguntas en los artículos de la Constitucion; á fin de que, manifestando todos su aprovechamiento, se pueda aplicar algun premio á dos, los más sobresalientes, teniendo presentes los informes del Catedrático. El que por ahora medita el actual Obispo Diocesano por su parte será una coleccion completa de los Decretos de las Córtes, á cada uno; y la Sociedad por la suya hará lo que mejor le pareciese.

12? La dotacion del Catedrático será de mil pesos, pagables, al cumplimiento de cada año, de los fondos de la Tesorería de la Sociedad Patriótica.

Habana, 2 de Octubre de 1820.

EL OBISPO.

IV.
Comunicacion de la Sociedad.

Excmo. é Illmo. Señor,

En junta ordinaria de la Sociedad Patriótica de 18 del presente, se aprobó en todas sus partes el Reglamento formado y remitido por V. E. I. para la Cátedra de Constitucion.

Lo que, por acuerdo de la misma Sociedad, pongo en conocimiento de V. E. I., en contestacion á su oficio de 3 del próximo pasado, para el debido curso del expediente y plantificacion de la Cátedra.

Dios guarde á V. E. I. muchos años. Habana y Noviembre 21 de 1820.

ALEJANDRO RAMIREZ.

Excmo. é Illmo. Sr. Don Juan José Diaz de Espada.

Segun el Reglamento la provision de la nueva cátedra debia de hacerse mediante oposicion; pero el Obispo Espada, que deseaba que fuese un sacerdote el elegido, porque en su espíritu ilustrado no cabia que la Religion y la libertad, cosas ambas que tanto hermanan á los hombres, pudiesen estar reñidas, pensó desde luego en el Padre Varela, y lo invitó á que se presentara y tomara parte en el concurso. En vano fué que nuestro esclarecido compatriota manifestase á su prelado que jamas se habia dedicado á la política, ni á la legislacion, ni se sentia con gusto por ninguna de las dos cosas, no encontrándose apto en modo alguno, para ocupar el puesto. El Obispo se manifestó inflexible; y segun nos cuenta el señor Casal, su respuesta se redujo á un categórico mandato: "Yo te mando que te presentes: tú tienes gran talento, y con poco tiempo de estudio, podrás desempeñar la cátedra tan bien como el primero. Las oposiciones se harán de aquí á seis meses; y ese es el plazo que te concedo."*

Sometióse el Padre Varela á la voluntad de su superior, y comenzó inmediatamente sus estudios. Ayudóle mucho en ellos un distinguidísimo discípulo suyo, á quien amaba y estimaba, y es hoy el eminente publicista, honor de Cuba, cuya frente cargada de laureles literarios y políticos, acaba ahora de adornarse con una nueva corona, que le asegura la admiracion y el respeto del universo. El Señor Don José Antonio Saco, tan conocido en la isla de Cuba como el primero de nuestros estadistas, y en el mundo entero por sus trabajos importantes y por la monumental *Historia de la Esclavitud*, de que hasta ahora ha publicado dos volúmenes, † era este discípulo predilecto. Los dos juntos

* En la obra ya citada de Don Justo Zaragoza, titulada *Las Insurrecciones de Cuba*, se encuentran estos pasages: "El Obispo Don Juan Diaz de Espada y Landa, arrastrado por la corriente de las reformas,... nombró primer profesor propietario de la Cátedra de Derecho político, erigida con fondos de la Real Sociedad Económica, al venerable Don Félix Varela, regenerador de la Filosofía en la isla de Cuba, y en gran parte de América, segun le llaman algunos de sus apasionados partidarios de la escuela cartesiana...." "En 1820 le obligó el Obispo Espada á desempeñar la Cátedra de Constitucion...." "Los discípulos de Varela formando escuela, pronto constituyeron el primer núcleo de los políticos cubanos....." "El Presbítero Varela contribuyó mucho á la revolucion de las ideas en Cuba...." "Mas adelante, y léjos de la Habana, EN EL SUR de los Estados Unidos, publicó el periódico *El Habanero*, y fué colaborador del *Mensagero Semanal*."

† *Historia de la Esclavitud desde los tiempos más remotos hasta nuestros dias, por Don José Antonio Saco*. Paris. Tomo I. Tipografía Lahure, 1875. Tomo II. Imprenta de Kugelmann, 1875.

se dedicaron á estudiar la Constitucion de España, examinando atentamente las discusiones que se tuvieron en las Córtes al tiempo de adoptarla, y cuantas obras se habian escrito sobre el punto, así como los antecedentes así legislativos como históricos, que consideraron necesarios. Cuando se pasaron los seis meses y se verificó el concurso, presentándose el Padre Varela, como se le habia mandado, ocurrieron tambien como opositores, obedeciendo á instancias suyas repetidas, el mismo Señor Saco, y sus otros dos discípulos, los Señores Don Nicolas Manuel de Escobedo y Don Prudencio Hechavarría. Los ejercicios de estas oposiciones han sido los más notables que ha visto la Habana, pues los cuatro contendientes eran doctos, en todos los sentidos, y distinguidos por sus talentos y facilidad en el hablar. Pero la oposicion de los discípulos era solo *ad honorem*, y el nombramiento recayó, como tenia que recaer en justicia, y como todos lo esperaban, en favor del Padre Varela.

La Cátedra se abrió el 18 de Enero de 1821, con ciento noventa y tres alumnos, ante los cuales pronunció el famoso discurso inaugural, que insertamos, como apéndice, * y que se publicó contemporáneamente en el *Observador Habanero*, periódico excelente que ya otra vez hemos citado.

Refiere el Señor Casal, en las notas de que llevamos hecha mencion, que ademas de los alumnos, era tan grande el concurso de pueblo que concurria á estas lecciones de *política*, como se las solia denominar, que aunque el local escogido para darlas era el *aula magna* del Colegio, los asientos todos de las bancas estaban ocupados, y "un público numeroso se agrupaba á la

* Véase *Apéndice G.*

puerta y á las ventanas, manteniéndose allí de pié por una hora, para tener el gusto de escucharle." *

Pero el Padre Varela no se contentó con enseñar verbalmente á sus paisanos la organizacion de su gobierno en aquel tiempo, y las prerogativas y los derechos que les correspondian en observancia de aquella Ley fundamental. Sus lecciones orales fueron acompañadas de un texto escrito, que es una especie de comentario ó explicacion de aquel Código político, y fué la última de las obras del insigne habanero que se imprimió en su patria. El título completo de este libro es el siguiente: *Observaciones sobre la Constitucion de la monarquía española, escritas por el Presbítero Don Félix Varela, catedrático de Filosofía y de Constitucion, en el Seminario de San Cárlos en la Habana.—Habana. Imprenta de D. Pedro Nolasco Palmer é hijo. Año de* 1821.

" Varela, dice el Señor Don Antonio Bachiller y Morales,† enseñó bien su nueva ciencia, porque nació

---

* En el *Mercurio cívico, Periódico político, crítico y literario,* que se publicaba entónces en la Habana, número del 18 de Noviembre de 1821 y noveno de la publicacion, se encuentra el siguiente suelto, firmado *El Constitucional,* que caracteriza el entusiasmo generoso de aquellos tiempos.

"La juventud estudiosa de esta capital ha observado con harto dolor la inasistencia de los jóvenes militares á la clase de Constitucion: conocemos demasiado el patriotismo de éstos para considerar esta falta efecto de una remarcada malicia; sólo un descuido puede ser causa de este abandono, tanto mas culpable cuanto que, segun se dice, por una órden del Estado-Mayor se les previno que fuesen á oir explicar el sagrado Código, baluarte de nuestras libertades. La ignorancia es el agente de la tiranía; el soldado estúpido es el opresor de su patria, y una máquina que solo se mueve por la voz de su artífice; el soldado instruido es el defensor de los derechos del pueblo, y la égida de sus instituciones. Conociendo la clase de cadetes el espíritu y enlace de nuestras leyes fundamentales, podrán explicar á sus compañeros de armas sus obligaciones y derechos, derechos sagrados en que estriba la independencia de la patria."

Este dato curioso, lo debemos á la bondad ilustrada de nuestro amigo y discípulo el señor Doctor Don Eusebio Valdes Dominguez.

† *Apuntes.* Tomo III, pag. 76.

para enseñar, y dejó un libro escrito sobre la materia. Como Marina, en su célebre Teoría de las Córtes, quiso Varela apoyar con la historia patria las verdaderas innovaciones que se hacian á las antiguas bases del sistema monárquico español. El estilo de la obra es elemental, la exposicion de las doctrinas llena de moderacion; y á veces se nota que atribuye á ideas ajenas de la política la organizacion de algunos poderes públicos, lo que prueba que no desconocia sus lados débiles, como sucede al defender la Cámara única en las Córtes ordinarias, atribuyendo esa medida al deseo de unir, y hasta de confundir en uno solo, el sentimiento nacional alterado por los trastornos políticos.''

El erudito escritor á quien pertenecen las palabras que acabamos de copiar, publicó tambien en la Habana, en 1868, en la *Revista de Jurisprudencia*, * un interesante artículo sobre la política del Padre Varela, presentándola tambien en paralelo con la de Alcalá Galiano, y algunos otros hombres públicos de España. Tuvo este artículo la singular fortuna de que un periódico, tan atrabiliario y tan tristemente célebre como el llamado *Prensa de la Habana*, que existió allí por espacio de algunos años, le consagrase algunas frases laudatorias. Al ocuparse de él, en el número del 22 de Agosto de 1868, decia lo siguiente:

Tan interesante como las precedentes encontramos la séptima entrega de la *Revista de Jurisprudencia y Legislacion*, que como se sabe dirigen los Señores Mestre, Céspedes, Rodriguez y Mendoza, los cuatro bien conocidos en la república literaria. El primer artículo del Señor Don Antonio Bachiller y Morales, más notable, como todos los de este

---

* *Revista de Jurisprudencia y Administracion. Directores: Don José Manuel Mestre, Don José María Céspedes, Don José Ignacio Rodriguez, Don Antonio Gonzalez de Mendoza. Segunda época. Habana, Imprenta de la Antilla, Calle de Cuba, número 51.*

erudito cubano, por la materia de que trata, y por la elevacion de ideas, que por el estilo, nos ha gustado sobremanera. En primer lugar, nos revela en el autor que sigue la buena senda que han adoptado en Europa todos los hombres eminentes, respecto de ciertos principios fundamentales de gobierno. Luego, en el artículo del Señor Bachiller queda demostrado que hace ya cerca de medio siglo, que en la isla de Cuba, los profesores seglares ó eclesiásticos, tenian aquí más ancho campo para difundir ideas políticas y filosóficas que en la mayor parte de las naciones europeas en la misma época. Al examinar el retrato de Don Félix Varela hecho por el erudito y concienzudo escritor Don Antonio Bachiller y Morales, nos vienen á la memoria los que de los Señores Muñoz, Ferrero y Martinez Marina, nos han dejado el Conde de Toreno y el Señor Ochoa. ¡ Cosa singular! Varela en la isla de Cuba, como Muñoz en Cádiz, y Marina en Zaragoza, bajo la sotana del sacerdote católico, tenian un corazon ardiente, etc., etc.

Este juicio lo citamos meramente como una curiosidad, y no porque creamos que él influya grandemente, ni en favor, ni en contra, ni del artículo del Señor Bachiller y Morales, ni de nuestro insigne compatriota.

He aquí el índice de las materias contenidas en las Observaciones :

Observacion 1ª—Soberanía.

Observacion 2ª—Libertad. Igualdad.

Observacion 3ª—¿ Qué es una constitucion política y cuál es el objeto de la española.

Observacion 4ª—De la division de poderes.

Observacion 5ª—¿ Porqué no se han establecido en España dos Cámaras como en Inglaterra, ni se han formado las Córtes por estamentos?

Observacion 6ª—Diputados.

Observacion 7ª—Atribuciones de los poderes.

Observacion 8ª—Sobre ayuntamientos y juntas provinciales.

Observacion 9ª—Sobre algunos capítulos en particular.

Observacion 10ª—Sobre algunas dudas en la parte reglamentaria.

CAPÍTULO XVII.

1821.

LA ELECCION DE DIPUTADO, Y VIAJE Á ESPAÑA.

*Eleccion del Padre Varela para diputado á Córtes por la Habana en la legis-
latura de 1822.—Acepta con disgusto y en obedecimiento á los mandatos del
Obispo Espada.—Se despide de la Real Sociedad Patriótica.—Sale de la
Habana, á bordo de la fragata "Purísima Concepcion," capitan Don Pedro
Gorostiola, el 28 de Abril de 1821.—Diario de este viaje, llevado por el Señor
Don Buenaventura Morales.— Llegan á Cádiz el 7 de Junio de 1821.—
Itinerario de Cádiz á Madrid, escrito por el mismo Señor Morales.—Llegada
á Madrid el 12 de Julio de 1821.*

La popularidad del Padre Varela habia aumentado,
si era posible que así sucediese, en consecuencia de
estos nuevos trabajos. Así fué que, cuando á poco de
haber comenzado su enseñanza de Constitucion ó de
Derecho político, tuvo lugar en la isla de Cuba la eleccion de los diputados que debian representarla en las
Córtes del Reino, en la inmediata legislatura de 1822,
los ojos todos se volvieron hácia el ilustre sacerdote.
Nada era más contrario á su voluntad que abandonar
su patria, y aventurarse á los azares de la vida política,

para la que no se sentia con ninguna especie de inclinacion; pero tuvo que ceder y conformarse, aceptando la confianza que sus compatriotas le dispensaban, y agradeciendo el sentimiento con que le conferian, sin pretenderla, tan señalada distincion.

Cuenta el Señor Casal que esta eleccion de diputado, verificada en favor del Padre Varela con circunstancias de unanimidad bastantes para honrar al pueblo que la efectuaba, produjo á pesar de todo, en su ánimo sencillo y verdaderamente evangélico, un sentimiento de profunda tristeza. Quizás alguna cosa le decia en el interior de su alma que se alejaba para siempre de aquella tierra hermosa, por cuya felicidad tantos y tan fervientes votos habia hecho; quizás veia delante de sus ojos el melancólico espectáculo de la persecucion, y las amarguras, en ocasiones indescribibles, de la vida del emigrado en país extraño. Pero aquí, como en otras ocasiones, sus personales sentimientos se inclinaron ante la voluntad de sus paisanos, á la vez que al precepto terminante del Prelado, á quien debia obediencia, y que le mandó no renunciase.

Los otros diputados, que fueron elegidos y que debian acompañarle á España, fueron los Señores Don Leonardo Santos Suarez y Don Tomas Gener.

Una vez aceptado el encargo y decidido á salir para Madrid, el primer cuidado del Padre Varela fué dejar encomendada en buenas manos las enseñanzas del Colegio. La cátedra de Filosofía quedó á cargo del Señor Don José Antonio Saco, á quien despues sustituyó el Señor Don José de la Luz y Caballéro; y para la de Constitucion, no queda duda que indicó, privadamente al ménos, á su discípulo y amigo el Señor Don Nicolas Manuel de Escobedo, á pesar de que ya entónces se hallaba privado de la vista. * En él recayó, en efecto, el nombramiento, continuando el grande ciego al frente de la cátedra, no sólo hasta el final del primer curso, en 14 de Octubre de 1821, sino hasta que concluyó el subsecuente en 31 de Mayo de 1822. †

Un viaje al través del Atlántico, en las circunstan-

---

* El oficio con que el Padre Varela se despidió de la Real Sociedad dice así:

"Salgo para Cádiz entre pocos dias. Suplico á V. lo haga presente á la Sociedad, no sólo para que determine acerca de ¡mi cátedra, sino tambien para que me dé las órdenes que guste, pues mi obligacion es complacerla.

"Dios guarde á V. muchos años. Habana, 9 de Abril de 1821

"Félix Varela.

"Señor Don Agustin Govantes, Secretario de la Sociedad Patriótica."

† Son muy curiosos los documentos siguientes, que debemos á la bondad de nuestro muy querido amigo y discípulo el Señor Don Vidal Morales y Morales:

I.—"Enterado por S. E. Illma. de que el sustituto de la Cátedra de Constitucion debe quedar con la renta que yo pactase darle, siendo un convenio de entrambos catedráticos, y que ésta es la resolucion que S. E. Illma. se sirve dar sobre la materia que se le ha cometido por la Sociedad, como fundador de esta cátedra; he determinado, en obsequio de la amistad que siempre he tenido al Doctor Don Nicolas Manuel Escobedo, mi sustituto, cederle toda la renta del tiempo que devengare.

"Sírvase V. S. manifestarlo á la Sociedad para que dé las órdenes competentes al Señor Tesorero.

"Habana, Abril 14 de 1821.   Félix Varela.

"Señor Don José Agustin Govantes, Secretario de la Sociedad."

II.—"El 1º de Mayo de este año entré á desempeñar la cátedra de Constitucion ; y así, tengo que dar á los estudiantes la certificacion correspondiente á aquel mes, que fue el último del curso, que principió el Señor Don Félix Varela.

"Soy ciego, y no puedo firmar ; pero este obstáculo quedará removido con que mi hermano Don Antonio María de Escobedo, que suscribe éste, firmo las ce   nes, expresando en cada una de ellas, que lo hace por mi impedimento y á mi ruego. En mi concepto, ésto es bastante ; pero si se quieren más precauciones firmará mi hermano ante un escribano público que dará fé de ello.

"Tenga V. S. la bondad de consultar en mi nombre á la Sociedad sobre este punto; y sírvase V. S. comunicarme la resolucion de ese cuerpo patriótico, para proceder inmediatamente á ejecutarla.

"Dios guarde á V. S. muchos años. Habana y Diciembre 7 de 1821.

"A ruego de mi hermano Don Nicolas María,

"Antonio Maria de Escobedo.

"Señor Don Agustin Govantes, Secretario de la Sociedad Patriótica."

cias de aquellos tiempos, entre las posesiones españolas de América y su metrópoli en Europa, era una cosa que tenia que pensarse mucho y prepararse con anticipacion. Ademas de que se daba siempre preferencia para una empresa de esta clase á la estacion de la primavera, pues nadie deseaba aventurarse de repente y sin transicion, á los rigores del invierno europeo, era preciso esperar á que se reuniese un cierto número de buques, para efectuar el viaje juntos, y acompañados y protegidos á lo ménos por una embarcacion de guerra; así es como puede explicarse que las referidas elecciones se efectuaran con una anticipacion tan grande, y que el Padre Varela se embarcara en la Habana, mucho más de un año ántes de la fecha en que se abrieron las Córtes, donde debia tomar asiento.

El buque en que tomó pasaje fué una fragata española denominada *Purísima Concepcion*, su capitan Don Pedro Gorostiola, y el dia en que se hizo á la vela, abandonando el puerto de la Habana, fué el 28 de Abril de 1821.

A la bondadosa eficacia del Señor Doctor Don Agustin José Morales, debemos la fortuna de haber podido consultar el diario interesante de esta navegacion, que escribió el Señor Don Buenaventura Morales, hermano suyo, y pasajero á bordo del mismo buque. Este trabajo es tan curioso y tan digno de conservarse, que nos parece conveniente presentar algunos extractos. A más de ser característico del tiempo, servirá para marcar el grado de respeto y consideracion que el benemérito cubano habia sabido inspirar á sus contemporáneos.

El escrito se titula: "Diario de la navegacion del puerto de la Habana al de Cádiz, que hicimos los habaneros, Presbítero Don Félix Varela, Don Pedro de Hara, Don Fernando Adot, Don Adolfo Quesada, Don

Joaquin Toscano, Don Francisco Ruiz, Don Juan Bautista Ponce, Don Francisco y Don Francisco de Paula Vega, Don Buenaventura Morales, que escribe este diario, y Don Francisco del mismo apellido, y los morenos José del Cármen y Andres, y el pardo Antonio, en la fragata española *Purísima Concepcion*, su capitan Don Pedro Gorostiola, convoyados por la fragata de guerra española *Pronta*, y la goleta de guerra *Galga*."

Su primer asiento es el que sigue:

Sábado, 28 *de Abril de* 1821.—A las seis de la mañana salimos del puerto de la Habana, para el de Cádiz, con viento S. E. fresco. A las 8 ya empezábamos á marearnos, pues el buque balanceaba. Bajamos á almorzar Pedro, Pancho Vega, yo y otros, ménos Fernando y el Padre Varela, que aunque estaban buenos no quisieron bajar.

Sigue luego una pintoresca descripcion de las escenas del mareo, y termina el asiento con estas palabras significativas y sentidas:

Despues, bajé á mi camarote, y no puedo explicar las congojas que pasé.

Llama la atencion en este diario, escrito seguramente sin sospechar que podria llegar un dia en que, más ó ménos, deberia caer bajo la mirada del público, la deferente y respetuosa manera con que se habla siempre del Padre Varela, á quien en general se le llama simplemente " el Padre ;" y hasta que extremo parecia considerársele por todos como el personaje principal y el más importante de los que se hallaban en la nave. Ningun suceso se considera suficientemente registrado en esa crónica interesante, si no se dice como lo recibió el Padre Varela, ó cual fué la impresion que le produjo. Se conoce que el esclarecido sacerdote, tan virtuoso como sabio, era amado ardientemente por el cronista y sus compañeros.

Domingo 29 *de Abril.*—Amanecimos frente á Sagua la Grande. El viento del Este, fresco. Yo almorzé, y despues subí á ver el convoy. El Padre estuvo acostado arriba, y pasó el dia bien atontado. A las cinco de la tarde avistamos un bergantin que resultó ser americano, y á las diez una fragata que tambien era americana. Despues de puesto el sol estuvo fusilando. Esta noche hemos entrado en el canal de Bahama.

Lúnes, 30 *de Abril.*—Amaneció con el mismo viento del Este. El Padre, un poco mejor, pues tocó el violin, y Pedro la flauta. Al medio-dia comió en uno de los camarotes de popa, y estuvo muy divertido con los chistes del Administrador de Puerto-Rico, que es uno de los pasajeros. A las cinco de la tarde avistamos los cayos de Roca. A la noche hubo una de truenos, cual no se habia visto jamas, y yo no los oí. El capitan que estaba arriba dijo que los relámpagos eran tan seguidos que lo deslumbraban, y duró cosa de dos horas, y yo estaba bien dormido.

- -

Viérnes 4 *de Mayo.*—Este dia no ha habido cosa particular, sino que el Padre estaba divertido y nosotros lo mismo. Ya no veíamos pájaros de ninguna clase.

Sábado, 5 *de Mayo.*—Amaneció lo mismo, con la diferencia de haberse separado del convoy dos fragatas francesas, y haber ido el capitan á bordo de la fragata *Santos*, una de las del convoy, donde va el Doctor Castro, el cual escribió al Padre, dándole un remedio contra el mareo.

- -

Lúnes, 7 *de Mayo.* —Amaneció con buen viento, andando 6½ millas por hora. Esta tarde tocó el Padre el violin.

- -

Miércoles, 9 *de Mayo.*—Amaneció con calma, pero á las dos sopló el viento muy flojo, hallándonos á 500 leguas de la Habana. Esta tarde volvió el capitan á bordo de la *Santos*. El Padre tuvo letras del Doctor Castro; y el físico trajo un sacamuelas.

- -

Mártes, 15 *de Mayo.*—Hoy hemos tenido un dia bien alegre, pues hace veinte y dos años que se casó el Administrador de correos de Puerto Rico, y lo celebró con nosotros. El Padre le recitó una décima. Despues de comer subieron todos é hicieron subir al Padre. Estuvieron tocando la flauta y el violin.

- -

Juéves, 17 *de Mayo.*—Amaneció con viento flojo que resultó calma. A eso de las cuatro de la tarde pescaron un cazon, y lo cenamos guisado. Esta tarde estuvo el Padre acompañando con la viola algunas cosillas á Quesada. Despues de cenar estuvimos jugando con los naipes, y haciendo varias suertes. Despues subimos á recrearnos con la luna que estaba hermosísima, y á tomar uu poco de fresco. A los tres cuartos para las once, nos acostamos.

Viérnes, 18 *de Mayo*.—Amaneció con viento fresquito, cielo claro. A las 9 puso señal la *Pronta* de hombre caido al agua ; y parece que se ahogó, pues el bote cansado de buscarlo, volvió á la fragata. Despues señaló forzar de vela los atrasados. Hasta ahora que son las doce no se sienten los balances. A las dos puso señal la *Pronta* que todos los buques siguieran su derrota, miéntras ella navegaba con independencia. El Padre tocó la viola acompañado de Quesada. Esta noche ha llovido.

Sábado, 19 *de Mayo*.—Amaneció nublado, y hubo unas lloviznitas. Supimos por el piloto que esta madrugada á las tres, se levantó uu Norte fuerte, y un bergantin con todas sus velas se nos acercó tanto que temió se hubiera estrallado contra nuestro buque ; pero al llegar junto á nuestra popa, varió de rumbo. Como el viento era tan fuerte, se le quebró el mastelero de juanete del palo trinquete, lo cual hizo un estrépito que pareció un cañonazo. A las ocho y media tuvimos que desandar lo que habiamos ándado, para aproximarnos á la *Pronta* que hizo señal de reunion. Esta tarde, á eso de las cuatro, se dió la longitud observada, y estábamos á los 43 grados. Por la noche estuvimos jugando con los naipes.

- -

Mártes, 22 *de Mayo*.—Amaneció con calma. A eso de las once vimos pasar un bote vacío. Despues de comer subimos á cubierta, y vimos tambien nadando unos palos de barco y otro bote vacío. Se infiere que seria algun naufragio. El Padre ya fuertecito.

- -

Sábado, 26 *de Mayo*. —Amaneció claro con viento flojo para el Norte. Anoche se cayó en la bodega Palomo, el asistente de la Señora de Horé, viuda de Don Alejandro Horé, Gobernador que fué de Panamá. Se pegó un golpe en el vientre y otro en un pié..... Hoy nos hallamos cerca de las Azores.... El Padre ha subido á cubierta esta tarde. Estuvo cosa de hora y media, y no se ha mareado. Esta noche á las ocho estaba como en la Habana á las seis y media.

- -

Miércoles, 30 *de Mayo*.—Este dia ha sido bien alegre, pues en cuanto amaneció, se levantaron todos para darle los dias á Fernando. Así que se levantó, fueron todos juntos á despertar á la Señora de Horé, y despues anduvieron cantando por todo el buque. En la mesa hubo bríndis. El Padre le dijo una décima á Fernando.

Juéves, 31 *de Mayo.*—Amaneció con buen viento, cielo claro. Hoy hemos pasado el trópico, esto es, hemos pagado dos pesos cada uno, los pasajeros que por primera vez hemos venido por estos mares. Estuvimos bien divertidos ; el Padre subió á la cubierta, y estuvo todo el tiempo que duró la mojiganga que representaron los marineros, pues uno se disfrazó de Dios Neptuno y otros de sus servidores, y fueron llamando á todos preguntándoles si ya habian estado por estos mares, y al que respondia que no, le cobraban la multa, y si no tenia con que pagar, lo echaban dentro de una tîna llena de agua. Duró la fiesta de nueve á diez y media. A la una nos mandaron poner en facha. A eso de las cuatro y media subió el Padre sobre cubierta, y nosotros estuvimos jugando aquel juego, "¿ en esta casa hay candela ? ", habiendo estado el Padre muy divertido. A las seis y media volvimos á andar.

- -

Mártes, 5 *de Junio.*—Al amanecer fué el capitan á avisarnos que se descubria tierra. Todos nos levantamos con mucha alegría al oir esta palabra consoladora. Subimos y vimos á lo léjos una nubecilla que se extendia por todo el horizonte de babor, que decian ser la costa de Santa Maria, distante 25 leguas de Cádiz, Por la tarde la volvimos á ver de la misma manera. El Padre sobre cubierta muy contento.

Miércoles, 6 *de Junio.*—Amaneció claro. A las cuatro nos levantatamos. Ya habia algunos que estaban en pié desde las dos. El Padre subió con nosotros. A las cinco distinguiamos bien la tierra, y llegó la ilusion de algunos hasta hacerles creer que veian torres... En cuanto salió el sol se nos fué oscureciendo la tierra, y empezamos á ver unas cuantas barcas de pescadores.... Ahora que son las once, ha llegado el práctico, y trajo ciruelas de Damasco, y pan de Cádiz....Ya distinguimos las casas....

Juéves, 7 *de Junio.*—A las cuatro estábamos bien cerca de Cádiz ; ya teniamos gana de llegar. A las seis dimos fondo en la bahía de Cádiz, habiendo tenido una navegacion muy feliz, sin haber habido en los pasageros ninguna novedad, dando gracias á Dios Nuestro Señor de habernos conducido sanos y salvos á puerto de salvamento."

"Y este diario lo ha hecho el que firma para gusto de sus tias, acabado en la bahía de Cádiz, á 7 de Junio del año de 1821.

BUENAVENTURA MORALES."

NOTA.—De todos los compañeros que fuimos á España, solo existen Ponce, Toscano, Pancho Vega y los dos Morales. Los demas descansan en paz.—Febrero 26 de 1863.

Este mismo historiador del viaje, á cuya pluma simpática se debe la antecedente narracion, no queriendo limitarse á conservar los acontecimientos del viaje marítimo exclusivamente, escribió tambien un *Itinerario de Cádiz á Madrid*, no ménos digno de atencion.

El Padre Varela, y la mayor parte de sus amigos y compañeros, permanecieron en Cádiz hasta el 23 de Junio, en cuyo tiempo descansaron de las fatigas y monotonia del viaje. El 23 se encaminaron al puerto de Santa Maria, y el 24, que era domingo, nos dice el espiritual cronista, " *oimos misa, tomamos chocolate, y á las seis y media nos metimos en las galeras, y salimos para Madrid.*"

En la tarde del 28 llegaron á Sevilla, y fueron á visitar la catedral, "*que es la octava maravilla.*" Allí se detuvieron hasta el 1º de Julio.

" *El 28 fué el Padre á buscar la casa de nuestros parientes quienes le recibieron con una alegria inexplicable. La tia es muy gorda, tiene cincuenta años y no los representa.*"

" *El 30 de Junio por la madrugada nos quisieron robar; pero se les frustró, porque fueron sentidos los ladrones; y nosotros por seguridad fuimos en busca de dos soldados que estuvieron hasta que aclaró.*"

El dia 10 de Julio ya se hallaban muy adelantados en la Mancha, y se detuvieron á comer en Puerto Lápice. La nota del cronista agrega:

Aquí dicen que estuvo Don Quijote; pero ahora habia una Maritornes tan cariñosa que le pegó un guantazo á Pedro, al Padre lo empujó y á mí me pasó la mano por la cara.

El 12 á las cuatro pasaban por Aranjuez, y á las seis y media se hallaban en Madrid.

CAPÍTULO XVIII.

1821—1823.

TRABAJOS PARLAMENTARIOS.

Se establece en Madrid el Padre Varela, donde hace una edicion de su MISCE-LÁNEA FILOSÓFICA.—Toma asiento en las Córtes, y presta juramento como diputado por Cuba el 3 de Octubre de 1822.—Sus diversos trabajos parlamentarios.—Proyecto de gobierno autonómico para la isla de Cuba.—Precaucion con que debe mirarse lo publicado en algunos diarios de la época, como escrito ó sostenido por el Padre Varela.

La nueva faz con que va á presentarse ante nosotros, en esta segunda época de su existencia, la gran figura del ilustre habanero, no es por cierto ménos interesante y admirable que la que hemos tratado de bosquejar en los capítulos antecedentes. Hasta aquí hemos visto al Padre Varela exclusivamente consagrado á formar hombres, á formar cristianos, á formar cubanos, á *rectificar*, como él decia, su corazon y su inteligencia, á derramar por donde quiera, á manos llenas, inagotables raudales de ciencia y de virtud. * Ahora, su mision cambia de aspecto, y va á encontrársele empeñado en otras luchas, defendiendo en el terreno de la práctica los sacrosantos fueros de la libertad y la justicia, y levantando su nombre, y con él el de Cuba, su patria, hasta envidiable altura.

La tradicion que se conserva entre los que conocieron de más cerca los trabajos que el Padre Varela llevó á cabo en el parlamento español, es unánime en concederle, ademas de la indomitable energía que siempre tuvo para oponerse á la injusticia, y de una incansable laboriosidad, un poder maravilloso de comprension y de perspicuidad, que le hacia fácil dominar en poco tiempo cualquiera clase de cuestiones, y que le permitia discurrir con felicidad y con acierto, bien fuese en materia de principios, bien en detalles prácticos, puramente de oficina ó espediente. Con estas dotes de su espíritu, y con su exterior amable y franco, no es extraño que se captara pronto la benevolencia y la amistad de sus compañeros. Su nombre está, por cierto, á no menor altura que la del más elevado de todos ellos.

Como las Córtes no se vinieron á reunir hasta el mes de Octubre de 1822, tuvo tiempo entretanto el Padre Varela para estudiar el pueblo, y para ponerse en rela-

---

* En un artículo inédito que escribió el Señor Don Anselmo Suarez y Romero, y que debia servir como prospecto para una Biblioteca de escritores cubanos, que se intentó una vez llevar á cabo en la Habana, se leen estas palabras : "No hay labios que no pronuncien en Cuba el nombre de Félix Varela, por haber sido incuestionablemente quien con sus obras filosóficas, arrimadas como arietes á los muros de rancias doctrinas, las desmoronó, abrió el anchuroso campo de la investigacion y de la controversia, nos enseñó á pensar por nosotros mismos, y cuando á la edad de treinta y dos años partió para ocuparse en los debates parlamentarios, habia dejado tras sí un reguero de luz imperecedero."

cion con sus hombres notables. Fué entónces cuando reimprimió su *Miscelánea Filosófica,* * cuya obra contribuyó de seguro á hacerlo más conocido, y á asegurarle desde luego un puesto distinguido entre los hombres de letras y de buen juicio de la Córte.

Así fué que, cuando llegó el momento de entrar en el ejercicio de sus funciones legislativas, ya el Padre Varela era querido y respetado en Madrid, quedándole sólo por probar, como lo probó bien pronto en aquellas sesiones memorables, que no eran la debilidad de carácter, ni la falta de zelo, las cualidades que lo distinguian. Muy por el contrario, se ha oido muchas veces de la boca de sus contemporáneos, y entre ellos, muy en especial, de la de un canónigo español, que fué Rector de la Universidad de la Habana por los años de 1845 y 1846, y habia sido diputado con el Padre Varela en la misma legislatura,† un grande elogio de la fervorosa energía con que el diputado cubano tomaba la defensa de cuanto creia justo, y de la facilidad de su palabra, combinado todo ello con grande mansedumbre y moderacion.

Debemos á la bondad inteligente de nuestro amigo el Señor Don Raimundo de Menocal y Menocal, hasta hace poco alumno distinguido de la Facultad de Medicina en la Universidad Central de Madrid, y hoy médico en la Habana, su ciudad natal, extractos muy copiosos de lo que existe en la Secretaría del Congreso y en las actas de sus sesiones, relativo al Padre Varela. Como que nuestra narracion está basada de una manera principal sobre ese valioso trabajo, tendrémos que seguirlo casi á la letra.

---

* Veáse página 117.
† El Señor Doctor Don Domingo Garcia Somoza.

De él aparece, que en la primera junta preparatoria celebrada el dia 1º de Octubre de 1822, se leyó la nota de los diputados que presentaron sus poderes despues de concluido el primer período de la legislatura ordinaria, apareciendo como elegidos por la Habana Don Félix Varela, Don Tomas Gener y Don Leonardo Santos Suarez; y que en la sesion del dia siguiente se aprobó sin discusion el dictámen siguiente :

La Comision de poderes, nombrada por la junta preparatoria, ha examinado los presentados por los Señores Don F. Varela, Don Tomas Gener y Don Leonardo Santos Suarez, diputados electos por la provincia de la Habana, y el acta de su nombramiento, cuyos documentos los encuentra arreglados á lo que previene la Constitucion. Auaque la Comision ha tenido á la vista la reclamacion documentada del alcalde primero de la capital Don Juan Echegoyen, relativa á arbitrariedades violentas del jefe político en las elecciones parroquiales, no consta si en la junta de partido se enmendaron aquellos defectos, ni el reclamante aspira en su recurso á que se declare la nulidad, sino únicamente que se exija la responsabilidad al autor de las infracciones de que se queja : por lo cual opina la Comision que deben aprobarse los poderes, reservándose la reclamacion del alcalde primero, para dar á su tiempo cuenta á las Córtes, las que resolverán lo conveniente. Sin embargo, la junta determinará lo que es justo.

En la sesion del dia 3 prestaron juramento dichos diputados.

En la del dia 7 el Padre Varela aparece como miembro de la Comision nombrada para recibir al Rey.

En la del dia 11, tomó parte en la discusion sobre la admision de capellanes en el ejército, y se expresó así :

Convengo en que el exámen *ad curam animarum*, que sufren los capellanes del ejército, supone, como lo ha dicho el Señor Infante, que deben ser apropósito para el desempeño del encargo ; pero este exámen no dá suficiente garantía de la ciencia que deben tener los párrocos. En cuanto á las personas á cuyo cargo deba estar el examinar á los candidatos, yo tengo por mucho mejor que sean eclesiásticos, pues en el órden eclesiástico, ademas de la virtud y talento que deben tener sus individuos, y principalmente los que desempeñan el grave y delicado encargo de la cura de almas, se necesitan otras muchas cosas que sólo ellos mismos hasta cierto punto pueden practicar, y es muy necesario entrar en la calificacion de estas circunstancias, calificacion que no podrá hacer la junta de inspectores: ésta, en todo caso, deberá proceder en virtud de propuesta de una corporacion eclesiástica.

En la sesion del dia 12, discutiéndose la Ordenanza militar, se dió cuenta del dictámen de la Comision de guerra, conformándose con la adicion del Señor Ruiz de la Vega, reducida á que en el artículo 19, capítulo 17, título 3.º de dicha Ordenanza, en lugar de las palabras "el hacer crítica pública de ellas, ó el permitir que sus subalternos la hagan," se pongan estas otras: "el oponer públicamente reparo á las resoluciones, ó el permitir que sus subalternos lo pongan." Se discutieron estas últimas palabras respecto de su legítimo sentido, hablando el Padre Varela de la siguiente manera:

Cabalmente las mismas razones con que se ha impugnado la adicion, son las que tengo para aprobarla. Se dice que ya su idea está envuelta en el artículo cuya parte está aprobada, en las palabras "el manifestar en sus conversaciones repugnancia en obedecerlas"; y por lo mismo, hallándose más explicada la idea con la adicion propuesta, creo que esta debe aceptarse. En la adicion se dice: "presentar obstáculos ó reparos publicamente." Indican estas palabras lo bastante para que no padezca en nada la subordinacion y la disciplina..... Pero aun es necesario que se expliquen el lugar y las circunstancias en que se hace la crítica pública al tiempo de la ejecucion de las órdenes, pues esto ocasionaria la desobediencia y demas resultados que son de temer; pero que pueda hacerse, despues de ejecutadas las órdenes, toda la crítica que se quiera. Así podria ponerse la adicion en estos términos para aprobarla."

En la sesion del 20 antedicha, se leyeron y mandaron pasar á la Comision las siguientes adiciones introducidas por el Padre Varela á la 2.ª y 3.ª medidas, que se proponian por ella. A la segunda: "Que se declaren vacantes los obispados cuyos Obispos claramente tomasen parte con los facciosos y que se pida á S. S. su deposicion, para proveer las plazas." Y á la tercera: " Que la traslacion de los eclesiásticos, para lo cual se ha autorizado al gobierno, nunca se entienda para sacarlos de la Península."

En la sesion del 22 se leyó la 7ª medida que decia de este modo : "Las autoridades locales de los pueblos, en cuyo término se presenten los facciosos, están estrechamente obligadas á dar inmediatamente aviso circunstanciado, y á repetirlo siempre que importe, á los Jefes militares de las columnas volantes y plazas más inmediatas, al General en jefe del ejército, y á la autoridad superior política de quien dependan. Los que faltaren á esta sagrada obligacion serán multados ó procesados con arreglo á las circunstancias y á la trascendencia y gravedad de la culpa." Despues de leido ésto dijo el Padre Varela:

Si el objeto de esta medida no fuera otro que corregir á las autoridades morosas en el cumplimiento de sus obligaciones, desde luego la aprobaria sin la menor dificultad ; pero aquí no se trata del castigo de los delincuentes, sino de la autoridad que ha de imponer ese castigo. Yo estoy conforme en que las circunstancias exigen que se eche un velo sobre la estatua de la ley; pero no que se la arroje en un risco para que se rompa. * El conjunto de requisitos que pueden reunirse en estas acciones, dá á esta medida un carácter de despótica y arbitraria que destruye el equilibrio de los poderes, y hace que las autoridades

---

* En el número 2 del periódico que se publicaba en la Habana titulado : *El Revisor político y literario. Habana. Imprenta del Comercio de D. A. M. Valdes.*—1823. (Miércoles, 16 de Abril de 1823) se halla el siguiente artículo:

"En el *Noticioso Mercantil* se ha publicado la sesion de Córtes, en que se discutieron las medidas extraordinarias que se han tomado con el objeto de sofocar las facciones que desgraciadamente se advierten en la Península. Justo será, pues, presentar á la consideracion del público sensato la siguiente carta, que el Señor Don Félix Varela dirigió á los editores de *El Universal,* á

civiles y políticas queden sujetas al capricho de las militares. Enhorabuena que éstas exijan de los ayuntamientos y diputaciones provinciales cuantos auxilios crean necesarios; pero autorizarlas para que
puedan imponer penas y reunir en sí el poder civil, judicial y militar,
me parece que es algo más que poner una dictadura. Yo no creo que
los militares están en disposicion de decidir acerca de la gravedad de
un delito, y mucho ménos de imponer á los delincuentes la condigna
pena al delito que hubiesen cometido; ántes creo, al contrario, que podria suceder que, para cubrir algunos defectos de su impericia, acaso se
valiesen del pretexto de suponer delitos en las autoridades civiles, y
y de este modo podrian comprometerse muchos ciudadanos, al mero
capricho militar. Yo opino que lo que debe exigirse es que se estreche
á las autoridades civiles á que dén todas las noticias que conduzcan
al bien y seguridad de la nacion; y que, en caso de haber delito respecto de esto, que los militares formen el proceso, y se pase despues á
á las autoridades competentes para imponer el castigo.

Tambien me opongo á que esta multa sea arbitraria, sean quienes
fueren los jueces; y creo que deberá fijarse un máximum y un míni-

---

fin de rectificar su opinion; la insertamos con tanto más gusto, cuanto que las
ideas que en ella manifiesta este ilustrado y virtuoso representante de nuestra
provincia, coinciden con las que contiene el artículo sobre *legislacion*, en que
dijimos que el mayor de todos los males seria prescindir de las leyes protecto-
ras de los derechos de los ciudadanos.

"Señores Redactores del *Universal*: Al extractar en su periódico de Vds.
" del 23 del corriente lo que dije en la sesion de Córtes del 22, no sólo se ha
" variado el lenguage y omitido algunos pensamientos, como es propio se
" haga en un extracto, sino que se me han atribuido otros, que ni soñé en
" manifestarlos. El segundo párrafo no es mio, ni en el lenguage, ni en las
" ideas; y en el primero se dice: "Estoy conforme en que se prescinda en
" algunos momentos de las leyes que aseguran los derechos más apreciables,
" y por lo mismo no me opongo á que las autoridades civiles impongan las
" multas, etc., etc." Cabalmente dije todo lo contrario; pues léjos de creer
" que, imponiendo las autoridades civiles, y no las militares, unas multas
" prefijadas, se prescindia de las leyes que aseguran los derechos más apre-
" ciables, opiné que era el medio de observarlas, y así lo propuse al Con-
" greso. Este determinó lo contrario, y yo respeto más que nadie su determi-
" nacion; pero suplico á Vds. que imprimiendo esta carta, manifiesten al
" público cuales fueron mis verdaderas ideas.

" Es de V. con la mayor atencion.

" FÉLIX VARELA. "

mum, dejándose solo á la prudencia de la autoridad señalar la cantidad correspondiente, graduándola por la gravedad del delito. Conviene
adoptar esta idea, tanto más, cuanto que lo contrario será destruir
el prestigio que tienen los militares con el pueblo. Generalmente
saben todos que la Constitucion de la monarquía se ha restablecido por
los esfuerzos que los militares hicieron en el año 20, y se sostiene por
los que diariamente están haciendo, que son causas por las que todo el
pueblo español les ama ; mas si se introduce esta lucha, que es inevitable en virtud de este artículo, entre los pueblos y los militares, habrá
un odio eterno, que dará motivo á disensiones que agravarán hasta el
extremo los males de la patria. Por esta causa repruebo la medida que
se discute.

En la sesion del 26 de Octubre se mandó pasar á la
Comision esta propuesta de los Señores Varela, Cuevas, Gener, Suarez y Quiñones, en adicion á las medidas que se discutian :

Pedimos que en virtud de faltar enteramente en las islas de Cuba y
Puerto Rico la base de las medidas que acaban de aprobar las Córtes,
que no ha sido otra que la imperiosa necesidad, y teniendo en consideracion los funestos efectos que pueden producir en el ánimo de aquellos
habitantes, cuando ningun motivo las justifica allí, y pueden ser sinies-
tramente interpretadas, se sirvan las Córtes declarar que dichas medidas no se extienden á aquellas islas, imitando en ésto la prudencia de
las Córtes anteriores, cuando al dictar la ley de 17 de Abril declaraban
expresamente que esta no se extendia á las provincias de Ultramar.

Así quedó acordado en la sesion del 29.
En la del 30 continuó la discusion del proyecto
de Ordenanzas generales del ejército, y leido el artículo 18 del título 5º, capítulo 1º, que dice: "Todo militar, despues de cumplir seis años de servicio, podrá
contraer matrimonio sin más requísitos ni licencia que
los demas españoles; contándose los seis años para los
alumnos despues que hayan salido de las escuelas, y
para los cadetes que actualmente existen, desde el dia

que sean promovidos á oficiales," el Padre Varela se expresó como sigue:

Siendo el militar un ciudadano como todos los demas, no comprendo por qué razon se le ha de privar de los derechos que tiene, no sólo el ciudadano, sino cualquiera otro hombre, de contraer matrimonio. Aquí se dice que sólo se le permitirá cuando lleve seis años de servicio, y nó á los que no lleven este tiempo. Si puede producir males en un caso, tambien puede producirlos por la misma razon en el otro; y una de dos, ó se cree que el casarse los militares puede influir en la disciplina ó nó: si lo primero, debe negarse á todos la licencia; y si lo segundo, todos deben estar igualmente autorizados para casarse. En América, donde los militares se hallan á distancias inmensas del gobierno, por esta regla deberán pasarse años ántes que puedan conseguir la licencia: esto podrá producir disensiones y disturbios en las familias; y para evitarlo, yo creo que debe generalizarse este permiso á los que quieran casarse, aunque no tengan mas que dos años de servicio.

En la sesion del 4 de Noviembre se discutió la cuestion de penalidad de los conspiradores, y habiendo propuesto el diputado Infante enviarlos á los presidios de Ultramar, el Padre Varela contestó lo que sigue:

Nada es más cierto, Señor, que el que los hombres que se destinan á los presidios de Ultramar son hombres perdidos para la patria. Aquellos presidios están reducidos al Arsenal de la Habana, á Puerto Rico y á S. Juan de Ulúa en Veracruz. Los que van al Arsenal de la Habana, seguramente son por todos aspectos hombres perdidos, porque, no habiendo allí ningun trabajo en que ocuparlos, no sirven de nada á la nacion, viven en la holganza, y se comunican unos á otros los vicios.

Por otra parte, una provincia que casi es la única que se conserva fiel á la metrópoli y que se trata de conservar por todos medios, no parece lo más político llenarla de facciosos y de hombres descontentos con el sistema que han de proteger.

Podria, sin embargo, sacarse de ellos algun partido, haciendo que fuesen útiles desde luego á la nacion, y en lo sucesivo podria redundar utilidad á los mismos, aunque no por ahora. Esto se conseguiria enviándolos á disposicion de los jefes de la provincia para que estos los destinasen á varios puntos desiertos, que es conveniente poblar.

Con esta providencia ellos podrian reportar algun dia algun beneficio, y la patria lo lograba desde luego mayor que enviándolos al presidio. Por otra parte, estos hombres son criminales de opinion; y si entre ellos hubiese algunos que tuviesen otros delitos, enhorabuena que se les imponga el castigo más fuerte y duro; pero á los miserables ilusos que han sido llevados á la faccion por la seduccion de otros, debe tenérseles alguna consideracion.

En la sesion del dia 5, los Señores Cuevas, Varela, Gener y Suarez presentaron la proposicion que sigue, y se declaró de primera lectura.

Pedimos á las Córtes se sirvan declarar, que los naturales y vecinos de América, que se hallan en la Península é islas adyacentes sin obtener empleo ni destino alguno que los constituya vecinos de estos paises, ni haber radicado en ellos por otro cualquier medio su vecindad, y que sólo tienen el carácter de transeuntes que esperan la terminacion de sus asuntos ó la oportunidad del tiempo para retirarse á su país, no deben ser comprendidos en el sorteo para el reemplazo para el ejército.

En la del 15, discutiéndose el artículo 306 de la Constitucion, se pidió por una Comision que pasase á la sancion del Rey. Establecióse una discusion, despues de la cual fué adoptada la proposicion. Despues se leyó la proposicion de los Señores Salvá, Varela, Cuevas y Melendez, que decia: " Pedimos á las Córtes que este decreto, ántes de pasarse á la sancion de S. M., vuelva á la Comision para que se separe lo que pertenece á las facultades de las Córtes de lo que necesita la sancion Real." Para fundarla dijo el Padre Varela:

Si porque hemos de entrar en una discusion prolija sobre cada uno de los artículos del decreto, hemos de dejar las facultades de las Córtes confundidas con las del trono, me parece que será por ganar tiempo cometer errores. Todas las razones que acaba de exponer el Señor Falcó no parece se dirijen á otro objeto. Si ésta fuera una proposicion hecha contra la mente de los diputados, desde luego podrian hacerse contra ella las objeciones que se han propusto ; pero no es así : se ha manifestado en el Congreso que muchos diputados votaban con sentimiento, porque estaban en conflicto. Habrá algunos que querrán que todo pase ; pero yo me atrevo á asegurar al Congreso que si muchos Señores no convienen en este mismo voto, es porque juzgan que algunas cosas son proprias de las Córtes, y otras exigen sancion. Es preciso que por los reglamentos, fórmulas y costumbres no nos liguemos las manos : es necesario que tengan los diputados toda la libertad debida para procurar el bien de la nacion del modo que fuere. Se dice que se destruye por este medio lo dicho por las Córtes. No, Señor; se rectifica, se mejora y se conduce la patria al feliz término que todos deseamos. Muy léjos están los Señores que hacen la proposicion, de abrigar sentimientos contrarios á la prosperidad de la patria, al bien nacional y particular de todos los españoles ; pero hemos creido que no debian ir reunidas todas las cosas que contiene el decreto. Si los mismos Señores de la comision conocen que algunas materias podian ir á la sancion, éstas se separan. ¿ Porqué ha de recaer una sancion general sobre todo este decreto ? ¿ Qué resultará ? Sancion real sobre facultades de las Córtes que no pueden desatendersè. Si no hubiera tenido sancion ¿ qué resultaria ? Cosas del trono que no tenian sancion. En esta ansiedad, en este choque de ideas, admitimos la proposicion muchos; pero á nuestro pesar, y con la intencion de pedir al Congreso aclarara estas dificultades. Tal ha sido nuestro ánimo : si no hemos acertado, el Congreso lo juzgará.

En la sesion del 19 de Noviembre, formó Varela parte de la Comision que debia poner en manos del Rey el decreto con carácter de ley relativo al arresto de conspiradores contra el sistema constitucional.

En la misma defendió que : "Si en tiempo de guerra debian ser prohibidos los matrimonios á los militares, la misma razon habia para que lo fuesen en tiempo de paz, para evitar que cuando llegase una guerra se hallasen todos casados." Añadió que "no debian estar tampoco estas licencias al arbitrio de los jefes, para evitar la arbitrariedad."

En la del 8 de Diciémbre, la Comission de guerra presentó su dictámen sobre la adicion hecha en la

sesion del 4 del mismo por los Señores Cuevas y
Varela, con motivo de otro dictámen de la referida
Comision sobre la exposicion que varios ciudadanos de
Ultramar hicieron al gobierno á fin de que no se les
incluyera en el sorteo para el reemplazo del ejército,
siendo de parecer que no habia necesidad de hacer la
aclaracion pedida en dicha adicion, por estar termi-
nantes las leyes que regian sobre dichas materias.
Concluida la lectura de este dictámen, dijo el Padre
Varela:

La misma práctica que hoy se observa sobre el particular á que
alude nuestra adicion, y el dictámen de la Comision, parece que hace
necesaria la aclaracion que se solicita, porque si efectivamente las
leyes estuviesen claras, no hubieran ocurrido las dificultades que se
han visto en los que han de ponerlas en ejecucion. Así, ó las Córtes
deben admitir esta adicion, ó bien declarar que los individuos de que
habla no están incluidos en el sorteo para el reemplazo del ejército. Las razones en que el Señor Cuevas y yo fundamos la adicion
son muy claras. Sin duda alguna la contribucion de sangre es como la
de dinero, y así como ningun pueblo responde en la contribucion
pecuniaria por otro pueblo, así tampoco debe responder en la contribucion de sangre; porque sinó el decir que Madrid, por ejemplo, responda
con su cupo de contribuciones por Lima, es lo mismo que decir que se
paguen con los capitales de Lima las contribuciones correspondientes
á Madrid. Así, yo pido á las Córtes que digan claramente si estos
pasajeros, que no tienen domicilio en los pueblos, están excluidos del
sorteo ó no; porque aunque es verdad que el reglamento á que se refiere
el artículo, que es la Ordenanza de reemplazo de 1800, empieza diciendo
que la base para las quintas es el vecindario, tambien he visto por
hechos posteriores que en la práctica se ha hecho lo contrario, lo cual
da lugar á creer que estas leyes no están vigentes, ó que no están
bastantes claras.

En la sesion del 14 de Diciembre, se discutió el
artículo relativo á testamentos militares: despues de
la rectificacion de Santos Suarez al diputado Moreno
sobre el número de testigos, dijo Varela:

Las Córtes, al aprobar el artículo anteriormente citado, no hicieron más que poner la base sobre que debian fundarse sus determinaciones posteriores. Bajo este punto, hizo su adicion el Señor Suarez, y así por haberla admitido las Córtes, como por la razon que acabo de expresar, el Congreso está en el dia en toda libertad para deliberar lo que mejor le pareciere sobre esta materia. Así, las reflexiones que ha hecho el Señor Romero para probar que ya las Córtes parece que están ligadas en virtud de lo aprobado, no tienen fundamento alguno. Insistiendo en los principios del Señor preopinante, á saber, que al militar se le dan por dicho artículo los mismos derechos, ó todo lo favorable, como á todos los demas ciudadanos, diré que cabalmente ésto no se consigue si no se aprueba lo que propone el Señor Santos Suarez, pues es favorable que tenga el militar todas las garantías que tienen los demas ciudadanos para que se obedezca su última voluntad. Aquí se trata no sólo de un militar, sino de una familia, que puede quedar reducida á la mayor miseria por la perversidad de uno ó dos testigos. Creo, pues, que el Congreso debe aprobar la adicion, pues de lo contrario concederá un privilegio odioso que ninguna clase de la sociedad debe tener. Todo cuanto se concede á los militares no es por un privilegio, sino por necesidad, y por esto se les dispensa de testar en ciertos casos apurados con las formalidades á que están sujetos los demas ciudadanos; pero no deben quedar dispensados de estas formalidades cuando puedan sujetarse á ellas; como sucederá, por ejemplo, cuando un militar esté en Madrid, ó en otra parte donde pueda testar como los demas ciudadanos. Este, repito, seria un privilegio odioso que se le quiere conceder, y que léjos de favorecerle, le perjudica, é igualmente á la sociedad, que está interesada con el militar en que su última voluntad no quede contrariada, y que sus bienes no puedan usurparse.

En la sesion del dia 15 de Diciembre presentaron los Señores Varela, Santos Suarez y Cuevas la siguiente proposicion que se aprobó :

Siendo más urgente en Ultramar que en la Península una nueva instruccion para el gobierno económico político de las provincias ; no limitándose á las de Europa la que ha pedido S. M.; y constando en la que se discute que no se extiende á Ultramar ; pedimos á las Córtes que se nombre una comision que, teniendo esta instruccion á la vista, proponga lo que convenga á las circunstancias particulares de aquellos paises lejanos, segun lo recomienda con mucha oportunidad la Comision de diputaciones provinciales.

En la misma salió electo el Padre Varela para miembro de la Comision que habia de formar el proyecto de instruccion para el gobierno económico político de Ultramar.

Sabemos que este proyecto se formuló definitivamente por nuestro esclarecido compatriota, y que suscrito y aceptado por sus compañeros de comision, se presentó al Congreso. Este, como todos los otros trabajos de su género, hechos posteriormente, no tuvo más efecto que aumentar el volúmen de los archivos, yendo á sepultarse en algun rincon desconocido de los mismos. Ni aun siquiera nos es dado el placer de examinarlo, aunque sólo fuera por su interes histórico. O ha desaparecido, junto con otras muchas cosas igualmente curiosas, durante las borrascas de 1823, ó está hundido de tal modo que no se ha podido dar con él. Ni el Señor Sedano en su interesante *Coleccion de informes,**
ni ningun otro escritor que conozcamos, ha publicado este trabajo. Lo más preciso y detallado que de él sabemos es lo que se encuentra en el voto particular, que el señor Don José Antonio Saco formuló en Madrid el 29 de Marzo de 1867, cuando funcionó como Comisionado para la informacion que allí se abrió sobre reformas políticas, económicas y administrativas que debian introducirse en las islas de Cuba y Puerto Rico. Allí se dice lo que sigue:

"A esos diputados (los de 1820), sucedieron otros en 1822, y entre ellos hubo tres, cuales fueron los Señores Don Félix Varela, Don Leonardo Santos

---

* *Ministerio de Ultramar.—Cuba desde 1850 á 1873. Coleccion de informes, memorias, proyectos y antecedentes sobre el gobierno de la isla de Cuba relativos al citado período, que ha reunido por comision del Gobierno, Don Cárlos de Sedano y Cruzat, ex-Diputado á Córtes,* Madrid. Imprenta nacional. 1873.

Suarez, y Don Tomas Gener, que brillaron por su ilustracion y cívicas virtudes.... Los dos primeros, asociados de mayor número de diputados peninsulares, elaboraron y sometieron á las Córtes un proyecto de ley, que alterando profundamente la índole de las diputaciones provinciales de Ultramar, proponia revestirlas hasta de atribuciones políticas, en que se las autorizaba no sólo á suspender el cumplimiento de las leyes que en la metrópoli se hiciesen contra los intereses de aquellos paises, sino aun para suspender á los gobernadores que abusasen de su poder. *

El Señor Don Tomas Gener de quien aquí se habla, peninsular de nacimiento, pero cubano de corazon, es el mismo que en una carta publicada por nosotros en la Vida del Señor Don José de la Luz y Caballero, † declaraba como peticion " más importante que ninguna otra para la isla de Cuba, la de una asamblea ó diputacion provincial como la que goza Jamaica; y si se puede pretender más, una organizacion política como la del Canadá, con las modificaciones que exijan nuestras peculiaridades."

Los discursos de que aquí se ha presentado un extracto, se encuentran íntegros en el archivo del Congreso, y fueron publicados en el *Diario de las Córtes* y otros periódicos de aquella época. Pero es bueno á este respecto tener presente, ademas de lo que se observó por una nota tocante á la sesion del 22 de Octubre de 1822, lo que escribia el mismo Padre Varela en 6 de Diciembre de 1822, á su amigo el Señor Don Rafael Diaz, abogado notable de la Habana:

---

* *Informacion sobre reformas en Cuba y Puerto Rico.*—New York. Imprenta de Hallet y Breen, 58 y 60, calle de Fulton, 1867. Tomo II, pag. 77.

† Vida de Don José de la Luz y Caballero, pag. 202.

"Nuestros asuntos peninsulares, decia, van muy bien en órden á facciosos; pero muy mal con los señores franceses y demas familia europea. Yo creo que ahora empieza el asunto en lugar de acabarse, pues aunque se dice que ya se ha disuelto el Congreso de Verona, todos convienen en que es habiendo decidido alguna diablura contra España; ó bien que Francia ataque, ó bien que entre las potencias se sostenga por todos medios la guerra civil que nos hacemos. Dios les dé su gracia!

"Por si acaso llegan á manos de V. algunos papeles públicos, en que se ponga algo que yo haya hablado en Córtes, sepa V. que esos discursos, ademas de ser sietemesinos, pues no contienen ni la quinta parte, me hallo dudoso para concederles que sean siquiera parientes de mis hijos, pues muchos de ellos contienen cosas diametralmente contrarias á las que he dicho, como verá V. si acaso llega allá una rectificacion que mandé poner al público."

Para cerrar este capítulo, insertamos el resúmen de servicios de nuestro esclarecido compatriota durante este período, tal como se encuentra en la Secretaría de las Córtes.

LEGISLATURA EXTRAORDINARIA DESDE EL 1? DE OCTUBRE DE 1822 HASTA EL 19 DE FEBRERO DE 1823.

Presidente el Duque del Parque.

DON FÉLIX VARELA.

Actos.—Jura.—Adicion sobre el dictámen sobre los males de la patria.—Idem sobre la fuerza naval.—Idem á la Ordenanza del ejército. —Proposicion para que se forme una instruccion sobre el gobierno de las provincias de Ultramar.

Comisiones.—De etiqueta,—Para recibir á SS. MM.— Para presentar á SS. MM. el decreto sobre conspiradores contra el sistema consti-

tucional.—Gobierno de las provincias de Ultramar.—Para participar á
S. M. el dia en que se cierran las sesiones.

Discursos.—Ordenanza del ejército. —Males de la patria.—Reemplazo extraordinario del ejército.—Conspiradores contra el sistema constitucional.—Facciosos aprehendidos.—Exencion de los reemplazos de los vecinos de Ultramar.—Gobierno do las provincias.—Arreglo del clero.

Añadirémos en este punto que á pesar de las ocupaciones de su empleo, y de la agitacion de la vida política, siempre tenia presentes el esclarecido sacerdote las necesidades de su país natal, aun en aquellas cosas más locales, y que más fácilmente podian escaparse á cualquier espíritu de otra clase. Una prueba de ello se encuentra en el siguiente pasage del acta de la sesion de la Real Sociedad Patriótica de la Habana celebrada el 17 de Noviembre de 1821:

"Se leyó un oficio del Presbítero Varela, individuo de esta corporacion, de fecha Madrid 7 de Agosto próximo pasado, en que exponia que habiéndose determinado por el Gobierno que el batallon de lijeros de Cataluña pasase á Veracruz, quedaba franco el edificio del convento de Belen, y que la Sociedad podia aprovecharse de esta ocasion para pedirlo al mismo Gobierno, con el objeto de formar una Academia de Bellas Artes, y un Instituto de Matemáticas para la direccion de canales y caminos, segun se está plantificando en la Península: en cuya virtud se acordó dar las más expresivas gracias al Señor Varela, por el celo y patriotismo en promover todo lo que es útil y benéfico á la ilustracion y prosperidad de esta isla; y que la Sociedad, luego que venga la ley de estudios, decretada ya por las Córtes, en que previene que el Gobierno facilite de los conventos extinguidos los edificios más á propósito para establecimientos de educacion, hará todas las diligencias necesarias para conseguir lo más conveniente á aquel intento."

CAPÍTULO XIX.

1823.

LOS ACONTECIMIENTOS DE 1823.

Rompimiento de relaciones entre el gobierno de España y los que formaron la Santa Alianza.—Acuerdan las Córtes trasladarse á Sevilla.—Negativa del Rey.—Motin del pueblo.—Sale el Rey para Sevilla. con el Gobierno y las Córtes.—Invasion del territorio español por un ejército frances á las órdenes del Duque de Angulema.—Manifiesto de este Príncipe.—Junta Suprema de Oyarzum.—Manifiesto de Sevilla del Rey Don Fernando.—Regencia absolutista de Madrid.—Avance de los franceses hácia Sevilla.—Acuerdo de trasladarse á Cádiz.—Negativa del Rey.—Sesion de las Córtes del 11 de Junio.— Mociones de Don Antonio Alcalá Galiano.—Se declara al monarca incapacitado temporalmente, y se nombra una Regencia.—Actitud del Padre Varela en estas discusiones.—Su Breve Exposicion de los acontecimientos.—Sale el Rey para Cádiz, y le siguen el Gobierno y las Córtes. | Sitio de Cádiz por los franceses.—Toma del Trocadero.—Decision tomada por las Córtes.—Decreto Real de 30 de Setiembre.—Sale el Rey para el puerto de Santa María, donde se hallaban los franceses.—Real Decreto de 1º de Octubre.—Entran en Cádiz los franceses.—Fuga de los diputados.—Se escapa el Padre Varela á Gibraltar.—Peligros que corrió en el viage.

Sabido es el rompimiento que tuvo lugar en 1823 entre el gobierno de España y las naciones que formaban la *Santa Alianza,* y que de allí se origir ʎa invasion francesa, habiendo sido el Rey de Francia el designado por las demas potencias para intervenir en los asuntos españoles. Las relaciones diplomáticas entre todas las naciones mencionadas y el gobierno de Madrid, quedaron suspendidas, retirándose sus respectivos embajadores, y se agravó aun más la situacion, si era posible, con la negativa, que se hizo pública de Su Santidad el Papa, á recibir al embajador que España le enviaba. El peligro era inminente, Madrid no se consideraba como lugar seguro en que pudiera permanecerse sin peligro; y así fué, que al terminar aquellas Córtes las sesiones de su primera legislatura, en 19 de Febrero de 1823, acordaron su traslacion á Sevilla, determinando que salieran para aquella ciudad, en union suya, el Rey y el Gobierno.

Se sabe tambien que Don Fernando VII, negado abiertamente á obedecer á esta decision, no vino á consentir en ella hasta despues de los sucesos del 19 de Marzo, en que el pueblo amotinado penetró en el palacio, llegando hasta la misma ante-cámara de sus habitaciones particulares, donde prorumpió en gritos. acompañados con insultos é imprecaciones. Más bien preso, que custodiado, como observa un historiador español, de quien tomamos mucha parte de esta narracion, * salió el Rey con su familia, de Madrid, al dia siguiente (20 de Marzo), acompañado de la milicia voluntaria, y de algunos batallones del ejército regular.

Llegados á Sevilla, é instaladas allí las Córtes y el Gobierno, comenzaron de nuevo las sesiones parlamentarias el 23 de Abril. Ya entretanto los franceses habian atravesado la frontera, y el Duque de Angulema, á la cabeza de un ejército de cien mil hombres,

---

* *Historia política y parlamentaria de España, por Don Juan Rico y Amat.* Madrid. Imprenta de las Escuelas Pias: 1861.

invadido el territorio español, alegando por pretexto
que la anarquía reinaba en España, y que era necesario hacer cesar la cautividad en que se hallaba el monarca legítimo. Desde ántes de penetrar en España,
hallándose en Bayona, habian los invasores organizado
lo que denominaron una *Junta Suprema*, que debia
gobernar el Reino en nombre de S. M. Don Fernando
VII, y que se componia de los más notables entre los
emigrados absolutistas. Esta *Junta Suprema* se instaló
en Oyarzum, y comenzó por llamar al servicio á todos
los que quisieran tomar las armas en defensa de la
causa realista.

Cuando se recibieron las noticias de estos graves
sucesos, se quiso que el monarca mismo declarase la
inexactitud de las alegaciones del invasor. El Rey
firmó sin resistencia el llamado *Manifiesto de Sevilla*; *
pero este importante documento no produjo efecto
alguno. Los franceses avanzaban rápidamente, y pronto
se hallaron en Madrid, donde el Duque de Angulema
constituyó una Regencia, † cuyo primer paso fué decretar la abolicion de todo lo hecho bajo el régimen constitucional, y pronunciarse en reaccion completa.

Desgraciadamente para la causa de los liberales, el

---

* En este manifiesto se encuentran, entre otras frases, las siguientes : "A la
escandalosa agresion que hace el Gobierno francés, sirven de razon, ó de
disculpa, unos cuantos pretextos, tan vanos como indecorosos. A la restauracion del régimen constitucional en el imperio español le dan el nombre de
insurreccion militar ; á mi aceptacion llaman violencia ; á mi adhesion cautiverio ; faccion, enfin, á las Córtes y al Gobierno que obtienen mi confianza y
la de la nacion. Y de aquí han partido para decidirse á turbar la paz del continente, invadir el territorio español, y volver á llenar de sangre y fuego este
desgraciado país."

† Esta Regencia se compuso de los Duques del Infantado y de Montemar
Baron de Eroles, el Obispo de Osma, y Don Antonio Gomez Calderon.—Don
Francisco Tadeo Calomarde fue nombrado Secretario de la Regencia.

país mostraba donde quiera las mayores simpatías con los franceses, á quienes todo parecia favorecer. Y como no contentos ellos con haber llegado hasta Madrid, y tomado posesion de aquella villa, continuaron su marcha á Andalucía, y franquearon el difícil paso de Despeña-perros, se apoderó del Gobierno y de las Córtes, un temor harto fundado, que culminó con el decreto de trasladarse á Cádiz.

Pero Don Fernando se negó á ésto resueltamente ; y en vista de ello, declarándose las Córtes en sesion permanente, ordenaron á mocion del Diputado Don Antonio Alcalá Galiano, que comparecieran los ministros, y explicaran las medidas que habian tomado para la seguridad de la familia Real y de las Córtes. Los ministros manifestaron que el Rey se negaba decididamente á salir de Sevilla, y que con la proximidad de los franceses el peligro era inminente é inevitable. Entónces, á mocion del mismo diputado, se nombró en el acto una Comision que pasase á ver al Rey y á hacerle presente la gravedad de la situacion; * pero la Comision volvió manifestando que S. M. estaba resuelto á

---

* Invito á las Córtes, dijo Don Antonio Alcalá Galiano, á que dirija su voz á S. M., sin reconocer ningun intermedio entre la representacion nacional y su Real Persona. Es preciso que las Córtes se dirijan á S. M., y de una vez le digan : "Señor, no hay medio. Si V. M. se ha de salvar, si ha de salvar V. M. el trono constitucional, porque no tiene otro, si V. M. desea salvar á la nacion de una borrasca, es llegado el momento de hacer un gran sacrificio. V. M. tiene que seguir á la representacion nacional. Pero si es tal la fatalidad de las circunstancias que V. M. desoyese la voz de sus consejeros constitucionales, de sus amigos los patriotas, los que jamas han faltado en lo más mínimo al respeto que merece V. M., y desatendiendo todas estas consideraciones, oyendo consejeros secretos, persiste en su permanencia en Sevilla, que no puede ménos de entregarnos á nuestros enemigos, las Córtes no pueden permitirlo, y valiéndose de las fórmulas constitucionales, creerán que V. M. se halla en un estado que no le permite elegir lo mejor."

permanecer allí, y habia expresado su negativa en tono seco y con palabras desabridas.

Otro discurso de Alcalá Galiano determino la decision de las Córtes. "Nuestra situacion y nuestras circunstancias, dijo, son enteramente nuevas, y no hay remedio ordinario para este mal. Efectivamente no es posible que se suponga el caso de un Rey que consienta en quedarse en un lugar, para ser presa de los enemigos, y mayormente cuando estos enemigos traen la intencion de poner el yugo más afrentoso á esta nacion heroica. No queriendo, pues, S. M. ponerse á salvo, y pareciendo más bien, á primera vista por lo ménos, que S. M. quiere ser presa de los enemigos de la patria, S. M. no puede estar en el pleno uso de su razon. Está seguramente en un delirio. Porque ¿como de otra manera suponer que puede prestarse á caer en manos de los enemigos? Yo creo, pues, que ha llegado el caso, que señala la Constitucion, y en el cual á S. M. se la considera imposibilitada; pero, para dar un testimonio al mundo entero de nuestra rectitud, es preciso considerar á S. M. en un estado de delirio momentáneo, en una especie de letargo pasajero, pues no puede inferirse otra cosa de la respuesta que acaban de oir las Córtes. Por tanto, yo me atreveria á proponer á éstas que, considerando lo nuevo y extraordinario de las circunstancias de S. M. por su respuesta, que indica su indiferencia de caer en manos de sus enemigos, se suponga, por ahora, á S. M., y por un momento, en el estado de imposibilidad moral; y miéntras, que se nombre una Regencia que reasuma las facultades del poder ejecutivo, sólo para el objeto de llevar á efecto la traslacion de la persona de S. M., de su Real familia, y de las Córtes."

Esta proposicion atrevida se votó de conformidad

por casi todos los presentes, que expresaron su parecer poniéndose de pié los que asentian; y se nombró en seguida la Regencia, que compusieron los Señores Don Cayetano Valdes, diputado á Córtes, como Presidente, y Don Gaspar Vigodet, y Don Gabriel de Ciscar, consejeros de Estado, como vocales.

El dia 12, por la noche, salió el Rey, camino de Sevilla, para Cádiz, en un coche cerrado, escoltado por la milicia nacional de Madrid y por un regimiento de caballería.

Cuando el Congreso supo que se habia efectuado la salida del monarca, suspendió sus sesiones que habian durado treinta y tres horas, determinando trasladarse á Cádiz, embarcándose los diputados aquella misma noche, en un buque de vapor, que era el único que entónces navegaba en el Guadalquivir. Apénas habian salido de Sevilla cuando el pueblo se entregó á los mayores excesos, robando los equipages, destruyendo todo lo que pertenecia al Congreso, maltratando las personas de los patriotas, y destruyendo los papeles de la Secretaría de las Córtes, y con ellos diferentes manuscritos importantísimos, bajo el punto de vista histórico y científico.

En todos estos acontecimientos se halló presente el Padre Varela, que votó lo mismo que los otros diputados cubanos por la mocion de Alcalá Galiano, y por el nombramiento de la Regencia provisional. En un precioso manuscrito suyo, que se conserva autógrafo, aunque incompleto, y que el Señor Don Agustin José Morales ha tenido la bondad de facilitarnos, titulado : *Breve exposicion de los acaecimientos políticos de España, desde el 12 de Junio hasta el 3 de Octubre, en que de hecho se disolvieron las Córtes,* * defiende su actitud y la de la

---

* Lo publicamos como apéndice, *Apéndice H.*

mayoría de los diputados con el siguiente raciocinio " Todo el mundo sabe que Sevilla no es plaza de defensa, y mucho ménos cuando no habia en ella tropa alguna organizada, á pesar de haberse proporcionado recursos suficientes para el intento. Era, pues, absolutamente inevitable la destruccion del Gobierno y de las Córtes, y mucho más cuando se encontraban en medio de un pueblo fanático que creia que no podia ser religioso si no era esclavo. En tan apuradas circunstancias, se propuso al Rey su pronta traslacion á Cádiz, y habiéndose negado S. M. abiertamente, sin embargo de las encarecidas súplicas y reflexiones que se le hicieron, el Congreso creyó que debia salvar las libertades patrias y el decoro nacional, por un medio extraordinario. Prescindiendo de la opinion privada de cada diputado sobre los sentimientos del Rey (que seguramente ninguno se ha engañado) es innegable que el Congreso, como cuerpo legislativo, no podia considerar al Señor Don Fernando VII sino como Rey constitucional, y juzgar de sus sentimientos por la expresion pública y solemne que habia hecho de ellos desde el dia en que juró la Constitucion. Viendo, pues, una conducta tan contraria en momentos tan difíciles, creyó que su Real ánimo padecia una gran perturbacion, causada tal vez por la naturaleza misma del caso, y por el temor de la epidemia á que podia exponerse pasando á Cádiz. En tal estado, no tenia S. M. la aptitud moral absolutamente necesaria para gobernar, y que exigia la Constitucion."

Grandes fueron los peligros á que los miembros de aquel Congreso memorable se encontraron expuestos con esta determinacion atrevida. Los jefes del ejército, más allegados á la persona Real, lo mismo que las masas populares, conspiraban contra las

Córtes; y así fué, que, aunque de pronto se superaron los obstáculos, no tardaron éstos en presentarse de nuevo, agravando la situacion terriblemente.

Debe agregarse á ésto, que apénas supo la Regencia de Madrid la determinacion que acaba de mencionarse, expidió su famoso decreto de 23 de Junio de 1823, condenando á muerte y confiscacion de bienes, á todos los diputados que votaron la medida, á los ministros y á los individuos que formaron la Regencia, que por distincion se denominó "de Sevilla." Este documento da una idea de como entienden desde antiguo en España las luchas políticas, y lo insertamos como Apéndice. *

Cuando llegó á Cádiz Don Fernando VII, no sólo fué recibido por el pueblo y autoridades, con el mayor respeto, sino que en el momento mismo se dispuso la cesacion de la Regencia, reintegrándosele por completo en el ejercicio de sus funciones regias, tomando ademas otras medidas para proporcionar los medios de defensa, y salvar la causa del país.

Pero apénas habian transcurrido tres dias desde la instalacion de las Córtes y del Gobierno en Cádiz, cuando se presentaron los franceses, mandados por el General Baudessoult, en el puerto de Santa María. Poco despues, el 16 de Agosto, el Duque de Angulema llegó en persona á aquella ciudad y dirigió al Rey una carta autógrafa en que le proponia entrar en negociaciones á condicion de que se hallase *solo y libre,* y haciendo responsables de las consecuencias á los que impidieran la entrevista. Cádiz, que estaba cercado y que sufria considerablemente, así por las defecciones interiores como por la accion de los sitiadores, más

---

* Veáse *Apéndice I.*

inclinados en esta ocasion á emplear contra los sitiados el sistema del artificio y la seduccion que los medios verdaderamente de guerra, vino á ser presa de la mayor consternacion el 30 de Agosto, con motivo de la pérdida del Trocadero, de que tomaron posesion los franceses, á las tres de la madrugada, merced á una sorpresa, y aprovechándose hábilmente del momento en que estaba baja la marea.

En el transcurso del mes de Setiembre llegaron al fin las cosas á tal punto que era imposible sostenerse. Convencidas de ello las Córtes autorizaron al Gobierno para que procediese con arreglo á las circunstancias, procurando sacar del enemigo todo el partido que fuese posible en favor de las libertades patrias, y protestaron contra la fuerza á que obedecian, dejando á salvo los derechos de la nacion.

Fué en virtud de este decreto que el Rey firmó su manifiesto de 30 de Setiembre de 1823, monumento de duplicidad, que se recordará eternamente en la historia de España.

En este documento, que los historiadores todos convienen en asegurar, que el Rey leyó con mucha detencion, ántes de firmarlo, haciendo en él diversas enmiendas, cambiando frases y palabras, y omitiendo otras que borró con su propia pluma, se contienen multitud de declaraciones importantes, que al dia siguiente se contradijeron solemnemente, y se prometen cosas, que no sólo no se pensaban conceder, sino que se condenaron como absurdas y criminales, cuando aun se hallaba fresca la tinta con que se habian estampado sobre el papel.

Nadie confiaba mucho en el liberalismo del monarca; pero nadie llegaba hasta el extremo de sospechar lo que sucedió. No bien habia dejado Don Fernando las

murallas de Cádiz, y trasladádose al campo francés, ó
mas propiamente, al puerto de Santa María, que se encontraba, como hemos dicho, en poder de los invasores,
cuando expidió su otro decreto, no ménos famoso, del
1.º de Octubre, desaprobando todo lo hecho por las
Córtes, declarando nulos y sin valor alguno los actos
todos del Gobierno desde el 7 de Marzo de 1820, hasta
el 1.º de Octubre de 1823, y ratificando y sancionando
cuanto se habia declarado y ordenado por las Regen-
cias absolutistas de Oyarzum y de Madrid.

El texto de este segundo manifiesto, que en union
del anterior de 30 de Setiembre, publicamos en los
apéndices, * no dejó ninguna duda á los diputados de
la suerte que les esperaba. Convertidos ellos y los
demas patriotas, de ciudadanos libres que se habian
creido, en súbditos desleales y traidores, no les quedaba
más remedio que la fuga para salvar sus vidas. Aprovechando, por lo tanto, cuantos medios se les presentaron para escaparse, huyéronse los unos á Marruecos,†

* *Apéndices J y K.*

† Debe recordarse, como documento que honra á su autor y á la humanidad, la carta que, con motivo de esta inmigracion española en tierra de moros,
escribió el Emperador de Marruecos á Sir Roberto Wilson, inglés de nacimiento, al servicio del Gobierno constitucional de España, como Teniente
General de sus ejércitos :

 "Alabanzas sean dadas solo á Dios :

 " En nombre de Dios poderoso y misericordioso.

 " Al egregio personaje, capitan de los ejércitos de su nacion, objeto de elevada contemplacion de los nobles de ella, benigno y magnífico en el Parlamento de la misma, y jefe de los que dirijen sus consejos : al renombrado
guerrero y gran caballero de Inglaterra, Sir Roberto Wilson :

 "Vuestra carta, que nos fué entregada por nuestro ministro de confianza,
el General Mohamed Umaymon, ha sido recibida, y nos informa de los presentes que nos enviais, y pedis que aceptemos. Ella nos ha dado una nueva
prueba de vuestra estimacion, y nos ha colocado en la obligacion de ser vuestro amigo, puesto que hemos aceptado vuestra amistad.

 "Tambien hemos recibido vuestras súplicas en favor de los españoles, que los otros á Gibraltar. Ninguno estaba léjos cuando entraban ya las tropas francesas por las calles de la ciudad.

Nuestro distinguido sacerdote fué uno de los que se refugiaron en Gibraltar. En el tránsito, por mar, del uno al otro puerto, su vida estuvo por momentos en un grandísimo peligro. Los buques de guerra franceses que estaban en la bahía hicieron fuego sobre el bote en que iba embarcado, y las balas le cruzaban por todos lados. Fué un milagro que no lo mataran: la Providencia le tenia reservado otros destinos.

---

llenos de terror y fugitivos, han llegado á los dominios del bienaventurado. (Por este orientalismo se entiende el Imperio.) Deseamos que desechen todo temor ; y hemos ordenado á nuestro fiel Ministro, el General de Tánger, que los trate con toda bondad y les dé toda proteccion y seguridad, colocándolos bajo la sombra de nuestra bandera imperial: y que del asilo de nuestros dominios ninguno tenga el poder de sacarlos por violencia, ni nadie les haga daño.

"Y aceptamos todo lo que nos habeis enviado, y sancionamos todo lo que habeis mandado á nuestros ministros de confianza, obedeciendo al impulso de nuestro afecto, y como una prueba de que nos confiamos á vuestro eterna amistad.

"Adios.   EL JER,

"23 del mes Safar 1239.—(Setiembre de 1823.)"

(*Notes of the war in Spain from the fall of La Coruña to ⹁ne occupation of Cádiz by the French, by Thomas Steele, London* 1824, pag. 241.)

CAPÍTULO XX.

1823.

PROSCRIPCION Y VIAJE Á LOS ESTADOS UNIDOS.

Medidas de reaccion del nuevo sistema.—Causa formada contra los diputados que votaron la destitucion del Rey.— Sentencia de la Real Audiencia de Sevilla.—Noticias bibliográficas respecto á este incidente.— Determinacion del Padre Varela de venirse á los Estados Unidos.—Se embarca en Gibraltar para New York, donde llegó el 17 de Diciembre de 1823.

El resultado de los sucesos que acaban de referirse, no fué otro, como se comprende fácilmente, dado el modo de ser y el carácter de España, que el establecimiento de un sistema tirantísimo de reaccion, y la persecucion y proscripcion de los liberales. Los diputados fugitivos, más especialmente por supuesto que los demás patriotas, se vieron pronto expuestos á los furores del triunfador. Lo que la Regencia de Madrid habia hecho gubernativamente, se trató de confirmarlo por los tribunales, lo cual es tambien eminentemente español. Se mandó á la Real Audiencia de Sevilla que

les formase causa, se despachó contra todos ellos man-
damiento de prision, se circularon sus nombres para
que se les embargaran todos sus bienes, donde quiera
que los tuvieran, y se acabó por condenarlos como
traidores á las penas de muerte y confiscacion.

En la citada *Historia política y parlamentaria de
España* del Señor Rico y Amat, se ha insertado íntegro el texto del exhorto remitido á todas las Audien-
cias de España por el "Gobernador de la Sala del
Crímen de la Real Audiencia de Sevilla," incluyendo
" una lista de los sesenta y seis ex-diputados que votaron
la sesion del 11 de Junio de 1823, y por ella el nombramiento de la Regencia y la destitucion de S. M." y
encargando su arresto y la secuestracion de sus propiedades. Entre esos nombres aparecen los de Don
Antonio Alcalá Galiano, Don Agustin Argüelles, Don
Francisco Xavier Isturiz, Don Facundo Infante, y
muchos otros de gran celebridad en la política
española. El de nuestro esclarecido compatriota se
encuentra allí tambien en el lugar que corresponde al
número 39.

La sentencia que recayó en la causa, á pesar de haberse tardado tanto en pronunciarla, pues demoró muy
cerca de dos años, fué mas que un fallo judicial la
expresion servil de aquellos odios. Está fechada el 11
de Mayo de 1825, y condena en rebeldía á la pena
ordinaria de muerte á los sesenta y tres diputados
comprendidos en el proceso, imponiéndoles el pago de
las costas, y ordenando que sus propiedades todas se
aplicasen al Real Fisco.

Con el título de *Apéndice* á esta sentencia, se publicó
en Lóndres en 1834, por el Señor Don Agustin Argüelles, uno de los condenados, un opúsculo curioso
para los que quieran conocer más pormenores respecto

de este suceso. Ese trabajo se reimprimió despues en Madrid, en 1864, en la *Reseña histórica*, que escribió el Señor Don Angel Fernandez de los Rios, y á que denominó "De 1820 á 1823," y es una obra más conocida y fácil de consultar.

Las *Memorias históricas sobre la revolucion de España*, por el Marqués de Miraflores, que se publicaron en Lóndres en 1824, pueden tambien utilizarse para completar estos estudios.

No esperó, por cierto, el Padre Varela el resultado de esta causa, ni se ocupó de defenderse; y por supuesto mucho ménos de buscar modo de volver á España. El conocia demasiado que la situacion á que habia pertenecido ni era popular, ni podia racionalmente esperarse que se restableciera; y por otra parte, no tenia, ni podia tener, ninguna de las razones que indujeron á los demás diputados peninsulares, que se refugiaron en Inglaterra ó en otros puntos, para permanecer en expectativa de los sucesos, conspirar si era preciso, y preparar en lo posible el triunfo de su partido. La política no era el campo que gustaba de cultivar el Padre Varela. Por obediencia y por deber habia consentido en entrar en él: y ahora que las circunstancias lo lanzaban fuera, no se podia esperar que las dejase de aprovechar.

Así fué que su resolucion se formó pronto. Acertaba á hallarse en Gibraltar, y próximo á hacerse á la vela para New York, en los Estados Unidos de América, un buque denominado el *Draper*, su capitan Mr. Andrew Thorndike, Jr., y en él tomó pasaje acompañándolo en el viaje los Señores Gener y Santos Suarez.

No eran los Estados Unidos, ni con mucho en aquel tiempo, sobre todo bajo determinados aspectos, lo que son en el dia. * Pero sí eran, como lo son ahora, y como lo serán siempre, miéntras la Providencia Divina continúe dispensándoles su proteccion, la tierra portentosa donde los hombres han sabido ser mas hombres; donde mas han conseguido ser los dueños de sí mismos y de sus destinos; donde se vive con mayor felicidad; donde mejor germinan y florecen, como si se encontrasen en su terreno más adecuado, el bienestar material, la libertad y la justicia; donde, en fin, se han sabido resolver satisfactoriamente problemas complicados, que parecen insolubles en Europa y en el resto de la América, y hacer vivir en armonía el individualismo más acentuado con la más pasmosa caridad, la libertad sin trabas con el órden, y el respeto ilimitado, en el terreno de la práctica, hácia las opiniones de los hombres, por absurdas y extravagantes que parezcan, con el fervor de un sentimiento religioso, militante, vivo, que todo lo anima, y lo penetra, y se deja sentir por todas partes.

---

* El que vea hoy lo que son los Estados Unidos encontrará curioso este párrafo de Ticknor, en su excelente libro sobre Prescott, refiriéndose á 1812. "Los libros no eran cosa que pudiera conseguirse con facilidad en aquel tiempo. Pocos comparativamente se publicaban en los Estados Unidos, y ménos todavía eran los que se importaban. Aun los mismos libros usados en las escuelas no se obtenian con facilidad. Un ejemplar de Eurípides en su lengua original no hubiera podido conseguirse en ninguna librería en toda la Nueva Inglaterra, y con dificultad podia encontrarse quien lo tuviera para prestarlo. Un profesor aleman, ó medio alguno de aprender aquella lengua, era cosa que no se encontraba ni en Boston ni en Cambridge. Las mejores publicaciones que se hacian en la Gran Bretaña nos llegaban tarde, y raras veces se reimprimian : y en cuanto á libros nuevos dados á la estampa en el continente, era raro el que venia á caer en nuestras manos. Los hombres se sentian pobres y llenos de cuidados en aquellos tiempos oscuros, y los placeres literarioos que ahora se han vuelto tan necesarios como nuestro pan cuotidiano, constituian entónces un lujo verdadero, al alcance solo de unos pocos." — *Life of William Hickling Prescott, by George Ticknor.* Boston. Ticknor & Fields. 1866.

A los Estados Unidos era adonde tenia que venir el
Padre Varela para acabar de desarrollar su espíritu, y
experimentar la última evolucion que debia dar á su
figura inmortal un nuevo carácter histórico de extraordinaria importancia y celebridad. Aquí tenia que
venir para demostrar una vez más ante los ojos del
mundo, y sin embargo de sus antecedentes y su fama,
que " nadie es profeta en su tierra," y que su campo
verdadero era más vasto que él que hasta entónces se
habia ofrecido ante sus ojos.

El que llegó proscrito á Nueva York, y preguntaba sonriéndose al jefe de la casa mercantil de Goodhue y Compañía, á que llegó recomendado, *si allí
se hallaba seguro contra España,* que no era jóven, que
no conocia el pais, y que no podia hablar la lengua inglesa, debia volverse sin embargo en poco
tiempo uno de los hombres más populares y queridos
entre los católicos, y más considerados y respetados
entre los protestantes. De la vida que va á vivir en
este país de libertad, se podria decir, como lo dijo ya
el Padre Ventura en el elogio fúnebre de un ilustre
sacerdote romano, * que no será sino la realizacion
práctica una vez más de aquella promesa de la Escritura: " Haré que venga un sacerdote fiel, que viva y
obre, segun mi corazon, y conforme á mi espíritu: que
caminará todos los dias delante de mi Cristo." † Ahora,
cuando ocupados en reunir noticias para la composicion de esta obra, hemos encontrado en Nueva York,

---

* *Le modèle du prêtre. Eloge funèbre de Joseph Graziosi, chanoine de la
archibasilique de Latran, prononcé dans l'Eglise de Saint-André della Valle le 2
Octobre 1847, par le R. P. D. Joachim Ventura, Ex-General des Théatins, etc*
(Traduit par M. F. Clavé.) Paris 1848.

† *Suscitabo mihi sacerdotem fidelem, qui juxta cor meum et animam meam
faciet: et ambulavit coram Christo meo cunctis diebus.* 1 Reg. II. 35.

á pesar del transcurso de cincuenta años, y de la actividad vertiginosa con que allí se transforma todo y cambia de fisonomía en poco tiempo, tan vivos los recuerdos y la tradicion del Padre Varela, y que centenares de personas lo tienen como santo, y se juzgan muy felices las que conservan y atesoran con religiosa veneracion, alguna reliquia suya, no hemos podido ménos de levantar los ojos hácia el cielo, y prosternarnos humillados ante la infinita sabiduría del Hacedor Supremo, que por caminos tan opuestos, y por medios tan remotos de los que puede imaginar la pequeñez humana, conduce los sucesos al término que deben tener y dispone el éxito de las cosas.

El *Draper* llegó á New York el 17 de Diciembre de 1823. En su lista de pasajeros, tal como se conserva entre los papeles de este viaje en la Aduana de New York, se encuentra lo siguiente :

"Pasajeros, 3.

Don Félix Varela, edad 35, de España.

" Tomas Gener, " 38, "

" L. S. Suarez, " 28, "

CAPÍTULO XXI.

CARÁCTER POLÍTICO DEL PADRE VARELA.

Dificultades para apreciar debidamente el carácter político del Padre Varela.— Criterio liberal de los cubanos anterior á 1837.—Liberalismo del Padre Varela.—Citas de diversos pasajes de algunas de sus obras que ayudarán á formar concepto de sus ideas políticas con relacion á la isla de Cuba.—Efecto de los errores y de los crímenes de España en las opiniones políticas del Padre Varela posteriores á su proscripcion.

Las circunstancias del momento no son tal vez las más apropósito para que pueda apreciarse, en todo lo que vale, el carácter del Padre Varela como hombre político, especialmente en el período de que hablamos anterior á 1823. El criterio que tenemos los cubanos, hoy en el año de 1877, no es el criterio que tenian nuestros padres en los de 1812 y 1820. La brutalidad de un despotismo militar terrible, ejercido en nombre de un gobierno que se ha llamado y llama *liberal*, no habia venido todavía á envenenar los ánimos, á exasperarlos, y á hacerlo todo, hasta el suicidio mismo, si no lícito, disculpable. Entónces habia luchas y antagonismos, y pasiones, y partidos; pero todo se cobijaba y abrigaba sin dificultad bajo una comun bandera. El mal y el bien se combatian con tanta dureza, como es preciso que se combatan en el mundo y como se combatirán constantemente. Las opiniones diferentes se encontraban y ponian en competencia las unas con las otras, resultando de su choque, á pesar de su violencia algunas veces, saludables corrientes de legislacion, ó convicciones que propendian al adelanto y felicidad del pueblo. Pero cubanos y españoles compo..an tan solo una familia. Podia decirse de los unos y los otros, lo que Allston en bellísimos versos, citados por Prescott en una de sus cartas, decia de los ingleses y los americanos: "miéntras que las artes, las maneras y todo lo que caracteriza y amolda el alma de una nacion, permanezca igualmente impreso y acariciado en ámbos pueblos, aunque las olas del oceano se tiendan de por medio como para romper su comercio, la voz de la sangre se levantará siempre en una y otra orilla, para gritar mas perceptible que el lenguage: "Somos unos." *

Hoy que las circunstancias han cambiado, quizás seria un pecado, obedeciendo á impulsos de sentimentalismo, conservar aquel criterio, é intentar aplicar á

While the manners, while the arts
That mould a nation's soul
Still cling around our hearts,
Between let ocean roll,
Our joint communion breaking with the sun,
Yet still from either beach
The voice of blood shall reach
More audible than speech:
"We are one!"

Life of William Hickling Prescott, by George Ticknor.—Boston. Ticknor and Fields. 1866.

nuestros males los remedios á que entónces se recurria espontáneamente.

Así es que en el estudio del carácter político del Padre Varela, que nació en la Habana, no podemos proceder de otra manera, que si lo hiciésemos respecto del Obispo Espada que nació en Vizcaya, ó del Señor Don Tomas Gener, que nació en Cataluña. Decir que era liberal, y que lo era en toda la extension de la palabra, así respecto de Cuba como de España misma, no quiere pues decir, ni significa en modo alguno, que fuese revolucionario en la Península ni *anti-español* en su país natal. Ansioso de asegurar para su tierra los beneficios de un gobierno autonómico, no habia pensado sin embargo en constituirla como nacion independiente. Más tarde, la reaccion y la experiencia, acentuando sus opiniones y sus escritos, pudieron conducirlo á desear que se llevase á cabo este propósito ; pero esto fué la obra del desengaño, y el contragolpe de la injusticia, no la expresion genuina y primitiva de sus aspiraciones anteriores á su salida para España, y miéntras permaneció en el Parlamento.

En la representacion del carácter político del Padre Varela nos vienen sin querer á la memoria las elocuentes frases con que pintando á un sacerdote modelo, electrizó á sus oyentes el Padre Ventura, en el famoso discurso ántes citado en elogio del canónigo Graziosi. No faltan por desgracia espíritus limitados, ó afligidos por una cortedad de miras deplorable que parecen inclinados á favorecer incautamente, el funesto maridage de la Religion y el despotismo. Extraviados unas veces por la contemplacion de ejemplos tristes, ó fundados otras en el hecho de que el clero es, y aun debe ser, esencialmente conservador y enemigo de escándalos, perturbaciones y trastornos, se figuran sin esfuerzo que está llamado á defender el retroceso, y que debe servir de apoyo á los tiranos, y ayudarlos á embrutecer al pueblo y á subyugarlo y oprimirlo. ¡ Qué error tan grave! Como se dice en el discurso mencionado, si al clero de la Iglesia se le ordenó por el Señor tener cuidado de la humanidad doliente, *curam ipsius habe*, fué sin duda para que previniese y remediase los males espirituales y corporales, así en los individuos como en la sociedad. Pero de todos esos males, "sin excepcion de uno solo, hasta las sediciones y la anarquia misma, la causa principal, y de que exclusiva y rigurosamente dependan no es mas que el despotismo. La justicia, por el contrario, es la verdadera defensa de los Estados, el apoyo de los tronos, la seguridad de los príncipes, la garantia de los pueblos, el fundamento del órden, la verdadera Carta de la humanidad." "El deber, pues, del verdadero sacerdote, del verdadero ministro del Dios justo, es exaltar, defender, sostener la justicia... y trabajar en retirar al hombre del yugo arbitrario del hombre para ponerlo bajo la proteccion de la justicia y de la fe divina." " Ese es el acto más grande que es posible de caridad cristiana: es la caridad elevada hasta la última potencia; es la caridad social, que asegura al hombre juntamente con la libertad, la dignidad de hombre, y como consecuencia de ella, el alivio de todas sus miserias, la práctica de todas las virtudes, la profesion de la verdadera religion."

De estos principios y doctrinas se mostró siempre imbuido el Padre Varela, en todas las manifestaciones suyas de carácter político. Pero á ellas acompañó constantemente, á la vez que una inflexible energía, la moderacion que se revela en las siguientes frases:

"Te escribe, decia él, dirigiéndose á Elpidio * en una de sus cartas, un hombre que jamas ha desobedecido una autoridad; pero te escribe un hombre franco y firme, que no sacrifica la verdad en las aras del poder, y que sea cual fuere el resultado de sus esfuerzos, los dirige todos á presentar las cosas como son en sí, y no como hipócritamente se quiere que aparezcan. Yo deseo dar á los gobiernos su verdadero apoyo, que es el amor del pueblo, la justicia de sus leyes, y la virtud de los gobernantes...." "Los gobernantes son los padres del pueblo, y seria muy extraño que un ministro del Evangelio, que siempre se ha presentado como tal, viniese ahora á predicar desobediencia, y á inspirar sospechas injustas, que no serian lícitas, aun respecto de individuos particulares...* Pero si toda potestad viene de Dios, como toda paternidad, segun nos dice el Apóstol, de aquí no se infiere que los padres puedan matar á sus hijos, ó robarles lo que legítimamente poseen, y ménos se infiere que los potentados puedan proceder como locos, ó furiosos, destruyendo á su placer, sin más razon que su voluntad. Creer que Dios puede autorizar á semejantes infames es no crer en realidad que hay Dios, y declararse *ateos disimulados.*" †

Tan léjos pues de la revolucion como del servilismo, el Padre Varela aspiraba á colocarse en un medio de prudencia y rectitud, que él mismo justifica, apoyándose confiado en las doctrinas de Santo Tomás y San Juan Crisóstomo. ‡ Citando del primero, afirma que

---

* *Cartas á Elpidio sobre la impiedad, la supersticion y el fanatismo en su relaciones con la sociedad, por el ᴾresbítero Don.Félix Varela.*—Nueva York 1838.—Tomo II, pag. 39.
† *Cartas á Elpidio.*—Tomo II, pag. 41.
‡ Id., tomo II, pag. 57 y 58 en la nota.

"todo hombre está obligado á obedecer á los príncipes seculares, en cuanto lo requiere el órden de la justicia. Por tanto si no tienen principado justo, sino usurpado, ó si mandan cosas injustas, no están los súbditos obligados á obedecerlos, sino acaso accidentalmente para evitar escándalo ó peligro."

Citando del segundo, transcribe en una nota estas palabras: "Toda potestad viene de Dios. ¿ Qué dices ? —¿ Significa eso que todo príncipe está constituido por Dios ?—No digo esto, (responde el Apóstol): no hablo de cualquier príncipe, sino de la cosa en sí misma. Creo que es obra de la divina sabiduria que haya principados, en que unos manden y otros obedezcan, y no se hagan las cosas simple y temerariamente, y no sean llevados los pueblos acá y allá como las olas. Por tanto no dice todo príncipe viene de Dios," sino tratando de la cosa misma, dice: "toda potestad viene de Dios."

Siendo como era el Padre Varela, un liberal avanzadísimo, aunque hombre de órden, conservador y patriota, la naturaleza le habia dotado, como se ha dicho otras veces, de un carácter decidido y enérgico en la defensa de lo verdadero y de lo justo. Tan indomable é invencible se presentó en el Parlamento, como lo fué en este suelo de la América del Norte, defendiendo la religion de Jesu-Cristo y de su Iglesia contra los ataques de los protestantes.

"Sea cual fuere la causa, dice él mismo en la obra citada últimamente, * he tenido siempre tanta confianza en todas mis campañas políticas, religiosas y literarias, que léjos de querer desarmar á mis enemigos, he procurado siempre proporcionarles nuevas armas, ó afilar

---

* *Cartas á Elpidio.* Tomo II, pag. 88.

las que poseen, si me han parecido embotadas. El
placer de la victoria es mucho mayor cuando el enemigo tiene una completa defensa. De aquí viene mi
práctica de poner mi nombre en todos mis escritos,
indicando mi estado y modo de pensar."

El programa del patriota más liberal en aquel
tiempo en la isla de Cuba, que no podia por cierto
ni exceder, ni aun igualar, con mucho, al del Padre
Varela,—no pasaba de los límites razonables y perfectamente legítimos, y aun legales, conforme al precepto
escrito de los códigos, de mantener una igualdad completa entre los miembros todos de la gran familia
nacional, de pretender igual derecho para los habitantes de las diversas provincias de la monarquía, de de-
mandar al mismo tiempo la accion directa provincial
en la administracion de los negocios propios ó locales,
y de propender de esta manera al desenvolvimiento
más amplio y más completo de la industria, de la riqueza, de la ciencia, de la ilustracion y del comercio,
bajo el amparo de la Religion y la moral. Este programa cabia entónces dentro del círculo de las instituciones españolas, y como todavía no se habian cometido las injusticias, los despojos, las iniquidades, que
desde el General Tacon hasta la fecha se han venido
sucediendo sin interrupcion, las ideas de independencia
y de separacion de España, ni habian entrado en los
espíritus, sino como una eventualidad posible, y más
ó ménos remota, á que tal vez se llegaria sin sacudimiento y sin esfuerzo, ni se estimaba necesario dete-
nerse á considerarlas. La lealtad de los cubanos era
un hecho, y el Capitan General de la isla de Cuba,
Don Nicolas de Mahy, podia decir con razon, como lo
hizo, dirigiéndose al gobierno de Madrid, en comunicacion de 12 de Setiembre de 1821, estas notabilísimas

palabras : "¡Ojalá que no hubiese sino cubanos! en
tal caso bien se podria responder hasta con la vida de
la incontestable adhesion de esta isla al gobierno
español."

Por consiguiente la tarea del Padre Varela respecto
de la isla de Cuba y sus destinos como pueblo, fué
simplemente como la de todos los prohombres de su
tiempo, fomentar la patria, crearla, levantarla y pre-
parla un gran porvenir. Su famosa leccion *del patriotismo* en la *Miscelánea* y en las *Lecciones de Filosofía* nos
enseña cual era su teoría respecto de este punto : su
vida entera, en la Habana, como en Madrid, en la
cátedra del Colegio, como en la tribuna del Congreso,
nos demuestra como supo ponerla en práctica.

Su amor á la isla de Cuba era entrañable é intensí-
simo. Lo defendió como legítimo hasta bajo el punto
de vista de un mero *provincialismo*. Mas tarde, cuando
proscrito y perseguido vino, como otros tantos lo han
hecho despues, á buscar un refugio en esta tierra de
los Estados Unidos, tan grande, tan feliz, tan bende-
cida por la mano del Omnipotente, conservó tan vivo,
aquel afecto que llegó hasta á hacerlo objeto de un
culto verdaderamente caballeresco. Nunca pensó volver á Cuba, como no volvió en efecto; pero nunca
quiso hacerse ciudadano americano, ni renunciar á su
nacionalidad.

"Acaso decia,* no hay un hombre más afecto que
yo á este país (los Estados Unidos), en que he permanecido por tantos años, á pesar de haber corrido peligro
mi vida en los primeros á causa del clima, y de haber
sufrido infinitas privaciones por no saber el idioma.

* *Cartas á Elpidio.* Tomo II, pag. 89.

He tenido en este tiempo varias y honoríficas invitaciones para situarme en otros paises, y á ningunas he accedido. Luego que me fué familiar la lengua de este pueblo, me he relacionado en él y adquirido tan büenos amigos, que sin ingratitud jamas podré ser insensible á sus atenciones y favores. Yo soy en el afecto un natural de este país, aunque no soy ciudadano, ni lo seré jamas por haber formado una firme resolucion de no serlo de país alguno de la tierra, desde que circunstancias que no ignoras me separaron de mi patria. No pienso volver á ella; pero creo deberla un tributo de cariño y de respeto no uniéndome á otra alguna."*

Sus máximas políticas están basadas en esencia en un principio de extraordinaria perseverancia y de paciencia. Hemos oido decir á una persona, que nos aseguró haberla escuchado de los labios del mismo insigne sacerdote, una frase cubanísima, que revela y simboliza aquel espíritu. "Si el gobierno viene y nos derriba un altarito, es deber de todos nosotros recoger los escombros si se puede, y con ellos ó sin ellos, irnos á otro lugar á fabricar otro altarito."

"El deseo de una cura instantánea inasequible, dice en las Cartas á Elpidio,† es un obstáculo para otra cierta aunque morosa. La precipitacion es la prueba más evidente de la debilidad humana, así como la mesurada espera lo es de la heróica fortaleza... Mucho debe lamentar la política el temerario empeño de los que quieren concluir en un dia, obras que por su naturaleza exigen muchos años. No queremos dejar nada que hacer á nuestros venideros. y he aquí el modo de no dejarles nada hecho."

---

* Por la amnistia de 1832 pudo el Padre Varela volver á la isla de Cuba, pero no quiso nunca aprovecharse de ella.

† *Cartas á Elpidio.* Tomo II, pag. 60.

"Deseo que un fanatismo político no destruya la obra del patriotismo y de la pura moral."* "Yo quiero en los reformadores el *sentimiento* producido por la *meditacion,* dirigido por la caridad, la honradez y el verdadero patriotismo...." "Se debe proceder con energía; pero con suma prudencia, y sin tratar de *hacer experimentos* que en la política son aun más arriesgados que en la medicina... Soy el primero en desear el complemento de los proyectos, y acaso el más impaciente en esperarlo...; pero todo medio violento es inútil, é inícuo, y no conduce más que á reacciones."

"Jamas he pertenecido, dice en otro punto, ni pertenezco, á *partido,* ni *sociedad,* distinta de la general de los hombres libres y religiosos... El que haya estado en el interior de los negocios de España, y no deteste tanto como á la supersticion, á las sociedades secretas, es un pícaro, ó un bestia. Tengo que contener la pluma, porque se desliza..... Observemos solamente que siempre que en las *reformas* se dejan traslucir la avaricia y la ambicion, se conseguirá trastornar las cosas, pero nunca ordenarlas despues de derribadas. La inmoralidad nunca produce sino males, y el que empieza por robar nunca consigue convencer."†

La cuestion religiosa era una cuestion que naturalmente preocupaba al Padre Varela, aun como hombre político. ¿Cómo podrá fundarse nunca cosa alguna que sea duradera, si lo que trata de elevarse se halla en pugna con sentimientos íntimos arraigados, venerados y acariciados por el pueblo?

"La Constitucion del año de doce, dice, protegia abiertamente la religion católica; y en todo aquel pe-

---

* *Cartas á Elpidio.* Tomo II, pag. 61 y siguientes.
‡ Id., tomo II, pag. 68 y 69.

queño, pero memorable código, no hay una sola palabra que siquiera asome la más ligera irreligiosidad. Las discusiones de las Córtes nunca pusieron en duda el dogma, si bien sobre el punto de disciplina hubo veces que el acaloramiento de la disputa introdujo expresiones mal sonantes. En una palabra, el Código político y el Congreso que se regia por él, representaron siempre al pueblo, las leyes y los diputados de una nacion católica. Sin embargo, habia entre nosotros una porcion de títeres insignificantes, pero bulliciosos é imprudentes, que en conversaciones privadas, y aun en los cafés, en los paseos y teatros, hablaban irreligiosa y desatinadamente; y el pueblo que estaba pendiente de nuestras operaciones, perdió toda la confianza, juzgando de la totalidad por cierto número de individuos, y esta fué la principal causa de nuestra caida, y de haber sido siempre inútiles todos los esfuerzos de las Córtes, para mejorar la moral pública, conteniendo la supersticion que tanto la perjudica. Estas no son teorías, estos son hechos que por desgracia se han repetido, y se están repitiendo en esta nueva época (1838) de aquella desgraciada nacion. ¡Ah, mi Elpidio! como conozco á fondo la mayor parte de los danzarines, juzgué de la danza ántes que comenzase, y desgraciadamente no me he equivocado. Es innegable que en España hay mucho que reformar en cuanto á prácticas religiosas; pero tambien es innegable que nunca se conseguirá por otros medios que una *franqueza ilustrada* y verdaderamente *religiosa*. El carácter español no sufre vejaciones, y nunca es dominado. Yo no sé como es que españoles han podido, y pueden equivocarse tanto, en cuanto al carácter nacional, que crean vencer insultando, ó que se puede conseguir algo, ó por lo ménos algo permanente, contra la voluntad de los españoles. Es preciso

dejarles hacer lo que quieren, ó matarlos. No hay alternativa. Este es uu rasgo indeleble del carácter de sus nobles y heróicos antepasados ; y cualquiera que sea la degradacion del pueblo el carácter es el mismo.....
¿ Crees que hombres semejantes dejarán de ser supersticiosos, porque los insulten, ó porque los persigan? Es preciso ser loco para creerlo. Por consiguiente, la imprudente oposicion sirvió solo para aumentar los males, y radicar las supersticiones; y miéntras sigan el mismo camino, llegarán á los mismos precipicios y perecerán con igual desgracia. Yo desearia, mi Elpidio, que ántes de proceder en materias políticas, lo mismo que en las morales, se formasen, no cálculos sobre el papel, ni se copiasen arengas ridículas de obras ideales, sino que se hiciesen observaciones prácticas. No debemos calcular sobre lo que nosotros queremos que hagan los pueblos, sino sobre lo que ellos querrán hacer : y todas las declamaciones posteriores al error de nuestro cálculo abstracto no sirven sino para ponernos más en ridículo."*

Era precisamente por la época, en que se escribian desde New York estas palabras del ilustre proscrito, tan llenas de moderacion y sabiduria, tan verdaderamente patrióticas y liberales, cuando el Gobierno liberal de la Reina Cristina expedia el famoso decreto de 22 de Julio de 1837, extinguiendo "los monasterios, conventos, colegios, congregaciones y demas casas de religiosos de ámbos sexos," y por supuesto apoderándose de "todos sus bienes, derechos y acciones," y aplicándolos á "la amortizacion de la deuda pública," † y cuando

* *Cartas á Elpidio*. Tomo II, pag. 70 y siguientes.
† He aquí los rasgos más notables de ese inícuo decreto :
'· Doña Isabel Segunda, por la gracia de Dios y por la Constitucion de la monarquía española, Reina de las Españas, y durante su menor edad la Reina

el pueblo de Madrid y otras ciudades de la Península
se entregaba á los vergonzosos excesos que registra la
historia, penetrando á mano armada en las iglesias
y conventos, y asesinando inicuamente á los indefensos
religiosos, hasta en las mismas gradas del altar. La
carniceria y el homicidio consentidos, si no autorizados
por el Gobierno, y el robo franco y sancionado por la
ley, se dan la mano para sellar fatídicos los primeros
pasos de un sistema, que no es parco en tributarse á
sí mismo grande elogio por su avanzado espíritu y la
liberalidad de sus principios y sus miras. ¡Funesta
ceguedad de la nacion, un tiempo tan grande, y hoy
llevada por sus hombres de gobierno al borde mismo
de la ruina!

El Padre Varela, todavía en 1838, cuando ya estaba
de todo punto consumada su separacion de España, y
cuando nada se ocupaba, ó se ocupaba muy poco, de
política, hablaba sin embargo con respeto de la nacion,
en que fué proscrito, y se interesaba por su suerte.
"La guerra oculta, decia en una de sus cartas á Elpi-

---

viuda Doña María Cristina de Borbon, su augusta madre, como Gobernadora
del Reino, á todos los que las presentes vieren y entendieren, sabed :
"Que las Córtes han decretado y Nos sancionamos lo siguiente :
"Articulo 1º Quedan extinguidos en la Península, islas adyacentes y posesiones de España en Africa, todos los monasterios, conventos, colegios, congregaciones y demas casas de religiosos de ámbos sexos.
"Articulo 14º Se prohibe á las personas de ámbos sexos el uso público del
hábito religioso.
"Articulo 20º Todos los bienes raices, rentas, derechos, y acciones de todas
las casas de comunidad de ámbos sexos, inclusos las que quedan abiertas, se
aplican á la Caja de amortizacion para la amortizacion de la deuda pública,
quedando sujetos á las cargas de justicia, que tengan sobre sí.
"Artículo 25º. Así mismo aplicará los archivos, cuadros, libros y demas
objetos pertenecientes á ciencias y artes, á las bibliotecas provinciales, museos,
academias, y demas establecimientos de instruccion pública.
"En Palacio, á 29 de Julio de 1837."

dio, * más que la pública de los fanáticos supersticiosos en punto á creencia, y de los fanáticos políticos y supersticiosos, quiero decir de los señores masones y los comuneros, ha sido y será la ruina de España. Cuando tuve el honor y la desgracia de hallarme en el cuerpo representativo de aquella nacion, me convencí á la evidencia de esta verdad."

Esto no quita, sin embargo, que el profundo disgusto que le causaba, y debia causarle, ver ligada su patria á un país de demagogos ó reaccionarios, desconocido en la práctica el principio por él siempre defendido de que "los males intelectuales exigen más que los otros, que la cura se deba á la misma naturaleza, por reflexion y convencimiento," y establecido que á título de reformar abusos se sancionase el despojo, ("por cuanto á que V. es supersticioso y retrógrado, suelte Vd. su dinero, y por cuanto á que *yo veo claro* debo embolsármelo,"... "enriqueciéndose á título de *fidelidad*, ó de *patriotismo*, segun sopla el viento, con los bienes eclesiásticos,") influyese en su espíritu en el sentido que domina en sus publicaciones posteriores, y le inspirase un gran deseo de asegurar la independencia de la isla de Cuba. El hombre que admiraba hasta tal grado la figura colosal del gran O'Connell, á quien llamaba "el hombre del siglo, el verdadero hombre grande, que ha hecho temblar el poder británico sin auxilio de sociedades secretas, sin ninguna intriga, y sin mas armas que su lengua y su pluma," el que tanto amaba á su país, y habia contribuido tanto á su cultura, no podia cerrar los ojos á la experiencia, dolorosamente sentida hasta en su misma persona, y dejar de desear al fin de todo, que se disolviera por completo la conexion política de Cuba con España.

---

* *Cartas á Elpidio.* Tomo II, pag. 68.

CAPÍTULO XXII.

1824–1826.

ELECCION DE DOMICILIO EN LOS ESTADOS UNIDOS.

PUBLICACION DE "EL HABANERO."

Llegada del Padre Varela á Nueva York.—Su viaje á Filadelfia.—Empieza á publicar EL HABANERO *en la capital de Pennsylvania.—Lo continua en Nueva York.—Se fija definitivamente en esta ciudad.—Efecto que produjo en la Habana la publicacion de aquel papel.—Tentativa de asesinato del Padre Varela en el año de 1825.—Invitacion para trasladarse á Méjico que le hace el General Don Guadalupe Victoria, Presidente de aquella República.— Segunda edicion de las* LECCIONES DE FILOSOFÍA.

En los primeros años que pasó el Padre Varela en los Estados Unidos y que constituyen lo que pudiera llamarse con bastante propiedad el período de su aclimatacion en el país, tanto en lo físico, como en lo intelectual y lo social, su espíritu incansable, aguijoneado, mas bien que adormecido, por las circunstancias especiales en que la emigracion lo habia colocado, le hizo lanzar de lleno, desde el principio, en la ejecucion de varias obras, de diverso género, que, á más de su importancia intrínseca, presentarán siempre el interés de establecer marcadamente una transicion naturalísima entre los períodos anteriores de la vida del Padre Varela y el que va á comenzar en este momento. Estos trabajos fueron el pasto del entendimiento del gran cubano, miéntras no le fue posible apoderarse de la lengua inglesa, y durante el tiempo que necesitó para penetrar á fondo en el torrente de la civilizacion americana, y asimilarse su espíritu; y viene á formar, como si se dijera, una especie de peldaño, por donde tuvo que pasar para llegar más tarde á alturas indecibles.

Desembarcado en Nueva York, en uno de esos dias de crudo invierno, en que la nieve congelada sobre el pavimento de las calles, lo convierte en una superficie resbaladiza y tersa lo mismo que un espejo, donde no puede darse un paso sino ayudado por la costumbre ó por el arte, tuvo el Padre Varela que caminar constantemente apoyado en el brazo, entónces juvenil y robusto, de un cubano, á quien despues amó con predileccion, y que siempre se distinguió por su talento, sus gustos literarios, sus sólidos y variados conocimientos, y su espiritu patriótico y levantado. Este cubano, que es el Señor Don Cristóbal Madan, con cuya amistad nos sentimos honrados, se hallaba entónces en la primavera de su vida, y ocupaba una plaza en el escritorio mercantil de los Señores Goodhue y Compañia á quienes el Padre Varela venia recomendado, y que estaba en el núm. 44 de South Street. Como jóven, como compatriota, y como hombre de espíritu elevado, fué este Señor, naturalmente, el que se puso desde luego á la disposicion del ilustre proscrito para acompañarle, buscarle alojamiento, servirle de intérprete, y ayudarle en todo cuanto pudiese necesitar. No tardó mucho en establecerse entre los dos una afeccion profunda, paternal y reconocida en el uno, y llena de respeto y admiracion en el otro, de que se encuentran mil vestigios en la correspondencia interesante que siempre conservaron. Cuando ese jóven lo llevaba sujetándolo por el brazo, y sosteniendo tambien al mismo tiempo á los Señores Gener y Santos Suarez, que resbalaban constantemente, en su camino á la pension de Mrs. Mann, en Broadway, donde por lo pronto debian alojarse los fugitivos representantes de nuestra patria en las Córtes de España, observó con delicadeza y buen humor que él sólo estaba haciendo, sin ayuda de nadie, lo que la España entera no habia podido ejecutar.

En el fac-símile que publicamos en union de este libro, para que con él se conserve este recuerdo del hombre grande que en él se conmemora, se encuentra revelada por un lado, el alma dulce y afectuosa con que Dios habia dotado al sacerdote, y por el otro la disposicion que tuvo siempre el Señor Madan para servir á sus paisanos.

Así que el Padre Varela logró fijar algun tanto sus cosas, se dedicó con infatigable ardor al estudio de la lengua inglesa. Esta lengua no le era simpática. Aun despues de poseerla perfectamente, escribiéndola con correccion notable, y hasta hablándola, casi *sin acento,* como se dice entre los americanos, todavia manifestó, algunas veces, que *"los silbos ingleses le sonaban en los oidos como moscas impertinentes, y no le dejaban gusto para escribir en castellano."* Pero todas estas dificultades quedaron dominadas pronto, y solo le quedó que luchar con el clima, al que no logró acostumbrarse sino con gran trabajo. El Señor Shea en su notable Historia de la Iglesia Católica en los Estados Unidos, hace constar que en "los primeros años de la residencia del Padre Varela en este país, el clima lo trató muy mal, hasta el

extremo de ponerlo á la muerte." * Desde entónces
tal vez quedó ingerido en su costitucion física el gérmen
funesto de la enfermedad que lo llevó al sepulcro.

Poco despues de haber llegado á Nueva York se dirigió el Padre Varela á Filadelfia. No parece quedar duda de que su intencion era fijarse en aquella ciudad, que era entónces la más importante de la Union,
bajo el punto de vista de la literatura y la política. Allí
vivió en los primeros meses de 1824, en la casa número 22 4de Spruce Street, ocupada por una Señora que se
llamaba Mrs. Frazier; y allí publicó la primera produccion suya que vió la luz en los Estados Unidos. Pero
pronto cambió de pensamiento y regresó á Nueva York,
donde fijó definitivamente su domicilio, y donde en
breve, segun lo registra el M. Rev. J. R. Bayley, hasta
hace poco dignísimo Arzobispo de Baltimore, † "recibió
del Diocesano las autorizaciones necesarias para ejercer el sacerdocio, y entró en la carrera de caridad y
consagracion absoluta que ha hecho que sea su nombre
un nombre de bendicion en Nueva York."

Durante su permanencia en Filadelfia publicó allí,
imprimiéndolos en el establecimiento de los Señores
Stanley y Bringhurst, núm. 70 de la calle 3ª del Sud,
los tres primeros números de un periódico en castellano, que se denominaba " *El Habanero, papel político,
científico y literario, redactado por F. Varela.*" Los otros
hasta el séptimo, que fué el último, vieron la luz en
Nueva York, imprimiéndose en el órden siguiente:

---

* *The Catholic Church in the United States, a sketch of its ecclesiastical his-
tory, by Henry de Courcy.—Translated and enlarged by John Gilmay Shea
New York, Edward Duningan & Brother (James B. Kirker). 154 Fulton
Street. 1856.*

† *A brief sketch of the early history of the Catholic Church in the island of
New York, by Rev. J. R. Bayley. New York, 1870, pag. 122.*

El cuarto en la "Imprenta francesa, española é italiana, núm. 44, Maiden Lane," en el año de 1824:

El quinto y sexto, con que se completa el primer tomo de la publicacion, en la "imprenta de Gray y Bunce," en 1825:

Y el séptimo, que es el último de la coleccion, y el primero del tomo 2º, en la "imprenta de Juan Gray y Compª," en 1826.

Cada uno de los números de EL HABANERO era un cuaderno de 25 ó 30 páginas, en 12º, susceptible de doblarse en cuatro, quedando entónces del tamaño de una carta ordinaria, con lo cual podia introducirse en la Habana por medio del correo sin llamar mucho la atencion.

Ne hemos visto de esta obra mas que el ejemplar completo, que posee como veneranda reliquia el ilustrado Señor Doctor Don Agustin José Morales. De él copiamos los índices que insertamos á continuacion, y que darán idea de sus artículos:

INDICE DEL TOMO Iº.

Máscaras políticas, pag. 3.
Cambia-colores, pag. 10.
Consideraciones sobre el estado actual de la isla de Cuba, pag. 14.
Conspiraciones en la isla de Cuba, pag. 20.
Sociedades secretas en la isla de Cuba, pag. 23.
Temperatura del agua del mar á considerables profundidades, pag. 37.
Accion del magnetismo sobre el titanio, pag. 42.
Propagacion del sonido, pag. 43.
Velocidad del sonido, segun varios físicos, pag. 45.
Fenómeno observado por el Profesor Silliman en el Chryophoro de Wollaston, pag. 46.
Tranquilidad de la isla de Cuba, pag. 49.
Estado eclesiástico en la isla de Cuba, pag. 65.
Bombas habaneras, pag. 74.
Amor de los americanos á la independencia, pag. 79.

Carta á un amigo, respondiendo á algunas dudas ideológicas, pag. 89.

Paralelo entre la revolucion que puede formarse en la isla de Cuba por sus mismos habitantes, y la que se formará por la invasion de tropas extranjeras, pag. 99.

Revolucion interviniendo una fuerza extranjera, pag. 100.

Revolucion formada sin auxilio extranjero, pag. 105.

Política francesa con relacion á América, pag. 106.

Instrucciones secretas dadas por el Duque de Ragusa al Coronel Gelabert en Paris, pag. 107.

Diálogo que han tenido en esta ciudad un español partidario de la independencia de la isla de Cuba, y un paisano suyo anti-independiente pag. 118.

Reflexiones sobre la situacion de España, pag. 124.

Instrucciones dadas por el Gabinete frances á Mr. Chassenas, enviado á Colombia, pog. 144.

Noticia de una máquina inventada para medir con la corredera lo que anda un buque, por Mr. J. Newman, pag. 147.

Suplemento al número 3? de El Habanero, pag. 149.

Persecucion de este papel en la isla de Cuba, pag. 154.

Run run, pag. 168.

Carta del Editor de este papel á un amigo, pag. 170.

¿ Necesita la isla de Cuba unirse á alguno de los gobiernos del coutinente americano para emanciparse de España ? pag. 177

¿ Es necesario para un cambio político en la isla de Cuba, esperar las tropas de Colombia ó Méjico ? pag. 182.

¿ Que deberá hacerse en caso de una invasion ? pag. 183.

¿ Es probable la invasion ? pag. 185.

¿ Hay union en la isla de Cuba ? pag. 185.

Dos palabras á los enemigos de El Habanero, pag. 187.

Real órden de Fernando VII prohibiendo El Habanero, pag. 189.

Reflexiones sobre la Real órden anterior, pag. 189.

Esperanzas frustradas, pag. 192.

Reflexiones sobre los motivos que suelen alegarse para no intentar un cambio político en la isla de Cuba, pag. 199.

Consecuencias de la rendicion del castillo de San Juan de Ulua respecto de la isla de Cuba.

INDICE DEL NÚMERO 7°, ÚNICO PUBLICADO DEL TOMO SEGUNDO.

Diario de la Habana, sábado 8 de Abril de 1826.
Comunicacion oficial.—Mr. Clay, Secretario de Estado de este

Gobierno, á Mr. Middleton, su Ministro en Rusia. Departamento de Estado, 26 de Diciembre de 1825.

Reflexiones sobre los fundamentos de la confianza que se tiene ó aparenta tener sobre la permanencia del estado político de la isla.

Fuerza naval de los Estados independientes que se halla en el Pacifico, y acaso está ya en camino para el Atlántico.

Estado económico de la isla de Cuba.

El simple exámen de estos títulos bastará para que se comprenda el efecto que produjo el periódico entre sus lectores en la isla de Cuba. El favor con que lo acogieron los cubanos sólo puede encontrar justamedida en el disgusto inmenso que causó al Gobierno, y á aquella clase, siempre inferior en número y en capacidad, pero siempre monopolizadora y opresiva, que en la isla de Cuba ha logrado convertir la palabra *españolismo* en símbolo terrífico de odiosa tiranía, y que ha ejercido tan funesta influencia en los destinos del país. Así es que á los habituales medios de prohibicion y persecucion, para que siempre está dispuesta toda autoridad española, se unió tambien la tentativa de pervertir el espíritu público, extraviar la opinion y malear el criterio de los cubanos. Y como nunca falta un escritor que consienta en prostituir su pluma, y venderla por favor, ó por dinero, para ponerla al servicio de una mala causa, ni á los gobiernos les es difícil, aunque sean muy malos, encontrar quien se preste á empuñar el incensario, para ensalzar sus actos, y para llevar el vértigo y la asfixia al entendimiento de los pueblos; el de Cuba no careció de un campeon, que redactase las *Apuntaciones sobre* EL HABANERO, *periódico que redactó en Filadelfia el Presbítero Don Felix Varela*, las cuales se imprimieron en la Habana, en la Imprenta del Gobierno en el año de 1825.

Si las cosas hubiesen permanecido en este estado,

nada de muy extraordinario podria decirse que aconteció. Pero sí lo fué, y la pluma se cae de la mano al tratar de consignarlo, que cuando se vió en Cuba que el periódico continuaba, y que la verdad y la luz se iban abriendo camino de dia en dia en el espíritu de los cubanos, se decidió llegar al crímen para desembarazarse del Padre Varela, y se mandó un hombre á los Estados Unidos con el encargo de asesinarlo.

Este hecho, cuya verdad histórica está perfectamente comprobada, se encuentra referido por el mismo Padre Varela en uno de los números de su papel con las siguientes frases :

Miéntras los negocios políticos toman este aspecto, en la Habana solo se trata de perseguir al autor de estos artículos. Acabo de recibir la noticia de que en consecuencia de los efectos producidos por el segundo número, se ha hecho una suscripcion para pagar asesinos, que ya han encontrado, y que deben venir de la isla de Cuba á este país, sin otro objeto que matarme. La noticia es dada por personas de quienes no puede dudarse, y además tiene otros antecedentes que la confirman.

Todavía se conserva viva la tradicion de la alarma que esta noticia causó entre los amigos numerosos del Padre Varela, así en Cuba como en los Estados Unidos. Las inquietudes se aumentaron cuando llegó á New York un individuo, venido de la Habana, cuyo nombre conocemos, pero no queremos que se conserve, por culpa nuestra al ménos, y á quien se suponia investido con la infernal mision de llevar á cabo este delito. Se trató con grande empeño de persuadir al Padre Varela á que tomase algunas precauciones, se ocultase, se retirase al campo, ó hiciese alguna cosa para ponerse en salvo. Pero fué en vano. Lo más que pudo conseguirse fué que consintiera en que sus amigos comunicaran sus alarmas al Corregidor de la ciudad y al jefe de la policía. Sea que las autoridades tomaron alguna medida, ó que el asesino, conociendo el terreno que pisaba, cogió miedo, ó que intervino cualquiera otra causa, ó circunstancia, lo cierto es que afortunadamente nada le sucedió al Padre Varela, y que el individuo sospechado se reembarcó para la Habana. Todo esto pasó en el mes de Marzo de 1825.

Durante el mismo año fué tambien que el Presidente de la República de Méjico, el General Don Guadalupe Victoria, ofreció al Padre Varela la hospitalidad de su nacion. Le escribió con este objeto una carta sumamente honrosa, invitándole á venir á establecerse en la capital de la República, y acompañándole un pasaporte, para que hiciese el viaje libremente y sin expensa alguna. Como le anunciaba en dicha carta, el comandante del navío denominado *Congreso mexicano*, que se hallaba á la sazon en New York, y era el mismo (de 70 cañones) que los mexicanos apresaron de manos de los españoles, bajo los cuales se llamaba *Asia*, habia recibido al mismo tiempo las oportunas órdenes para admitirlo á bordo, con toda distincion, como pasagero, y conducirlo á Veracruz inmediatamente se decidiera á aceptar la oferta. Pero el esclarecido habanero, comprendiendo en toda su magnitud, y agradeciendo sumamente la generosa accion de aquel elevado personaje, que no ménos noble se mostró tambien con otros compatriotas nuestros en desgracia, •consideró sin embargo que no debia salir de los Estados Unidos, y así lo dijo al Señor Victoria.

Segun las notas que nuestro amigo el Señor Don Felipe Madan ha tenido la bondad de procurarnos del Señor Shea, á quien ántes citamos, la primera casa en que vivió el Padre Varela, á su regreso de Filadelfia á

New York, y donde habitaba todavia en 1825, fué la del nº 140 en Fulton Street.

Despues, segun los diferentes *Directorios* de la ciudad, residió en las siguientes casas:

De 1826 á 1827, nº 29 Murray Street.

De 1827 á 1828, nº 303 Greenwich Street.

De 1828 á 1829, nº 220 William Street.

De 1829 á 1834, nº 45 Ann Street.

De 1834 á 1836, nº 53 Ann Street.

De 1836 á 1849, nº 23 Reade Street.

En 1850 el *Metropolitan Catholic Almanach and Laity's Directory for the year of our Lord* 1850, pone todavía su residencia en esta misma casa de Reade Street.

No cerrarémos el capítulo sin hacer mencion en este punto de la edicion cuidadosamente corregida y aumentada que de sus LECCIONES DE FILOSOFÍA dió á luz el Padre Varela en New York en el año de 1824, y de que ya hablamos en su lugar. En esta edicion que llamó *segunda,* * la parte correspondiente á las ciencias

---

* Hay otra edicion de las *Lecciones de Filosofía,* hecha en la Habana, que algunos toman como segunda, cuya portada dice : *Lecciones de Filosofía, escritas por el Presbítero* D.FÉLIX VARELA, *maestro de dicha ciencia en el Real Colegio de San Cárlos de la Habana. Habana,* 1822, *Imprenta Fraternal de los Diaz de Castro, impresores del Consulado y Ayuntamiento constitucional.* Es probable que esta edicion, posterior á la salida para España del Padre Varela, ni fué completa, ni se hizo con su consentimiento, ó por encargo suyo. Sólo sabemos que exista el primer tomo, con 123 páginas, de que posee un ejemplar el erudito ó ilustrado Señor Doctor Don Eusebio Valdes Dominguez; y nos inclinamos á creer que nunca se imprimieron los otros dos. Este mismo tomo primero es incompleto, pues que le falta el *Tratado del Hombre,* y sólo abraza unas *Nociones de la Filosofía y compendio de su historia,* y ocho lecciones en este órden : 1ª De las operaciones del alma. — 2ª Modo de corregir las operaciones del alma.—3ª Del talento, ingenio, juicio y buen gusto.— 4ª De la manifestacion de nuestros conocimientos.— 6ª De los grados de nuestros conocimientos.—7ª Observaciones sobre el estudio y el pedantismo literario.—8ª Disputas literarias.

naturales le mereció particular cuidado, pues en ella se da cuenta de los descubrimientos más recientes, que acababan de hacerse en aquel tiempo así en Europa como en América.

CAPÍTULO XXIII.

1826—1829.

MAS TRABAJOS DE TRANSICION.

La traduccion del MANUAL DE PRÁCTICA PARLAMENTARIA, *escrito por Jefferson.* —*La traduccion de la* QUÍMICA, *de Davy.*—*Tercera edicion de la* MISCELÁNEA FILOSÓFICA.—*Edicion americana de las* POESÍAS *de Zequeira.*—*Colaboracion en* EL MENSAGERO SEMANAL.

A medida que iba pasando el tiempo y que el Padre Varela penetraba en el espíritu del país, y percibia más claro cuan vasto campo se presentaba ante sus ojos, para el servicio de Dios y de la Iglesia, y para dar alimento á sus ardientes aspiraciones de sacrificio, en bien de los demás, más se sentia disgustado de la política, y sobre todo de la política militante, y más le repugnaban la agitacion, y el movimiento que indispensablemente traen consigo. Así es que, aunque cubano siempre, hasta la médula de los huesos, y detestando la opresion tanto como es posible detestarla, se fué poco á poco desentendiendo de los asuntos públicos, y volviendo más ó ménos insensiblemente, á los antiguos y sosegados cauces del sacerdocio y del magisterio, de que lo habian forzado á separarse la voluntad de su superior y el deseo de sus compatriotas.

A principios de 1826 suspendió la publicacion de *El Habanero;* y miéntras que no llegaron las otras cosas que lo absorvieron luego por completo, se dedicó á varios trabajos de carácter literario y científico, que se recuerdan con grande aprecio. Y un poco más tarde, cuando pudo, ya dueño de la lengua, y autorizado á trabajar como lo deseaba su corazon, electrizar las almas, y convertirse en verdadero apóstol de caridad y de virtud cristiana, si acontecia que sus amigos le tocaban alguna cuestion de política, manifestaba simplemente que ya él no se ocupaba de estos asuntos.

El primer trabajo que, entre estos que denominamos de transicion, imprimió el Padre Varela, fué la traduccion del *Manual de práctica parlamentaria* de Thomas Jefferson. En la portada de la obra se lee de esta manera:—"Manual de práctica parlamentaria para el uso del Senado de los Estados Unidos, por Tomás Jefferson, al cual se han agregado el Reglamento de cada Cámara y el comun á ámbas, traducido del inglés y anotado por Félix Varela. Nueva York, por Henrique Newton, calle de Chatham, núm. 157, 1826." Consta de la nota, que asegura la propiedad literaria, que el libro fué registrado como *del referido señor Varela,* en el Tribunal de Distrito, del distrito del Sud de Nueva York, el 27 de Octubre de 1826.

En los tiempos á que hemos llegado, esta preciosa obrita, que fué leida con avidez así en Cuba como en los demas paises españoles de América, se ha convertido en una verdadera curiosidad. Rara vez se encuentra un ejemplar de ella en la biblioteca de algun curioso; y debemos por lo tanto concederle algun espacio, para que puedan conocerla los que jamás la vieron.

La traduccion es muy correcta, y la precede un prólogo, ó "introduccion," que esplica el fin con que se hizo. Las frases son muy cortas, y creemos importante reproducirlas.

"Persuadido el juicioso y benemérito Jefferson de la absoluta necesidad de reglas fijas en los procedimientos de todo cuerpo deliberante, renunció gustoso la facultad discrecional de que se hallaba investido, como Presidente, para decidir las dudas, que eran muy frecuentes; y colectando las disposiciones de la constitucion, las del Senado, y para los casos en que faltaban unas y otras, las del Parlamento de Inglaterra, formó este Manual de práctica parlamentaria, ó reglamento por el cual, segun dice en su introduccion, determinaba juzgar, y queria ser juzgado.

"El nombre del autor y las fuentes de donde ha sacado sus materiales, bastan para recomendar la obra; y yo he creido hacer un servicio á los nuevos Estados americanos, traduciéndola al castellano, y anotándola en los pasajes en que se hallan en contraposicion, ó con mis ideas teóricas, ó con los datos que me ha proporcionado una corta pero azarosa y costosísima práctica.

"Hago con frecuencia alusiones al Reglamento de las Córtes de España, á que tuve el honor de pertenecer; mas no por ésto se crea que lo tengo como perfecto. Muy al contrario, nadie conoce más sus imperfecciones que los diputados que varias veces experimentamos sus funestas consecuencias. Sin embargo, creo que en muchos puntos se halla libre de los inconvenientes á que dan lugar otros reglamentos."

Una de las cosas que nos parecen más curiosas entre las muchas é importantes anotaciones con que está enriquecido este trabajo, es la parte relativa al sistema de "determinar por precedentes," tan en el espíritu anglo-sajon, y tan genial con el modo de ver las cosas en este país y en Inglaterra, como opuesto y antipático á nuestras nociones de derecho, y á las tradiciones y preceptos de nuestra ley y nuestras costumbres. Así es que al encontrarse faz á faz el Padre Varela, acabado de llegar á este país, con la regla que da Jefferson de acudir á los precedentes, cuando no existe regla alguna sobre el punto, ó cuando no está clara la que existe, no era sino natural que se suscitase de momento en su espíritu toda la reñidísima cuestion, por tanto tiempo debatida entre lo que aquí se llama el *common law*, que es la verdadera ley del país, inmensa coleccion de tradiciones forenses, conservadas en numerosos volúmenes de fallos, más ó ménos metodizados en diversos Digestos, y el sistema de los códigos, ó la ley escrita, expresivos de principios generales, cuya aplicacion á cada caso es tan sólo la tarea dejada á cargo de los tribunales y autoridades. "¿Quién califica, preguntaba el Padre Varela, * el acierto de la primera determinacion? ¿No fué acaso dada por circunstancias del momento que tal vez no ocurren en el nuevo caso por más que se parezca al primero? ¿No pudo ser efecto de la precipitacion y aún de la malicia? Creo que éste es un modo de perpetuar desaciertos." El único argumento que encontraba de alguna fuerza el Padre Varela en favor del juicio por resoluciones precedentes descansaba en el supuesto de que cuando una decision no ha dado motivo á que se reclame contra ella, ó á una ley que evite su repeticion en lo sucesivo, lleva en sí misma la presuncion de ser justa. "Pero ¿cuántos y cuántos casos, pregunta, pueden encontrarse sin embargo, en que por infinitas circunstancias se deja de presentar reclamacion, sin que apénas quede de ellos noticia alguna? ¿Quién asegura que se han formado leyes siempre que ha habido resoluciones injustas? Donde no hay ley debe haber razon. La autoridad debe guiar; pero no tiranizar."

Esta natural repulsion del Padre Varela, por un sistema tan opuesto á nuestros hábitos, y á nuestra cons-

---

* *Manual de práctica parlamentaria, etc.*, pág. 140.

titucion mental, si así puede decirse, es un trámite por
donde tiene que pasar precisamente todo aquel de
nuestra raza que se dedica al estudio de las leyes de
este país, y de la administracion de los negocios públicos. Puede que no sea ese sistema tan defectuoso como
nos parece á primera vista: pero es preciso acostumbrarse á él para tolerarlo. Hay que hacer respecto de
él, lo que con respecto á las doctrinas sobre propiedad
inmueble en Inglaterra aconseja que se haga un escritor de derecho, cuya obra principal ha merecido grande
fama. * Lo primero que el estudiante debe hacer segun las reglas de este autor, para aprovechar en el estudio de esta materia, es *desembarazarse de todas las
ideas sobre la misma que prevalecen en el continente.*
Miéntras eso no se haga así, ese punto, que tanto llamó
la atencion del ilustre habanero, como otros varios que
no es del caso señalar en este momento, habrán de sernos repulsivos, y no tendrán acceso en nuestro espíritu
sino cuando ya estemos amoldados al modo de ser-
particular que tienen aquí las cosas, y nos hayamos
acomodado á las circunstancias.

Otra traduccion que se debe á la eficacia y actividad
del Padre Varela, es la que lleva por título, "Elementos de Química aplicada á la agricultura en un curso
de lecciones en el Instituto de agricultura, por Humphrey Davy: traducidos del inglés por Félix Varela:
Nueva York, en la imprenta de Juan Gray y Compª:
1826."—Este título se depositó, para asegurar la propiedad literaria, conforme á la ley vigente en aquel
tiempo, en la oficina del *Clerk* del Distrito del Sud de
Nueva York, el 13 de Noviembre de 1826.

---

* *Principles on the law of real property by Joshua Williams, Esq. of Lincoln's
Inn. barrister at law.*

242

Es un volúmen de 286 páginas en octavo americano
con varios grabados, conteniendo una introduccion y
siete lecciones; pero no tiene prólogo ni advertencia
alguna del traductor. En el siguiente año de 1827 publicó tambien como
se ha visto * la tercera edicion de la *Miscelánea Filosófica*. En 1829 se hizo tambien bajo su especial cuidado
una edicion correcta de las *Poesías* del distinguido cubano Señor Don Manuel de Zequeira. En las *Vidas de
poetas cubanos* que ha escrito nuestro muy apreciado
amigo el Señor Don Pedro José Guiteras, se leen á
propósito del Señor Zequeira, y de esta edicion de
sus trabajos, las siguientes frases: "La primera edicion de sus *Poesias* se hizo en Nueva York, en 1829;
y se debe, si estamos bien informados, al celo patriótico del sábio y virtuoso habanero, Presbítero Don
Félix Varela."

La edicion de que se trata supera en mucho á la que
posteriormente, en 1852, hizo en la Habana un hijo del
poeta, y en que no sólo se omitieron varias composiciones de mérito verdadero, sino que se cambiaron frases y palabras, queremos figurarnos que por mandato
del Censor de imprenta. Donde, por ejemplo, usó el
poeta de la palabra *libertad,* se la sustituyó (tan odiosa
parecia, que no era lícito pronunciarla) por *lealtad,*
que rima del mismo modo, y suena mejor en los oidos.
Y así otras muchas cosas del mismo género. Por manera que á no haber sido por el Padre Varela, el genio
de Zequeira pasaria completamente desconocido.

Por el mismo tiempo (1829) empezó á publicarse en
Filadelfia, bajo la redaccion del Señor Don José An-

* Pág. 102.

tonio Saco, el periódico denominado *El Mensagero Semanal*, que despues se trasladó á Nueva York. Para él escribió el Padre Varela algunos artículos, que dice el Señor Bachiller y Morales que carecieron de "trascendencia." *

Nosotros no hemos podido determinar nunca cuales fueron estos trabajos. Su accion en el periódico debió ser muy importante, á lo ménos en lo que hace á direccion y consejo, porque así lo hacen presumir el carácter de las personas, y las frases mismas del Señor Saco. "El benemérito Varela y yo, dice el Señor Saco, * redactábamos á la sazon en Nueva York, el *Mensagero Semanal;*" y estas frases indican ciertamente que la colaboracion del ilustre eclesiástico fué algo más que pasajera y ocasional.

Sea como fuere, el periódico duró hasta el 29 de Enero de 1831, en que dejó de aparecer. Su coleccion forma dos tomos, de que nunca hemos visto sino el segundo, sumamente incompleto, aunque bien conservado y encuadernado, en la biblioteca del Señor Don Leonardo Del Monte.

En ese tomo hemos encontrado tres artículos que pudieran haber sido ó escritos ó inspirados por el Padre Varela, pero que de todas maneras son curiosos para los que se interesan por nuestras cosas.

Es el primero el publicado en el núm. 3º (del tomo 2º) correspondiente al 5 de Setiembre de 1829, que se titula, *Noticia cronológica de los sucesos principales de la vida de Napoleon,* y debió haberse leido, como todavia se leeria, con gran provecho.

Es el segundo, el publicado en el núm. 8, correspon-

---

* *Apuntes,* tomo 3º pág. 77.
* *Papeles sobre la isla de Cuba,* tomo 1º pág, 220.

diente al 10 de Octubre del mismo año, y referente al reconocimiento de Don Miguel, como Rey de Portugal, por el Gobierno de los Estados Unidos. "Este Gobierno, dice, acaba de reconocer á Don Miguel, como soberano legítimo de Portugal, medida que prueba á la evidencia, que el gobierno es una cosa y el pueblo otra, y que la política no conoce otras reglas que las del interés, valuado á juicio de los gobernantes." El tercero es el publicado en el núm. 11, correspondiente al 31 del mismo mes de Octubre, y se titula "Relacion de las maderas que se emplean en la isla de Cuba."

CAPÍTULO XXIV.

1824–1827.

INICIACION DE LOS TRABAJOS ECLESIÁSTICOS DEL PADRE
VARELA EN LOS ESTADOS UNIDOS.

*El Obispo Connolly, de New York, concede al Paare Varela la autorizacion
necesaria para el ejercicio del ministerio sacerdotal.—Empieza por servir en
la iglesia de San Pedro, de la que fué despues nombrado Teniente Cura.—
Popularidad del Padre Varela entre los feligreses de aquella parroquia.—
Adquiere el Padre Varela el edificio de la iglesia protestante episcopal denominada " de Cristo," y la convierte en iglesia católica.—Se le nombra Pastor
ó Cura de esta iglesia, que es la cuarta de su clase fundada en New York.*

Miéntras que nuestro esclarecido compatriota se
hallaba, de este modo, proporcionando alimento á su
devorante actividad intelectual, y preparándose para
poder ejercer en este país el ministerio sagrado que
constituia su más vehemente deseo, él mismo no com-
prendia quizás cuanto era vasto y fructífero el campo
de trabajo que le estaba reservado recorrer. De seguro,
ni siquiera sospechaba, porque su natural modestia y
humildad no lo permitian, la brillantez de la corona de

gloria, que debia adornar sus sienes, y las bendiciones que se acumularian sobre su cabeza.

Cuando el Padre Varela llegó á los Estados Unidos, la situacion que nuestra iglesia habia alcanzado en ellos, no era por cierto ni con mucho la que presenta en el dia, aunque apénas han transcurrido cincuenta años. En esa ciudad de Filadelfia, donde se ostenta hoy la famosa catedral de San Pedro y San Pablo, que es cabeza de un obispado, y que cuenta 44 iglesias y 39 capillas, * no habia entónces (en el año de 1824) más que los tres templos denominados de Santa María, San Agustin y la Santísima Trinidad; y los tres extremamente pobres, y escasamente concurridos.† Y en esa Nueva York, metrópoli comercial tan gigantesca en el dia, y á cuyo clero preside hoy un Cardenal de la Santa Iglesia Romana, en que se cuentan 47 iglesias, á parte de un gran número de capillas, conventos é instituciones católicas de todas clases, ‡ tampoco habia sino tres templos, que eran los denominados de San Pedro, San Patricio y Santa María, servidos por seis

---

* Las iglesias de la diócesis son hoy 119, á que deben agregarse 39 capillas y 31 estaciones, con 214 sacerdotes, entre seculares y regulares.

† De Santa María, cuyo pastor era el Rev. Padre Hogan, la congregacion era tan corta, que en el año transcurrido desde el 25 de Diciembre de 1821 al 25 de Diciembre de 1822, solo hubo 26 matrimonios, 116 bautismos y 242 entierros. La iglesia de San Agustin, á cargo del Rev. Padre Hurley, tuvo en el mismo período 26 matrimonios, 100 bautismos y 35 entierros. Y la de la Santísima Trinidad, á cuya congregacion presidia el Rev. Dr. Rolofs, contó tan sólo 4 matrimonios, 90 bautismos y 40 entierros. *The Philadelphia Directory for 1824, corrected to the first of April, by Robert Desilver.*

‡ En lo que hoy se llama la diócesis de New York, que es la quinta parte en extension territorial de lo que era en 1824, y que entónces contaba una poblacion católica de 150,000 almas, hay en el dia 138 iglesias, 32 capillas y 99 instituciones católicas. El número de fieles alcanza á 600,000. Las otras cuatro partes las constituyen los Obispados de Albany, Brooklyn, Rochester y Buffalo, todos en el Estado de New York.

clérigos, y apénas suficientes para atender á las necesidades de una poblacion católica de 35,000 individuos. Y estas tres iglesias, una de las cuales (Santa María) era un pequeño edificio de madera, con frente de ladrillo, 45 piés de frente por 60 de fondo, se hallaban sobrecargadas de deudas, y sujetas á lo que se llamaba el sistema de administradores, (*trustee system*) que produjo muchos males, y que costó no poco modificar.* Verdad es que el Prelado que habia entónces á la cabeza de ese clero tan reducido, el Rev. Obispo Connolly, era un hombre de extraordinario mérito, y que su carácter verdaderamente apostólico era secundado hasta los últimos límites de lo posible por sus celosos

---

† Una pintura triste de este estado de cosas se puede ver con fruto en la interesante historia ya citada de la Iglesia católica en New York, por el Señor Arzobispo Bayley, pag. 109 y siguientes.

El clero todo de la diócesis de New York, en 1822, segun el almanaque titulado *Laity's Directory to the Church service for the year of Our Lord* 1822, segundo de su género que se publicó en los Estados Unidos, se componia de las siguientes personas :

El Rev. Doctor John Connolly, Obispo ; y el Rev. Michael O'Gorman, en la ciudad de New York y Catedral de San Patricio.

El Rev. Charles French, y el Rev. John Power en la misma ciudad, iglesia de San Pedro.

El Rev. M. Bulger, en Paterson.

El Rev. Michael Carrol, en Albany.

El Rev. John Faman, en Utica.

El Rev. Patrick Kelly, en Auburn.

Y el Rev. Philip Larissy, en Staten Island.

Por todo, nueve sacerdotes.

En 1826, segun el periódico denominado *The Truth Teller*, número de 16 de Setiembre de dicho año, el clero de la ciudad de New York era entónces el siguiente :

En San Pedro, el M. R. J. Power, Vicario-General, y el Rev. Padre M. Malou.

En San Patricio, el Rev. T. C. Levins, y el Rev. William Taylor.

En Santa María, el Rev. Hatton Walsh, y el Rev. T, Maguire.

El primer almanaque católico se publicó en los Estados Unidos en 1817.

subordinados. Los prodigios que ejecutó, durante el tiempo que se ciñó la mitra, no son para narrarse en este punto, aunque sí para recordarse con admiracion. Pero el que quiera conocerlos, de un modo más preciso, aunque reducidos á un compendio corto, hará bien en consultar la historia, ya citada, del Señor Arzobispo Bayley, y sobre todo en observar lo que él, el segundo Obispo de New York, encontró en su diócesis al comenzar su carrera, y lo que dejó cuando murió.

Este varon preclaro comprendió pronto todo el mérito del Padre Varela. Nos dice el Padre O'Neill, * que la instruccion y el celo de nuestro esclarecido compatriota lo habian hecho conocido, desde algun tiempo ántes, entre la gente de este país; y que aunque extranjero, y nunca visto por el Obispo, éste se hallaba de antemano bien informado respecto de su carácter moral, su erudicion y su piedad. Por todo esto, agrega, y conociendo tambien cual fué la causa de su destierro de España, "lo adoptó desde luego como sacerdote de su diócesis."

Pero entónces, lo mismo que hasta la época de la muerte de este Prelado, acaecida en 5 de Febrero de 1825, todavía no se habia completado lo que nos ha parecido poder denominar la aclimatacion del Padre Varela en esta tierra extraordinaria. Ni poseia el inglés, ni habia dejado por entero las tareas políticas á que en bien de su país dedicaba alguna parte de su tiempo. Del modo de ser clérigo como se entiende en España, aun en las condiciones de mayor virtud, al modo de ser clérigo, como se entiende en los Estados Unidos, hay un abismo de diferencia.

Cuando el 29 de Octubre de 1826, se consagró el

---

* *Funeral Oration*, pag. 9.

sucesor de la mitra, que fué el M. R. Juan Du Bois francés de nacimiento, y de quien el Presidente Jackson dijo en una ocasion, que "era el caballero más completo que habia visto en su vida," ya se hallaba el Padre Varela en perfecta aptitud de desplegar sus alas. El Obispo lo conocia muy bien, y lo apreciaba, y lo nombró muy pronto para servir el puesto de Teniente Cura (*Assistant Pastor*) de San Pedro.

No podemos decir exactamente cual fué la fecha de este nombramiento. De él nos hablan la noticia necrológica publicada en el *Freeman's Journal* de New York, de que ántes se ha hecho mérito, y el bosquejo histórico del Señor Arzobispo Bayley, quien añade que el Padre Varela "entró inmediatamente á desempeñar las funciones de tal Teniente Cura con el mismo celo inmenso y la misma ilimitada abnegacion que distinguió su vida entera." Pero en los registros de la iglesia nada consta desgraciadamente, respecto de este punto, ni nos ha sido posible encontrar nada que precise dicha fecha aun en los archivos del Arzobispado. No es por la minuciosidad de los expedientes y por el metódico sistema de nuestros protocolos, registros y archivos, por lo que más se distingue este país. Por el contrario, suele haber en ese punto notable negligencia, que aunque tiene explicacion satisfactoria, hasta cierto punto, puede producir muy grandes males, y dificulta en extremo escribir la historia. Y los registros de San Pedro, particularmente, están tan incompletos, que muchas veces no se encuentra en ellos el asiento del bautismo de algunas personas, que no queda duda de que allí recibieron ese sacramento. En la necesidad de atender debidamente ántes que todo al servicio de lo espiritual y caritativo, no es extraño que se descuidara lo que era meramente asunto de oficina.

Pero sea como fuere, ya con el nombramiento oficial de Teniente Cura, ya simplemente como clérigo auxiliar, adscrito á la iglesia de San Pedro, consta siempre positivamente que allí era donde decia misa, oia confesiones, y ejercia los demas oficios de sacerdote. Consta tambien que allí fué donde empezó á grangearse la estimacion y afecto de los fieles, sentándose las bases de la popularidad inmensa que llegó mas tarde á disfrutar.

"Pronto se vió, dice el P. O'Neill, * hasta qué grado tan superior llegaban sus conocimientos teológicos, cuán grandes eran su celo y su piedad, y cuán extrema ó ilimitada su caridad para los afligidos y los pobres. Mil anécdotas, dando pruebas de estos diversos puntos, circularon prontamente en la poblacion, y la reputacion del sacerdote extranjero se levantó á proporciones tales, que los hombres del dia podrian sentirse inclinados á considerarlas como invenciones de la fábula, ó leyendas originadas por la supersticion, lo que daba asunto á tales maravillas."

La verdad es que todos le amaron y respetaron grandemente. El pueblo, por su bondad y santidad. El clero, por su inteligencia y sus virtudes. "En cualquiera materia de importancia, relacionada con la moral, ó con la fé, dice tambien el P. O'Neill, † sus respuestas cada vez que se le consultaba, eran siempre satisfactorias y esmeradas. Su creencia en las doctrinas de la iglesia de que era sacerdote, eran firmísimas, y cuando se le llamaba á vindicarlas, su lenguaje fué siempre convincente y enérgico, aunque suavísimo en la forma. La hiel de la acrimonia nunca destiló de su pluma."

---

* *Funeral Oration*, pag. 9.   † Id., Id.

"Respecto de la autoridad eclesiástica, el Padre Varela siempre mostró hácia ella, (así concluye esta cita) el mayor respeto. Toda su vida se mantuvo un escrupuloso observante de la disciplina de la Iglesia. Era muy exacto y muy puntual en el cumplimiento de todos los deberes de su ministerio; y muy particularmente se dedicaba al confesionario. Estos deberes y la visita de enfermos, especialmente los más pobres y desvalidos, ocupaban diariamente una gran parte de su tiempo."

Esta iglesia de San Pedro (la iglesia vieja) llegó á hacerse completamente inadecuada para satisfacer las necesidades de su congregacion. En muchos casos, cuando se celebraba el oficio divino, la concurrencia era tan grande, que llenaba completamente el templo, y tenian que abrirse las puertas de par en par, para que la gente desde la calle, oyese la misa, arrodillándose sobre la nieve, ó sobre el lodo, ó escuchase de pié las palabras de la instruccion. Era, pues, indispensable subdividir la parroquia, y erigir una nueva iglesia, y al Padre Varela le tocó el honor y la fortuna de ser él el destinado á satisfacer esta necesidad.

Habia entónces en la calle de Ann un templo, perteneciente á la secta protestante episcopal, que se denominaba *Christ Church*, Iglesia de Cristo, que sus propietarios deseaban vender. Era un edificio de piedra, de 61 piés de frente, por 80 de fondo, que podia sin gran trabajo acomodarse para llenar el fin ansiado. Cuando el Padre Varela supo de esto, emprendió inmediatamente negociaciones para efectuar su compra; y con sus recursos propios, y ayudado por sus amigos los Señores Don Juan Bautista Lasala, Don Silvestre Alfonso, Don Francisco de la O. Garcia, de Matanzas, y otras personas de su conocimiento, logró por fin comprar la iglesia en cantidad de diez y nueve mil pesos, segun escritura de 3 de Marzo de 1827, otorgada en nombre y á favor de nuestro ilustre compatriota.

Cuenta el autor de la noticia necrológica que se publicó en el *Freeman's Journal* de Nueva York, y á que varias veces nos hemos referido, que los administradores de la iglesia la vendieron al Padre Varela, conociendo el objeto á que queria destinarla, debiendo recordarse en honor de ellos, que aunque habia entónces una compañía de acróbatas, que deseaba comprar el edificio y su terreno, para establecer allí un hipódromo y dar funciones públicas, y ofrecia un precio casi doble del que el Padre Varela estaba en disposicion de satisfacer, no vacilaron en resistir á la tentacion, y cerraron con él el negocio.

A poco de firmada la escritura, y ya en posesion del edificio, se hicieron en éste las alteraciones indispensables para convertirlo en templo católico, y se le dedicó solemnemente conservándole su antiguo nombre. Fué esta iglesia la cuarta de su clase en Nueva York, y se abrió al público bajo el cuidado pastoral del Padre Varela, á quien nombró el Obispo para servirla.

Tenemos entendido que una hija del Señor Lasala, tan íntimamente relacionado con la historia de esta iglesia, fué la primera persona que en ella se bautizó. Por lo ménos, el asiento de su bautismo es el que encabeza el libro de Registro, que á imitacion de los que se llevan en las iglesias parroquiales españolas, para bautismos, matrimonios y defunciones, estableció en la suya el P. Varela. ¡Interesante y tierno monumento de gratitud al bienhechor y al amigo, esta iniciacion de las tareas de la iglesia, á él debida en mucha parte, por el bautismo de su hija!

CAPÍTULO XXV.

1827–1836.

LA IGLESIA DE CRISTO.

Inagotable caridad del Padre Varela.—Su celo ferviente en el ejercicio de sus funciones pastorales.—Catecismo de doctrina cristiana.—Proyecto de publicar por suscripcion, pequeños opúsculos, ó TRACTS, *sobre asuntos bíblicos.—Empieza á publicar el periódico denominado* EL ABREVIADOR Y EXPOSITOR DEL PROTESTANTE.

Lo que el insigne sacerdote cubano llevó á cabo en el período á que se refiere este capítulo, y miéntras permaneció á la cabeza de la congregacion católica de *Christ Church,* apénas puede describirse. " El Padre Varela, dice el ilustrado autor del artículo necrológico del *Freeman's Journal* de New York, tan frecuentemente citado, no bien hubo tomado posesion de su curato, cuando poniendo manos á la obra, sin perder momento, se consagró del todo á los deberes de su nueva situacion, demostrando hasta en el más insignificante de sus actos aquel ardor y aquella decision indomitable, que se necesitan para llevar á cabo, con la perfeccion que es deseable, las obligaciones múltiples de un buen pastor. Estableció escuelas para los niños de ámbos sexos; y se convirtió dentro de los límites de su parroquia, y no pocas veces fuera de ellos, en un verdadero apóstol de caridad. Todo lo que hizo para instruir á los ignorantes y para aliviar la suerte de los desgraciados, sólo Dios es quien lo sabe. Habia traido consigo algun dinero, y contaba además con recursos considerables; pero no se necesitó mucho tiempo para que el primero desapareciese por completo y para que se agotasen los segundos. Sus amigos, que eran muchos y muy generosos, siempre estaban dispuestos á ayudarlo; y lo que ellos le proporcionaban, así como lo que recibia de la Habana, no tardaba en encontrarse en manos de los necesitados, ó en emplearse en buenas obras."

Sábese, en efecto, por la tradicion de sus amigos, y por lo que el Señor Casal manifiesta en los apuntes, ó notas, que tuvo la bondad de enviarnos, y se han citado muchas veces, que los discípulos y amigos del Padre Varela le reunian en la Habana una mesada, al principio bastante cuantiosa, que se le pagaba en este país. Pero esta mesada, que para ellos constituia como una especie de justísimo tributo y una manifestacion muy oportuna de su gratitud y su respeto, era no pocas veces para el Padre Varela, una ocasion desagradable de dudas y de escrúpulos. La agradecia profundamente, y la empleaba casi toda en hacer bien á los pobres; pero no le gustaba estar gravando á sus amigos. Así fué que, comenzando por suplicarles que disminuyesen la cantidad que le enviaban, acabó por decirles que suspendiesen la remision. "Despues de eso, dice el Señor Casal, los cubanos que tenian un placer en remitirle dinero, quisieron como hijos cariñosos respecto de su padre, asignarle de nuevo una pension. Pero él no permitió que así se hiciese, y fué preciso obedecerle."

Tambien se sabe que por el espacio de mucho tiempo, la venta de sus libros en la Habana, y muy en especial de las LECCIONES DE FILOSOFÍA, que estaban adoptadas como texto, aumentaba los recursos con que podia atender el venerable sacerdote, más á las necesidades de los otros que á las suyas propias.

"Los pobres y los enfermos, continúa el *Freeman's Journal*, fueron siempre particular objeto de su atencion. Los iba á visitar á todas horas, y en todas partes de la ciudad ; y se sabe que muchas veces se presentó en la *Cuarentena*, solicitando que se le permitiese entrar en los buques, por apestados que estuviesen, para visitar á los que allí se hallasen enfermos, ó necesitasen de sus auxilios. Frecuentemente conseguia á fuerza de insistencia que se le concediera este permiso. Durante la epidemia del cólera, en el año de 1832, * puede decirse literalmente que el Padre Varela vivia en los hospitales."

Para promover la piedad de sus feligreses, y acrecentar su devocion, estableció en su iglesia diferentes sodalidades, ó asociaciones, que tenian por objeto no sólo la oracion, y demás prácticas religiosas, sino tambien el ejercicio de diferentes obras de caridad. Sus clases de catecismo † los domingos, eran numerosas y perfec-

---

* El cólera apareció por primera vez en América en el año de 1832.—El primer punto donde se presentó fué Quebec, en el Canadá, donde lo llevó la barca *Carriks*, procedente de Irlanda. Estalló en Quebec el dia 8 de Junio, y el 10 estaba ya declarado en Montreal. El 26 del mismo mes se declaró en New York. (*New York Register and City Directory for* 1839-1840. *Chronological table.*)

† *Funeral Oration*, del Padre O'Neil.

tamente metodizadas; y para que la enseñanza fuese más fructífera, y se consiguiese más por medio de esta clase levantar el espíritu de los alumnos, y desenvolver su entendimiento, fué formando poco á poco una selecta biblioteca, que estableció como dependencia de la escuela, y de la cual podian sacar los alumnos, y llevarse á sus casas, por cierto número de dias, la obra ú obras que deseasen.

Por referencia al Rev. Padre José María Finotti, ilustrado pastor de la iglesia de San Malaquías, en Arlington, Mass., y autor de un importante libro titulado *Bibliographia catholica americana*, sabemos que el Padre Varela escribió tambien un catecismo de doctrina cristiana, del cual poseia un ejemplar el Rev. Dr. Cummings, Pastor que fué de la iglesia de San Estéban en Nueva York. El Señor Don Cristóbal Madan conserva un recuerdo vago de haber visto tambien ese librito; pero desgraciadamente ésto es todo lo que sabemos sobre el punto.

Fué tambien entónces que le ocurrió al celoso eclesiástico utilizar las mismas armas que los protestantes empleaban, y publicar por suscripcion cortos ensayos, de los que en la lengua inglesa se llaman *tracts*, que versasen especialmente sobre asuntos bíblicos, y se repartiesen con profusion. No sabemos hasta donde se llevó á cabo este pensamiento.

Se publicaba por aquel tiempo, en la ciudad de Nueva York, un periódico denominado *El Protestante*. Los Directorios ántes citados lo ponen como impreso en el núm. 42 de Frankfort Street, hasta 1832, sin que aparezca en 1833. Pero en ese poco tiempo que tuvo de existencia, tomóse grande empeño en atacar á la Iglesia Católica, valiéndose de armas de toda clase, y sin reparar mucho en los medios. "El Padre Varela, escribe el Señor Valerino en las apuntaciones ántes mencionadas, se creyó, como lo dijo, obligado en conciencia, por su religion, su honor y su oficio, á ser el anotador de ese papel, y se propuso contestarle publicando seis números de otro, que denominó *El Abreviador y Anotador de El Protestante*, del que tengo solamente tres números, en inglés, que los redactó en el mismo año de 1830, en esta ciudad."

El Señor Doctor Don Agustin José Morales nos comunica que el título exacto de esta publicacion era *The Protestant Abridger and Expositor*, y que aunque no recuerda la imprenta en que se dió á la estampa, le parece que fué en la de Henry Newton, á quien el Padre Varela protegia, hasta el punto de haberle proporcionado todo lo necesario para montar su establecimiento y abrirlo al público, y que hemos visto figurar en algunas otras obras de nuestro sabio.

Nunca hemos tenido la fortuna de examinar un sólo número de esta importante publicacion.

En la diversidad de estos trabajos se deslizaba la vida del santo cubano, cuando vino el año de 1834, y con él un incendio que devoró el edificio de *Christ Church*. Este acontecimiento dice el Rev. Jonathan Greenleaf, ministro de la iglesia presbiteriana, produjo el pronto establecimiento de dos igesias. * La congregacion de *Christ Church* se habia hecho muy numerosa y una parte de ella que residia en las inmediaciones del rio del Este, deseaba que se trasladase el templo á aquella parte de la ciudad. Este deseo se vió entónces realizado y se levantó pronto un gran edificio en James

---

* Estas dos iglesias fueron la nueva de la calle de Santiago (*Christ Church*) y la que fundó en 1836 el Padre Varela y se denominó de la *Transfiguracion*.

Miéntras se fabricaba el nuevo templo en la calle de Santiago, se celebraba provisionalmente el servicio divino en la casa n? 33 de Ann Street.

Street, cerca de Chatham, que se dedicó solemnemente y se abrió al público en 1835, bajo la misma denominacion legal de *Christ Church*, que era el nombre con que habia sido incorporada, pero recibiendo generalmente entre el pueblo el nombre de iglesia de Santiago, *Saint James Church.* *

El Padre Varela continuó como Pastor al frente de esta iglesia, que si no se levantó materialmente sobre las ruinas de la incendiada, sí se construyó en gran parte con el dinero que produjo la venta del terreno en que estaba el templo de Ann Street, y los materiales que se salvaron. Su Teniente Cura, ó ayudante, fué siempre, desde el año de 1832, el Rev. Padre Joseph A Schneller, que ha dejado tambien un grande nombre en los anales del clero de este país.

Cuando en 1836 el Padre Varela fundó la nueva iglesia de la Transfiguracion, y fué nombrado Pastor de ella, el Padre Schneller quedó de cura de *Saint James*, ó Christ Church. Su segundo, ó ayudante, fué el Rev. Padre John M. Smith.

---

* *A History of the Churches of all denominations in the City of New York, from the first settlement to the year 1846, by Jonathan Greenleaf, pastor of the Wallabaut Presbyterian Church, Brooklyn.—New York.—E. Frech, 136 Nassau Street. 1846, pag. 337·*

CAPÍTULO XXVI.

AGITACION ANTI-CATÓLICA EN LOS ESTADOS UNIDOS.

Maquinaciones de los enemigos de la Iglesia para detener el progreso de esta en los Estados Unidos.—Agitacion anticatólica.—Servicios del Padre Varela, durante la contienda.—Artículos de controversia en los periódicos que se publicaban en aquel tiempo.

La vida de un sacerdote católico en los Estados Unidos, especialmente en la época en que le tocó figurar en este terreno al Padre Varela, ni fué nunca regalada y fácil, ni ha dejado de estar en ocasiones expuesta á grandes riesgos. No es aquí, por cierto, donde los Obispos, convertidos en altos funcionarios del órden civil, respetados y considerados por el Gobierno en razon directa de los sacrificios que hacen en favor suyo, son ricos potentados, que no pueden vivir sino en palacios, ni presentarse en público, sino en fastuosos carruajes, y rodeados de lacayos galonados. Aquí los servidores de Jesu-Cristo, obispos y pastores, rivalizan en humildad, pobreza, abnegacion y constante sacrificio de sí mismos, en favor de sus semejantes, y para la mayor gloria de Dios y de su Iglesia. Así es, que al paso que aquí florece ésta con tan maravillosa lozanía, y de una manera tan progresiva y tan constante, se entibia lastimosamente en otras partes, y se convierte en ocasion, ó por lo ménos en pretexto, de perturbaciones considerables.

Pero esta vitalidad de la Iglesia católica en los Estados Unidos no se asegura y consolida sin trabajo. Contemporáneamente con la época en que el Padre Varela desempeñaba su ministerio pastoral en la iglesia denominada de Cristo, se hacia sentir por donde quiera en los Estados Unidos una extraordinaria agitacion anticatólica que culminó en motines, incendios de iglesias y conventos, calumnias por los diarios, y en general por medio de la prensa, persecuciones y amenazas.

La ley, lo mismo entónces que en el dia, era respecto de este punto tan perfecta como es posible; pero los hombres no habian aún llegado á comprenderla y practicarla en tanto grado como ahora. Hablando de esto mismo, escribia el Padre Varela en 1838: "la tolerancia legal no puede negarse que es perfectísima en este país, pues á excepcion de algun caso muy extraordinario, que puede mirarse como un fenómeno, jamás se encuentra un juez, ni un jurado, que no proceda con imparcialidad y firmeza, cuando se trate de asegurar la libertad de conciencia, sancionada por la Constitucion, y en esta parte no podemos quejarnos los católicos. No creo que hay otro país en que esta se observe con tanto rigor, y de aquí depende su tranquilidad." † Pero ésto que era una verdad innegable, y lo es más aún en el dia, no excluia lo que á veces se convirtió en

---

† *Cartas á Elpidio*, tomo II pág. 150.

decidida persecucion de hecho, y lo que el mismo Padre Varela calificó de *intolerancia social*, en el interesante libro que acaba de citarse.

Cuenta en él, por ejemplo, * que una vez, miéntras estaba "dando la comunion á un enfermo en el Hospital de la ciudad, se propuso burlarse de ellos uno de los protestantes que allí habia, y para ello empezó á tocar con las tenazas contra la estufa (pues era en invierno) como se toca la campanilla en nuestras iglesias, al tiempo de administrar el sacramento. Una Señora católica que habia ido conmigo á visitar al enfermo, notó el insulto como yo, y ambos compadecimos á aquel grosero miserable."

"Otra ocasion, añade, fuí al Hospital de Marina á visitar un enfermo que me habia mandado llamar, y apénas entré en el cuarto, cuando vino tras de mí un caballero que al principio no pude conocer que tuviese cargo alguno eclesiástico. Suplicándole yo que saliese del cuarto para poder hablar al enfermo, me dijo una porcion de pesadeces, á las que contesté que no era tiempo de discutir los puntos de mi religion, y que el enfermo que pertenecia á mi iglesia me habia mandado llamar. Entónces para insultarme de todos modos me dió á conocer que no creia en mi palabra, y dirigiéndose al enfermo le preguntó si era cierto que me habia mandado llamar. El pobre moribundo le contestó que sí, con cuya respuesta ya no tenia derecho alguno por los reglamentos del Hospital para permanecer allí, pues era claro que el enfermo queria hablarme en privado, y él no tenia que saber lo que me hablaba. Yo conocí su embarazo, y aunque pude haberle dicho mucho, me contenté con suplicarle nuevamente que salie-

* *Cartas á Elpidio*, tomo II, pág. 145.

se del cuarto. Entónces con un aire de arrogancia me dijo que no sabia porque habia de salir, y que no saldria. Yo veré, le dije, si en este establecimiento mi religion es protegida, ó si debe sujetarse al capricho de usted. La religion de usted, me contestó será respetada; pero no su romanismo. Lo verémos, le dije saliendo del cuarto, donde nada podia hacer con aquel majadero, y dirigiéndome á la habitacion del Director del Hospital. Pero advirtiendo que él tambien habia salido del cuarto, pues verdaderamente solo entró en él para mortificarme, volví para atrás, confesé y oleé á mi enfermo (pues ya sabrás que aquí llevamos siempre en el bolsillo una cajita de plata con los óleos), y fuí prontamente para mi iglesia, á traer el sacramento; mas aunque me tardé muy poco, cuando volví ya estaba muerto el enfermo. Reflexioné entónces sobre el daño que me hubiera hecho aquel majadero, si no hubiera salido del cuarto, ó si yo me hubiera empeñado en ir á disputar el punto ante el Superior del Hospital. Sin embargo, consultándome con el Señor Doctor Powell, eclesiástico esclarecido, convinimos en que no debiamos dejar el asunto de la mano, y fuimos al Hospital á tiempo que tenian su junta los *trustees*. Anunciándoles que queriamos hablarles, diéronnos entrada y debo confesar que nos trataron con mucha política y consideracion. Oida nuestra queja, expusieron lo sensible que les era, y prontamente averiguaron quién era la persona que habia tenido el altercado conmigo, y resultó ser uno de los funcionarios de la iglesia baptista. Dieron órden para que se le hiciera entender que ningun ministro de ninguna religion debia ser molestado en el Hospital, y que si volvia á infringir la regla se le prohibiria la entrada. Cuando se trata de leyes y de reglas todo va bien; pero en los sentimientos no hay tolerancia."

"Un caso semejante le habia sucedido en el mismo Hospital á un eclesiástico benemérito, el Señor Malon, quien dejó un crucifijo en mano de un enfermo, y luego que este murió, empezó una criada á burlarse de la imágen, haciendo mil juegos con ella. Dieron aviso al Señor Malon de lo que pasaba en el Hospital, y fué para allá prontamente, increpó á la impía profanadora y á los que con ella se habian burlado de la imágen de su Redentor: dió la queja á los superiores, y obtuvo una completa satisfaccion. Ya otro eclesiástico habia sido tratado de impostor en el mismo hospital por una Señora que creo es esposa de uno de los principales de aquel establecimiento. En fin, los casos no son tan raros como algunos creen."

"Habrá poco más de un mes que una pobre me pidió un certificado de su conducta, para que en vista de él (segun creia) pudiesen entregarla sus hijos, que sin anuencia suya habian puesto en la Casa de Pobres. Presentó el documento, y el Señor Regidor Palmer, que parece era el principal de la comision encargada de aquel establecimiento, luego que vió mi firma, dijo en alta voz con gran risa y desprecio: ¿cree usted que voy á hacer caso de la firma de un clérigo católico? con más consideracion miraria la de un cargador de basura. El hombre que ha puesto esta firma le perdonará á usted todos sus pecados por un medio real, y ¿quiere usted que le crea cosa alguna que diga?"

Los insultos y la injuria culminaron en muchos casos con deplorables atentados en las vias de hecho, y hasta con crímenes espantosos. El fanatismo intole rante de las masas en Boston llegó al extremo de incendiar en una noche el convento de monjas Ursulinas estabelecido en Charlestown. "El convento, segun la naturaleza del instituto, era una casa de educacion,

situada sobre un collado hermosísimo, y lo habitaban
no sólo las monjas, sino un gran número de niñas las
más de ellas de padres protestantes, universalistas y
unitarios. Tenian las monjas gran cuidado de no ca-
tequizar sus discípulas, ni tocar puntos de religion que
pudieran comprometer la buena armonía con los padres
que todos se demostraban satisfechos de la conducta
de las religiosas, y en prueba de ello conservaban sus
hijas en el establecimiento. Sin embargo, tal es el
odio á los católicos en la Nueva Inglaterra, que á media noche vino una gran multitud del pueblo, y dió
fuego al convento, causando enfermedades y aun
muertes en las monjas y en las inocentes niñas que
dormian tranquilas. Dos dias ántes anunciaron en las
gacetas que iban á hacerlo, mas se tuvo por imposible y
no se tomaron precauciones algunas para impedirlo." *

"Al dia siguiente empezaron a salir artículos en casi
todos los papeles protestantes llenando de improperios
á los crueles incendiarios, y esta *rejuega de papeles* duró
por muchos meses, saliendo en todas partes de los Estados Unidos. Muchos de los católicos se alucinaron
creyendo que efectivamente los protestantes sentian y
detestaban el hecho, mas yo tengo el placer de no ha-
berme contado nunca en ese número, pues no hay papel que más sienta hacer que el de engañado. Yo no
veia operaciones, y solo leia gacetas. Díjele, pues, á un
amigo mio, "esta gente nos paga con cumplimientos
de periódicos, para que nos descuidemos, y para evitar
el oprobio que su accion debe causarles, pero están
prontos á repetirla." No me engañé, Elpidio, el tiempo ha probado que no fué una mera sospecha."

"La experiencia probó que los sentimientos de la

---

ciudad de Boston eran contrarios á la religion católica, y muy agenos de esa tolerancia de que tanto se
habla y tan poco se practica.... En un país como este,
en que todo se averigua y jamas se escapa un delin-
cuente, no se pudo averiguar cosa alguna acerca del
incendio: solo se encontró culpable á un muchacho de
catorce años, porque sabian que su corta edad lo saco-
ria en bien, y así es que los mismos católicos dieron
pasos para que se le pusiése en libertad. Los demas
que se aprendieron todos se *encontraron inocentes*.
Hallábame en Boston, cuando llegó la noticia de la
libertad de los presos por haber tomado parte en el
incendio del convento, y fué tal el regocijo en el pueblo
de Charlestown (que como ya he dicho es casi una continuacion de la ciudad de Boston) que hasta se dispa-
raron fusiles y cañones por las calles como en las
grandes fiestas. Si esto lo hubiesen hecho meramente
por el placer que causa á toda alma caritativa el ver
que los hombres que eran considerados como criminal-
les se encuentran inocentes, podria llevarse á bien, aunque siempre pareceria excesiva la demostracion de
júbilo; pero el objeto solo era indicar que habian conseguido una victoria contra los católicos; y así es que
de la alegria pasaron al furor, y gritaron: "¡ La cabeza
de los sacerdotes católicos ! "—Yo estaba cenando con
el Señor Obispo de Boston y varios de sus beneméritos
eclesiásticos, cuando oimos los tiros, cuyo objeto no
pudimos conjeturar, hasta que entró uno de los eclesiásticos, y nos dió la buena noticia. Nadie se alteró, y
yo tuve el placer de observar tanta firmeza..... Contá-
ronme varios hechos, que todos confirmaban la idea
que teniamos de la animosidad con que somos mirados
por los protestantes. Entre otros casos me refirieron
que viniendo en procesion para la iglesia las niñas

católicas de la escuela dominical, conducidas por las Hermanas de la Caridad, tuvieron algunos bárbaros la crueldad de pisarles los piés, y echarles humo de tabaco en la cara, para ver si aquellas inocentes se dispersaban atemorizadas. En otra ocasion les echaron vino tinto desde una ventana, bajo la cual pasaban; mas acertaron á manchar á una de las Señoritas conductoras, cuyo padre tomó el partido que debia, que fué averiguar quién fué el agresor, y presentarse contra él, no como católico, y por el ultraje que habia sufrido en el ejercicio de su religion, sino como padre de la muchacha que habia sido insultada, y como proprietario del vestido que ella llevaba. El tribunal mandó que el manchante pagase doscientos pesos."

"Durante mi estada en Boston, hubo otro caso, que pudo tener consecuencias muy funestas, si el Señor Obispo no hubiera procedido con su acostumbrada prudencia. El dia de Pentecóstes, poco ántes de la Misa mayor, hallándose un gran concurso á la puerta y cercanias de la iglesia, esperando que fuese tiempo de empezarse la fiesta, echaron de una ventana de la casa de enfrente una cruz atada á un cordel, por medio del cual la hacian subir y bajar, jugando con ella á su antojo. En el momento que los católicos conocieron la burla, entraron á preguntar al Señor Obispo que harian. "Venerad," les dijo, "esa cruz que echan por esa ventana, por más que se empeñen en profanarla; y suplicad á esos señores que ejerzan todo su influjo para que se ponga una cruz en cada puerta de las casas de Boston." Con esta prudente respuesta se calmaron los católicos, que estaban dispuestos á entrar en la casa, y hacer pasar un buen susto á los de la sacrílega jarana."

"Dos ó tres años despues del incendio del convento

de Ursulinas de Charlestown, viendo los enemigos de
la religion católica lo bien que habian salido en su
escandalosa fechuria, quisieron hacer otra en esta ciudad de New York, quemando nuestra Iglesia Catedral.
Para preparar los ánimos á tanto atentado, empezaron
los ministros protestantes á predicar casi diariamente
que los católicos querian someter este país al Papa, y
que teniamos establecida la Inquisicion, cuyos calabo-
zos estaban en la bóveda de nuestra Iglesia Catedral.
Por absurdas que fuesen estas aserciones fueron
creidas, por el deseo que tienen los protestantes de
encontrar motivo para atacarnos, y efectivamente se
decretó el incendio de nuestra iglesia ; y como empresas de esta clase requieren manos *puramente ejecutoras*,
que siempre se encuentran entre la gente de poca educacion, parece que se valieron de los carniceros, entre
los cuales no sé si existe algun católico. No fueron tan
precavidos que no tuviesen una conversacion entre sí
en la plaza del mercado, y una de las vendedoras, que
es católica, la oyó, y vino inmediatamente á darme
cuenta, porque pertenecia á mi congregacion. Yo en
otras circunstancias no hubiera hecho caso ; pero recordando lo acaecido en Boston, y sabiendo la agitacion
de los ánimos contra los católicos, en consecuencia de
los *caritativos* sermones de sus ministros, creí de mi
deber el dar aviso á los *trustees* ó administradores de la
Iglesia Catedral, que siendo seglares, y estando en
contacto con nuestra gente, muy pronto corrieron la
noticia, para tenerla alerta.

" La noche en que temiamos el ataque se reunieron
al rededor de la iglesia catedral mas de quinientos
católicos, y prontamente vino el Gobernador de la
ciudad, ó porque tuviese aviso de lo que se intentaba,
ó porque llamó su atencion esta inesperada concur-

rencia de los católicos que sin abrir su iglesia permanecian al rededor de ella. Vinieron los incendiarios en número de doscientos ó trescientos, á la hora señalada; pero, ¡cual fué su sorpresa cuando al volver la esquina de la calle en que está nuestra iglesia la vieron rodeada de tanta gente! Enviaron inmediatamente los católicos un individuo que dijese á los asaltantes que se retirasen, porque estaban por su parte determinados á defender su propiedad. Esta intimacion, y acaso la noticia de que el Gobernador de la ciudad tomaria providencias contra ellos, les hicieron retroceder y retirarse. Sin embargo, los católicos temieron que volviesen, y así estaban determinados á pasar toda la noche al rededor de la Catedral. Entónces el Gobernador de la ciudad le dijo al Señor Don Tomas Levins, Presbítero católico, que habia sido Cura de la misma Catedral, que procurase subirse á un lugar elevado, y arengase á los católicos, diciéndoles que el gobierno era responsable y pagaría cuanto destruyese el pueblo; pero que no habia temor alguno porque los ministros de la policía quedaban al tanto para impedir todo desórden. Así lo hizo el Señor Levins, y los católicos se retiraron inmediatamente."

Otros muchos pormenores pudieran recordarse, ya directamente relacionados con el Padre Varela, ya simplemente dirigidos contra la religion católica, tanto en New York como en otras ciudades de los Estados Unidos; pero lo expuesto basta para mostrar el espíritu de hostilidad que entónces dominaba contra nuestra iglesia y sus ministros, y el valor y la energía que estos necesitaban para no desmayar en sus esfuerzos.

Hablando de este asunto el Señor Arzobispo Bailey, en su Historia de la Iglesia católica en New York,* se

---

* A brief sketch, etc., pag. 125 y siguientes.

expresa de este modo:— "El progreso lento, pero seguro de la Iglesia no se llevó á cabo sin mucha oposicion. El Rev. Dr. Varela, el Rev. Dr. Power, y el Rev. Mr. Schneller prestaron buenos servicios, publicando varios excelentes artículos de controversia, y defendiendo las buenas doctrinas contra los ataques del célebre Dr. Brownlee, y otros impugnadores. Entre los muchos medios desleales de que se echó mano en aquel tiempo para contrarestar el progreso de la Iglesia católica, fué uno el de publicar libros falsos é impuros, conteniendo supuestas revelaciones de lo que pasaba en el interior de los conventos y monasterios, como los denominados, *Louise, or the Canadian; Rebecca Reid's narrative,* etc. Uno de los más notables de estos libros fué el titulado : *Awful disclosures by Maria Monk,* impreso en 1836 ; y puede decirse que probablemente no se habia hecho nunca una tentativa más infame para desacreditar la Iglesia católica. El libro fué publicado con la aprobacion y ayuda de muchos ministros protestantes ; pero fué denunciado por muchos de los diarios seculares como calumniador y mentiroso desde el principio hasta el fin. Por un corto período de tiempo tuvo una circulacion muy grande ; y como los ignorantes le dieron crédito, logró producir un fuerte sentimiento de hostilidad contra la Iglesia. Pero los autores de la obra, en su mismo empeño de hacer daño, se pasaron de raya, y dieron lugar á que viniese el correctivo. Los cargos que hacian eran tan atroces que excitaron sospechas con respecto á su veracidad, aun en los entendimientos más preocupados en contra de los católicos. Las autoridades de Montreal, y el mismo clero protestante de aquella ciudad, publicaron desde poco despues de la aparicion de la obra, que era falso lo que en ella se referia ; pero no fué sino el Coronel Stone, redactor del *Commercial Advertiser* de New York, quien desenmascaró por completo, y demostró su impostura perfectamente. Determinado ese Señor á investigar por completo el asunto, fué á Montreal, y habiendo pedido permiso para examinarlo todo en el Hotel-Dieu que era el teatro en que se suponian cometidas todas las atrocidades de que habla el libro, se convenció de que el autor de este ni siquiera conocia bien la localidad que pretendia describir. Se aseguró perfectamente de que todo lo que allí se dice no es más que una calumnia baja y grosera; y no titubeó un momento en denunciarla como tal. En el curso de su demostracion, dió buenas pruebas de que algunas de las *Reverendas* personas relacionadas con el libro sabian que este era una mera fabricacion desde la primera página. Y no podia ser de otra manera, porque la mentira era tan patente, que el *Courier and Enquirer* observó desde el principio que "era bastante leer el libro para que se disipara cualquiera duda que pudiera quedar flotando en la mente de algunos pocos, respecto de la falsedad sin límites de tan desvergonzada impostura."

Los periódicos en que el Padre Varela, junto con los otros sacerdotes que menciona el Señor Arzobispo Bailey, dieron á luz los artículos de que se ha hecho referencia, fueron el denominado *The Truth Teller*, que empezó á publicarse desde el 2 de Abril de 1825, y el llamado *New York Weekly Register and Catholic Diary*, de que era Redactor principal el Padre Schneller, y duró desde el 5 de Octubre de 1833 hastá fines de Octubre de 1836. Las colecciones de ámbos papeles, hoy muy raras, son doblemente preciosas por su escasez y por su mérito, así en lo doctrinal como en lo histórico y literario.

CAPÍTULO XXVII.

1831.

DISCUSION ORAL EN DEFENSA DE LOS DOGMAS CATOLICOS.

Reputacion del Padre Varela.—El artículo sobre las cinco Biblias de la Sociedad bíblica.—Discusion oral, en público, en una iglesia protestante en defensa de los dogmas católicos.

La fama que el Padre Varela habia llegado á alcanzar con sus escritos, y con el poder de su palabra hablada, se encuentra á cada paso atestiguada con los monumentos que se conservan de aquel tiempo. En la Historia ántes citada del Señor Shea * se dice del Padre Varela, que "era un sólido teólogo, y que entre los escritos con que contribuyó para los periódicos, habia uno titulado *The five different Bibles distributed and sold by the American Bible Society* (Las cinco diferentes Biblias distribuidas y vendidas por la Sociedad

---

* *The Catholic Church in the United States. A sketch, etc.*

Americana de la Biblia) * que atrajo mucho la atencion, y fué probablemente el mejor de todos sus escritos hasta entónces, añadiendo que con él compelió á
la referida Sociedad á quitarse la máscara, y á no condenar una traduccion católica hecha en inglés, miéntras circulaba la misma en otra lengua, y á no omitir
en una edicion algunos de los libros, por no considerarlos inspirados, y ponerlos sin embargo, en concepto
de tales, en otra edicion distinta." Y en el *Catholic
World* de Nueva York, al juzgar la obrita histórica del
Señor Arzobispo Bailey, tambien citada varias veces,
y al ocuparse de nuestro distinguido compatriota se
dice que este " daba siempre con grande suavidad muy
duros golpes, y que era fino y muy agudo en sus argumentos, á la vez que demostraba donde quiera que su
instruccion era muy vasta y perfectamente digerida."
Una grande ocasion de demostrarlo se le ofreció en
el período á que se encuentra consagrado este capítulo.
Existia entónces en Nueva York una congregacion
protestante que se denominaba "Iglesia Reformada
Holandesa," á cuyo frente se encontraba el Dr. W. C.
Brownlee, cuyo espíritu inquieto y agitador, gustaba
de las emociones de la polémica, y estaba acostumbrado á los ardides diferentes de la estrategia que en
ella suele usarse generalmente. Cuenta el Señor Shea
que este caballero invitó al Padre Varela, á que viniese
á defender la fe católica ante una asamblea de ministros presidida por él, y que nuestro esclarecido sacerdote se consideró obligado á aceptar aquella invitacion. Una discusion oral en lengua extraña y aprendida
cuando ya ha pasado la juventud, es ardua empresa
para los más valientes; pero el Padre Varela, no solo

---

* Se publicó despues en el *Catholic Expositor.*

la acometió sin temor, sino que consiguió una gran
victoria. Dice el mismo Señor Shea, que "cuando el
Dr. Brownlee vió que el auditorio estaba admirado y
completamente convencido por los argumentos del inteligente eclesiástico cubano, dirigió sus esfuerzos á
persuadir á los presentes de que lo que el Padre Varela
habia manifestado allí no era en realidad doctrina católica." *

La narracion de este interesante suceso se encuentra
hecha por el Padre Varela mismo en el segundo tomo
de sus *Cartas á Elpidio* (carta 5ª); de allí la transcribi-
mos, sintiéndonos honrados con el favor que nos dispensa de poder cederle la palabra.

"Permíteme que te refiera, dice, uno de mis encuen-
tros con esta familia, pues aunque es caso personal,
espero que sea disimulable su narracion en una carta
á un amigo. Habrá siete años (1831) que entró en mi
casa un ministro protestante diciéndome que una sociedad de ellos que se habia establecido para atacar á
la iglesia romana en discusiones públicas debia efectuar una de ellas entre pocos dias, pero que él diferia
de sus compañeros sobre el punto que habian propuesto sosteper, que era probar que la Iglesia Romana es la
prostituta de que habla San Juan en el Apocalipsis; y
que la persecucion y crueldad son inseparables del catolicismo romano. Insinuóme que queria alguno que le
ayudase por no presentarse solo, oponiéndose á sus
compañeros, y deseaba que yo fuera á tomar parte en
la discusion. Repitióme varias veces que sus intenciones eran puras, que él no queria engañarme, y que
podia creer que aunque no convenia conmigo en punto
á dogmas, tampoco podia convenir con sus compañe-

---

* *The Catholic Church in the United States,* pag. 544.

ros en la absurda interpretacion que daban al texto del Apocalipsis. Vime tan hostigado por sus instancias, y me pareció tan mal el que se creyese que yo no queria ó no podia defender la causa de la iglesia católica, que al fin consentí en acompañarle."

"Llegado el dia, fuí á la hora señalada á una de sus iglesias en que debia tenerse la discusion, y el ministro presidente de ella me anunció, ó como se dice aquí, me introdujo al concurso, diciendo: Señoras y caballeros, el Señor Varela, de la Iglesia Católica. Sin embargo de que yo sabia el poco respeto que tienen á sus templos (porque parece que saben que no son templos) no pude ménos de extrañar aquella introduccion, como si estuviésemos en una tertulia, y ya inferí como seguiria el negocio. No es del caso referirte los pormenores de la discusion, y solo notaré lo relativo al punto de que nos ocupamos. Despues de haber hablado uno de los ministros protestantes en contra de la Iglesia Católica, me concedió la palabra el Presidente para contestarle. Yo procuré conservar en la memoria los argumentos, ó mejor dicho las equivocaciones del orador, entre las cuales puedes suponer que no debia faltar la de atribuir á la Iglesia Católica como exclusivamente suya la doctrina de que fuera de su gremio no hay salvacion. Empecé á contestar las dudas en el órden en que se habian propuesto; y ápenas habia hablado dos minutos cuando el Presidente, faltando á todas las reglas de la discusion, que una de ellas era que cada orador hablase un cuarto de hora sin ser interrumpido, y á todas las del decoro y la política, me interrumpió diciéndome, "vamos al punto de la salvacion fuera de la Iglesia Romana."

"Este fué un ardid de que se valió para prevenir los ánimos, y acaso para hacer seña á su gente para que procediesen del modo poco decoroso con que procedieron. Quiso darles á entender con esta interrupcion que yo trataba de evitar la dificultad pasándola por alto. El resultado fué un palmoteo general de más de seiscientas personas que formaban el auditorio, celebrando la oportuna ocurrencia y agudeza del Presidente, quien segun creian me habia desconcertado manifestando su trama. Por consiguiente dichos signos de aplauso respecto de él, lo eran de mofa y de vituperio respecto de mí; pero yo tomé el asunto con frescura, crucé mis brazos y guardé silencio hasta que se cansaron de burlarme, y entónces dirigiéndome al Presidente de la discusion, dije: " He ido respondiendo los argumentos en el órden en que fueron presentados, y el que Vd. acaba de mencionar fué uno de los últimos. No he hablado más de dos ó tres minutos, y apénas he tenido tiempo de resolver la primera duda. No creo, pues, haber dado motivo á que se sospeche que quiero evadir la dificultad á que Vd. alude. Si Vd. hubiera tenido la bondad de esperar unos cuantos minutos se hubiera evitado esta interrupcion; mas ya que parece está Vd. ansioso de que tratemos sobre el punto de la salvacion fuera de la Iglesia, entraré á discutirlo anticipándole, é invirtiendo el órden que naturalmente debia seguir mi discurso." Volviéndome entónces al concurso y á los demás ministros protestantes, continué diciendo: " Espero que mi respuesta os agradará, pues que será la vuestra; y vuestra conducta será la norma de la mia. Este es un punto en que no discordamos. Para demostrarlo os quiero conceder cuanto pueden desear unos acusadores, que es constituiros mis jueces. Sabeis que yo soy un sacerdote católico, y aquí me teneis en vuestra presencia como en un tribunal: juzgadme segun vuestros principios religiosos. Os pregunto : ¿Puedo yo salvarme? Si respondeis que sí, ya habeis negado vuestra doctrina. Si respondeis que no, ya habeis confesado la mia. Yo os dejo la eleccion. Segun vuestros principios, yo soy un impostor, que predico idolatria, con malicia y obstinacion, pues que á pesar de vuestros caritativos esfuerzos y luminosas disertaciones, continúo siendo ministro de la prostituta de quien habla San Juan, y vengo á este lugar á defender su inícua causa contra vuestras cristianas y piadosas intenciones. Yo estoy obstinado en seguir pervirtiendo al pueblo, y separándolo de Jesu-Cristo. En una palabra, yo soy un hombre perversísimo, y sin disculpa ninguna para serlo. Supongamos que yo muero (como espero morir) firme en estos principios, sin variar de conducta, y abominando la que llamais Iglesia hasta el último suspiro de mi vida. Os pregunto ahora de nuevo: ¿puedo yo salvarme? Si respondeis que *sí*, os digo nuevamente que no creeis ni una palabra de vuestra doctrina, pues si la creyeseis no podriais decir que un hombre perverso y obstinado en su perversidad, un enemigo de Cristo, que muere sin arrepentirse de serlo, entrará en su reino. Y si me respondeis que *no*, resulta que mi creencia me separa del reino de los cielos, solo porque no estoy en vuestra Iglesia. He aquí confesada por vosotros mismos mi doctrina, esto es, que fuera de la Iglesia no hay salvacion; y la diferencia solo está en que vosotros creeis que la Iglesia protestante es la Iglesia de Cristo, y yo creo firmemente que este Divino Señor no tiene otra que la católica apostólica romana. Repito que en cuanto á la necesidad de estar en el gremio de la Iglesia para salvarse, todos convenimos, y la cuestion solo puede ser sobre cual es la verdadera Iglesia, y quienes están fuera ó dentro de ella."

"Permitidme, continué, que os siga preguntando, ¿ Se condenarán todos los católicos? ¿ Perecerán todos los que permanecen en esa Babilonia, de la que habeis salido para no ser envueltos en su ruina? Ya me parece que oigo vuestra respuesta. Sin duda me direis que el Dios de inocencia nunca castigará sino á los culpados, y que las personas de un corazon recto, que sin malicia, y mucho ménos con obstinacion, se hallan equivocadamente en el seno de la Iglesia Católica, seducidos por mí, y por otros impostores semejantes, deben considerarse como personas simples é ignorantes, mas no como hereges ; y que así serán salvos, no por virtud de la Iglesia Romana, sino por la aplicacion de los méritos de Cristo, que puede efectuarse sin embargo del error, sirviendo de disposicion la inocencia· Lo mismo me direis de los niños que pertenecen á familias católicas. Esta sin duda es vuestra respuesta, á ménos que no querrais condenar á eternas llamas á todos los católicos, sin distincion alguna, y entónces incurrireis en el mismo error que quereis combatir. Ahora bien, variad el nombre de Iglesia Católica, y poned en su lugar Iglesia protestante, y daos vosotros mismos la respuesta. Os juzgo, como vosotros me juzgais : disculpo á las almas sencillas y rectas que equivocadamente están entre vosotros, como vosotros disculpais á los católicos que equivocadamente se hallan en la Iglesia Romana. ¿ De qué os quejais? ¿Qué derecho teneis para quejaros? ¿ Porqué reprendeis á la Iglesia Romana lo que aplaudis en la vuestra? ¿ Porqué disimulais vuestra crencia, y no hablais como nosotros firme y francamente ?"

"Era presidente de la discusion el Doctor Brownlee ministro de la Iglesia reformada holandesa, que es una de las varias clases de presbiterianos, hombre astuto y que conoce muy bien las teclas que debe tocar cuando quiere excitar á los suyos, y escaparse de los ataques de los agenos, y que sobre todo posee el talento de hacer reir afectando sin embargo que conserva dignidad. Nunca ha demostrado más su carácter que en aquella ocasion. En el momento en que percibió por el silencio del auditorio, que mis razones daban algo que pensar, y que habian cesado las risas, los gestos y los insultos, tomó otro camino muy distinto, que fué el de aplaudirme, presentándome como una excepcion entre los presbíteros católicos. Púsose en pié, y empezó su discurso, ó sea ensarta de chistes, congratulándose de haber oido un lenguage tan *liberal* de los labios de un sacerdote de la Iglesia Romana ; pero en seguida dijo : "Mas el Señor Varela expresa sus sentimientos y no la doctrina de la Iglesia Romana, y si lo cogieran en Roma, lo quemarian vivo. El habla así, porque está en América." Dijo todo esto con tantos gestos y con tanta socarronería, que consiguió hacer reir al auditorio, y confieso que hasta yo mismo no pude contener la risa. Otro de los ministros que habló inmediatamente dijo con mucho acaloramiento : " Estoy seguro que este caballero (aludiendo á mí) no durará veinte y cuatro horas en su ministerio, sin ser suspenso por su Obispo."

"Luego que les ví tirar tales patadas, conocí el mal de que adolecian, y que todo su objeto era ya evitar la cuestion en que habian entrado, y conseguir por otra parte su intento, presentándome como un hombre astuto, que no pudiendo sostener mi doctrina, ó la de mi Iglesia, habia tomado el partido de disfrazarla, es decir, que me acusaban del crímen que ellos cometian. Pedí la palabra y dije : " Alégrome mucho de que la cuestion de *principios* haya pasado á ser cuestion de *hecho*. Ya no se niega que mi doctrina es exacta, sino se pretende que no es la doctrina de la Iglesia Católica. Un pasaje de la Historia eclesiástica moderna me hace augurar un feliz resultado de esta discusion. Cuando el célebre Bossuet escribió su incomparable *Exposicion de la doctrina católica*, el ministro calvinista Claude, que leyó el manuscrito, dijo que Bossuet no escribia la doctrina de Roma, y que era como la paloma que no encontrando donde posarse en el tiempo del diluvio volvia al arca: en una palabra, que Bossuet venia ya para la Iglesia de Cristo, es decir, para la protestante. Publicóse el libro, y no hubo un solo católico que no leyese en él la doctrina de su Iglesia. Así sucederá con esta discusion. Vosotros la imprimireis: los católicos la leerán, y si mi doctrina no es la suya expresarán su indignacion : mi Obispo me suspenderá, y acaso no faltará quien me acuse hasta al mismo Papa, y Su Santidad no verá con indiferencia mis errores. Los hechos van á hablar ; y nuestra discusion sobre este punto está terminada. Mas yo estoy cierto, dije volviéndome al auditorio, que vuestros ministros solo han tratado de buscar un refugio, y que yo permaneceré en mi iglesia, sin que nadie me perturbe."

"Tales, ó semejantes, fueron mis expresiones en aquella discusion, que no pude conservar á la letra, porque los taquígrafos (sin duda de acuerdo con los ministros protestantes) apénas hicieron uno ú otro apunte ; y habiendo yo hablado dos ó tres veces, hicieron una mezcla de todos los [pequeños discursos, tomando una idea de este, y otra de aquel, de modo que los notas casi no presentaban sentido alguno. En este estado me las mandó tres ó cuatro dias despues de la discusion uno de los ministros que tomaron la palabra, y que era editor del papel en que debia publicarse. Agregó á este insulto el de acompañar las notas con una esquela, al parecer muy política, en que me suplicaba hiciese las correciones que tuviese por conveniente, *en el término de tres horas.* Era Viérnes Santo por la tarde, y en mi concepto calcularon sobre esta circunstancia para ver si las ocupaciones de mi ministerio en la iglesia no me permitian corregir, ó me hacian precipitar en la correccion, para ó no publicar mi discurso, dando por causal mi demora, ó publicarlo incorrecto, y á su modo. Como yo conozco á fondo esta gente no pudieron engañarme. Dejé la iglesia á cargo de mi compañero el Teniente de Cura, llamé á un amanuense, y me puse á escribir lo que habia dicho en la discusion, segun podia acordarme. En el término de las tres horas que me habian concedido concluí mi trabajo, y lo remití acompañado de una carta abierta para que el portador que debia en todo caso servir de testigo pudiese certificar su contenido. En ella contesté que mi discurso debia imprimirse todo y sin alteracion, cual yo lo mandaba, ó deberia suprimirse enteramente. El editor respondió que lo imprimiría todo, mas no cumplió su palabra, pues solo imprimió la introduccion, hasta llegar al punto en que fuí interrumpido, pero sin decir que lo fuí, y mucho ménos lo que continué diciendo. Desde entónces no trajeron más taquígrafos á las discusiones. ¿Has visto mayor superchería?"

CAPÍTULO XXVIII.

1833.

POLÉMICA POR ESCRITO CON EL DOCTOR BROWNLEE.

Reto del Doctor Brownlee publicado en las columnas del periódico católico denominado THE TRUTH TELLER.—*Aceptacion por parte de los RR. PP. Power, Levins y Varela.*—*Discusion.*— *Controversia por escrito sobre la doctrina de la posibilidad de salvacion de los que mueren fuera de la Iglesia.*

Poco despues de terminada la discusion de que se trata en el capítulo antecedente, aquel mismo Doctor Brownlee, que la habia presidido, dirigió al editor del periódico católico *The Truth Teller,* de que ya hemos hablado, lo que él propio denominaba un reto (*challenge*), y que entre otras cosas decia lo siguiente :

" Sintiendo, como siente todo ministro protestante, que nadie puede declinar obediencia á un mandato del Divino Maestro, que es el de defender su verdad, suplico que se me permita hacer una propuesta que presento con franqueza y sinceridad. Por el conducto de Vd., reto formalmente, á cualquiera de los caballeros que voy á nombrar, todos ellos sacerdotes católicos romanos en esta ciudad, para que salgan á la palestra y discutan conmigo, alternativamente, en una serie de cartas, las grandes doctrinas fundamentales y las prácticas que separan á las Iglesias protestantes de la Iglesia de Roma. Los caballeros aludidos son : el M. R. Obispo Dubois, ó el M. R. Dr. Power, ó el M. R. Dr. Varela, ó el Rev. Mr. Levins, ó cualquiera otro, que ellos designen públicamente, y recomienden como su sustituto."

" Ofrezco empezar la discusion, si Vd. gusta, en cualquier dia despues del 1º de Mayo próximo, ó cuando quiera que ellos digan; estando además dispuesto á dejar que ellos sean los que dén principio. Y es de quedar entendido que las respectivas cartas se imprimirán en las columas del periódico de Vd., exacta y fielmente, tales como fueren dadas por sus autores, y tambien en las páginas de *El Protestante* de la misma manera, con facultad, por supuesto, de corregir errores."

" Una respuesta, tan pronta como sea posible es respetuosamente solicitada."

Esta carta, que lleva fecha 28 de Enero de 1833, no se publicó hasta el 2 de Febrero, y vió la luz acompañada de la siguiente contestacion :

" Señor Editor :

" Aceptamos el reto del Dr. Brownlee. Pero á fin de excluir toda probabilidad de introducir en la discusion materias equívocas, ó no pertinentes, asegurar la unidad de miras y de objeto, impedir difusion, subterfugios y cábala, y *desechar cuestiones necias y que no sirven para instruccion* (2. *Timoteo*. II. 23,) suplicamos á dicho Señor Brownlee que diga cual es su *Regla de Fé*, y quien, ó qué cosa, es lo que le sirve de Juez en controversias sobre asuntos de esta clase.

JOHN POWER, V. G. y Rector de San Pedro.

THOMAS C. LEVINS, Pastor de la Catedral
de San Patricio.

FELIX VARELA, Pastor de la Iglesia de
Cristo."

El Doctor Brownlee manifestó entónces en una carta fechada el 6 de Febrero, con que comenzó la discusion, que "la *única regla de fé* de todo protestante y *el Juez Supremo* que ellos reconocian *para toda controversia*, es el *Espíritu Santo hablando con nosotros en la palabra de Dios escrita, la Sagrada Escritura*, conteniendo todos los libros del Antiguo y del Nuevo Testamento." Contestaron á ella el dia 12 los RR. PP. Power y Levins, y se originó así una pequeña controversia, que excitó bastante la atencion. El Padre Varela explicó en una carta publicada bajo su firma sola, porque habia sido que su nombre no aparecia al pié de la que suscribieron los antedichos eclesiásticos, compañeros suyos. "No quiero que se piense, dijo, que existe entre nosotros el más ligero desacuerdo en punto á doctrina, ó respecto de la manera de explicarla, ni que nos entendemos mal en ningun concepto. Por el contrario, aprovecho esta oportunidad para decir que apruebo todo lo que ellos han dicho, y la manera en que lo han dicho, añadiendo que yo hubiera firmado su artículo, si hubiera podido verlo ántes de imprimirse. Los deberes de nuestro ministerio, y otras circunstancias que mediaron, hicieron imposible que nos reuniésemos en aquellos dias; y mis amigos, por delicadeza, no escribieron mi nombre junto con el suyo al pié del artículo."

Los pormenores de esta discusion que no duró mucho pueden hallarse en las columnas del *The Truth*

Teller, de New York, de 1833, y en un volúmen publicado por los protestantes en Filadelfia el mismo año, con el siguiente título : "*The Religious controversy between the Rev. Dr. W. C. Brownlee, on the part of the protestants, and the Rev. Drs. John Power, Thomas C. Levins, and Felix Varela, on the part of the Roman Catholics. Philadelphia. Printed and published by Boyle and Benedict.* 1833."

La carta del Padre Varela á que ántes se hizo alusion ocupa en este libro desde la página 17 hasta la 21 inclusive.

Más ó ménos contemporáneamente con esto, se suscitó otra vez la controversia respecto al particular de la salvacion de los que mueren fuera de la Iglesia. El Padre Varela mismo relata lo que aconteció respecto de este punto, y volvemos á cederle la palabra :

"Algun tiempo despues de concluidas las discusiones volvieron los ministros protestantes con su tema, y en un periódico que redactaban varios de ellos, empezaron nuevamente á censurar la Iglesia católica por la doctrina de que fuera de ella no hay salvacion. Yo creia que las explicaciones que tuvimos sobre esta materia hubieran bastado, y que ya nos entenderíamos; pero la experiencia me ha convencido de que el sistema de esta gente es seguir adelante repitiendo lo que una vez han dicho, sin cuidarse de explicaciones. No sé como me ví en la necesidad de responder, y de hacerlo en su mismo papel, de modo que se abrió entónces una pequeña controversia por escrito, que sirvió para que se manifestase mucho más, que yo no me habia equivocado en decirles que en punto á salvacion fuera de la Iglesia piensan ellos como los católicos, y así es que quieren convertirnos para que abandonemos nuestros

errores y nos salvemos. * Oye Elpidio las palabras con
que terminaron su artículo, en contestacion al mio:
"Hablando de los católicos como sociedad cristiana
tenemos la pena de decir que *por los errores y heregias
que defienden desesperamos enteramente de su salvacion,* á
ménos que no se conviertan y abandonen sus errores.
Deseamos sinceramente, y rogamos fervorosamente por
la conversion de los católicos romanos: y llenaria nuestros corazones de gozo el saber que el Dios de gracia
y verdad habia traido al Señor Varela á tal conocimiento y creencia de la verdad, que pudiese terminar
en la salvacion de su alma inmortal." Ya ves, Elpidio,
que quieren que me convierta, que conozca la verdad,
que deje de ser católico, y ¿para qué? ¡Para que pueda salvarme! Despues de estos hechos, ¿qué hay que
decir? No se trata aquí de un individuo particular,
que se hubiese expresado como un fanático en estos
términos, sino de una reunion de ministros protestantes que con toda reflexion trataban de contestar á su
adversario en un artículo que sin duda discutieron y
premeditaron. Despues de su publicacion no hubo un
solo ministro que saliese impugnándolo, como era su
deber, si el artículo atribuye á la iglesia protestante
una doctrina que no es suya. Los periodistas todos
guardaron silencio, sin embargo de ser innumerables
los periódicos religiosos en este país, y de estar unos
en observacion de los otros para atacarse, y nunca se
perdonan. ¿Qué prueba esto sino que la doctrina protestante es, que fuera de su Iglesia no hay salvacion,
y que por consiguiente no la hay para mí que no tengo
disculpa alguna para permanecer en la Iglesia católica
y mucho ménos para ser sacerdote de ella?—¡Qué fácil

* *Cartas á Elpidio*, tomo II pág. 132 y siguientes.

es quitar la máscara á esta familia, y qué simples son los que los creen sólo porque están enmascarados!"

En una carta dirigida á nuestro amigo el Señor Don Eusebio Guiteras, fechada el 25 de Setiembre de 1875, por el R. P. Joseph M. Finotti, que ya otra vez hemos tenido el gusto de mencionar, se dice que "algunos de los escritos del Padre Varela se publicaron despues separadamente." Nosotros no hemos tenido nunca la fortuna de ver ese libro, ni podemos dar ningun detalle respecto á su publicacion. Se nos habia asegurado que por mandato del Señor Arzobispo Hughes, se habian incorporado los libros de nuestro venerable sacerdote en la Biblioteca del Arzobispado; pero aunque nos fué concedido el permiso de visitar la Biblioteca, y tuvo la bondad de acompañarnos en nuestra investigacion, mostrándonos los libros que quisimos y enseñándonos el catálogo, el Rev. Padre Secretario de Su Eminencia el actual Cardenal Arzobispo, no encontramos esta obra, ni ninguna otra, á excepcion de los periódicos, que contuviese escritos del Padre Varela. Sí vimos allí, con no poca emocion, algunas obras, como por ejemplo una edicion de *La Araucana* de Ercilla, que evidentemente pertenecieron á nuestro compatriota.

CAPÍTULO XXIX.

1832.

CORRESPONDENCIA CON LA HABANA.

Interes del Padre Varela en favor de la REVISTA BIMESTRE CUBANA, *que comenzó á publicarse en la Habana por esta época.—Trabajos con que contribuyó á esta publicacion.—Artículo crítico sobre la " Gramática de la lengua castellana" de Don Vicente Salvá.—Carta á los redactores de la* REVISTA *enviándoles dicho artículo.—Carta al Señor Don José de la Luz y Caballero.*

La multitud de ocupaciones á que tenia que dedicarse el inolvidable sacerdote habanero, y la gravedad de las atenciones que pesaban sobre él, y de que puede formarse alguna idea por el imperfecto bosquejo que vamos presentando, no bastaron sin embargo para alejar de su espíritu el nombre de Cuba, ni el recuerdo de los cubanos. En medio de esa vida vertiginosa de trabajo en que el Padre Varela se vió constantemente empeñado, desde su accesion al ministerio pastoral en los Estados Unidos, siempre supo hallar el modo de acordarse de sus discípulos y de sus amigos de la

Habana, y de seguir interesándose en el desenvolvimiento intelectual de su país.

A mediados de 1831, habia comenzado á ver la luz en la Habana, con el título de *Revista Bimestre Cubana*, el mejor periódico que hasta entónces se habia publicado en castellano, así en España, como en sus posesiones ultramarinas. El juicio de esta obra, pronunciado por autoridades tan competentes como los Señores Don Manuel José de Quintana, y Don Francisco Martinez de la Rosa en Madrid * y el norte-americano George Ticknor, en la capital de Massachusetts, acredita para siempre su mérito, y hace el elogio de sus autores. Como era natural que sucediese, el Padre Varela, que contemplaba este esfuerzo, desde la distancia á que el curso de los sucesos lo habia conducido, lo vió nacer con gusto, y lo siguió con interes en su desenvolvimiento. Su correspondencia con los redactores del periódico, y mas en especial con el Señor Luz, demuestra en gran manera la paternal solicitud que experimentaba por la publicacion, y las grandes esperanzas que en ella cifraba para provecho y gloria del país.

Era preciso que el Padre Varela colaborase en la *Revista.* ¿Como podia considerarse en la isla de Cuba que una empresa de esta especie estuviese completa, sin que el nombre y el espíritu del venerable sacerdote viniesen á apoyarla y enaltecerla?

El Señor Don Antonio Bachiller y Morales ha tenido la bondad de referirnos que uno de los trabajos con que nuestro esclarecido compatriota quiso honrar las páginas de aquel periódico, fué un artículo juzgando

---

* *Vida de Don José de la Luz y Caballero, por José Ignacio Rodriguez,* página 42 y siguientes.

cierta obra publicada contemporáneamente sobre la educacion de la mujer, añadiendo el mismo erudito escritor que más se leyó siempre, en aquel tiempo, el juicio de la obra, que la obra misma.

Pero la contribucion más importante con que el Padre Varela quiso ayudar á que se levantase entre nosotros el monumento literario de que nos ocupamos actualmente, fué su célebre artículo sobre la Gramática de la lengua castellana, que el Señor Don Vicente Salvá habia recientemente publicado en Paris. Este artículo fué escrito en el año de 1832, y fué remitido á la *Revista*, con la siguiente carta :

New York, 28 de Febrero de 1832.

Señores Redactores de la *Revista Cubana :*

Remito á Ustedes, mis amigos, el raton hijo de los montes : quiero decir, mi pobre artículo sobre la Gramática de Salvá, que no corresponde al mérito de la obra, ni al trabajo que supone tanta demora. Bien quisiera yo ser útil; pero mi espíritu, agitado por diversos y desagradables pensamientos, no es susceptible del placer que requiere la literatura, y solo me encuentro algo dispuesto para las serias investigaciones filosóficas, porque al fin como fuí zapatero de antaño algo me acuerdo de hacer zapatos. Siento, sí, siento á veces, renacer mi antiguo amor á las ciencias naturales, que me recuerda lo que de otro muy diverso dijo aquel adulador mantuano, *agnosco vestigia flammæ*; pero estas ráfagas pasan pronto, y vuelvo á mi fastidiosa indiferencia·

Por otra parte, mi deber me obliga á hablar con un gran número de personas ; y los silbos ingleses, cual moscas impertinentes me inquietan con frecuencia, y destruyen toda mi ilusion, escribiendo en el hermoso idioma castellano. De aquí mi disgusto, y en consecuencia mi abandono. Mas, gracias á la *Revista* y á sus editores, se me proporciona ahora una ocasion muy honorífica para salir de esta ominosa apatia, y consagrar á mi patria los frutos de algunos momentos, que en su obsequio robaré al descanso.

Sí, amigos mios ; yo velo cuando todos duermen y trabajo cuando todos reposan. Yo gozo de la vida cuando todos dejan de gozarla, y solo me veo libre cuando la sociedad importuna yace encadenada. Todo está tranquilo, y puedo ya escribir ; pero mi ánimo nada encuen-

¡ra que lo excite. En estos silenciosos momentos (pues son las doce de la noche) al traves de las tinieblas que cubren la helada naturaleza, mi activa imaginacion solo me presenta esqueletos vegetales, aguas empedernidas, animales casi yertos, montes de nieve y llanuras desoladas.... Pero ya un grato recuerdo me saca de esta region de inercia, y me trasborda al vergel de las Antillas, donde todo está animado. Veo aquellos árboles frondosos, aquellos inquietos arroyuelos, aquellos copados montes, y aquellas floridas llanuras, que tantas veces recorria, y tan pocas contemplaba. ¡ Cuán cierto es que la belleza debe ser esquiva, y que la sal de los placeres es su carestia! Estas delicias de mi imaginacion se aumentan por el contraste que con ellas forma la vista del pequeño aposento donde escribo, á beneficio de una buena chimenea, que no dista de mí una vara, y aun estoy mas próximo al lecho, cubierto con mantas pesadísimas. Pero yo estoy entre Vdes., á todos veo, á todos hablo ; vamos, pues, á ocuparnos de la *Revista*.

Atácanse en ella varios ídolos de una tribu envanecida, que arrogándose la ciencia y la virtud, no cree encontrarlos fuera de sí misma, y gradua de insulto y desacato cualquiera oposicion á sus principios. Deseo que los editores de la *Revista* no tiren chinitas á esa fiera. No se halla la tierna planta en tiempo de sufrir los fuertes huracanes, ni jamas la débil navecilla se arrojó al agitado golfo, si ya no es que la condujo á su ruina la imprudencia de su piloto. En vano alegarán Vdes. sus puras intenciones : en vano reclamarán contra la maliciosa interpretacion de sus palabras : todo, todo será inútil, si tienen la desgracia de tocar el limbo del gran torbellino ; pues arrebatados en funestos giros, solo habrá tiempo para perecer.

No permita el cielo que yo vea en tanta desgracia los esfuerzos generosos de una apreciable juventud, que en el letargo de la patria, levanta la voz en el alcázar de las ciencias, convocando los genios que dispersados por varios temores, yacen unos en los brazos de la indolencia, miéntras otros dirigen miradas inciertas, deseosos de encontrar una mansion de refugio para el saber y de consuelo para la virtud. Cautela, mis amigos ; sí, cautela. Es preciso contar con la miseria humana, que dañándose á sí misma todo lo trastorna ; y viene á ser la inocencia el juguete de la perversidad, como la instruccion lo es de la autorizada ignorancia, y á falta de razones suple la calumnia. No hay que echarlas de fuertes contra la adversidad, ántes debemos echarlas de prudentes para precaverla ; y en nada, se necesita mas juicio que en aspirar al heroismo.

Tienen las ciencias, como la santa Religion, que es la primera de ellas, el gran poder de calmar los ánimos, aproximándolos á la

Divinidad ; y los hombres de todos los partidos se dan un ósculo de paz en el templo de la sabiduría, cuyos frutos siguen al espíritu, cuando el sepulcro guarda para eterno olvido las míseras pasiones que tanto lo agitaban. Sea la *Revista* como este augusto templo : únanse en ella los ánimos para hacer el bien; y no se conteste á los que intentan perturbarla. No : no se conteste. Pídolo encarecidamente. Pídolo en nombre de las ciencias y de la amistad. No se conteste. Si alguna pluma guiada por el amor de la verdad notase con moderacion y franqueza los defectos de la *Revista*, contéstese con signos de gratitud y aprecio; mas cuando el enemigo está emboscado, pasémos á lo léjos dejándolo en el bosque donde rabie á sus solas, en pena de su artificio.

Avísame ya el sueño que debo acabar èsta carta ; y es tan petulante que no me da treguas. Adios, mis amigos.

Con invariable afecto,

FÉLIX VARELA.

El trabajo que se remitió con esta carta, y que fué recibido con gran júbilo por los redactores de *La Revista*, es ciertamente muy notable. "Nada más comun que una gramática, dice el Padre Varela, y nada más raro que una buena. El Señor Salvá nos ha proporcionado esta prenda inestimable, y cábenos la honra de darla á conocer. Sin parcialidad por el autor, aunque digno del mayor aprecio, ni por la obra, aunque nueva y acabada en su género, podemos asegurar que ha pasado felizmente entre Scila y Caribdis, pues que ha evitado la rutina fastidiosa de la mayor parte de las gramáticas, y el afectado filosofismo de otras, cuyos autores consultando una naturaleza ideal, parece que cerraron los ojos para no observar la obra del Eterno, cuyas lecciones los hubieran conducido á resultados más sencillos y planes más luminosos."

El análisis que de ella se hace en seguida, lleno de observaciones acertadísimas, y la forma en que el artículo se encuentra escrito, amena y atractiva, á pesar de la sequedad extrema del asunto, harán que en todo tiempo, se le lea con gusto, y que se nos agradezca su conservacion. La escasez de la *Revista Bimestre Cubana* que ha llegado á constituir una rareza bibliográfica, nos autoriza doblemente á que lo acompañemos como apéndice. *

Poco más tarde dió otra prueba nuestro venerable compatriota del interés que le inspiraban la *Revista* y sus redactores. La carta que escribió al Señor Don José de la Luz y Caballero, aunque ya ha sido publicada como la anterior, merece tambien reproducirse. Ambas muestran cuan solícito se hallaba por el bien del periódico, y cuanto empeño se tomaba por su mantenimiento y su progreso.

He aquí el texto de esa carta.

Nueva York, Marzo 7 de 1832.

Mi estimado Luz:

Espero que haga Vd. todo esfuerzo para impedir que se conteste en la *Revista* al artículo que contra ella ha salido en un periódico de esta ciudad. Sospecho que es remitido por alguno, ó algunos, de los afrancesados; pero sea lo que fuere, yo le considero como un buscapié para sacar de trinchera á los redactores, y destruir el papel con armas bien conocidas. Los afrancesados son por esencia orgullosos, y jamás perdonan ataques contra su decantada sabiduria. Hay excepciones, y yo las hago muy gustoso; pero me precavo contra todos ellos *nemine excepto.* Puede decirse que se han apoderado de la Hacienda y Policía de España, y esto aumenta su orgullo y su poder.

Los liberales, principalmente los del año de 1812, se habrán alegrado infinito de la paliza que llevó Hermosilla en la *Revista;* y crea Vd. que el número que trata esta materia habrá sido y será leido por todas partes. Los serviles, aunque parecen estar con los afrancesados, no hay *tales carneros:* los sufren, porque son enemigos de los liberales, y *nada más.* Resulta, pues, que en punto á bajarles el orgullo, y contener á los afrancesados, están de acuerdo con todos los del año doce; y así la *Revista,* en este punto, será tambien aplaudida por el partido servil. Pero estos elogios son su enfermedad que puede terminar en

* Véase *Apéndice L.*

muerte. Me atrevo á asegurar que los afrancesados creen que el golpe les viene por carambola, y esto los pone como unas furias. Tienen talento, y lo emplearán en destruir este panteon, ó mejor dicho, teatro, en que esperan se saquen como suele decirse los *trapitos al aire.* Creo que no he dado pruebas de temerlos; pero quiero darlas de que no soy su enemigo, aunque jamás he podido pensar bien de ellos. Si el negocio fuese solo para desfogar pasiones, y decir verdades duras, yo suplicaria que se les atacase, para tener yo mi partecita en el ataque. Yo poseo datos y elementos para destrozarlos, y ponerlos en ridículo; pero lo que necesitamos es hacer bien á la isla, y allá se las partan los afrancesados. Será una lástima que los editores contesten, porque en tal caso auguro mal de la *Revista.* Tiene esta un gran pecado, y sus enemigos llamarán la atencion del Gobierno sobre él para castigarlo. Consiste mi amigo, en que es el mejor papel de toda la monarquía; y no conviene que.... por América...... De modo que los serviles despues de alegrarse de la guerra de los afrancesados, no serán sordos á sus insinuaciones sobre la conveniencia de quitar ese *escándalo.* Yo no temo que se mande suprimir la *Revista:* tampoco temo un ataque abierto; pero sí una órden de *muerte lenta* con solo indicar que no merece la aprobacion del Gobierno.

Medite Vd. sobre estos puntos; y creo que convendrémos.

Es de Vd. su afectísimo

Félix Varela.

CAPÍTULO XXX.

1835.

EL PRIMER TOMO DE LAS CARTAS A ELPIDIO.

Plan de la obra denominada CARTAS Á ELPIDIO.—*Publicacion del primer tomo.—Su excelente acogida en la Habana.—Juicio de este libro por el Señor Don José de la Luz y Caballero.*

Fué por esta época que el venerable sacerdote cubano concibió el proyecto de componer el libro, á que puso el título de *Cartas á Elpidio sobre la impiedad, la supersticion y el fanatismo en sus relaciones con la la sociedad,* y que debia constar de tres tomos, destinados cada uno de ellos, á combatir separadamente uno tras otro, aquellos tres enemigos formidables de la feli cidad del hombre y de las naciones. Convencido de la utilidad que una obra de esta clase habia de producir entre sus paisanos, y en general en todos los pueblos españoles, se apresuró á llevarla á efecto, escogiendo la forma epistolar, porque consideró que así se haria más atractiva su lectura para la generalidad de los hombres, y se facilitaria considerablemente la tarea, no siempre acometida con éxito, de colocar en el terreno de la conversacion familiar, y al alcance de todo el mundo, sin hacerles perder por eso su dignidad intrínseca, las verdades más importantes de la Religion ó de la ciencia.

Esta obra, que tiene además el interes bibliográfico de haber sido la última que su ilustrado autor dió á la luz pública en lengua castellana, está compuesta de tal modo que cada uno de sus tomos constituye un libro aislado y enteramente independiente. El primero, á que este capítulo se refiere exclusivamente, fué impreso en New York en el año de 1835, y tiene por objeto la impiedad, que es bajo cualquiera de sus formas el verdadero y único enemigo de la verdad cristiana en España y en los pueblos que deben á España su existencia. Los que allí se llaman protestantes, y se hacen la ilusion de serlo, se están engañando á sí mismos y no son más que, ó racionalistas unos pocos, ó profundamente indiferentes en materias de religion, la mayor parte. Por eso el Padre Varela quiso romper en este libro la primera de sus lanzas contra ese monstruo destructor.

El libro se reimprimió en Madrid el año siguiente, 1836, en la imprenta de Don Leon Amarita. *

El volúmen en que se trata de la supersticion, que es el segundo, no se dió á la estampa hasta el año de 1838, tambien en Nueva York. Pero el tercero ᵣue

---

* La portada de la edicion de New York, dice: *Cartas á Elpidio sobre la impiedad, la supersticion y el fanatismo en sus relaciones con la sociedad, por el Presbítero Don Félix Varela. Tomo I. Impiedad. Nueva York.* 1835.

La de la edicion de Madrid dice: *Cartas á Elpidio, etc.* (el mismo título.)— *Madrid. En la imprenta de Don Leon Amarita.* 1836.

debia ocuparse del fanatismo, no llegó á publicarse, ni aun tal vez á escribirse. Bien sea porque la multitud de las ocupaciones del Padre Varela le impidieron hacerlo, bien porque consideró que el asunto no presentaba tanta urgencia, estando ya en manos del público los dos volúmenes anteriores, ó bien por otras razones, el caso es que el tercer tomo se quedó sin ver la luz. Hablando de este particular, en los apuntes que hemos citado tantas veces, dice el Señor Valerino lo siguiente: "El tercer tomo sobre el fanatismo no llegó á publicarlo, porque segun he oido decir, se figuró que no habian sido bien recibidos los dos primeros, en lo que su moderacion y humildad lo hicieron equivocarse, con sentimiento muy grande de todos los que ansiosos esperábamos ese tercer tomo, y desgracia de la literatura que perdió esa produccion de un hombre tan grande."

La aparicion del primer tomo de las CARTAS Á ELPIDIO causó en la Habana una impresion notabilísima. A la importancia de su asunto, y al interes que despertaba el nombre de su autor, que jamas se pronunciaba en vano entre los cubanos, se unian las circunstancias de actualidad en que se encontraba entónces el país. Era el año de 1835 una gran época de trabajo moral é intelectual en la isla de Cuba, era la grande época del Colegio de Carragauo y de los trabajos más preciados de Don José de la Luz, y todo contribuia á que la palabra del Padre Varela produjese mayor efecto y se escuchase con ansiedad.

Así fué que el volúmen circuló con rapidez inmensa por todas partes y ayudó á fortalecer los ánimos y á sembrar semillas buenas, provechosas en todo tiempo, pero mucho más en aquel momento, cuando comenzaban á alborear en España los resplandores de ese

sistema que se llamó á sí mismo *liberal*, y que para
nosotros en la isla de Cuba, y para el clero, y en general la iglesia, no ha sido más que un régimen nefando
de tiranía y espoliacion.

El Señor Don José de la Luz y Caballero, celoso
siempre de coadyuvar con sus esfuerzos á cuanto pudiese redundar en bien de su patria, escribió un artículo
crítico respecto de este libro, que lo hizo más conocido,
y atrajo sobre él la atencion del público. Este artículo
se publicó en el *Diario de la Habana* del 29 de Diciembre de 1835; y gracias á la bondad sin límites de
nuestro querido amigo el Señor Don Vidal Morales y
Morales, y á sus notables conocimientos bibliográficos,
nos es posible conservar tan interesantísimo trabajo.
Dice como sigue :

Cartas á Elpidio sobre la impiedad, la supersticion y el fanatismo en
sus relaciones con la sociedad, por el Presbítero Don Félix Varela.
Tomo I? Impiedad.—New York. 1835.

> "L'amore e intrepido..... teniamo accese le
> nostre lampade.... ¿Non sapevate che l'iniquita
> non si fonda sol tanto sulle sue forze, ma ben
> anche sulla credulitá, e sullo spavento altrui."
> MANZONI.

He aquí una notable aparicion sobre nuestro horizonte literario:
notable por la gravedad del asunto sobre que versa: notable por la
profundidad con que está tratado ; y notable en fin por el nombre del
autor que lo ha desempeñado. No es nuestro ánimo por el momento
estender un análisis circunstanciado de una obra tan eminentemente
filosófica, donde para siempre quedó asegurada la divina alianza de la
religion y la filosofía. Queremos tan solo anunciarla para que el
público juzgue por sí mismo, contentándonos únicamente con llamar
su atencion sobre ciertos particulares, que ofreciéndoles nuevos datos
para sentar su fallo, contribuirán más eficazmente á llenar el importante objeto á que fué destinada.

Este libro, que el autor tiene la modestia de dirigir á la juventud de
su patria, va encaminado á cuantos blasonan de pensadores y patrio-

tas. En él se demuestra matemáticamente; ó mejor dicho, en él se hace sentir de extremo á extremo, la indispensable necesidad de los vínculos interiores para conseguir la felicidad eterna y aun la temporal; en él reluce la sublimidad del Evangelio, eclipsando con su divino resplendor á cuantos sistemas de moral inventó la humana sabiduría: en él se trata de formar *hombres de conciencia, en lugar de farsantes de sociedad,* hombres que no sean soberbios con los débiles, ni débiles con los poderosos. En él hallará el político abundante materia para graves meditaciones; el padre de familia los más saludables consejos para el gobierno de sus caros hijos; el director de la juventud los más preciosos documentos para no malograr el fruto de sus faenas; el ministro del altar los más oportunos avisos para conseguir el fin que la religion sana se propone. Los impostores y los déspotas llevan grandes desengaños en este libro: en vano se esforzarán de hoy más estos perversos en profanar el sagrado asilo de la Iglesia para sostener sus isiniestras miras: ellos serán echados del templo como los hipócritas y ariseos, convirtiéndose contra sus pechos aquellos mismos rayos con que intentaron exterminarnos: aquí se descubren hasta en sus últimos escondrijos los sofismas y las cadenas con que pretenden embaucar y aherrojar al miserable pueblo: aquí se trata de hacernos á todos, gobernantes y gobernados, *cristianos consecuentes* y no *cristianos contradictorios.* En una palabra, la verdad sesuda y sin rodeos es la divisa de amigo de Elpidio. Mas no siendo su ánimo, como el mismo insinua, *exasperar* sino *advertir,* la verdad se dice en todos casos sin permitirse ni aun las más licitas y remotas alusiones.

He aquí pintadas sin querer la índole y circunstancias del escritor. Efectivamente solo el haber concebido obra de esta naturaleza, es claro indicio de una de aquellas almas grandes que se consagran exclusivamente á la felicidad presente y futura de sus hermanos. Solo una caridad tan ardiente y acendrada como la que anima su pluma, pudiera haber inspirado tanta valentia y tanta modestia en reprender, tanto calor y tan sostenida uncion en persuadir. Tan pronto nos hace acordar del enérgico y sublime Bossuet, como del insinuante y dulcísimo Granada. Solo un observador tan ejercitado podria tomar tan exacta noticia de los efectos, y dar tan atinadamente con las causas. Solo un veterano, no ménos aguerrido en el campo abierto de la enseñanza, como en las regiones ocultas de la conciencia, podria tocar con tal maestria todos los registros del corazon, para corregir los extravios del entendimiento, y todos los resortes del entendimiento para enmendar las perversiones del corazon. Solo el hombre que ha pasado la vida, practicando todas las virtudes evangélicas con el fervor de los apóstoles, seria capaz de pintar la virtud con los vivos colores que él lo hace, copiándola del original que alberga en su pecho. Perdona, ¡ oh varon justo ! perdona que yo ensalce el mérito que te distingue, no en gracia del autor que ni necesita, ni admite semejante homenage, sino en obsequio de algunos de nuestros mismos compatriotas, que no tienen la dicha de conocerte tanto como yo, para que la obra de tu alma y de tu corazon surta mejor el suspirado efecto ; y esta idea hará reconciliar tu excesiva modestia con mi justificada osadia. Fuerza es publicarlo para nuestro bien : para que cunda y prenda por do quiera la semilla de las sanas doctrinas, quedando ahogada la zizaña. De tí puede decirse con más verdad que de ningun otro mortal, " que haces lo que dices, y dices lo que sientes." Continúa, pues, digno sacerdote de la verdad, en tu ministerio de bendicion. Continua en derramar sobre nosotros esos raudales de luz con que plugo al Padre de las luces iluminar tu grande entendimiento ; y acaba de calmar cuanto ántes con el bálsamo de tus palabras aquel vehemente deseo que tan patéticamente nos has inspirado tú mismo, al terminar esta primera parte. Dígnate acceder á nuestros votos, aunque no fuera más que para enjugar las lágrimas que tan copiosamente hemos vertido, y *para siempre* vertirémos. He aquí las palabras :

" *No ignoras que circunstancias inevitables me separan para siempre de mi patria :* sabes tambien que la juventud á quien consagré en otro tiempo mis desvelos, me conserva en su memoria, y dícenme que la naciente no oye con indiferencia mi nombre. Te encargo pues que seas el órgano de mis sentimientos, y que procures de todos modos separarla del escollo de la irreligiosidad. Si mi experiencia puede dar algun peso á mis razones, díles que un pobre de cuya ingenuidad no creo que dudan, y que por desgracia, ó por fortuna, conoce á fondo á los impios, puede asegurarles que son unos desgraciados, y les advierte y suplica que eviten tan funesto precipicio. Díles que ellos son la dulce esperanza de la patria, y que no hay patria sin virtud, ni virtud con impiedad.'

"Ya, mi Elpidio, no nos verémos, á no ser que vengas á hacerme♪ una visita. Entretanto pienso mandarte otra série de cartas sobre la supersticion y el fanatismo, si el cielo me conserva la salud que disfruto, pues aun me hallo en los cuarenta y ocho años de mi edad, y más fuerte que á los veinte. Sin embargo, fórmase ya en el horizonte de mi vida la infausta nube de la ancianidad, y allá á los lejos se divisan los lúgubres confines del imperio de la muerte. La naturaleza en sus imprescriptibles leyes me anuncia decadencia, y el Dios de bondad me advierte que va llegando el término del préstamo que me hizo de la vida. Yo me arrojo en los brazos de su clemencia, sin otros méritos que los de su Hijo; y guiado por la antorcha de la fé, camino al sepulcro, en cuyo borde espero, con la gracia divina, hacer con el último suspiro, una protestacion de mi firme creencia, y un voto fervoroso por la prosperidad de mi patria."

"Adios, Elpidio : adios!"

Habana, 23 de Diciembre de 1835.

La tradicion refiere que este Elpidio á quien se dirijen las cartas era el mismo Señor Don José María Casal, á quien tan á menudo hemos nombrado en este libro. Otros dicen que era el Señor Don José de la Luz y Caballero. Pero puede ser tambien, y así será probablemente, que no fuese ninguno de los dos, sino que el nombre se inventase sin relacion á persona alguna. Este es asunto, sin embargo, sobre el que jamas hemos podido conseguir una noticia satisfactoria.

CAPÍTULO XXXI.

1836.

IGLESIA DE LA TRANSFIGURACION.

Incremento de la poblacion católica. —Compra por el Señor Delmonico, para el Padre Varela, del templo presbiteriano reformado de Chambers Street. — Se funda en él la nueva iglesia de la Transfiguracion.—El Padre Varela es nombrado Pastor de esta iglesia.—Sus tareas y penalidades en la nueva parroquia.

Como se dijo cuando hablamos sobre el incendio de la antigua iglesia de Cristo, en Ann Street, y su traslacion á la calle de Santiago, la poblacion católica de New York habia ido creciendo, en la misma proporcion asombrosa que lo sigue haciendo todavía no solo en aquella metropolí, sino en todo el resto del país. Era patente por lo mismo la necesidad de que se erigiese un nuevo templo; pero los recursos pecuniarios con que podia contarse para hacerlo, no se consideraban suficientes. El Obispo, el Padre Varela y los demás clérigos de la ciudad se hallaban todos preocupados con esta idea, pero su realizacion se hacia aun más difícil, pues acababa de salirse de uno de esos momentos de fiebre, que suelen aparecer de cuando en cuando en la vida de los negocios económicos y mercantiles, y la propiedad raiz se hallaba entónces en gran alza, valiendo á precios fabulosos. Una circunstancia inesperada que no vaciliariamos en denominar providencial, vino á sacar las cosas de este estado, y proporcionar al santo y sabio sacerdote de la Habana un nuevo campo de trabajo.

Cuenta el Señor Valerino en los apuntes que hemos citado varias veces, que el Señor Don Juan Delmonico, padre de los que han acabado de hacer este nombre tan popular y respetado en Nueva York, era muy amigo del Padre Varela, y experimentaba por él aquella especie de sentimiento de devocion que sabia inspirar por regla general entre todos sus feligreses, y que todavía al cabo de tantos años hemos podido apreciar por nosotros mismos, en conversaciones con personas de aquella época, que han sobrevivido. * Añade que un dia, al retirarse este señor para su casa, acertó á pasar por la calle de Chambers, en las inmediaciones de la Casa consistorial, á la sazon que estaban rematando un templo presbiteriano que allí existia, y que impulsado por su fervor religioso, y por su amor y admiracion hácia el Padre Varela, le ocurrió el generoso pensamiento de comprar la iglesia y ponerla á la disposi-

---

* Hemos conversado en Nueva York con personas de ambos sexos que conservan como reliquias venerandas una pequeña porcion de sus cabellos, ó un retacito de su sotana. En la modesta sala de un sastre en el Bowery, un retrato del Padre Varela ocupa el lugar de preferencia. Y un caballero de Harlem, para quien nos fué proporcionada una carta de introduccion, ha acostumbrado, miéntras pudo, hacer todos los años una peregrinacion á San Agustin de la Florida para ir á orar sobre su tumba.

cion de su santo amigo. Ejecutándolo sin tardanza, entró en el remate, hizo posturas y consiguió cerrar la compra por cantidad de cincuenta y seis mil pesos, pagando cierta suma de contado, y dejando el resto, asegurado con hipoteca sobre el mismo edificio y su terreno, para abonarse á plazos diferentes. Hecho esto, y otorgada la escritura que se extendió á nombre de Felix O'Neil y otras personas, con el carácter de *trustees*, ó encargados, ó fideicomisarios, segun el sistema en boga en aquel tiempo, pero expresándose en ella que el dinero habia sido suministrado por el Padre Varela, puso el Señor Delmonico á la disposicion de este el edificio adquirido, entregándole sus llaves.

No se ocultaron al esclarecido sacerdote las dificultades que este negocio habia de suscitarle necesariamente, por virtud de lo crecido del precio, y la importancia de la suma que debia pagar con intereses; pero la cosa estaba hecha, y además le era imposible dejar de agradecer profundamente, y de aplaudir tambien en alto grado, la generosa accion del Señor Delmonico. Otro tanto le sucedió al Obispo; y así fué que aprobado el negocio, se procedió sin pérdida de tiempo á la reparacion del edificio, verificando en él las modificaciones indispensables. Una vez concluidas estas se dedicó solemnemente el templo bajo el nombre de *Iglesia de la Transfiguracion*, * nombrándose pastor de ella al Padre Varela, y Teniente Cura, ó ayudante, como se dice en este país, al Rev. Padre Alejandro Mupietti.

---

* El pueblo designa todavía esta iglesia con el nombre de *la iglesia del Padre Varela*, (Father Varela's Church). Segun el Dr. Greenleaf (*History of the Churches, etc.* ya citada, los servicios se inauguraron el 31 de Marzo de 1836.

Fué aquí donde nuestro insigne compatriota desarrolló hasta los últimos límites posibles las cualidades de abnegacion y de virtud, que hacen su nombre imperecedero.

"En ese ministerio pastoral, dice el Señor Valerino, ocupaba el Padre Varela su tiempo entero, á todas las horas del dia y de la noche, y sin descanso alguno, pues no se lo dejaban los católicos de esta ciudad, y muchos de otras partes que lo conocian, y que venian á él con la vehemencia que inspira el amor, el respeto y la veneracion más acendrada. Alguno habia que no pensaba recibir del todo los auxilios religiosos que la Iglesia concede con mano bondadosa, sino cuando el Padre Varela se los administraba por sí mismo. Y en esta ocupacion constante se mantenia todo el año, por igual en sus diferentes estaciones."

Pero á sus esfuerzos por el bien de las almas, y por llevar consuelos y socorros de todas clases á cuantos necesitados hallaba en su camino, tenia el Padre Varela que conceder una gran parte de su pensamiento á aligerar las cargas de la iglesia, y pagar su deuda, ó disminuirla lo más posible. Cuenta el autor de la noticia necrológica publicada en el *Freeman's Journal* de Nueva York, que el Padre Varela "no tardó en verse envuelto en un gran número de dificultades por consecuencia del peso enorme de las obligaciones que pesaban sobre él;" pero añade que "jamás perdió el valor, ni se sintió desanimado en lo más mínimo, *No importa*, decia siempre, *vamos adelante, que el sol sale para todo el mundo*. Con esto, duplicaba sus esfuerzos, y á fuerza de constancia superaba los obstáculos que se le presentaban."

Gracias á esta ejemplar perseverancia y "al espíritu de desprendimiento y desinterés que él sabia inspirar entre los que se acercaban á su persona, dice el mismo artículo necrológico, se consiguió que una gran parte de la deuda se fuese poco á poco amortizando," hasta quedar considerablemente disminuida. Y todavia, en el año de 1849, y despues, cuando ya doblado por el peso de sus males tuvo que retirarse para San Agustin de la Florida, en busca de un clima más benigno, una preocupacion suya casi constante, y un motivo jamás abandonado de cavilaciones é inquietudes, como lo demuestra la correspondencia que mantuvo con varios de sus amigos y feligreses en Nueva York, era el de que acabase de satisfacerse aquella deuda, asegurando de ese modo la iglesia contra cualquiera accion que se intentase por parte de los acreedores. La miraba en realidad como una creacion suya, y el pensamiento de que podria llegar un momento en que se hiciese necesario abandonarla, dice el Señor Valerino que "angustiaba su espíritu de una manera dolorosa en los últimos tiempos de su vida."

Hoy, donde se levantaba aquel templo, teatro de tanto celo, y de tantas obras memorables de evangélico apostolado, se encuentran varias casas y almacenes en que no se conserva ninguna huella del edificio que reemplazaron. La iglesia fué demolida y trasladada á la calle de Mott, donde hoy existe, bajo el mismo nombre, y bajo el cuidado pastoral del Rev. Padre J H. Mc Gean, que conoció cuando niño al Padre Varela y que ha tenido la bondad de ponernos en relacion con algunas personas, contemporáneas de la fundacion del templo, y de referirnos además diversos rasgos que acreditan para usar sus mismas expresiones "el celo sin límites, el espíritu caritativo y la santidad" del gran cubano. En su casa se conservan todavia algunas cosas que se usaban en el tiempo del Padre Varela, marcadas con sus iniciales $F. V.$

Una cosa que distinguió siempre al varon santo de que hablamos, fué la suavidad de sus maneras, y la natural bondad con que trataba á todo el mundo. Hay personas, apreciabilísimas en más de un concepto, y llenas de virtudes y de ciencia, pero inflexibles de carácter, y jamás dispuestas á abandonar el extremo, tal vez justo, en que se encuentran colocadas. Semejante sistema, que no tiene nada de atractivo, ni es por cierto el más adecuado para grangearse simpatías, y ganar prosélitos, hace venir á la memoria la verdad práctica que encierra aquella máxima famosa de que en el sumo derecho va envuelto un daño sumo: *summum jus, summa injuria.* Pero ese no era el defecto del Padre Varela á quien sin embargo nadie pudo acusar jamás ni de debilidad de carácter, ni de ser hombre que aceptase transacciones indebidas ni partidos medios vergonzosos. Severísimo y escrupuloso consigo mismo hasta el extremo, fué siempre sin embargo, respecto de los otros, un modelo de tolerancia y afabilidad. A nadie impuso nunca su voluntad, ni le dictaba reglas, ni reprendia con severidad; por lo comun se contentaba con advertir lo que debia de hacerse, dejando que la persuasion y el ejemplo ejecutasen por completo lo que el ejercicio de la autoridad tal vez no hubiera podido conseguir sino en la forma, y de una manera deficiente y bien poco satisfactoria.

Se nos ha contado que cuando quiera que se atacaba á alguno en su presencia, siempre encontraba el modo de disculparlo, y de explicar ó de atenuar sus faltas. Uno de sus amigos no pudo ménos de advertirle esta tendencia á *defender siempre á los otros;* y el Padre Varela, clavando sobre él su mirada habitualmente dulce, pero todavia más amable en esta ocasion por la plácida sonrisa con que la acompañó, le dijo por respuesta:

"y dado caso que sea como usted dice, ¿no le parece á usted que así es mejor?"

Esta peculiaridad del carácter del Padre Varela, que le abria los corazones de todo el mundo, se revela por donde quiera en sus escritos mismos. Hablando con respecto á la autoridad, en el segundo tomo de sus *Cartas á Elpidio* * dice : " La autoridad que bien usada es un principio de paz y de armonía, llega por su abuso á convertirse en un principio de injusta y degradante opresion, que sin más apoyo que la fuerza, nunca logra ser obedecida por los corazones, y por los entendimientos, aunque consiga dirigir á su arbitrio unos actos puramente externos."

El sabia bien todo lo que vale la libertad, y los milagros que ella hace y que es capaz de ejecutar entre los hombres. Así es que aunque esforzado en la contienda ó inquebrantable en la discusion de principios, siempre al descender á los hechos prácticos ó individuales dejaba prevalecer su caridad. Sus adversarios mismos se encontraban tan admirados algunas veces, que se aventuraban á anunciar, como su última defensa, que el Obispo desaprobaria sus expresiones. Jamás sucedió, sin embargo, semejante cosa.

Varios rasgos de este espíritu caritativo, tan fecundo y productivo de beneficio, se encuentran dibujados en sus *Cartas á Elpidio*, de que ya nos hemos ocupado. Cuando hay otros, que con un celo indiscreto, llevan las cosas hasta sus últimas consecuencias, el Padre Varela se sabe detener á tiempo, en aquel punto, que no le es dado al hombre traspasar sin temeridad. "Yo suelo decir, mi Elpidio, así se expresa en cierto punto † cuando me

---

* *Cartas á Elpidio,* tomo II pág. 35.
† Id. á id., tomo II pág. 124.

hablan de la congregacion católica de este país, que ella se compone de los que vienen á nuestros templos, y de muchos de los que van á los heréticos, sin saber adonde van, ni porque van. Pero ¿quiénes son estos? ¿quienes son los verdaderos inocentes, que sin embargo de creer las heregías, no son hereges? He aquí uu punto que dejamos á la justicia divina, siguiendo el consejo del Apóstol, ¿*quién eres tú que juzgas que un siervo ageno está en pié, ó cae para su señor?* He aquí el verdadero tolerantismo. No condenemos a nadie; ántes por el contrario, los suponemos á todos inocentes hasta que dén pruebas de no serlo. Decimos que los hereges no tienen parte con Cristo, y en esto no hacemos mas que sostener la doctrina evangélica; pero no investigamos quienes son hereges: como si dijésemos que condenamos el latrocinio, sin averiguar quiénes son ladrones."

La religion fué siempre para el Padre Varela un elemento de consuelo y de felicidad. "Yo veo, tan claramente, decia él * la incompatibilidad de la Religion con todo lo que hace infeliz al hombre, que no puedo ménos de admirarme recordando los vanos esfuerzos, que en varias épocas se han hecho para destruirla, bajo el pretexto de hacer á los hombres felices. La historia lamentable de las miserias humanas da lecciones muy importantes á los que la estudian con imparcialidad. Se ha querido sustituir un principio variable á otro constante: uno dudoso, á otro cierto; y en vez de destruir el imperio de las pasiones desordenadas, se ha procurado entronizarlas, halagándolas de todos modos, como si no hubieran dado pruebas bastantes de su tiránica insuficiencia."

---

* *Cartas á Elpidio,* tomo II pág. 10.

Convencido como estaba de que la razon es una *divina antorcha* * *que brilla tanto más, cuanto más la sacuden sus enemigos*, ni la desdeñó nunca, ni dejó de atacar con todas sus fuerzas á los que siempre están hablando *con énfasis maligno de la Filosofía y los filósofos, de los sábios del dia, y usando otras frases semejantes,* † que mas valiera no emplear. Pero al mismo tiempo que esto hacia, y que de este modo se expresaba, nada habia que le causara mayor desagrado que el orgullo, y el empeño de salir airoso á todo trance. "Principalmente, ha dicho en la obra citada, ‡ es en los eclesiásticos en donde es más peligrosa esta tendencia. Llénanse de rubor al oir despropósitos y observar idéas erróneas en algunos de sus compañeros; y quieren separarse de ellos, y demostrar al pueblo que están separados. Con este objeto hacen homenages al mundo, y llegan á sacrificar en las aras de su vanidad los intereses más sagrados de la Religion. Van perdiendo insensiblemente el espíritu evangélico, y vienen á quedar reducidos al estado de eclesiásticos nominales, que ni sirven á la Iglesia, que no los reconoce, ni al siglo, que los desprecia, por más que hayan querido halagarlo. Tal es el orígen de casi todas las heregías, cuyos autores por lo comun fueron eclesiásticos; y tal ha sido la causa de haberse precipitado muchos de ellos en el abismo de la impiedad."

Lo hemos visto ardiente en la polémica, impetuoso é incansable en combatir el error; pero lo hallamos siempre enemigo enconado de la soberbia, y partidario acérrimo de la humildad. Su aspiracion más grande

---

* *Cartas á Elpidio,* tomo II pág. 13.
† Id. á id., tomo II pág. 27.
† Id. á id. tomo II pág. 14.

era * la de que se "restableciera el sentimiento, esencialmente católico, que guiaba á los cristianos primitivos, y es depender siempre de Dios, y nunca de los hombres." "Vemos, añade, que San Pablo lo inspiró á los fieles, reprendiendo á los que decian *yo soy de Pablo*, *ó yo soy de Apolo*, en lugar de decir todos, *yo soy de Cristo*. Este sentimiento pondrá término á las heregías y á las supersticiones, que siempre son fruto de la ignorancia, ó de la soberbia de individuos particulares, y tambien evitará los escándalos, pues nadie se considerará autorizado á hacer mal, ó á despreciar la Religion, porque sus ministros sean buenos ó malos, sabios ó ignorantes, sensatos ó supersticiosos."

---

* *Cartas á Elpidio*, tomo II pág. 19.

CAPÍTULO XXXII.

1836—1840.

CARIDAD Y CELO PASTORAL DEL PADRE VARELA.

El Padre Varela realiza el tipo de un buen pastor.—Fundacion del Asilo de viudas, que luego se convirtió en Asilo de huérfanos de padre, en la ciudad de Nueva York.—Diversos rasgos de caridad del Padre Varela.

Nada hay que pueda representar mejor el verdadero tipo de un buen Pastor, que la pintura de la vida del Padre Varela, miéntras estuvo al frente de las dos parroquias que se le encomendaron sucesivamente. Además de los innumerables rasgos de caridad que quedan, más bien indicados que referidos en las páginas antecedentes, hay algunos característicos que merecen mencion particular.

Segun el artículo necrológico del *Freeman's Journal,* una señora piadosa, amiga del Padre Varela, habia puesto á la disposicion de este la cantidad de ochocientos pesos para dedicarlos á alguna fundacion cari-

tativa, y que este donativo tuvo lugar á la sazon que
en el espíritu del Padre Varela se resolvia el pensamiento de establecer en New York, á imitacion de lo
que en Francia se denominan *créches*, una especie de
asilo para viudas pobres con niños en la infancia, que
por la necesidad de atender á estos, se encuentran en
la imposibilidad de obtener trabajo. Con el dinero que
se le presentaba en aquellos momentos no era posible
ni intentar el acometer tamaña empresa; pero convencido firmemente de la importancia que tiene siempre el primer paso, y de que las cosas más grandes
suelen ser algunas veces las que tienen orígen más
humilde, comunicó su pensamiento á varias personas,
y con aquellos 800 pesos, y algunos más que reunió,
consiguió plantear la idea, y darle forma práctica hasta
donde era posible que sucediese.

Esto pasó con mucha anterioridad al año de 1835;
pero al poco tiempo, y en consecuencia de una evolucion muy natural y sugerida por la necesidad de las
circunstancias, se abandonó el pensamiento primitivo,
y se convirtió el asilo en lo que se llamó por mucho
tiempo *Half Orphan Asylum* (Asilo de huérfanos de
padre) despues incorporado en un Asilo general de
huérfanos.

En la coleccion de las Leyes del Estado de New
York, hay una dictada el 2 de Mayo de 1835, por la
cual se autoriza la incorporacion del establecimiento
que se denominaba *Asylum for the relief of the children
of poor widows.* (Asilo para el socorro de los hijos de
viudas pobres.) Debia este establecimiento estar go-
bernado por un cuerpo de trece directores, el primero
de los cuales era el Obispo. El nombre del Padre Varela no aparece entre ellos, ni entre los que solicitaron
la incorporacion. Una peculiaridad de esta ley, que

demuestra el espíritu receloso que habia en aquella época contra las instituciones de carácter católico, es el precepto que prohibe al Instituto adquirir propiedades más allá del límite necesario para producir una renta anual de cincuenta pesos por cada uno de los niños que se recogieran.

Este instituto, á quien el pueblo denominaba comunmente *Half Orphan Asylum*, como se ha dicho, subsistió en esta forma hasta 1852, y estuvo sucesivamente en Greenwich, donde se abrió al público, en la 5ª avenida esquina á la calle 15ª, donde permaneció hasta 1843, y en la 7ª avenida esquina á la calle 11ª, en que quedó hasta 1853.

La Legislatura del Estado pasó una ley, fechada el 13 de Abril de este último año, autorizando la fusion en un solo establecimiento de los dos asilos denominados *Asylum for the relief of the children of poor widows*, y *Roman Catholic Orphan Asylum in the city of New York*. El nombre del segundo establecimiento (Asilo católico romano de huérfanos en la ciudad de New York) es el que se conservó para el formado por los dos; y la ley que lo autoriza limita su renta anual á la cantidad de treinta mil pesos.

En la *Historia* de la Iglesia católica en los Estados Unidos, que se ha citado varias veces, dice el Señor Shea, * que "el celo del Padre Varela, como cura párroco, y su caridad ilimitada, harán que su nombre se recuerde siempre entre los fieles de New York. Cómo podia vivir era un problema que siempre maravillaba á sus amigos, porque cuanto caia en sus manos lo repartia inmediatamente entre los pobres. Cuando no tenia dinero, echaba mano de lo primero que encon-

---

* *The Catholic Church in the United States.* Pag. 403.

traba, hasta la ropa de su cama, las cucharas de su mesa, sus propios vestidos. Y estos actos jamas hubieran sido conocidos, si los objetos de su caridad, como sucedió en dos ocasiones diferentes, no hubiesen sido arrestados por la policia, por sospecharse que habian robado lo que el caritativo sacerdote les habia regalado. El Padre Varela inspiró en su congregacion un grande espíritu de piedad, y será siempre recordado por los fieles, á quienes guió con su palabra y con su ejemplo en el ejercicio de sus deberes."

Una apreciable religiosa de la Habana, que en tiempos anteriores á su profesion monástica habia habitado en este país, y acostumbraba confesarse con el Padre Varela, ha manifestado á instancias nuestras, y en contestacion á las preguntas que se le hicieron por un amigo comun, lo que contiene la siguiente nota :

" Sé que nunca le podian dejar reloj, ni ropa de cama aun, porque todo lo daba á los pobres; y para que no se lo impidieran por la puerta, convidaba por la ventana, y por allí tiraba cuanto tenia ; y se mortificaban los sirvientes cuando iban á su cuarto, y le encontraban sin ropa de cama, ó sin otras cosas. Tambien cuando me iba á ver á mi casa, los mismos protestantes que solia encontrar allí decian que sentian una cosa particular cuando él entraba como si se hallasen en la presencia de un ángel."

El Señor Don Cristóbal Madan nos ha contado, entre otras cosas, el subterfugio de que se valieron sus amigos para obligarle á conservar un reloj, que tan indispensable le era para sus mismas obligaciones. Convencidos por la experiencia de repetidos casos de que era inútil volver á regalarle un prenda de esta especie, pues que á los pocos dias esta seguramente se habia de hallar en manos de algun pobre, que en seguida las pasaba á las de un judío prestamista, escogitaron el expediente de prestársela, bajo promesa formal de devolverla al cabo de algun tiempo, lo que cumplia religiosamente. El servicio de la mesa del Padre Varela distaba mucho de realizar las nociones más elementales de lo que los amigos del fausto suelen querer cohonestar con el nombre de *decencia*. Cuantos objetos de plata habia en ese servicio habian ido poco á poco desapareciendo, y sustituyéndose por otros de peltre, hierro, ú otro metal ordinario. Sus amigos lo notaron, y le regalaron un juego nuevo de plata fina. Pero este no tardó en seguir el mismo camino que sus antecesores, y una cuchara, que regaló en una ocasion á una pobre anciana, que vino á contarle sus cuitas, en los momentos en que estaba almorzando, y sin tener en el bolsillo ningun dinero, dió ocasion á que se descubriera este rasgo de caridad; pues arrestada aquella anciana, explicó lo que habia sucedido, y tuvo el Padre Varela que acudir á la estacion de policia para asegurar la libertad de la detenida, confirmando con extraordinaria repugnancia y disgusto lo que aquella habia manifestado.

Una vez en el invierno, llamado á administrar los sacramentos á un enfermo, en el lugar denominado las *Cinco puntas*, encontró que el paciente era un pobre, y que sufria extremadamente con el frio. El Padre Varela le regaló la capa con que habia salido de su casa, y se volvió á ella, tiritando, y sin abrigo.

En otras ocasiones, en circunstancias semejantes, regaló la levita que llevaba puesta debajo de la sotana quedándose tan sólo con el chaleco.

Nos ha contado el Señor Madan con referencia al Señor Shea, que ya en los últimos años de la permanencia del Padre Varela en Nueva York y aproximándose el invierno, la mujer que desempeñaba en la casa las funciones de ama de llaves, llegó á comprender que el Padre Varela habia recibido algun dinero, y como sabia que éste necesitaba un sobretodo, y que no habia frazadas en la casa, y que la ropa interior y de abrigo era vieja y escasa, se valió de un piadoso fraude, ó subterfugio, para obligarle á proveerse de todo eso. Se le presentó manifestándole que un individuo de su conocimiento, que acababa de llegar al país, pobre, sin recursos, ni amistades, carecia de todo, y corria riesgo de perecer en el invierno, pues le faltaba hasta lo más indispensable. Hízole tal pintura de la situacion desgraciada de aquel extrangero, que el Padre Varela se llenó de compasion, y le entregó en el acto la suma que en el concepto de la bondadosa intercesora se consideraba suficiente para hacer frente á aquellos gastos. Con gran sorpresa suya, se convenció poco despues, de que el pobre de que se le habia hablado no era otro que él mismo, y que el dinero que habia desembolsado se consumió con particular inteligencia y cuidado, en proporcionarle aquellos artículos y en ponerlo á salvo, sin que él mismo lo supiera, contra las inclemencias de la estacion.

"Todo lo daba," nos ha dicho el Rev. P. Mc. Gean su sucesor en el curato de la Transfiguracion; "todo lo daba, y lo que sus amigos le regalaban, si no era dinero que distribuia en seguida, no tardaba en encontrarse en las casas de empeño, á donde lo llevaban los indigentes." Pero á la vez que era verdad, como observa el artículo necrológico del *Freeman's Journal* que "nada habia que pudiese poner límites al ejercicio de su caridad," tambien lo era que "la mayor parte de las obras suyas de esta clase, permanecieron ocultas en Dios, sabiéndose tan sólo de aquellas que por circunstancias inevitables llegaron á hacerse públicas, porque la humanidad del Padre Varela corria parejas con su espíritu caritativo, sin que saliera nunca de sus labios una sola palabra que contuviese la más ligera alusion á nada que hubiese hecho en este sentido." Se conservan en poder del Señor Doctor Don Agustin José Morales, en el original inglés, algunos de los sermones pronunciados por el Padre Varela en el período á que nos estamos refiriendo. Sabemos por el mismo señor que otros muchos discursos de este género se han perdido lastimosamente; pero debemos agregar que relativamente hablando, fueron pocas las ocasiones en que le fué permitido al Padre Varela preparar su oracion, teniendo que improvisar frecuentemente. Hemos oido á muchas personas, entre ellas al Señor Don Martin Mueses, que era entónces un jóven que comenzaba sus estudios en este país bajo la direccion del Padre Varela, que frecuentemente se encontraba este en la necesidad de predicar, porque no habia quien lo hiciera, en su iglesia propia, ó porque de momento venian á invitarlo para que fuera á hacerlo en otra; pero sus discursos é instrucciones, aunque no estuviesen preparados jamás dejaron de ser buenos, ni de escucharse con interés.

CAPÍTULO XXXIII.

1838.

EL SEGUNDO TOMO DE LAS CARTAS A ELPIDIO.

Publica el Padre Varela el segundo tomo de las CARTAS A ELPIDIO.—*Análisis de la obra.*

Como se indicó anteriormente, fué en el año de 1838 cuando el Padre Varela publicó en New York el segundo tomo de sus *Cartas á Elpidio*, en que se ocupa en especial de la supersticion. Cuando escribió este libro, ya habia vivido bastante en los Estados Unidos, y adquirido suficiente experiencia de lo que en ellos pasa, para conocer á fondo lo que es la supersticion en los paises de libertad. Él la habia visto y estudiado en España, y ahora acababa de conocerla por completo, examinándola bajo otro aspecto, y en condiciones esencialmente diferentes. "Donde florece la verdadera religion, nos dice él mismo, haciendo como una especie de resúmen de sus observaciones, * la supersticion toma el principio de la autoridad para abusar de ella; y en los paises donde reina el *desórden religioso*, ó lo que es lo mismo una multitud de religiones, se vale de la razon para abusar del mismo modo, y ejercer su imperio."

El volúmen de que ahora nos ocupamos, se compone de cinco cartas ó capítulos, acompañados de ocho apéndices; y creemos que los lectores nos agradecerán que presentemos un análisis de su contenido.

La primera carta, titulada "Naturaleza de la religion y de la supersticion; efectos de ésta: paralelo entre ambas," empieza con uno de aquellos cuadros admirables que tan bien sabia trazar el Padre Varela:

"Dormian todos, Elpidio,—dice,—y un profundo y magestuoso silencio robó á mi espíritu la edad presente, y dió nueva existencia á las pasadas. Sin los delirios del sueño, pareciame ver, no ya los trofeos de la muerte, sino su derrota, como un simulacro de la futura resurreccion; y entre la espesa muchedumbre que, agitada por un soplo de vida, ondulaba en un espacio inmenso, veia elevarse los grandes maestros de la ciencia y de la virtud, despues de tan largo reposo, cual se elevan entre las olas suavemente movidas por el aura los brillantes astros de la mañana, rasgando las densas tinieblas de una noche dilatada. Superior á la muda naturaleza, considerábala como nada, y mi ser parecia desprenderse de ella, absorto en la contemplacion de un órden de cosas más excelso. Veia el término de la ignorancia y de la miseria en la fuente de la salud y de la sabiduría: veia rotas las cadenas de las pasiones, y el espíritu libre y unido al único ser que puede causar su felicidad. ¡Qué armonía! ¡Qué paz! ¡Oh! pudiera

---

* *Cartas á Elpidio,* tomo II pág. 117.

yo expresar las sublimes emociones de mi alma en aquella noche memorable que derramó sobre mí un raudal de fortaleza y de consuelo! noche que bendecirán todos mis dias: noche en que el insomnio, como para burlarse de la muerte, destruia su imágen, presentándome siempre la hermosísima de una eterna vida: noche, Elpidio, que ojalá no hubiera pasado jamás!" *

Se llama en este libro, *supersticion*, al estravio del sentimiento religioso que consiste, ó en adorar á un falso Dios, ó en tributar un culto falso al verdadero: ó en otros términos, á "toda religion *humana*, ó religion en el entendimiento, cuando no es conforme con la religion verdadera, ó en sí misma y pura." † Los extravios á que ella conduce, y sus efectos generales, están considerados y estudiados con grande habilidad, y dejan ver desde luego, así el espíritu investigador del filósofo, como la santidad y fé profunda del sacerdote y del apóstol.

"La religion, ora sea natural, ó revelada, no puede ser, nos dice, sino *una é inalterable....*" "Su carácter divino indica unidad, consecuencia, sublimidad, justicia, y constancia, porque Dios es uno, porque en sus obras no hay contradiccion, porque es infinitamente sublime y bueno, porque es eterno y por consiguiente inalterable. Una religion de esta naturaleza, como *creencia*, debe necesariamente producir como *sentimiento* el amor mutuo, ... debe inducir á la humildad, sentimiento noble que encanta aun al soberbio, pues la misma eminencia en su objeto destruye el deseo de igualarlo y hace parecer nada toda elevacion mundana.".... "De ella debe resultar tambien un despren-

---

* *Cartas á Elpidio*, tomo II págs. 3 y 4.
† Ibid, pág. 8.

dimiento de sí mismo y un santo valor, que es el orígen de la *respetuosa franqueza*, que jamás ofende y siempre edifica, que hace amar al mismo que corrige, que aleja el recelo, disipa la duda, inspira confianza, y eleva el corazon.".... La supersticion, por el contrario, no es mas que un monstruo detestable. "Ella ha separado á los hombres de su Dios y de sí mismos: ella ha acibarado el corazon humano: ella ha inquietado las familias, incendiado las ciudades, asolado las naciones, y cubierto el orbe de víctimas de su crueldad. Apénas puede abrirse una página de la historia sin contar sus estragos. Ella ha hecho gemir al *saber*, gloriarse la impiedad, desmayar la energía, elevarse la impudencia, decaer la religion, y erigirse en su lugar la infame hipocresía...." Es talvez mas dañina "á las naciones que la misma impiedad, y la heregía: porque estos son enemigos bien conocidos, y por lo regular *parten de frente*, como suele decirse, aunque á veces se disfrazan; miéntras que la supersticion es siempre baja, infame y alevosa, poniéndose una máscara sagrada para hollar todo lo justo y destruir todo lo recto."

En unos, " es la supersticion una suave enfermedad que llega á ser amada por el mismo paciente; y así su cura presenta muchas dificultades que vencer..." " En otros es una especie de locura, intolerante en alto grado, y á ocasiones feroz y sanguinaria. En todos causa mal, fomentando la credulidad, porqué "bajo el pretexto de que los misterios siempre son oscuros, la supersticion fabrica á su antojo cuantos desea, como si las nubes iluminadas por el sol de la justicia, pudieran parecerse á las envueltas y penetradas por las tinieblas del abismo."

"La supersticion tambien se opone á todas las reformas, negándose á reconocer ningun abuso. Aprisio-

na el entendimiento, atemoriza el corazon y deja al
hombre reducido á un verdadero estado de locura." *
Es causa de que los ánimos disientan, y entorpece notablemente el curso de las leyes. Si se la persigue sin
discrecion produce pseudo-mártires, pues los pueblos
no se acuerdan casi nunca de la verdad, tan exactamente expresada por San Cipriano, *que no es la pena
sino su causa la que hace el mártir.* † Para complemento de tantos males, el daño que produce se atribuye siempre á la religion, atrayendo sobre ésta el
odio y la persecucion. Aunque no se llegue hasta este
extremo, es indecible el regocijo de los impíos, si tienen la fortuna de que les venga á mano "algun catálogo de disparates con el título de *novena,* ó alguna
tontada religiosa con el título de ejercicio piadoso, ó
alguna cosa de otro género, que pruebe ignorancia y
credulidad en los hijos de la Iglesia," y descargan entónces sobre ella un diluvio de sátiras, de burlas y bal-
dones, y la constituyen responsable de cuantos errores
y de cuantas picardías se cometan contra su voluntad
y su mandato."‡

En la carta segunda, que se titula "Como usa la
política de la supersticion," se explica claramente porque tratan de fomentarla los déspotas de todas clases
en la tierra, procurando sustituirla en el lugar de la
verdadera religion, que no es una religion de esclavos,
sino de hombres libres y enteramente dueños de sí
mismos, como lo ha dicho Montalembert. § En esta

---

* *Cartas á Elpidio,* tomo II pág. 12.
† Ibid., tomo II pág. 22.
‡ Ibid. tomo II pág. 29.
§ "Dios está con los simples y los humildes; pero no con los cobarles ni
con los imbéciles."—*Les Moines d'Occident depuis Saint Benoît jusqu'à Saint
Bernard,* par le Comte de Montalembert.—Quatrième édicion. Paris, 1818.—
Tomo II, pag. 25.

parte de la obra se ve pintado con mano maestra el funesto efecto de la llamada *proteccion* concedida á la Iglesia por el Estado, y de la alianza, tantas veces preconizada, de lo que se denomina *el trono y el altar.* Muchos años despues que nuestro gran Varela escribiera en ese sentido, tan provechoso y tan exacto, otro grande pensador, no ménos apreciable, ha sostenido el mismo punto. El ilustre escritor francés, cuyo nombre acabamos de mencionar, ha hablado varias veces en el famoso libro ántes citado, del efecto pernicioso de esa pretendida proteccion de la Iglesia por el Estado. No hay más que echar una mirada en torno nuestro, y comparar la situacion en que se encuentra la Religion y la Iglesia en estos Estados Unidos de América, y en España y los demás paises en que se concede la referida *proteccion*; y el resultado del exámen decidirá desde luego, sin necesidad de nuevos datos, cual de los dos sistemas es más útil. " La Iglesia está oprimida, dice el Padre Varela, cuando se considera más privilegiada."

En la tercera carta se estudia con empeño " como debe impedirse la supersticion," y no se sabe á la verdad, despues de su lectura, si admirar más en ella la prudencia que campea por donde quiera, en todos sus conceptos, ó la profunda sabiduría, y la sagacidad del escritor. Los que hoy leyeren esta carta, tendrian que volver los ojos, por una especie de 'movimiento instintivo, y aun á despecho suyo, hácia diversos pueblos de la tierra, donde demagogos y políticos impacientes han puesto en peligro la sociedad, y comprometido el verdadero bien de la nacion, originando al mismo tiempo un grande número de desgrácias y calamidades.

Supone nuestro distinguidísimo sacerdote que existe

una nacion, donde las prácticas supersticiosas predominan á tal punto que se hace necesaria una reforma, y dice : "Si á esa nacion, que es religiosa por conviccion, por hábito, ó por orgullo, (pues todo contribuye) se la quiere tratar, como á un conjunto de niños, á quienes se dan órdenes por los maestros de escuelas, y se les señalan las lecciones que deben aprender sin réplica: el resultado será que el pueblo disgustado procura muy pronto hacer notar que los niños son ya *grandecitos*, y para mostrarlo empiecen por romperles las cabezas á sus imprudentes directores. Salen despues los declamadores y los poetas con sus diatribas contra la'supersticion del pueblo ; pero *las cabezas se quedan rotas* y los delincuentes preparados para volverlas á romper siempre que se presenta una ocasion."*

" No puede ser contado entre los hombres verdaderamente liberales, dice en otro punto, el que no es hombre de bien, y no está dotado de una alma generosa...." " No debemos perder de vista cuando se trata de pueblos, que éstos son muy celosos de su libertad *en todos respectos*, y que sean cuáles fueren sus errores, jamás sufren con paciencia que se les violente, y mucho ménos que se les ultraje. Créense con un derecho á lo que podemos llamar *felicidad social*, y ésta no es conciliable con la violencia, aunque muchas veces sea hija del capricho. Si un pueblo se cree feliz de un modo, quiere permanecer de este modo, y considera como un ataque á su felicidad y una infraccion de sus derechos toda tentativa para perturbarlo en la posesion de lo que aprecia y venera." †

Con éstas y otras lecciones, tan saludables como

* *Cartas á Elpidio*, tomo II, pag. 72.
† Ibid., pag. 73.

ellas, y que explican, si explicarse se necesita, porqué fracasan casi siempre los que blasonan de reformadores, y porqué lo que consiguen comunmente con las medidas violentas á que son tan aficionados, no es otra cosa que provocar reacciones que comprometen el buen éxito de la reforma legítima, pasa el insigne escritor á desenvolver en la carta cuarta, cual es el "influjo ejercido por la supersticion segun los pueblos," y su diversa índole y costumbres.

"En las naciones en que se halla establecida, dice, la única y verdadera religion, que es la católica, como su divino orígen exige precisamente un modo divino de operar, y éste no puede hallarse en las vicisitudes, limitacion y caprichos del entendimiento humano, es esencial el principio de la autoridad. Contra ella se alarma la soberbia humana, y pone en accion todos los medios que están á su alcance para combatirla; pero sus vanos esfuerzos sólo sirven para mostrar más y más que es absolutamente necesaria.... Mas este principio de vida á veces ha causado la muerte, no por su naturaleza, sino por servir de pretexto á muchos alucinados, y mayor número de ¡pícaros (que tal es su nombre), para erigirse en oráculos, ó para abusar de la verdadera autoridad hasta el punto de hacerla ridícula y atribuirle, como los falsos profetas sentencias, y hechos que la sabiduría divina detesta y condena." * Llegan á adquirir así los pueblos una propension á creer todo lo maravilloso, y á encontrar la autoridad divina sobre todas las materias, y á escudarse con ella hasta para cometer los mayores crímenes." †

Pero "en los pueblos donde hay pluralidad de cultos,

---

* *Cartas á Elpidio,* tomo II, pag. 76.
† Ibid, pág. 77.

y no es admitido, ó se finge que no es admitido el principio de la autoridad, influye la superstición de un modo distinto, pero no ménos ridículo y mucho más peligroso...." " Desquiciado el edificio de la verdadera religion, suprimiendo el principio de la autoridad, entra en los hombres un deseo insaciable de innovar, y un placer cuando se cree haber hecho un descubrimiento en materias de religion..." " Apénas es posible presentar una idea completa de los innumerables absurdos y desvarios" que se producen de este modo. *

Refiriéndose, entre otras cosas, á los astrólogos y adivinadores, que tanto habia entónces en los Estados Unidos, y que no son ménos en el momento en que ésto se escribe, exclama con sorpresa: "Y sin embargo, camino ahora por el pueblo más ilustrado de la tierra, porque su ilustracion no está, como en otros, concentrada en las universidades y en ciertas clases de la sociedad, sino difundida por todas ellas. No aparecen aquí los sabios como puntos brillantes en una superficie oscura, sino como flores de extraordinaria hermosura en un jardin todo hermoso é iluminado." †

" Hablando con la franqueza que me es característica, añade en otro punto, ‡ debo decir que en mi opinion hay pocos pueblos tan supersticiosos como el de los Estados Unidos de América.... No hay pueblo en que los impostores religiosos encuentren tan buena acogida como en éste. El que quiere formar una secta aun la más ridícula, puede estar seguro de encontrar numerosos partidarios, sin más diligencia que echarse

---

* *Cartas á Elpidio,* tomo II págs. 80 y 81.
† Ibid., pág. 85.
‡ Ibid., pág. 88.

á predicar, y darse un aire de piedad que alucine á los oyentes. Si puede gastar unos cuantos centenares de pesos en limosnas, el tiro es cierto, y la especulacion no falla, pues este pequeño gasto le procura un buen modo de vivir al predicador. Yo podria citar varios casos ; pero me bastará decirte que, ahora cuatro ó seis años, tuvimos aquí un perverso (que algunos tenian por mentecato, más yo no puedo convenir en ello) el cual tuvo la audacia de decir que *era Cristo*. Mi amigo Don José de la Luz, natural de la Habana, y que entónces se hallaba en este país, vino en un barco de vapor de Filadelfia á esta ciudad, en compañía de este Cristo, á quien me dijo rodeaban todos á bordo para oirlo. Verdad es que por aquel tiempo ya se habia dado á conocer el impostor lo bastante para que todos lo despreciasen ; mas pocos meses ántes nos informaron las gacetas, que habia salido de una ciudad de los Estados del Sud una multitud ⁔de hombres y mujeres tras este nuevo Cristo; y lo que es más, algunos *ministros del Evangelio* (como los llaman) siguieron á este impostor, que llegó á presentarse con toda dignidad y aparato....."

Refiriéndose, en seguida, á Lorenzo Dow, que se hacia pasar como profeta, al famoso Matías que andaba por los campos pretendiendo hacer milagros, á las *inspiraciones* de los cuáqueros, * las ridiculeces de los

---

* Con motivo de los cuáqueros refiere el Padre Varela que varios españoles, movidos por la curiosidad, asistieron á una reunion de aquella secta, poniéndose á la puerta para que se conociese desde luego, que no tenian otro objeto que observar, como forasteros. Una de las mujeres de la congregacion, tan luego como divisó á los viajeros, conoció sin duda su nacionalidad, y sintió venirle la inspiracion. Púsose de pié, y comenzó un discurso contra la Inquisicion de España. "Mi amigo y compañero Gener, agrega el Padre Varela, me contó el hecho, y me decia con su natural jocosidad : *Por esta vez, Varela, se equivocó el Espíritu Santo, pues ni hay inquisicion en España, ni es probable*

shakers, ó tembladores, algunos rasgos singulares de
los baptistas, los *camp-meetings,* ó reuniones campestres,
de los metodistas, el rigorismo de los presbiterianos, la
ultrajante severidad é intolerancia de las *Leyes azules*
de la Nueva Inglaterra, y otras cosas por el estilo,
concluye de este modo: "Pero ni por un momento te
figures, Elpidio, que quiero presentar á este país bajo
un aspecto poco favorable: todo lo contrario, mis observaciones son otras tantas pruebas de la rectitud de sus
leyes, y de las costumbres de sus moradores, cuando
bastan á contrarestar y hacer casi nulas causas tan
poderosas que en otro país acaso producirian un completo desórden." *

"Cuando la parte religiosa, que es la más influyente
en la educacion popular, agrega en otro punto, † está
encargada á ministros ignorantes, poco hay que esperar
del influjo benéfico que la religion debe tener en el
pueblo, ántes deben temerse los progresos de la supersticion y de todos los males que ella trae consigo."

"¡Qué ceguedad, dice tambien más adelante, ‡ la de
los que hacen responsable á la verdadera religion de
las supersticiones que afligen la sociedad, y tienen la
simpleza de creer que los herejes se encuentran libres
de esos males! ¡Cuánto daño ha hecho á la Religion
esa inconsiderada creencia! Si la impiedad debe evi-

---

que vuelva á haberla; y los españoles que estaban á la puerta, léjos de ser partidarios de la Inquisicion, la detestaban mucho más que la vieja predicadora,
de modo que la inspiracion es por lo ménos totalmente inútil." Otras muchas
observaciones hacia mi ilustrado y juicioso compañero, y ámbos conveniamos
en que el fanatismo y la supersticion no salieron del país á la entrada de las
nuevas instituciones, sino que tomaron otra forma para acomodarse á ellas."
Cartas á Elpidio, tomo II, pag. 93.

* *Cartas á Elpidio,* tomo II, pag. 104.

† Ibid., tomo II, pag. 109.

‡ Ibid., tomo II, pag. 115.

tarse, dicen algunos, y es preciso tener alguna religion, por lo ménos elijamos la que esté libre de supersticiones que degradan la especie humana, elijamos la más conforme con las luces del siglo, elijamos la de los hombres libres.... Todos hablan de las luces del siglo; pero la mitad son ciegos que no las ven, y quieren que sean como ellos se las figuran... Las verdaderas luces del siglo léjos de guiar á los hombres á tantos desvaríos como ellos forjan, les indican los precipicios para evitarlos. La antigüedad carga siempre con las calumnias, y el siglo presente las sanciona, sin que ni aquella pueda defenderse de la injusticia, ni éste evitar que aquella se cometa."

La carta quinta se dedica á tratar de la " *tolerancia religiosa*," distinguiendo la tolerancia *teológica*, la *social* y la *legal*. " La verdadera tolerancia, dice, la tolerancia evangélica, la que se debe siempre tratar de establecer, es aquella que sin transigir con los errores, jamás falta á la caridad que es el alma del cristianismo." * ¡ Qué pensamiento tan notable y tan perfectamente formu_ lado !

Pondrémos término á este análisis, que ya es tal vez sobrado extenso, citando las palabras con que concluye este volúmen, y que le sirven en cierto modo de resúmen :

" Terminaré, dice, † mis reflexiones sobre el funesto influjo de la supersticion en la sociedad, asegurando que ha pervertido el culto divino y encadenado á los hombres, que solo pueden ser verdaderamente libres, cuando están animados del verdadero espíritu evangélico; pues, como dice el Apóstol á los Corintios, *donde*

---

* *Cartas á Elpidio,* tomo, II pág. 152.
† Ibid., tomo II, pag. 152 y 153.

está el espíritu del Señor, allí está la libertad. (Ubi autem
spiritus Domini, ibi libertas est. 2 ad. Corint. III. 17).
¡ Qué bien entendió esta divina máxima del Apóstol,
el enérgico, franco y apostólico San Ambrosio, cuando
escribia, que "ni es propio de un emperador el negar
la libertad de hablar, ni de un sacerdote el no decir
lo que siente. La diferencia que hay entre los buenos
y los malos príncipes es que los buenos aman la libertad y los perversos la servidumbre!" *(Neque imperiale*
est libertatem dicendi denegare, neque sacerdotale quod
sentiat non dicere. Hoc interest inter bonos et malos prin-
cipes, quod boni libertatem amant, servitutem improbi.
AMBROS. epist. 40. alias 29.) ¡Qué tal, mi Elpidio!
¿Necesitaba San Ambrosio tomar lecciones de liberalismo, ó podia darlas á los alucinados que creen que
son incompatibles la libertad y la Religion?"

Los ocho apéndices del libro son sumamente interesantes en el terreno de la controversia y de la historia. Es el primero una coleccion de "autoridades que
prueban que los protestantes admiten la necesidad de
estar en el seno de la Iglesia para salvarse." El segundo
es otra coleccion tambien de "autoridades," demostrando que "es doctrina católica que muchos se salvan
sin estar unidos al cuerpo visible de la Iglesia, cuando
esta separacion no es culpable, y por otra parte se
hallan unidos á su alma." El tercero es la traduccion
al castellano de algunas de las *leyes azules* de Connec-
ticut. En el cuarto se presentan algunos extractos de
las actas de la Asamblea de Escocia. En el quinto se
copian varias leyes de Inglaterra, proscribiendo y condenando el catolicismo y los católicos. Es el sexto la
traduccion de un pasaje de la *Miscelánea* de Voltaire,
enseñando la intolerancia religiosa, á que se agrega un
corto comentario. El séptimo se titula "Tolerancia

enseñada por Santo Tomás," y contiene curiosísimos pormenores. Y en el octavo, que es el último, se da cuenta brevemente de la " persecucion de los católicos por los calvinistas de Francia."

Esta obra del Padre Varela, aunque escrita en castellano, produjo mucha sensacion en los Estados Unidos. Se la ve citada con frecuencia por escritores católicos americanos, y la hemos encontrado de venta en estos últimos tiempos, en una de las librerias católicas de la calle de Barclay en Nueva York. En Cuba por supuesto, circuló por todas partes, y se acogió con mucho entusiasmo.

CAPÍTULO XXXIV.

1836--1840.

OTROS TRABAJOS DEL PADRE VARELA EN LENGUA CASTELLANA.

Escrito sobre la distribucion del tiempo.—Máximas para el trato humano.— Reflexiones sobre las prácticas religiosas.—Entretenimientos religiosos en la Noche Buena.—Advertencia á los católicos, principalmente á los españoles que vienen á los Estados Unidos del Norte de América, acerca de los protestantes y sus doctrinas.—Carta sobre la polémica filosófica sostenida en la Habana entre los Señores Don José de la Luz, Don Manuel Gonzalez del Valle y otros discípulos y amigos suyos.

Corresponden á esta época algunos otros trabajos, que afortunadamente se conservan redactados en castellano por el Padre Varela.

Uno de ellos, cuyo manuscrito, inédito y autógrafo, existe en poder del Señor Doctor Don Agustin José Morales, que se sirvió facilitárnoslo, es un papel de apuntaciones sobre la *distribucion del tiempo,* á que acompañan unas *máximas para el trato humano,* y algunas breves reflexiones acerca de las *prácticas religiosas.* Creemos hacer un servicio á los lectores reproduciendo este documento.

DISTRIBUCION DEL TIEMPO.

La distribucion del tiempo depende de circunstancias personales y de familia, por cuyo motivo debe ser obra de la persona interesada. Sin embargo, pueden darse algunos consejos generales:

1? No formar plan en que se ocupen todos los momentos del dia, sino aquellos que probablemente puede esperarse que serán ocupados. Muchos por aspirar á una ocupacion continua, pasan la vida en una *ociosidad constante y laboriosa*. Es cierto que toda persona que vale algo, tiene pocos momentos desocupados; pero ésto debe ser efecto de circunstancias, mas no de plan premeditado.

2º La constancia en la observacion del plan de vida que nos propo_nemos es una garantía para el buen resultado; por cuyo motivo, si *tal hora* se destinó por ejemplo para la lectura, debe leerse en aquella hora áun cuando se halla leido muchas horas ántes.

3? No desanimarse por la interrupcion que sufra la observancia del plan propuesto.

4º Aspirar á la perfeccion, pero contentarse con la medianía. El desagrado con que ésta se mira es efecto de vanidad, por más que se cubra con títulos más honrosos."

MAXIMAS PARA EL TRATO HUMANO.

"Pensar bien de todos los hombres, miéntras no nos conste que son malos; pero precaverse de ellos, como si efectivamente lo fueran. La gran prudencia social consiste en no manifestar estas precauciones que ofenderian, y evitar el escollo de la hipocresía,ó falso carácter. No debemos, pues, negar nuestras ideas, pero tampoco debemos manifestarlas sin necesidad.

El medio de evitar el ofendernos por las malas acciones de los hombres es considerarlos como enfermos. Esta máxima es confoime á la doctrina de San Agustin. El mundo es un gran hospital, donde se hallan unos que buscaron y aumentan sus enfermedades, y otros que enfermaron por accidente; mas todos necesitan igual cura, y de ninguno debe hacerse caso cuando habla poseido del mal."

PRACTICAS RELIGIOSAS.

1? *Rezar poco y bien*. No por ésto crea Vd. que me opongo á la práctica de muchos rezos, si es que hay tiempo y disposicion de espíritu para hacerlos con propiedad. Mas no siempre se consigue esta perfeccion; y así es que muchos de los *grandes rezadores* son *grandes pícaros*, y detras de un *chorro de rezos mecánicos*, echan un chorro de maldiciones, ó quitan el crédito á todo el mundo. En el rezo deben ir las palabras acompañadas con el sentimiento del corazon, y entónces el efecto es infalible.

2? No debemos afligirnos por las distracciones en el rezo, á ménos que sean voluntarias ; y así conviene no repetir los rezos, pues en la segunda vez será mayor la distraccion que en la primera. Tengamos presente que las oraciones son para consuelo, y no para tormento.

3º No usar otros rezos que los aprobados por la Iglesia; para ésto no basta que se hallen impresos con la aprobacion de algun Obispo, pues muchas de estas aprobaciones son *fingidas*, y de ésto tenemos pruebas innumerables: otras son sacadas sin propio exámen; y otras son dadas por Obispos que acaso más le convendria á la Iglesia que no lo fueran. Muchos de los libros de piedad están llenos de blasfemias por exageraciones ridículas. Si por desgracia da Vd. con alguno de estos libros, lo mejor que puede hacer es no leerlo; pero si, por otra parte, contiene cosas muy buenas y Vd. encuentra consuelo, acuérdese Vd. que las palabras tienen el significado que queremos darles; y así, atienda Vd. á la sana intencion del autor, y á la de Vd., cuando pronuncie las palabras, y no hay peligro. Sin embargo, confieso que querria ver quemados semejantes libros.

4? En cuanto á las oraciones, recuerdo á Vd. que Jesu-Cristo estableció una á la cual debemos dar la preferencia. Aconsejo á Vd. que diga fervorosamente el *Padre nuestro* ántes de salir de su casa, y siempre que Vd. prevea que puede presentarse alguna tentacion, y sobre todo siempre que Vd. se proponga hablar á alguna persona para aconsejarla, ó producir algun buen efecto en gloria del Señor.

5? Aconsejo á Vd. que al entrar en la Iglesia, repita las que ella usa tomadas de la Escritura: *Aquí no hay otra casa sino la casa de Dios y la puerta del cielo.* Gen. c. 28 v. 27.—En seguida, repita Vd. las palabras del salmo 137. v. 1 y 2 : *En presencia de los ángeles te alabaré.*

Además del precedente se sabe de otro escrito, titulado *Entretenimientos religiosos en la noche buena;* pero de él tan solo se conserva un borrador incompleto.

Pero más importante que ellos, por el asunto y por la extension, es el interesante libro, igualmente inédito y en posesion del Señor Morales, que se titula "Advertencia á los católicos, principalmente á los españoles que vienen á los Estados Unidos del Norte de América, acerca de los protestantes y sus doctinas." Esta obra se compone de tres partes, y está dividida como sigue:

PARTE PRIMERA.

CAPITULO I.—Preocupacion de los protestantes acerca de los católicos.

CAPITULO II.—Errores imputados á los católicos.

CAPITULO III.—Prácticas imputadas á los católicos.

PARTE SEGUNDA.

CAPITULO IV.—Exposicion de los dogmas católicos.

PARTE TERCERA.

CAPITULO V.—Doctrinas de los protestantes.

CAPITULO VI.—Verdaderos sentimientos religiosos de los protestantes.

CAPITULO VII.—Hasta que punto podemos condescender en el trato con los protestantes.

Es de esperar que cuando un dia levanten los cubanos el verdadero monumento á que están obligados, y que se debe á la memoria del gran maestro, publicando una edicion completa y esmerada, lo más lujosa que se pueda, de todos sus escritos, ocuparán las *Advertencias* de que acaba de hacerse mérito el preferente lugar que les corresponde.

Ese asunto preocupaba tanto más al Padre Varela, cuanto que estaba perfectamente convencido de una verdad, profunda á nuestro juicio y comprobada por la experiencia. Los pueblos de nuestra raza, ya lo hemos indicado anteriormente, ó son católicos, ó no son nada Aquel de entre nosotros que desea investigar las cosas y concede su atencion á los grandes problemas que preocupan y preocuparán siempre el espíritu del hombre, si se separa de la Iglesia es para ir derecho al racionalismo puro, al positivismo, á lo que se llama la iglesia unitaria, ó á cualquiera otra de las formas de lo que Guizot denomina *una filosofía pura que titubea y vacila en asumir su nombre verdadero.* Los que, ó no piensan mucho, ó no están preparados para pensar, podrán en ocasiones asistir á alguna iglesia protestante, pero permanecen en realidad empantanados en la más absoluta indiferencia.

Hablando del lenguaje que generalmente se escucha entre los protestantes, decia el Padre Varela, dirigiéndose á Elpidio : * "Permíteme que me detenga, y que como de paso haga una manifestacion que me lisonjea mucho, y es que este lenguaje no se oye entre los españoles, ni entre sus descendientes. En quince años que hace estoy en este país, ejerciendo el ministerio, sólo supe de un jóven que se quiso casar, y para ello se volvió presbiteriano. Los españoles, Elpidio, son católicos, ó nada. Créelo así, pues te lo escribe un hombre que tiene motivos para saberlo."

Nuestro querido amigo, el Doctor Mestre, ha hecho el servicio á sus paisanos de conservar como un Apéndice á su notable libro *De la Filosofía en la Habana,* † la carta que en 22 de Octurre de 1840, escribió nuestro distinguido sacerdote, con motivo de la polémica filosófica, en que respecto al *eclecticismo* de Cousin, andaban empeñados el Señor Don José de la Luz y Caballero, el Señor Don Francisco Ruiz, el Señor Don Manuel Gonzalez del Valle, y algunos otros que con ellos habian sido sus discípulos.

El ruido de aquella controversia, y las palpitaciones de una contienda que hará época en nuestra historia, y que el Señor Mestre, en un arranque generoso, dice

---

* *Cartas á Elpidio,* tomo II pág. 115.
† *De la Filosofía en la Habana,* pág. 93.

que es la que más interés inspira en su alma, * atrave-
saron la distancia que separa la Habana de Nueva
York, y llegaron hasta el modesto hogar del gran cubano. Su espíritu no pudo ménos de conmoverse profundamente; pero guardó silencio por algun tiempo.
Cuando poco más tarde lo rompió, lo hizo con su prudencia acostumbrada, dirigiendo en lo privado á uno
de sus amigos la carta que insertamos.

Esta se hallaba inédita cuando el Señer Mestre la
publicó. A nosotros nos parece de importancia, reproducirla

Su texto es el siguiente:

NUEVA YORK, 22 *de Octubre de* 1840.

Querido A:

Mi silencio respecto á las cuestiones filosóficas que hace tiempo llaman la atencion del público en esa isla, no es más que una medida
prudente. Toda intervencion de mi parte podria mirarse como un reclamo de mi antiguo magisterio, que si nunca hice valer cuando casi
todos esos contendientes recibian mis lecciones, mal podria pretender
ejercerle cuando se hallan á la cabeza de la enseñanza de que yo me he
separado. Mas tus instancias son tales y tan repetidas, que al fin voy
á manifestarte lo que pienso.

Tres son los puntos controvertidos: 1º Si la enseñanza de la Filosofía debe empezarse por la Física ó por la Lógica; 2º Si debe admitirse la utilidad como principio y norma de las acciones; 3º Si debe
admitirse el sistema de Cousin.

En cuanto al primer punto, reflexiona que las ciencias pueden considerarse *en sí mismas*, ó en el *método de enseñarlas;* y aunque este debe
fundarse en las relaciones de aquellas, es vario en el modo de aplicar-
las. Siendo la Lógica la ciencia que dirige el entendimiento para

---

* "Confieso que ninguna otra época de nuestra historia despierta en mí
más vivo interés que esa era en que tan fuertes y agitados eran los latidos del
santo amor á la verdad. Yo quiero vida para dirigir su desarollo en el sentido
del bien: yo quiero arranques para moderar y rectificar sus ímpetus: lo que
no quiero es manejar cadáveres que no sé galvanizar." *De la Filosofia en
la Habana,* pag. 47.

adquirir las otras, es claro que debe precederlas, ó por lo ménos *acompañarlas,* pues lo contrario seria lo mismo que aplicar la medicina, cuando ya el enfermo está sano, ó traer una antorcha para alumbrar el camino cuando ya el viajero ha llegado á su término. Por consiguiente, los que defienden que debe empezarse por la Lógica han considerado las ciencias en sí mismas, y su argumento es incontestable. Mas las relaciones de la Lógica con las demás ciencias pueden irse aplicando á un objeto determinado, ó enseñar de un modo práctico, lo cual equivale á enseñar la Lógica *simultáneamente* con otra ciencia, aunque el discípulo no perciba el arte con que es conducido. Entónces se aplica la medicina por grados, segun lo requiera la enfermedad, y la antorcha acompaña al caminante y alumbra el campo aunque no es percibida. Por consiguiente, los que quieren que se empiece por la Física no pretenden que ésta se enseñe ántes que la Lógica sino con el auxilio de ella, como un mero ejercicio lógico en que el entendimiento es guiado sin sentirlo, y adquiere un hábito que luego le facilita la inteligencia de los preceptos lógicos, ó la *ciencia lógica formada en sistema por los hombres.*

No hay duda de que además de la Lógica natural de que siempre se ha hablado, y que consiste en la facilidad de percibir los errores por luz de razon, hay otra que podemos llamar *de educacion,* social y científica, y que es el resultado de una continua rectificacion del espíritu por experiencia propia, y por las indicaciones de los otros, que al fin viene á producir un hábito de acertar. Sucede lo mismo que con la Gramática, que puede uno aprender á hablar perfectamente, sin estudiar sus reglas, si tiene quien le corrija todos los defectos; pero nunca hablará bien sin conformarse á ellas, aunque él mismo no perciba esta conformidad. Propiamente hablando, no diriamos que aprendió sin reglas, sino que aprendió las reglas sin saber que las aprendia, por no haberlas recibido en un órden sistemático. Por tanto, la cuestion no debe presentarse preguntando, si se ha de enseñar la Física ántes que la Lógica, sino si la Lógica debe enseñarse junto con la Física, de un modo práctico, y meramente preparatorio, sirviendo los objetos físicos para los ensayos lógicos.

Bien advertirás que ya estamos en un campo muy diferente, y que de un golpe nos hemos desembarazado de todos los argumentos deducidos de la naturaleza de la Lógica, ora para que preceda en el órden de estudios por ser la antorcha de las ciencias, ora para que se posponga por ser abstracta y ménos agradable. En realidad no se anticipa ni se pospone, aunque los sistemas científicos, ó cuerpos de doctrina formados por los hombres, se anticipen, ó se pospongan.

Es tambien claro que la Lógica, áun como sistema filosófico, ó conjunto de reglas y observaciones, puede enseñarse con toda perfeccion, ántes de enseñar Física ú otra ciencia alguna, pues el profesor, si sabe enseñarla, encontrará mil objetos sensibles, y de fácil comprension que le sirvan de ejemplo en sus explicaciones y de ejercicio á sus discípulos. Nunca podria establecerse como regla, que el que no estudia primeramente la Física, no puede estudiar Lógica, ó no puede por lo ménos estudiarla con facilidad. Por esta razon, en las Universidades y otros institutos en que se enseña la Lógica despues de la Física, no se exige certificacion de haber estudiado ésta para empezar el estudio de aquella. En muchas partes se enseñan simultáneamente; y si no estoy equivocado, aun nuestro Don José de la Luz lo practicó así, y acaso lo practica. Acuérdome que cuando me escribió que enseñaba la Física ántes que la Lógica, le contesté que encontraba en ello una ventaja, y es que los estudiantes prefieren el estudio de la Física por ser más agradable, y así se les forma el gusto, enseñándoles al mismo tiempo la Lógica sin que lo perciban. Luego venimos al último re_ sultado, y es que no yerran los que enseñan la Lógica ántes que la Física, ni los que enseñan aquella sirviendo ésta de ensayo; y he aquí terminada la cuestion.

En cuanto á las obras elementales, creo que debemos pensar de un modo diferente, pues éstas, aunque se destinen al uso de las escuelas, deben escribirse como si el estudiante no tuviese otra guia, y por consiguiente deben seguir el órden que en sí tienen las ciencias, empezando por la Lógica. Y he aquí porque yo no he alterado el órden de mis *Lecciones de Filosofia,* dejando á los profesores que hagan el uso que quieran de ellas, posponiendo si les parece el primer tomo, y empezando por el segundo.

La segunda cuestion queda resuelta luego que se analizan sus términos. Trátase de encontrar la primera *norma* de la moralidad que mide y arregla y no es medida ni arreglada, pues en tal caso no seria primera: luego la utilidad que es medida y arreglada no puede ser la norma que buscamos, y sólo es el resultado de la comparacion de las acciones con dicha *norma,* siendo la utilidad *verdadera ó aparente,* segun que se conforma ó se opone á ella.

Advierte que los defensores del principio utilitario responden á las objecciones, diciendo que todas provienen de confundir la utilidad ilegítima con la verdadera; luego ha de haber una norma para evitar esta confusion, y dicha norma es la primaria. La idea de la utilidad de un objeto, es el resultado de un análisis y una síntesis, y viene á ser como el producto en una multiplicacion. ¿ Diria un matemático que los productos verdaderos, ó bien sacados, son la norma de la multiplicacion ? Seguramente que nó. Antes diria que aplicando la norma ó regla sacamos los productos y averiguamos si son exactos; pues lo mismo debe decirse de la utilidad. Sin embargo, como siempre operamos por una razon de bien, ó por una utilidad, es cierto que nuestras acciones se dirigen por ella, y que es la norma *inmediata ó secundaria*, que no sirve de prueba de la moralidad sino en cuanto conviene con la *norma primaria*. Para valerme nuevamente de un ejemplo sacado de los matemáticos, compararé la que llamo norma secundaria con las tablas de logaritmos, que efectivamente sirven de norma en los cálculos para abreviar las operaciones; pero están formadas por otra norma, y son el resultado de otras operaciones que forman el verdadero fundamento de los cálculos.

Creo que ha dado ocasion á la disputa el haber confundido la norma primaria con la secundaria, y que examinando la materia con tranquilidad, podrian avenirse los contendientes. Siempre se ha dicho que el hombre opera segun alguna razon de *bien;* que este es *real*, si se conforma con la naturaleza de las cosas, y por consiguiente con la voluntad divina, que es el orígen de ella, y *aparente* si se la opone, siendo tambien por la misma razon contrario á aquella: y que las acciones que tienen por objeto un *bien real* son justas, y las que se dirigen á un *bien aparente*, viciosas. Tambien se ha dicho siempre, que para graduar la bondad de los actos debemos considerarlos en todas sus relaciones, y que cualquiera equivocacion en este punto nos hará tener por buenas las acciones malas, y al contrario.

Jamás ha habido un filósofo que se atreviese á negar que un *bien real* es una *utilidad verdadera*, y que un *bien aparente* es una *utilidad falsa*.

Si oimos á los defensores del sistema utilitario, nos dirán que la verdadera utilidad no depende del capricho de los hombres, ni del vil interés, sino que se deduce del exámen de la naturaleza de los objetos, y siempre es conforme con la voluntad divina; y que la verdadera utilidad es un *bien real*, y por esta razon, y no por otra, la presentan como la norma de las acciones, pues como filósofos están bien léjos de oponerse al bien real, ó querer mal para los hombres. Por consiguiente, en sustituyendo la palabra *utilidad* á la palabra *bien*, ó al contrario, todos los contendientes expresarán unos mismos pensamientos, aunque el lenguage sea diverso.

Mas por desgracia la cuestion ha tenido un objeto imaginario y se ha hecho interminable. Los que atacan el sistema utilitario dan por sentado que la utilidad se gradúa al capricho, ó segun un interés puramente individual; pero los defensores de dicho sistema responden que eso es una equivocacion. Mas estos mismos acusan á sus contrarios de proceder neciamente fingiendo *deberes* imaginarios, sin consultar la verdadera utilidad, esto es, sin contemplar la naturaleza de los objetos ; y á su turno reciben por respuesta que eso es tambien una equivocacion. Y he aquí como unos y otros están dando palos al aire.

Sin embargo de que estoy persuadido de que es una misma la doctrina de ámbos partidos, debo confesar que no me ha gustado la introduccion del término *utilidad*, que dejando las cosas como estaban les ha dado un aspecto sospechoso. Creo que la experiencia justifica mi asercion. Expresando las palabras *bien real* y *utilidad verdadera* una misma idea, convendria no usar las últimas que producen confusion, y aun si se quiere, expresan doctrinas contrarias. Francamente digo, que es absurda la que dé el nombre de *verdadera* á una utilidad que sea contraria al *bien real.* Pero estoy seguro de que ninguno de los defensores del sistema utilitario en la Habana está en este último caso; y así creo que la disputa es de palabras.

En cuanto al sistema de Cousin, creo que tambien puede haber un acomodamiento, si prescindimos de los errores *particulares* que puede tener el autor, como nos sucede cuando prescindimos de los gravísimos que cometió Aristóteles, á quien puede considerarse como el padre del sensualismo. El panteismo de Cousin se deduce de algunas proposiciones de este autor esparcidas en sus obras ; pero no es hijo de su sistema, que sólo viene á ser un espiritualismo, lo cual seguramente no es cosa nueva. No puedo ménos de admirarme de que Cousin haya hecho tanto ruido, cuando no ha hecho más que repetir lo que otros han dicho ; pero al fin debo ceder á la experiencia y confesar que hay *nadas sonoras.* Redúcese, pues, toda la cuestion á dejar que Cousin y sus partidarios defiendan las ideas innatas, ó las *puramente intelectuales* que no son innatas, pues su objeto no se representa por imágenes sensibles. A cualquiera de estos dos sistemas que se reduzca el cousinismo, debe desecharse, segun mi opinion ; pero no debemos alarmarnos porque otros lo sigan.

Puedo decir que cuando estudié Filosofía en el Colegio de San Cárlos de la Habana era cousiniano, y que ántes lo fueron todos los discípulos de mi insigne maestro el Doctor Don José Agustin Caballero, que siempre defendió las ideas puramente intelectuales, siguiendo á Jacquier y á Gamarra. El Señor O'Gaban que le sucedió, y con quien acabé mi curso de Filosofía, varió esta doctrina, admitiendo la que ahora con un terminito de moda llaman *sensualismo.* Y yo que le sucedí en la Cátedra, siempre lo enseñé, aunque sin tanto aparato. Hubo, pues, una

época en la Habana, en que se enseñaba en la Universidad el sensualismo absoluto, en el Seminario el sensualismo que podemos llamar
moderado, porque admitia algunas ideas puramente intelectuales, y en
el Convento de San Agustin las ideas innatas, porque seguian á Pur-
chot. Ya ves que la cuestion no es nueva.

Distingamos á Cousin de los cousinianos, y no atribuyamos á éstos
los errores de aquel, así como no atribuimos á los aristotélicos los
errores de Aristóteles. Sea ó nó panteista Cousin, estoy seguro de que
lo serán muy pocos, y acaso ninguno de los cousinianos. Si por desgracia llegan á admitir un error tan funesto, atáqueseles con firmeza,
como panteistas, más no como cousinianos.

En cuanto al sistema en sí mismo, repito que debe reducirse á un
innatismo, ó á un espiritualismo ; pues, ó quiere Cousin que todos las
ideas estén en el alma, y ésta las despliegue, por decirlo así, segun las
circunstancias, y he aquí el innatismo ; ó pretende que, sin estar las
ideas previamente en el alma, ésta las forma sin imágenes sensibles, y
he aquí el espiritualismo. No concibo un término medio, á no ser que
se admita el sensualismo y se destruya todo el sistema cousiniano.
Ahora bien, te suplico que recuerdes lo que escribí en mi primer curso
filosófico * sobre la cuestion acerca del orígen de las ideas, é inferirás
cuan inútil la considero. Estoy tan convencido de su inutilidad, que en
mi segunda obra, (pues como tal considero mis *Lecciones de Filosofia*)
ni siquiera me detuve en ventilarla, porque me pareció que el mayor
servicio que podia hacerle á mis discípulos, para quienes únicamente
escribia, era conservarlos en la ignorancia de semejante cuestion, ó
mejor dicho delirio, que ni dirige el entendimiento, ni rectifica el corazon. Acuérdate de una regla de mi Lógica, que siempre he observado, y
es, que *toda cuestion que, resuelta afirmativa ó negativamente, da un mismo resultado en la práctica, debe desecharse.* Lo mismo dirige el entendimiento para la adquisicion de las ciencias un innatista que un sensua-
lista, y así no importa mucho decidir cual de los dos sistemas es verdadero, y la cuestion debe considerarse como objeto de una curiosidad

---

* No sé si tendrás algun ejemplar de este curso. Escribí la Lógica y la
Metafísica en latin, segun la costumbre de aquel tiempo, y debia servir para el
Seminario de la diócesis de Santo Domingo, cuyo Arzobispo el Señor Valera
me encargó el trabajo. Imprimióse en la Habana, en la imprenta de Gil, en
1812, con el título de *"Institutiones Philosophiæ eclecticæ"* sin nombre de autor.
Despues enseñé por ella cuando obtuve la Cátedra del Seminario de la Habana, y entónces escribí el tercer tomo en castellano, por habérmelo permitido
el Illmo. Espada.

filosófica. Sin embargo, en el primer curso la resolví estableciendo la siguiente proposicion : *Todos los filósofos deben convenir acerca del orígen de las ideas, ó todos defienden un absurdo.* Para probarla, supongamos que se presenta un cartesiano y dice : " Hay ideas que se adquieren naturalmente y sin estudio." Un lockiano concederá esta proposicion, y tambien lo hará cualquiera defensor de las ideas puramente intelectuales. Venga ahora un lockiano y diga : "La idea de Dios se adquiere por los sentidos, porque ellos nos excitan á su formacion", y el cartesiano lo concederá, porque él enseña que las ideas, aunque innatas, se excitan ó despiertan por los sentidos ; y tampoco lo negará el que admite ideas puramente intelectuales, pues por ellas nunca ha entendido que no puedan excitarse por los sentidos, sino que no pueden representarse por ellos. Supongamos ahora que viene un defensor de este último sistema y afirma que la idea de Dios no puede representarse por imágen corpórea, y que en este sentido es puramente intelectual ; y el cartesiano, y el lockiano convendrán en ello. Resulta, pues, que todos están de acuerdo en que " hay ideas evidentes que se adquieren sin trabajo ; que hay ideas cuyos objetos no pueden representarse por imágenes corpóreas, pero que podemos excitarnos á formarlas por la accion de los sentidos." He aquí una conclusion formada de lo que cada partido afirma y los otros conceden : he aquí todos los filosófos de acuerdo.

Pero supongamos que un cartesiano dice que la idea de Dios siempre ha estado *presente* en nuestra alma desde el momento en que fué creada, ó que dicha idea estaba como escondida en el alma, y sólo se manifestó cuando fué excitada, esto es, que estaba y no estaba. He aquí un absurdo. Supongamos que un lockiano dice que la idea de Dios se puede pintar por imágen corpórea : he aquí otro absurdo. Luego, resulta que todos sostienen un absurdo, así que se desvian de la proposicion en que todos convienen. Luego, queda probada la primera proposicion, esto es, que todos los filósofos convienen acerca del orígen de las ideas, ó todos defienden un absurdo. Debemos, pues, dejarlos en paz, ó como defensores de verdades evidentes, ó como apasionados que no perciben absurdos tan palpables. Creo que estas reflexiones bastan para que no nos ocupemos del cousinismo como sistema ; y por lo que hace á los errores de Cousin dejárselos en su entendimiento, y si alguno los defiende bastará para confutarlos repetir las sólidas impugnaciones que en todas épocas han recibido, pues seguramente no venimos ahora á impugnar por primera vez el panteismo, ó el sistema de *emanacion* en lugar de la *creacion.* No son los ateos bichos nuevos en el campo *aparente* filosófico, aunque en el real no se cree que hayan jamás existido. De aquí no infieras que atribuyo estos enormes errores á Cousin, sino que está, justa ó injustamente, acusado de ellos, y allá se las parta : yo no quiero constituirme su acusador, ni su defensor, ni su juez.

Tambien ha llamado la atencion Cousin reviviendo el principio de *autoridad filosófica* y reuniéndolo con el eclecticismo, siendo enteramente contrarios, pues el que cede á una autoridad no tiene eleccion. Sin embargo, sospecho que ha empleado estos términos en muy distinto sentido, y que al fin es un juego de voces. Indúceme á formar este juicio una proposicion de mi amigo y discípulo Don Manuel Gonzalez del Valle, que dice : *Como no hay progreso sin tradicion doctrinal de los que nos han antecedido en la historia de la ciencia, la autoridad es el lazo que nos une con el pasado.* Sé que Valle se ha entregado por mucho tiempo al estudio de las obras de Cousin, y que es su partidario acérrimo, por cuyo motivo debo creer que la proposicion es enteramente cousiniana. De ella, sin embargo, se infiere claramente que la autoridad filosófica solo tiene por objeto certificar lo que han escrito los filósofos, más no obligarnos á admitir sus doctrinas, pues entónces no podria haber progreso como supone la proposicion, sino que por el contrario tendriamos una Filosofía estacionaria.

Aunque convengo en que la *tradicion doctrinal* puede servir para el progreso de las ciencias, no me parece que es absolutamente necesaria, pues la mayor parte de las invenciones y los mejores sistemas no se han fundado en doctrinas precedentes. Sirvan de ejemplo la atraccion de los cuerpos y el movimiento de la tierra. Me persuado, pues, que mi amigo Valle no quiso presentar su proposicion como universal, aunque los términos en que está concebida pueden inducirnos á creer que lo es, sino que habla de lo que generalmente sucede. Mas supongamos que Cousin quiere que no haya progreso alguno, sino que sólo aprendamos á repetir : supongamos que quiere establecer el *Magister dixit* pitagórico, y al mismo tiempo un eclecticismo monstruoso que consista en amalgamar todas las doctrinas que nos transmite la historia filosófica, ¿ crees, querido amigo, que semejantes absurdos merecen refutarse? Y si Cousin no los ha enseñado, y sus discípulos no los enseñan tampoco, ¿ para que fin atribuírselos ? No más de Cousin.

Ocupémonos ahora de los contendientes habaneros, y he aquí una de las pocas veces que me he ocupado de personas; pero conozco su gran mérito, los amo tiernamente, y mas que á ellos amo á mi patria, y por tanto quisiera que el raudal de sus conocimientos corriese más lentamente para que regase y no destruyese las hermosísimas flores que en el campo de la juventud cubana han producido y producen sus desvelos.

Desearia que mutuas y sencillas explicaciones produjesen una reconciliacion filosófica, ó que si desgraciadamente continuase la disputa, no continuase por lo ménos el espíritu que hasta ahora la ha conducido. Pero al fin éstos no son más que los votos de un pobre clérigo que á lejana distancia se complace en pensar en lo que convendria á su patria.

Escribiendo á un discípulo mio, creo poder concluir esta carta refiriendo algunas anécdotas de mi carrera filosófica que dieron orígen á la adversion que tengo á las disputas é investigaciones especulativas. Mi discípulo Don Nicolás Manuel de Escobedo, que tenia entónces 15 ó 16 años, me leia diariamente, y notando algunas cuestiones especulativas (que generalmente son el fundamento de los partidos) me preguntó con su natural candor y viveza : *Padre Varela ¿ para qué sirve ésto?* Confieso que me enseñó más con aquella pregunta que lo que yo le habia enseñado en muchas lecciones. Fué para mí como un sacudimiento que despierta á un hombre de un profundo letargo. ¡ Qué imperio tienen las circunstancias ! Nada más me dijo, y me hizo pensar por muchos años.

Poco despues formé un elenco en que aún tenia varias proposiciones semejantes á las que llamaron la atencion de Escobedo, bien que yo no percibia su semejanza, y cuando se le presentó al Señor Espada, le dijo este á su Secretario : *Este jóven catedrático va adelantando, pero aun tiene mucho que barrer;* y le hizo notar como inútiles precisamente las proposiciones que yo creia más brillantes. Tomé, pues, la escoba, para valerme de su frase, y empezé á barrer, determinado á no dejar ni el más mínimo polvo del escolaticismo, ni del *inutilismo*, como yo pudiera percibirlo. Acaso esta manía de limpiar que he fomentado por tantos años, influye en el juicio que formo del estado de la Filosofía en la Habana ; pero segun mi costumbre, lo expresaré con franqueza, y es que en el campo que yo chapée (vaya este terminito cubano) han dejado crecer mucha manigua (vaya otro); y como no tengo machete (he aquí otro) y ademas el hábito de manejarlo, desearia que los que tienen ámbos emprendieran de nuevo el trabajo.

Basta de carta, que ya es larguísima; pero ten paciencia y no olvides á tu afectísimo

FÉLIX VARELA.

P. D. —¿ Eres frenólogo? Preguntolo porque parece que por allá está en moda. Tambien lo estuvo aquí ; mas va pasando como todas las modas. Advierto que mis amigos Don José de la Luz y Caballero y Don José de la Luz Hernández han entrado en ella. Yo me quedo fuera, y acaso serviré de ejemplo frenológico, pues tal vez tendré algun malhadado chichon antifrenológico, ó de incredulidad frenológica, sumamente desenvuelto. Lo peor es que nunca lo sabré por experiencia, á ménos que no pierda el juicio, pues jamás permitiria yo que un adivino frenológico me pusiese las manos sobre la cabeza para contar las prominencias de mi cráneo, y decir por ellas las pasiones de mi alma, si ya no es que lo haga para divertirme con los dictámenes frenológicos, como lo ha hecho el Doctor Belford; pero ni aun á esa diversion estoy inclinado. Los papeles franceses nos anuncian que un profesor de medicina acaba de demostrar que las cavidades internas del cráneo no corresponden á sus prominencias exteriores, y que no hay *locacion* de órganos, sino que el cerebro tiene un continuo movimiento. En una palabra ha destruido los fundamentos de Gall. La Academia de Ciencias y la de Medicina de Paris, han examinado los trabajos de dicho profesor, cuyo nombre me parece que es Neivil, y ámbas corporaciones los han declarado concluyentes. Siendo esto así, mal están los examinadores de cráneos, y es menester que se despidan de Gall.

VARELA.

Esta interesante carta fue dirigida al Señor Doctor Don Manuel Gonzalez del Valle, quien tuvo la bondad de facilitarla al Señor Mestre.

CAPÍTULO XXXV.

1841.

EL EXPOSITOR CATÓLICO.

Emprende el Padre Varela, en compañia con el Doctor Pise, la publicacion de un periódico mensual que se denominó EL EXPOSITOR CATÓLICO.—*Duracion del periódico.*—*Lista de los artículos publicados en él por el Padre Varela.*— *Observaciones sobre estos escritos, y sobre el espíritu y carácter de la publicacion.*

Cuando llegó el año de 1841, poco despues de los sucesos que se relatan en el capítulo antecedente, se determinó el Padre Varela á emprender, en union de otro sacerdote distinguidísimo que habia entónces en Nueva York, á quien se deben una bien escrita Historia de la Iglesia y otras obras muy estimadas, y del que se recuerdan con aplauso diferentes rasgos muy notables de virtud y de santidad, la publicacion de un periódico mensual, de carácter literario, á la vez que religioso, destinado á difundir en el pueblo, con las verdades de la fé católica, el gusto por la literatura y por las ciencias.

El Rev. Padre Cárlos Constantino Pise, que así se llamaba este sacerdote, era un colaborador excelente para una empresa de esta clase ; y como el Padre Varela y él eran amigos íntimos y se entendian perfectamente, no tardaron mucho en dar una forma definitiva á su pensamiento, y dotar á la literatura del país, merced á sus esfuerzos reunidos, con un monumento de gran mérito.

Ese periódico principió en el mes de Abril de 1841, y se denominó : *The Catholic Expositor and Literary Magazine : a monthly periodical edited by the Very Rev. Felix Varela, D. D., and Rev. Charles Constantine Pise, D. D.* (El Expositor Católico y almacen de literatura : periódico mensual redactado por el M. R. Félix Varela y el Rev. Cárlos Constantino Pise, Doctores ámbos en Sagrada Teología). Cada número formaba un cuaderno de cincuenta ó sesenta páginas, en cuarto, perfectamente impreso, y acompañado muchas veces de algun grabado. El último de los que hemos visto, y nos parece que tambien lo .es de la coleccion, tiene fecha de Setiembre de 1843, de donde se colige que la publicacion duró cuando ménos dos años y cinco meses. Los que conocemos forman cuatro tomos, que se leerán siempre con interés.

El 1º está impreso en el establecimiento de John Dillon Smith, en New York ; el 2º en la calle de Fulton nº 168 ; y el 3º y el 4º en la misma calle, en el nº 151.

Nos parece que hacémos un servicio con insertar en este punto, tan completa como nos ha sido posible formarla, una lista de los artículos del Padre Varela, que se publicaron en esta Revista, indicando al mismo tiempo el paraje donde se encuentran. Estos artículos son los siguientes:

La autoridad en Religion. (*Authority in Religion*). Tomo I, pag. 10. La Iglesia Católica y la Escritura. (*The Catholic Church and the Scriptures*). Tomo I, pag. 60.

Las cinco diferentes Biblias distribuidas y vendidas por la Sociedad americana de la Biblia, comparadas entre sí. (*The five different Bibles distributed and sold by the American Bible Society*). Tomo 1, páginas 193, 236, 297, 338 y 447.

Ensayo sobre el orígen de nuestras ideas. (*Essay on the origin of our ideas*). Tomo I, páginas 383 y 440.

La doctrina protestante comparada con la Escritura. (*The Protestant doctrine compared with the Scriptures*). Tomo II, pag. 35.

Las bellezas de los reformadores. (*Beauties of the Reformers*). Tomo II, pag. 72.

Los protestantes y la tradicion. (*Protestants and tradition*). Tomo II, pag. 100.

La Reforma examinada segun los principios protestantes y las razones dadas por los reformadores para efectuar su separacion de la Iglesia Católica. (*The Reformation examined according to the Protestant principles, and to the reasons assigned by the reformers for that separation from the Catholic Church*). Tomo II, pag. 151.

Carta de un italiano á un francés sobre las doctrinas de M. de Lammenais. (*Letter of an Italian, or Lettre d'un Italien à un Français sur les doctrines de M. de Lammenais. Paris, Lagny frères*). Tomo II, pag. 224.

Ensayo sobre la doctrina de Kant. (*Essay on the doctrine of Kant.*) Tomo II, pag. 294.

Carta del Doctor Cway, ministro de la Iglesia de Inglaterra, al Arzobispo de Bohemia. (*Letter of Dr. Cway, a Minister of the Church of England, to the Archbishop of Bohemia, with notes.*) Tomo II, pag. 330.

Observaciones á los protestantes. (*Observations to Protestants*). Tomo III, pag. 143.

El Obispo Kenrick, de Filadelfia, y el Obispo protestante de Vermont. (*Bishop Kenrick, of Philadelphia, and the Protestant Bishop of Vermont.*) Tomo III, pag. 343.

La madre de San Agustin. (*The mother of Saint Augustine, a tract published by the Protestant Episcopal Tract Society. Observations on it*). Tomo III, pag. 364.

Observaciones sobre los actos de la Sociedad americana de la Biblia. (*Observations on the proceedings of the American Bible Society*). Tomo IV, pag. 57.

Noticias literarias. (*Litterary Notices*). Tomo IV, pag. 129. Carta á un amigo sobre el folleto titulado : " Engaños romanos y verdades católicas," publicado por la Sociedad protestante episcopal de publicaciones. (*A letter to a friend on the tract entitled "Roman fallacies and Catholic truths," published by the Protestant Episcopal Tract Society, n? 28 Ann Street, New York*). Tomo IV, pag. 331 y 407.

En los escritos en inglés del Padre Varela, lo mismo que en todos los otros suyos en castellano, predominaron siempre las cualidades de la claridad en el lenguaje, y de la severidad del raciocinio lógico en los argumentos. Siempre sabiendo bien lo que decia, y nunca extraviado por indiscreto celo, ni por pasiones de ningun género, su palabra corria tersa y abundante, sin dificultad alguna, y se encaminaba derechamente á lo interior de los espíritus, para extirpar errores, sembrar profundas convicciones, ó robustecer las adquiridas. Hoy mismo no se lee sin gran interes lo que nuestro egregio compatriota escribia como materia de actualidad, hace ya treinta años ; y en ésto, como en todo, el nombre del Padre Varela se ha hecho, para valerme de la frase de un ilustrado eclesiástico contemporáneo, como una especie de "nombre de familia" para el clero de los Estados Unidos. * Cuando sus obras se publiquen completas, estos trabajos en inglés ocuparán un lugar muy distinguido.

El pensamiento mismo que dominaba en el periódico, y la manera de redactarlo, hablan muy alto en favor de los dos clérigos que supieron establecerlo y sostenerlo. Allí se encuentran traducidos al lenguage moderno bellísimos sermones de los Santos Padres,

---

* *Nowhere will his labors be appreciated more than in the United States. Dr. Varela's name is now a household word with our clergy.* (Carta del R. P. J. M. Finotti al autor de este libro, Octubre 19 de 1875.)

que pronunciaron ellos en algunas de las solemnidades de la Iglesia, iniciándose así el pensamiento, que nos parece de inmensa importancia, de revivir, por decirlo así, y poner de nuevo en circulacion entre las masas, con las formas que las circunstancias de los tiempos exigen, muchas y muy notables preciosidades de poesía, de lógica y de elocuencia, que yacen sepultadas en antiguos volúmenes en folio, á que nadie se acerca sino con temor, y que están fuera del alcance de la multitud, cuando sin embargo fueron escritos para ella, y ella los escuchó con entusiasmo. Allí se ven noticias literarias y científicas, y aun capítulos enteros de las obras más notables que se publicaban por entónces, como por ejemplo *Las Veladas de San Petersburgo* del Conde de Maistre. Era, en fin, una publicacion que pudiera ponerse como modelo para las de su clase, áun en el dia, y que realizaba admirablemente su propósito de ilustrar á los hombres y defender tambien la Religion.

Los artículos del *Expositor Católico* constituyen, tales son por lo ménos nuestras noticias, los últimos escritos de nuestro insigne compatriota.

CAPÍTULO XXXVI.

1837--1846.

HONORES ECLESIÁSTICOS CONFERIDOS AL PADRE VARELA.

Reconocimiento público de los merecimientos y virtudes del Padre Varela.— Representa á la Diócesis de New York, y funciona como procurador, en el tercer Concilio provincial de los Estados Unidos.—Es nombrado Vicario General de New York.—Se trata de conferirle el episcopado y se desiste de; pensamiento sólo en virtud de su oposicion decidida.—La Facultad de Teología del Colegio de Santa María, de Baltimore, le confiere el grado de Doctor.— Asiste como teólogo, por la diócesis de New York, al sexto concilio provincial en 1846.

El mérito del Padre Varela, ya lo hemos dicho otras veces, y sin haberlo dicho se comprenderia sin dificultad por todos los que se han tomado el trabajo de estudiar algun tanto este país, era demasiado grande, y demasiado positivo, para que aquí, en los Estados Unidos de América, pudiese pasar desapercibido, y dejase de recibir, de tiempo en tiempo, y cuando la oportunidad se presentaba, señaladas muestras de apreciacion y reconocimiento. No es aquí el favor el que levanta á los hombres á las alturas, que sólo la virtud ocupa dignamente; y la tierra privilegiada, en que el oscuro leñador del Illinois pudo, como empujado por una bondadosa Providencia, venir á colocarse veinte años despues á la cabeza de una nacion de cuarenta millones, y sellar con su sangre la emancipacion definitiva de la esclavitud de los negros, y la indisolubilidad de la Union, no era por cierto la que pudiera consentir que una persona del carácter y los merecimientos del ilustre habanero, vegetase oscurecida dentro de los humildes límites de su parroquia.

El pueblo que lo admiraba por su bondad sin límites, y por los consuelos de toda clase que estaba siempre dispuesto á prodigarle, encontraba un eco digno, como sucede normalmente en los países de verdadera libertad, en las esferas más elevadas. El clero entero, los Prelados, y las instituciones religiosas y científicas rivalizaban con el pueblo en reconocer su gran talento, su instruccion desmedida, y sus virtudes. Y así fué que áun apesar de su modestia y de sus circunstancias de extranjero, tan decisivas y desventajosas donde quiera, se le concedieron grandes honores y encomendaron cargos importantes.

Desde el año de 1837 empezó á recibir el Padre Varela algunos de estos testimonios irrefragables de reconocimiento de sus méritos. Debia celebrarse por aquel tiempo el tercer concilio provincial de los Estados Unidos, (que se reunió en Boston, y comenzó sus sesiones el 16 de Abril del año mencionado) y á nuestro distinguido sacerdote le tocó la grande honra de representar en él al Obispado de Nueva York. Y en ese mismo concilio, que presidió el M. Rev. Arzobispo Metropolitano, y á que asistieron ocho Obispos, once teólogos, y ocho eclesiásticos más, fué el Padre Varela el designado para funcionar con el carácter de *procurador.* *

---

* *The Catholic Church in the United States, etc.,* pag. 544.

Una prueba más grande aún de confianza fué la que recibió en el mismo año de 1837 con el nombramiento de Vicario General de Nueva York. Este importante destino, que desempeñó á satisfaccion de todos y con estimacion universal, continuó á cargo suyo hasta el momento de su muerte.

El Señor Valerino, en los apuntes que tantas veces hemos citado, y el Señor Don Cristóbal Madan, en diferentes conversaciones tenidas con nosotros, son autoridad para decir, y no por cierto las únicas que pudiéramos citar, que hubo un momento en que llegó á pensarse sériamente en levantar al Padre Varela á la dignidad del episcopado. Agregan ambos Señores que este pensamiento encontró mucho apoyo en el clero, y gozó de gran favor entre los fieles; pero que se estrelló contra la decidida oposicion y el incansable ruego del benemérito eclesiástico. Su humildad era demasiado grande para consentir, á no ser compelido por la necesidad de la obediencia, que se le concediese tan gran honra. Esto pasó probablemente, ó bien en el año de 1837, cuando hubo que nombrar un coadjutor, que auxiliase al Rev. Obispo Du Bois en el ejercicio de sus funciones, y cuyo nombramiento recayó al fin en el Rev. John Hughes, despues elevado á la categoría de Arzobispo; ó bien, en 1842, cuando á la muerte del mismo Prelado (acaecida el 20 de Diciembre) se trató de designarle su sucesor.

Sea de ello lo que fuere, siempre resulta perfectamente comprobado que la reputacion del Padre Varela como teólogo profundo, como pastor escrupuloso, como verdadero apóstol de la religion de Jesu-Cristo, estaba perfectamente cimentada en el país y reconocida sin dificultad.

En el año de 1841, el Claustro de Teología del Colegio Seminario de Santa María de Baltimore le confiió, sin que él ni siquiera lo sospechase, el grado de Doctor en la mencionada Facultad. Suelen las Universidades de Inglaterra y de los Estados Unidos conferir estos grados honorarios á las personas á quienes quieren señalar por sus merecimientos; y la distincion de que fué objeto especial en este caso nuestro eminente compatriota fué recibida con aplauso.*

Mas tarde, en 1846, fué nombrado otra vez para asistir á otro concilio, que inauguró sus sesiones el 10 de Mayo de aquel año en la capital de Maryland. Fué éste el sexto de los concilios celebrados en este país, y no el ménos notable por su importancia. Tomaron parte en sus sesiones 18 Obispos y Arzobispos, con 3 Obispos co-adjutores, 25 teólogos y 12 eclesiásticos más, entre seculares y regulares. El Padre Varela fué uno de los tres teólogos elegidos para representar en él al Obispado de New York.†

---

* La noticia se publicó en la Habana en el mismo año de 1841, con el siguiente suelto, que vió la luz en el periódico denominado *La Prensa.* ''Hemos sabido con mucho placer que nuestro paisano el Presbítero Doctor Don Félix Varela ha merecido por sus virtudes y talentos q ue la Facultad de Teología del Seminario de Santa María de Baltimore le ha ya concedido el grado de Doctor en Sagrada Teología, que su modestia jamás hubiera solicitado. Pero el Illmo. Señor Doctor Chanche, Obispo de Natchez, informado por un español amigo suyo, que el alto carácter de Doctor sobre las virtudes y talentos del Padre Varela, realzaria el mérito de su respetable persona, como Pastor de la Iglesia católica americana, á quien ha hecho y está haciendo tan apostólicos servicios, tuvo el mayor placer de proponerle á la Facultad de Teología; y con la mayor sorpresa suya recibió la noticia, y pocos dias despues el diploma, grátis, de manos del Illmo. Señor Obispo de Boston.''

† La delegacion de New York se compuso de cuatro miembros : El Rev. Obispo John Hughes; el Coadjutor, Rev. Padre J. McCloskey, el Rev. Padre Félix Varela, y el Rev. Padre J. McCaffrey. *The Catholic Church in the United States*, pag. 547.

CAPÍTULO XXXVII.

1846–1850.

ENFERMEDAD DEL PADRE VARELA, Y VIAJES A FLORIDA.

Enfermedad del Padre Varela.—Primer viaje á Florida.—Regresa de San Agustin creyéndose curado, pero tiene que volver por segunda vez.—Regresa á Nueva York en el verano de 1849, y lo visita el Señor Valerino.—Tiene que regresar á San Agustin, de donde ya no vuelve, en el invierno subsecuente.

La vida que llevaba el Padre Varela no estaba calculada ciertamente para robustecer su físico, ó conservarle por largo tiempo la salud. Sólo el maravilloso efecto que produce la mayor parte de las veces aquella intensa concentracion del espíritu que requieren las especulaciones y trabajos del órden moral más elevado, * puede explicar porqué la naturaleza física del Padre Varela, que nada tenia de fuerte por sí misma, y que además

---

* ¿Quien ha colmado la medida de la existencia otorgada al hombre sobre la tierra, sino los espíritus elevados y consagrados á las ideas más sublimes desde Platon hasta Goethe?—*Higiene del alma, ó arte de emplear las fuerzas del espíritu en beneficio de la salud, por el Baron E. de Feuchtersleben, traducido por Don Pedro Felipe Monlau. Madrid 1866.*

habia sido minada considerablemente por la accion del clima, durante los primeros años de su residencia en Nueva York, pudo resistir por tanto tiempo, y permitirle dar cima á un cúmulo tan grande de trabajo, y á tan extraordinarias maravillas. Aquel salir de casa á todas horas, así de dia como de noche, lo mismo en el buen tiempo que en el malo, y en invierno como en verano, siempre á pié, y pocas veces con adecuado abrigo: aquel vivir austero, lleno de privaciones voluntarias, en que toda consideracion, aun la más remota, de comodidad personal, estaba cuidadosamente eliminada: aquel *velar cuando todos duermen;* y aquella actividad mental tan incesante y casi febril, que desde los primeros años de su vida habia sido una de sus cualidades características, produjeron al fin el resultado que con pesar profundo y con alarma siempre creciente veian sus amigos que se acercaba.

Cuando escribia el primer tomo de las *Cartas á Elpidio,* ya hemos visto que el Padre Varela se consideraba en perfecto estado de salud; pero no pasó mucho tiempo sin que empezase á manifestarse en él, con intensidad marcada, una afeccion penosa, de carácter asmático, que sus allegados denominaban *ahogo,* y que en ocasiones le afligia considerablemente. Andando el tiempo sus dolencias llegaron á exacerbarse al extremo de imposibilitarlo para el trabajo, y no permitirle ni siquiera el consuelo de la lectura. Sin perder su jovialidad acostumbrada, solia él mismo decir algunas veces en los dias de sus mayores sufrimientos, que tenia tres ó cuatro enfermedades al mismo tiempo, y toda ellas á cual más mala.

En los primeros dias de la recrudescencia de sus padecimientos, se concibió la esperanza de que un cambio de clima habria de producirle grande alivio, cuando no la curacion completa. Se le hicieron grandes instancias á este efecto, y por fin con no poco trabajo se consiguió por sus amigos que consintiese en dar un viaje por el Sud de los Estados Unidos, y permanecer en ellos por algun tiempo. El Estado de Florida fué por diversas circunstancias el que se escogió para esta temporada, y en él se dió la preferencia á la ciudad de San Agustin, donde el Padre Varela habia pasado su infancia, donde tenia amigos y recuerdos de familia, y donde el clima más benigno aún que en otras partes brindaba mayores atractivos. Allí se dirigió en efecto y se fortaleció tanto bajo el ardor vivificante del sol de los trópicos, morigerado con las brisas suaves del Atlántico, que en breve tiempo se consideró curado y se volvió para Nueva York.

Pero al primer invierno subsecuente, la severidad de la estacion, y la manera con que el Padre Varela, olvidándose de los males pasados, se lanzó de nuevo, así que volvió á hacerse cargo de su parroquia, en la misma vida de abnegacion y sacrificio, que tan connaturalizada parecia estar con su modo de ser, determinaron la reaparicion instantánea, y con energía increible, de las mismas penalidades que se creian extinguidas definitivamente. Entónces fué preciso un segundo viaje, y el esclarecido sacerdote se fué otra vez á San Agustin.

En el mes de Julio de 1849, llegó á sentirse tan aliviado, que regresó á Nueva York, donde cuenta el Señor Valerino que tuvo el gusto de visitarlo, encontrándolo en el mejor espíritu y lleno de esperanzas de que podria permanecer tranquilo al frente de su iglesia, sin necesidad de ausentarse por tercera

Tan lisonjeras perspectivas se frustraron, sin embargo, cuando llegó el invierno. El mal se presentó de nuevo, acompañado de fenómenos aflictivos y sumamente alarmantes. En los primeros meses de 1850, ya no le era posible al Padre Varela ni acostarse, ni aun siquiera reclinarse en un sillon por algunos instantes. Fué de todo punto indispensable un tercer viaje; pero de él no regresó. El clima de San Agustin no pudo ya otra cosa, que prolongarle por el espacio de dos años, una existencia vacilante y llena de penalidades, soportadas con resignacion heróica y verdaderamente cristiana. "Lo único que sentia, dice el autor del artículo necrológico del *Freeman's Journal,* era no poder volver más nunca á trabajar entre sus pobres."

CAPÍTULO XXXVIII.

1853.

VISITA DEL SEÑOR DON LORENZO DE ALLO, Y EFECTO QUE PRODUCE EN LA HABANA.

Viaje del Señor Don Lorenzo de Allo á San Agustin de la Florida.—Su visita al Padre Varela.—Carta del Señor Allo al Señor Presbítero Don Francisco Ruiz en la Habana.—Efecto producido por esta carta en la capital de la grande Antilla.—Junta celebrada en la morada del Señor Don Gonzalo Alfonso.—Accion individual y anticipada de este respetable caballero.— Acuerdos de la junta.—Se nombra un comisionado para salir en seguida para San Agustin.—Se propone para este encargo al Señor Don José de la Luz y Caballero, que no puede aceptarlo.—Es nombrado el Señor Don José María Casal, que sale de la Habana el 23 de Febrero de 1853.

Fué en estas circunstancias y cuando ya se acercaba precipitada la terminacion de la existencia del gran cubano, cuando otro habanero distinguido, que habia sido discípulo suyo, y á quien el soplo de la tempestad política habia alejado de su patria, salió de Nueva York donde vivia, para ir á San Agustin de la Florida, á visitar á su maestro y besarle la mano. Se diria que la Providencia bienhechora, velando por el nombre y el honor de Cuba, determinó este viaje. El Señor Don Lorenzo de Allo, que así se llamaba aquel cubano, y de quien nunca hemos oido sino expresiones del mayor elogio por su notable mérito moral é intelectual, llegó á San Agustin el 25 de Diciembre de 1852, y la carta que escribió en aquella misma fecha, con relacion á su visita, describirá mejor que nada sus impresiones. Tenemos la fortuna de poseer un ejemplar de dicha carta, dirigida al Señor Don Francisco Ruiz, Presbítero cubano de gran respetabilidad, y uno de los sucesores del Padre Varela en la cátedra de Filosofía del Seminario, que debemos á la bondad del Señor Casal, y nos es permitido reproducirla.

Dice así :

Saint Augustine, Fla., Diciembre 25 de 1852.

Señor Presbítero Don FRANCISCO RUIZ, Habana.

Mi respetable amigo y Señor :

Hoy he llegado á esta ciudad, y uno de mis primeros deseos fué visitar á nuestro amigo y virtuoso maestro el Señor Varela. Como á las diez de la mañana me dirigí á la iglesia de San Agustin. Se comenzaba en ella una misa cantada, y calculé que él oficiaria en ella ; pero no fué así. Concluida la misa, me dirigí hácia el patio de la iglesia, donde hallé una negra, quien me guió á la morada de nuestro maestro.

A los pocos pasos hallé un cuarto pequeño, de madera, del tamaño igual, ó algo mayor, que las celdas de los colegiales. En esa celda no habia más que una mesa con mantel, una chimenea, dos sillas de madera y un sofá ordinario, con asiento de colchon. No ví cama, ni libros, ni mapas, ni avíos de escribir, ni nada más que lo dicho. Sólo habia en las paredes dos cuadros de santos, y una mala campanilla sobre la tabla de la chimenea. Sobre el sofá estaba acostado un hombre, viejo, flaco, venerable, de mirada mística y anunciadora de ciencia. Ese hombre era el Padre Varela.

Le dije quien era, y le pedí á besar la mano. Por el pronto no me conoció; pero luego me recordó perfectamente. Me preguntó por V., por Casal, por Bermudez, por Luz, y por casi todos los colegiales y catedráticos de su tiempo, y por algunos estudiantes seculares. Me causó admiracion que, al cabo de treinta y un años, pudiera conservar ideas tan frescas, áun de las cosas más insignificantes.

Cuando entré en su cuarto, se hallaba el Padre extendido sobre el sofá, manteniéndose con cierta inclinacion por medio de tres almohadones. A instancias mias conservó la misma posicion. Dijo que así tenia que estar constantemente; que tenia tres ó cuatro enfermedades; que no podia leer, ni escribir, no sólo por razon de sus males, sino porque tampoco veia las letras; y que vivia en aquel cuarto, porque se lo habia destinado el Padre Aubril, sacerdote francés, y cura de la parroquia, quien lo tenia recojido, y sin cuya bondad habria ya perecido.

Cuando me hablaba del Colegio, y de sus amigos y discípulos, mostraba tal animacion que no parecia estar enfermo. Al pintarme su estado, habia tanta conformidad en su fisonomía, palabras y ademanes, que cualquiera lo hubiera creido un hombre muy dichoso.

V. no puede figurarse las impresiones que yo experimentaba, viendo y oyendo á nuestro maestro, ni las alusiones que hacia en mi interior al mundo de los libros y al mundo de los hombres. No me parecia posible que un individuo de tanto saber y de tantas virtudes estuviera reducido á vivir en país extranjero, y á ser alimentado por la piedad de un hombre que tambien es de otra tierra. ¿No es verdad que es cosa extraña que entre tantos discípulos como ha tenido Varela, entre los cuales hay muchos que son ricos, no haya uno siquiera que le tienda una mano caritativa? Varela no puede vivir mucho tiempo. ¿No podrian sus discípulos, al ménos los que tienen fortuna, asignarle una corta mesada, por los pocos meses que le quedan de vida? ¿No podrian siquiera hacerle una corta suscripcion?—Ay! el alma se parte al ver un santo perecer sin amparo. Nunca he sentido tanto como hoy mi pobreza. El Conde de Santo-Venia, Don José Fresneda, Don Anastasio Carrillo, Don Marcelino de Allo, Don Francisco Hevia, y otros discípulos y amigos de nuestro Padre, bien podrian hacer un corto sacrificio en su obsequio. ¡Cuál obra más meritoria del aplauso de Dios y de los hombres!

Varela conserva sus cabellos, su dentadura, y no ha perdido sus modales y movimientos cubanos. Su fisonomía no toma la expresion inglesa, sino cuando habla inglés, idioma que posee lo mismo que el suyo. Todo el mundo lo celebra y lo ama; pero nadie, sino el Padre

Aubril, le tiende una mano amiga. ¡Cuán incomprensible es este monton de tierra que se llama mundo!

Varela moribundo sobre un jergon habla más á mi alma, que Sócrates tomando la cicuta, ó Mario descansando sobre los escombros de Cartago. Cuando existieron Sócrates y Mario reinaba el paganismo; y esos hombres debieron su desgracia á la calumnia, ó á los excesos, mas Varela no se encuentra en ese caso. Hoy alumbra al mundo la Religion santa de Jesu-Cristo; la calumnia ha respetado á Varela; y en vez de excesos su vida presenta una serie no interrumpida de virtudes. Y Varela, sin embargo, se encuentra en una situacion más infeliz que la de aquellos desgraciados! ¡Cuánto he lamentado su situacion! Me costó trabajo no prorrumpir en llanto al verlo y al oirlo.

Nosotros, como un deber, por el buen nombre, y hasta para librarnos del epíteto de ingratos, estamos obligados á dirigir una mirada piadosa al hombre benéfico que fué nuestro maestro, y que tanto nos ama. Ese hombre me dijo entre otras cosas, que habia tenido el mayor gusto hablando conmigo, porque durante nuestra conversacion se habia creido en la Habana, de donde hacia muchos años que nadie le escribia, y de donde no habia recibido ninguna noticia. Me dijo tambien, "ántes, solia recibir algunos elencos de los exámenes que habia en las clases, y tenia un placer singular en leerlos; pero hace muchos años que no tengo ni aun ese gusto."

¡Pobre sacerdote! Su vida es padecer y vegetar. Sus palabras son de paz, de amor, de religion: si se imprimieran, ensancharian el campo de la ciencia y de la moral. Su cabeza nada ha perdido; pero su talento gigante solo serviria para hacerle mas horrible su situacion, si no fueran mas gigantes su religion y sus virtudes.

Atrévome, Señor Ruiz, á hacerle á V. dos indicaciones á favor de nuestro amigo y maestro: 1ª formar uma suscripcion entre unos pocos de sus discípulos para asignarle una mesada, ó hacerle un presente pecuniario; 2ª y que ni V. ni yo sonemos para nada, sino que el obsequio aparezca como obra espontánea de los hombres piadosos que socorran al abandonado Padre Varela. Creo muy recomendable esta segunda indicacion, para evitar que padezca su delicadeza al saber que damos este paso, y para que la espontaneidad del servicio sea á sus ojos mas satisfactorio. Puede V. enseñar esta carta á los discípulos suyos que ántes he mencionado. Él los recordó con amor, y con gusto, lo mismo que á otros de sus discípulos y amigos, lo que estoy persuadido de que no les será desagradable pues sé que lo estiman y quieren.

Perdone V. Padre Ruiz, si me he extendido demasiado en esta carta; y sírvame de excusa el interés que me inspira nuestro muy amado maestro.

Páselo V. bien, y ordene en cuanto crea útil á su apasionado amigo y seguro servidor Q. B. S. M.

LORENZO DE ALLO.

P. S.—El 1º del entrante me voy á Charleston, donde me ofrezco á las órdenes de usted.—*Vale.*

La lectura de esta carta, que se recibió en la Habana en los primeros dias del mes de Enero de 1853, causó entre los amigos del Padre Varela una impresion muy dolorosa. Determinóse desde luego la convocacion de una junta, para acordar lo que debia de hacerse ; pero el Señor Don Gonzalo Alfonso, cuya figura respetable y cuyo nombre jamás se recordarán entre nosotros sino con sentimientos de la mayor estimacion, adelantándose á todos los acuerdos, libró inmediatamente á favor del Padre Varela la cantidad de doscientos pesos, y escribió á alguno de sus corresponsales en este país, recomendándole lo atendiese en seguida con cuanto pudiera necesitar.

En la morada misma del Señor Alfonso se verificó despues la reunion, que fué bastante numerosa. Determinóse en ella, tratar de hacer volver para la Habana al Padre Varela, si era posible persuadirlo á que regresase;* y en caso de no serlo, asegurarle una existencia cómoda, por el tiempo que le quedase de vida, bien en la misma ciudad de San Agustin, bien en cualquiera otra que eligiese, en los Estados Unidos, ó en otro punto. Se acordó tambien comisionar una persona que pasase sin pérdida de tiempo á San Agustin de la Florida para conferenciar con el ilustre enfermo, y proceder, segun su voluntad, en la ejecucion de lo

---

* Por virtud de la amnistía de 1832, podia intentarse este regreso, sin obstáculo legal ostensible. Quedaba, sin embargo, al arbitrio del Gobernador General de la isla determinar si la vuelta del Padre Varela era ó nó conveniente.

acordado. El comisionado debia llevar consigo los fondos necesarios para que la realizacion del pensamiento no experimentase ningun retardo.

Quísose honrar con este encargo á la persona más notable que tenia entónces el país, y se designó para comisionado al Señor Don José de la Luz y Caballero. Pero las enfermedades de este Señor, exacerbadas en aquel tiempo con la reciente pérdida de una hija adorada, la única que le habia concedido el cielo, le hicieron imposible, con grande sentimiento suyo, y de los amigos y discípulos que lo nombraron, la aceptacion de aquel encargo.

La junta escogió entónces, con general aplauso y grande acierto, al Señor Don José María Casal, de quien tanto hemos hablado en este libro y uno de los hombres de progreso de la isla de Cuba, que más dispuesto se halló siempre para encarrilar al pueblo á quien amaba, y cuyo adelantamiento deseaba sinceramente, por las vias, jamás seguidas sin provecho, del trabajo, de la educacion y de la moralidad. Cuando quiera que se trataba de establecer escuelas ó de ensanchar y mejorar las existentes, de construir un camino de hierro, de establecer alguna fábrica, ó introducir una industria nueva en el país, ó de regenerar y reformar un asilo de beneficencia para expósitos y niños pobres, ó para elevar los espíritus de la juventud, proporcionándoles recreacion intelectual y refinada en un Liceo de carácter artístico y literario, allí estaba siempre el primero de todos el Señor Casal; de ese modo resultaba que su nombre se habia hecho simpático y popular. Además de eso tenia el Señor Casal la ventaja de haber sido uno de los discípulos más amados del Padre Varela. Creyéndose obligado por gratitud y por amor á hacerse cargo de la obra patriótica y caritativa que se le encomendaba, la aceptó sin titubear un instante, y se marchó en seguida, acompañado de su señora.

El vapor *Isabel* daba entónces viajes periódicos entre Savannah, Charleston y la Habana, y en él tomó pasage, abandonando el puerto de la Habana el 23 de Febrero de 1853.

CAPÍTULO XXXIX.

1853.

MUERTE DEL PADRE VARELA.

Fallecimiento del Padre Varela, el 18 de Febrero de 1853.—Carta del R. P. Sheridan al M. R. Arzobispo de New York, participándole el funesto acontecimiento.—Efecto producido por la noticia.—Pormenores que se conservan de las escenas que acompañaron el fallecimiento.—Solemne protestacion de fé en la presencia real de Nuestro Señor en el Sacramento de la Eucaristía.—Entierro verificado el dia 25.

Muy léjos debian estar de imaginarse, así el Señor Casal, como los distinguidos caballeros que tan honorífica mision le habian confiado, que sus esfuerzos iban á ser perdidos, y que la accion del patriotismo y del deber se habia hecho sentir demasiado tarde. Miéntras que aquel interesante grupo de cubanos se reunia en la mansion del Señor Alfonso, y concertaba la manera de proporcionar algun auxilio al varon insigne, á quien debia la patria tan ilimitada gratitud, otros sucesos de carácter distinto y profundamente lamentables se desenlazaban en San Agustin. Era en vano que el Señor

Casal se apresurase por arribar á las hospitalarias
playas de la gran República: el cielo no le tenia proporcionado el inefable gozo de volver á ver á su maestro,
y de recibir su bendicion.

El Padre Varela falleció en San Agustin, el viérnes
18 de Febrero de 1853, á las ocho y media de la noche.*
Tenemos á la vista la carta oficial en que el Reverendo Padre Stephen Sheridan dió parte de este triste
suceso al Ilustrísimo Arzobispo de New York. Esa
carta fué publicada en el número del *Freeman's Journal*
del 12 de Marzo de 1853, y, como encierra pormenores
interesantes, la traducimos á continuacion.

Dice así:

San Agustin, Fla., Febrero 26 de 1853.

Muy Reverendo y amado Padre en Cristo:

Me toca ahora el triste deber de comunicar á V. la deplorable noticia
de que el Padre Varela ya no existe. Murió en la noche del viérnes 18
del corriente, como á cosa de las ocho y media; y su cadáver fué enter-
rado ayer á las cinco, en el cementerio católico de esta ciudad.

Durante los últimos seis meses estuvo siempre muy débil; pero ni
él, ni sus amigos mas íntimos se imaginaban nunca que seria tan
súbita la terminacion de sus sufrimientos. El dia ántes de su muerte se
sintió mucho más débil que de costumbre; pero lo atribuyó á no haber
dormido bien, añadiendo que le parecia que una noche de buen sueño
le devolveria sus fuerzas. Apesar de esta debilidad salió de su cuarto
como de costumbre, y pasó al inmediato, donde permaneció hasta algo

---

* No pocas veces se ha dicho y publicado, que el fallecimiento del
Padre Varela ocurrió el 25. Así parece que se lo dijeron al Señor Casal; y
así se esculpió en la lápida de su sepulcro. Pero el 25 fué el entierro, y nó el
fallecimiento. Que este ocurrió el 18 lo comprueban la carta inserta en el texto,
las publicaciones contemporáneas de los periódicos de New York, y lo que
dice el Señor Arzobispo Bailey en su citada Historia de la Iglesia en la isla de
Manhattan. Debe tenerse presente que es costumbre en los Estados Unidos, y
tambien en Inglaterra, diferir en muchos casos por ocho dias, y hasta por
más, especialmente cuando se trata de personas de distincion, el entierro de
los difuntos.

tarde por la noche. En la mañana del viérnes, no sirtiendo ninguna mejoría, consideró que era prudente recibir los sacramentos, no obstante que los síntomas no aparecian más alarmantes que lo que lo habian sido en ocasiones anteriores. Cuando hablaba de su próxima disolucion lo hacia con tal entereza, y con espíritu tan firme y dueño de sí mismo, que nos costabâ trabajo comprender que realmente se creyese él mismo tan próximo á su fin, imaginándonos todos que se repondria de aquel ataque como se habia repuesto de otros varios. Cuando el Reverendo Padre Aubril estaba á punto de darle el viático, el Padre Varela lo interrumpió, para decir estas palabras : " Tengo que cumplir una promesa, que hice mucho tiempo ántes de ahora. Tengo quo hacer en este momento, en el momento de mi muerte, como lo he hecho durante mi vida, una profesion solemne de mi fé en la presencia real de Jesu-Cristo en la Sagrada Eucaristía," y mirando fijamente hácia la hostia levantada, exclamó : " Creo firmemente que esta hostia, que V. tiene en sus manos, es el cuerpo de Nuestro Señor Jesu-Cristo bajo la apariencia de pan." Despues de recibir el Sacramento, pareció sentirse un poco mejor, y así continuó hasta cerca de las doce del dia, en cuyo momento el médico que lo asistia manifestó que se empeoraba.

Tan pronto como se supo que estaba en peligro, una gran parte de la congregacion se dirigió á la iglesia para rogar por él; varias personas vinieron á su cuarto mismo, para orar al rededor de su cama. Estas preces se sucedieron sin intermision, miéntras permaneció con vida. Una señora protestante que estaba allí, quiso que él la bendijera, y él se negó á hacerlo, como no fuera con el objeto de obtener de Dios su conversion. Ella consintió en recibir la bendicion del moribundo para este efecto especial, y se pusó de rodillas delante de él. Pero como no podia verla bien, ni reconocerla entre las varias personas que se hallaban en torno suyo, preguntó: "¿ donde está Mrs. S*** ?" y así que se fijó en ella, la bendijó, y oró por su conversion á la iglesia de Cristo.

El Padre Varela permaneció en su entero juicio hasta el último momento, y rindió su alma sin ningun esfuerzo. Nada ha quedado por hacer para aliviar sus sufrimientos, miéntras vivió, ni para honrar sus reliquias despues de muerto. Hizo la súplica que lo enterrasen en el tramo comun del cementerio, cerca de sus parientes.

Como todo el mundo aquí lo amaba y respetaba mucho, muchas y muy fervientes plegarias se han hecho y continuan haciéndose por el descanso de su alma.

Quedo de V., Muy Reverendo Padre, su humilde hijo en Cristo.

STEPHEN SHERIDAN.

Cuando esta carta se recibió en New York, se dispuso la celebracion de una grande y solemne misa de *requiem*, que tuvo efecto en la catedral, el 10 de Marzo, á la 10 de la mañana, oficiando de pontifical el Señor Arzobispo.

Los periódicos religiosos enlutaron sus columnas al publicar la triste nueva.

Puede uno figurarse sin trabajo, cuanto seria el dolor y la sorpresa del Señor Casal, cuando al llegar el 3 de Marzo á la ciudad de San Agustin, se enteró de lo acaecido. "Estas noticias, dice él mismo, en los apuntes tantas veces citados, destrozaron mi corazon y destruyeron en un instante mis ilusiones más risueñas, y las esperanzas de los cubanos." Lo único que pudo, de momento, fué ir á visitar al Padre Aubril y recoger informes sobre aquel suceso lamentable. Los pormenores que se le dieron, y que sustancialmente son los mismos que se refieren en la carta ántes inserta del Rev. Padre Sheridan, le inspiraron el escrito denominado *La muerte de un justo*, que acompaña al libro de Discursos del Padre Varela, que se publicó en Matanzas, en el año de 1860, y de que hemos hecho mencion algunas veces durante el curso de esta obra.

En ese escrito, inspirado por el sentimiento de tristeza y de respeto inmenso que la naturaleza del asunto hacia necesario, se encuentran trozos muy notables que no será perdido que se repitan. Despues de describir el aposento en que murió nuestro grande hombre, y que era uno situado al fondo del edificio de la escuela anexa á la iglesia católica de San Agustin, agrega el Señor Casal estas palabras:

En este aposento, pobremente amueblado con un estante de libros, muy pocas sillas, una mesa y una cama, reinaba un profundo silencio, que de cuando en cuando interrumpian los suspiros de un alma que

deseaba unirse á Dios,y los sollozos, precursores de las lágrimas,que s
escapaban de muchos tiernos corazones allí congregados. El fuego de la
chimenea alumbraba un tanto este triste cuadro ; y se adivinaba desde
luego que allí habia un justo despidiéndose del mundo, y piadosas
mujeres que lo lloraban.

Allí, en su cama, esperaba tranquilo á la muerte un venerable anciano que de su paso por la tierra dejaba señales indelebles de ciencia,
de firmeza y de virtud. Desde sus primeros años combatió con he-
roicidad los errores filosóficos, y sin más armas que la razon y su constancia venció en Cuba á formidables campeones de añejos y retrógados
principios, y levantó faros indestructibles en el camino de la verdad,
que nunca se apagarán. Apénas habia entrado en la vida viril cuando
comenzó, por mandato expreso de su Prelado, á navegar en el mar
proceloso de la política, y en medio de una horrible tempestad fué
arrojado á las ondas cual otro Jonás, salvándose milagrosamente para
predicar la verdad del catolicismo en tierra extrangera.

Proscrito y desconocido, llamó pronto la atencion por sus virtudes
y por sus talentos en la nueva Nínive, entregada á los progresos materiales, y á la disolucion de las creencias religiosas.

En ella, dentro de poco tiempo, convirtió á muchos, recogió á innumerables ovejas descarriadas, y por la prensa y en el púlpito, exponiendo algunas veces su vida, combatió todos los errores de la impiedad, y del fanatismo, con la firmeza de la conviccion, y con el ardor
ferviente de la caridad.

Sus continuos y penosos trabajos en el cumplimiento de tan santa
mision por el espacio de veinte y ocho años continuos, y los helados
vientos del Norte, le produjeron una grave enfermedad, que le obligó
á buscar el templado clima de San Agustin de la Florida.

Ese anciano, que allí esperaba la muerte, en estrecho, pobre y silen
cioso aposento, era un filósofo, era un héroe, era un apóstol: era el
Padre Varela. ¡Respetemos su memoria! El adoró la verdad, todo
lo dejó por ella, y eligiendo sereno el camino de las privaciones, del
trabajo y de la oracion, halló tesoros que repartió generoso entre los
hombres, y consuelos inefables en la práctica de la virtud, que le acompañaron hasta sus últimos instantes.

En esa tarde de Febrero, su cuerpo estenuado y sin fuerzas, que
apénas tenia el movimiento convulsivo del moribundo, pareció ani-
marse de repente, y una sonrisa de placer contrajo sus mejillas, espar-
ciendo en todo el rostro sobrenatural alegría. Varela, desde su cama,
habia oido las campanas de la Iglesia, anunciando á los fieles que de
ella iba á salir la Majestad divina para visitar á un sacerdote; y como

percibiese á poco tiempo los armoniosos sonidos del órgano, á los que tantas veces habia unido sus cánticos de alabanzas al verdadero Dios, su venerable rostro se transformó de un todo presentando la apariencia de la salud completa....

Llega entónces á su cama el Santo de los Santos, rodeado de un concurso numeroso de personas de varias creencias. Incorpórase Varela, abre sus ojos negros y brillantes: y parece que la muerte huye despavorida ante aquel espectáculo. La vida recobra por instantes su poder, el cuerpo desfallecido se levanta con energía, la voz imperceptible hasta entónces del sacerdote moribundo se robustece con una fuerza maravillosa, y mirando fijamente hácia el pan eucarístico, exclama:—*Tengo hecha una promesa y quiero cumplirla. Protesto ante Dios y los hombres que he creido siempre y creo firmemente que en esa hostia está el mismo cuerpo, y el espíritu de Nuestro Señor Jesu-Cristo, Salvador del mundo. Venid á mi, Señor!*

Depues que comulgó y oró, cuando la música melodiosa del órgano anunció la vuelta al templo de la Divina Majestad, y su silencio la reservacion en el sagrario, Varela cerró los ojos, y reclinó su cabeza sobre la almohada.

Las palabras del sabio católico resonaron profundamente por todas partes, ellas conmovieron á los creyentes, y confundieron á los protestantes. El hombre de cuya ciencia, y de cuya probidad nadie habia dudado, acababa de ratificar del modo más solemne, y en el acto más imponente, su firme creencia en el gran misterio, que tanto aturde á los presuntuosos filósofos, que niegan la existencia de todo lo que no alumbra la pequeña luz de su razon.

Apénas habia transcurrido media hora de esta memorable comunion que convirtió á algunos incrédulos, é hizo vacilar á muchos, se presentó una Señora protestante, de distinguida familia, llevando de la mano á dos niños, hijos suyos. Arrodillóse con ellos cerca de la cama del anciano, y llorosa, y con el mayor respeto, "Padre Varela, le dijo, bendecid á mis hijos: os lo suplico!" Vuelve Varela hácia ella sus ojos chispeantes de fervorosa caridad: huye de nuevo la muerte, y libra de su poder al justo: toma con una de sus manos las manecillas de los inocentes y los bendijo: tambien bendijo á la madre y pidió á Dios que iluminara su espíritu. Oh! esta escena es indescriptible. Su impresion es sublime. Ella arroba el alma, y la lleva hasta los cielos. Solo el catolicismo puede ofrecerla: sólo el católico puede comprenderla: sólo su corazon puede explicársela.

Todas las personas, testigos de esta escena, lloraron de ternura, y fortalecieron su fé. Al salir del aposento la Señora con sus niños, dijo muy conmovida, y llenos de lagrimas sus ojos: "¡Qué contenta estoy! Mis hijos serán felices: han sido bendecidos por el santo Varela"

A las ocho y media de la noche conoció el ilustre sacerdote que ya se terminaba su camino de amargura, encomendó su espíritu al eterno Padre.... Las campanas de la iglesia tocaron agonías.... Poco despues cesó por siempre de latir el corazon más amoroso!

El cadáver del eminente cubano estuvo expuesto al público, en la manera que es costumbre en este país, desde la mañana del dia siguiente: y desde entónces, hasta el momento de conducirlo al cementerio, estuvo siempre rodeado de diversas personas de ámbos sexos, que se relevaban de tiempo en tiempo, y que lo velaban, orando silenciosamente y con las mayores muestras de recogimiento, y de respeto. La congregacion católica de San Agustin comisionó á una de las señoras, que más asidua se mostró en desempeñar este piadoso deber, para que recortase los cabellos del Padre Varela, y los repartiese entre los fieles. Así se hizo; y todavía viven muchos que conservan como precioso tesoro esta reliquia del virtuoso varon que guiaba á sus feligreses con paternal dulzura por el sendero de la religion y la virtud, y los consolaba constantemente en sus tribulaciones y penalidades.

Cuando llegó el dia 25, que habia sido el señalado para el entierro, los concurrentes, y los vecinos todos, se disputaban el honor de conducir el cadáver sobre sus hombros. Todos creian santificarse con esta carga. Asistieron al entierro los niños de las escuelas de ámbos sexos, el clero entero de la ciudad, y de los lugares circunvecinos y un concurso numeroso del vecindario, sin distincion de edades, ni de sexo, color ó condicion. La procesion marchaba á pié, con gran silencio, y formando una larga fila de dos en dos, hasta que se llegó

374

al cementerio, que está á un extremo de la poblacion, y
á gran distancia de la iglesia. Allí, en el tramo comun,
por expresa recomendacion del Padre Varela, se habia
abierto una fosa; y en ella se colocaron, con respeto,
los venerables restos del gran cubano.

---

* En el periódico titulado la *Ilustracion americana*, de Frank Leslie, que
se imprimia en Nueva York, se publicó en el número 56, del tercer tomo,
correspondiente al 12 de Noviembre de 1867, (pag. 59) un artículo titulado
"El Padre Varela," que contiene diversos pormenores acerca de la vida de
aquel ilustre sacerdote, y las circunstancias que acompañaron á su muerte. El
artículo es anónimo; pero parece escrito por un cubano.

CAPÍTULO XL.

1853.

MONUMENTO Á LA MEMORIA DEL PADRE VARELA.

Visita del Señor Casal al Reverendo Padre Aubril.—Van juntos al cementerio católico á visitar la tumba del Padre Varela.—Proyecto de erigir un monumento para custodiar aquellas cenizas.—Pensamiento de trasladar los restos á la Habana, y oposicion que encuentra entre los católicos.—Colocacion de la piedra angular de la capilla proyectada.—Solemnidades que tuvieron lugar, y discurso del Señor Casal, el 22 de Marzo de 1853.—Vuelve el Señor Casal para la Habana.—Se remiten de la Habana algunos objetos necesarios para completar la obra.—Se inaugura la capilla, y se verifica la traslacion de los restos el 13 de Abril de 1853.—Carta del Padre Aubril al Señor Casal.— Conclusion.

El primer cuidado del Señor Casal, despues de haber llegado á San Agustin, y cuando apénas se habia repuesto de la impresion profunda que naturalmente debió producirle la inesperada noticia del fallecimiento del Padre Varela, que súbitamente le fué comunicada en el momento mismo de apearse en el hotel donde debia alojarse, fué el de ir á hacer una visita al Reverendo Padre, Pastor de aquella iglesia, en cuya casa habia vivido el Padre Varela, y que tantas y tan señaladas atenciones le habia prodigado. Era aquel distinguido eclesiástico el mismo caballero que hoy se encuentra, con universal aplauso de cuantos tienen la fortuna de conocerle, á la cabeza de la iglesia y congregacion francesa de Saint Vincent de Paul, en la calle 23 del Oeste de la ciudad de Nueva York. El Reverendo Padre Edmundo Aubril, que así se llama este sacerdote, recibió con su amabilidad acostumbrada al enviado de los cubanos, le conversó del gran difunto, y fué con él al cementerio. Cuando llegaron á un paraje en que se levantaba sobre el suelo como un pequeño montecito, en cuyo torno se habian plantado, visiblemente hacia muy poco, algunos tiernos arbolillos, y donde junto á ellos se habian colocado dos toscas cruces de madera, mostróle con la mano aquel humilde monumento y dijo estas palabras: " Aquí descansa el Padre Varela."

" Los dos permanecimos mudos por algun tiempo, dice el Señor Casal, en la contemplacion de aquella tumba. Despues de orar como católicos, meditamos como filósofos, y lloramos como hombres. Y allí, en aquel momento, fué donde me ocurrió que las cenizas de un hombre, tan grande por su humildad, por su saber y por su religion, y que más tarde ó más temprano tendrian que trasladarse á su ciudad natal, se deberian guardar de un modo digno, ó que á lo ménos no desmereciese de su importancia. Me pareció tambien indubitable que cualquiera cosa que yo hiciese en este sentido mereceria desde luego la decidida aprobacion de mis comitentes; y alentado con este pensamiento, volviéndome hácia el Padre Aubril le dije : " No veo en este cementerio capilla alguna; y si no hay inconveniente, pudiera yo levantar una á nombre de los cubanos, y depositarse dentro de ella los venerables restos del Reverendo Varela. Así será tambien mucho más fácil y expedita la tarea de encontrarlos é identificarlos, cuando llegue el caso de que mis compatriotas puedan venir por ellos." El Padre Aubril me contestó que desde el tiempo de la primera venida del Padre Varela á la ciudad de San Agustin, el pensamiento de que hubiese una capilla en aquel cementerio le habia preocupado constantemente; que habia dado muchos pasos con el objeto de llevar á cabo este propósito; y que tan sólo en fuerza de la carencia absoluta de recursos, y de no hallar el modo de proporcionárselos, habia tenido que resignarse á abandonar la idea. Pocos dias ántes de su muerte, agregó el Padre Aubril, me manifestaba el Padre Varela el sentimiento de pena que llevaba al sepulcro por no haber ejecutado aquel proyecto."

"Esta respuesta, continúa el Señor Casal, dada en aquel momento, y bajo el imperio de aquellas circunstancias, produjo en mi espíritu el mismo efecto que si el Padre Varela me hubiese estado conversando. Parecióme que aquellas palabras me las dirigia él mismo; y que él, y nadie mas que él, desde el fondo del sepulcro que teniamos delante, me habia inspirado aquella idea, porque yo no tenia ni el más ligero antecedente respecto de sus deseos sobre este punto. Así es que lleno de alborozo, saqué en el acto mi cartera, y bosquejé á grandes trazos la forma que le podriamos dar á la capilla. Pareciéndole bien al Padre Aubril, acordé con él las dimensiones que deberia tener el monumento, y convinimos en que se le construyera en un pedazo de terreno inmediato al cementerio, que yo compraria para agregarlo á éste, y aumentar su extension. Yo no quise en modo alguno que fueran á empezarse los trabajos haciendo excavaciones en las tumbas, y exhumando las reliquias de los demás católicos que allí se hallaban en reposo."

Cuenta el Señor Casal que en su entrevista con el Padre Aubril, y ántes de que saliesen los dos juntos á visitar el cementerio, aconteciendo lo que acabamos de exponer, conferenció con él respecto al punto de trasladar á la Habana los venerables restos del gran difunto, manifestándole el derecho que á ello tenia la capital de nuestra patria, y el deseo no sólo suyo, sino tambien de todos sus comitentes, como no lo dudaba ni un instante, de que así se verificase. Pero el Padre Aubril le contestó que no era fácil, ni habia que esperar por el momento, al ménos, que los católicos de San Agustin consintiesen en la exhumacion y traslacion de aquellos restos, agregando que serian en vano cuantas reflexiones se les hicieran para persuadirlos de lo contrario. Pronto se vió bien claro cuanta era la razon que habia tenido el Padre Aubril para expresarse de este modo, y cuan perfectamente estaba al cabo de los sentimientos de aquellos fieles, por el estado de excitacion que se creó en sus ánimos, aun despues de abandonado el pensamiento, cuando circuló en la poblacion el rumor, más ó ménos vago, de que acababa de llegar un comisionado de los cubanos, con el objeto de hacer desenterrar el cadáver y llevárselo para la Habana. Fué necesario algun esfuerzo para calmar al pueblo, y esto no se consiguió del todo, sino cuando se supo de una manera positiva lo que se habia acordado definitivamente.

" Con las noticias que el mismo Padre Aubril me proporcionó, continúa el Señor Casal, me puse en seguida en relacion con el dueño del terreno, y con los artesanos y operarios con quienes debia entenderme.

Fuí á verlos á todos, y quedó el negocio concluido. Compré el terreno : una persona inteligente levantó el plano del edificio, y formó los presupuestos. Se firmaron los contratos indispensables, y allanadas que estuvieron toda clase de dificultades, se determinó que el 22 de Marzo tuviese lugar la colocacion solemne de la piedra angular de la capilla, y la bendicion del nuevo trozo de terreno agregado al cementerio."

" Verificóse la ceremonia ante un concurso inmenso compuesto de personas pertenecientes á diversas sectas religiosas ; y debajo de la piedra angular, en el lugar adecuado, y que en tales casos se acostumbra, se colocó una caja de madera, encerrada dentro de otra de metal, conteniendo el acta de lo ocurrido en aquella solemnidad, autorizada con las firmas del Padre Aubril y del Señor John M. Fontané, Presidente del cuerpo de administradores de la iglesia, á que agregué la mia, como representante de los amigos y discípulos cubanos del grande sacerdote. Tambien se colocó en la caja un ejemplar de la oracion fúnebre, que en aquel acto pronunció el Reverendo Padre J. F. O'Neill, de Savannah, Georgia, y del pequeño discurso que allí hice, con el objeto de que los floridanos conociesen cuales eran los motivos de amor y gratitud de los cubanos hácia el Padre Varela, el derecho que tenian para la posesion de sus cenizas, los inconvenientes que habia habido para que éstas se trasladasen á la Habana en aquel momento, y el objeto con que se habia proyectado la construccion de aquel sagrario, como lugar seguro en que mantener depositados los venerandos restos, y monumento duradero que recordase siempre á los católicos de San Agustin el nombre de Varela, y no permitiese que lo olvidaran, áun despues de trasladadas sus cenizas á la capital de la isla de Cuba."

Los pormenores de esta solemnidad interesante se
encuentran consignados en el cuaderno que se publicó
en Charleston, de la Carolina del Sud, con el siguiente
título. " Ceremonias para la colocacion de la piedra
angular de una capilla en el cementerio católico romano de la ciudad de San Agustin, de la Florida, dedicada á la memoria del M. R. Félix Varela, Doctor en
Teología y Vicario General de New York." (*Ceremonies
at the laying of the corner stone of a chapel in the Roman
Catholic Cemetery in the city of St. Augustine, Florida
dedicated to the memory of the Very Rev. Felix Varela,
late Vicar General of New York. Charleston. Printed by
Councell & Phynney, 119 East Bay.*—1853.) Componése
este cuaderno, á que ya en otras ocasiones durante el
curso de este libro hemos tenido que referirnos, de una
especie de acta, ó descripcion de la ceremonia, y de los
discursos pronunciados en ella, el primero en inglés,
por el Rev. Padre J. F. O'Neill, de Savannah, Georgia,
y el segundo en castellano por el Señor Don José María
Casal, acompañado de su traduccion inglesa. El acta
dice como sigue :

Mártes 22 de Marzo de 1853.

Siendo este dia el señalado para la colocacion de la piedra angular
de la capilla que ha de ser erigida por los cubanos para depositar en
ella los restos mortales del Muy Reverendo Padre Félix Varela, Doctor
en Teólogía y Vicario General de New York, en testimonio del respeto en que se tiene su memoria, se reunió un gran número de personas,
en la iglesia católica romana de esta ciudad, á las diez de la mañana;
y despues de haber permanecido en ella por un corto rato, en solemne
contemplacion, que atestiguaba la estimacion profunda que sentian
todos por el difunto, se procedió á formar la procesion, segun el órden
que desde el púlpito anunció el Rev. Edmundo Aubril, y fué el siguiente:

La Cruz.

Los niños de la Escuela católica de varones.

Los concurrentes legos.

El Cuerpo de Celadores de la iglesia.

El clero representado por los siguientes sacerdotes:

El Rev. Padre Edmundo Aubril.

El Rev. Padre J. F. O'Neill, Pastor de la iglesia católica de Savannah, Georgia.

El Rev. Padre Stephen Sheridan de la diócesis de New York.

Las niñas de la Escuela católica para mujeres.

Las Señoras que concurrieron.

La procesion marchó en seguida hácia el cementerio católico, deteniéndose primero junto á la tumba del Muy Rev. Padre Varela, donde se hicieron las oportunas preces, y pasando luego al lugar donde debia efectuarse la colocacion de la piedra angular. Llegados allí, el Rev. Padre O'Neill pronunció el Elogio del difunto; y despues de él tomó la palabra Don José Maria Casal, representante de los cubanos para aquel acto, y pronunció en castellano un discurso, que fué en seguida traducido al inglés, é interpretado para los asistentes, por Mr. David D. Griswold, que se hallaba presente.

Miéntras se pronunciaron los discursos, se observó constantemente por los espectadores la mas profunda atencion, á lo que se les decia del Padre Varela; y sus sentimientos se manifestaron á menudo por los sollozos y las lágrimas de diversas personas que habian conocido personalmente al venerable eclesiástico, y lo habian amado mucho y muy tiernamente.

Una copia de estos discursos, y del acta de la ceremonia, se depositó en una caja de metal, que colocó el Rev. Padre Edmundo Aubril en el receptáculo adecuado, debajo de la piedra.

El discurso del Señor Casal fué como sigue:

Señores:

El Muy Reverendo Padre Félix Varela, dechado de todas las virtudes, fué amado de cuantas personas le conocieron porque su bondad no tenia límites, imitando á Jesu-Cristo, en cuanto es posible para un mortal. Vivió sólo para el bien de la humanidad, ocupándose constantemente en instruir al ignorante, en favorecer al desvalido, y en consolar al triste. Su único placer era pensar en Dios y adorarle, y querer á sus semejantes y guiarlos por el camino de la verdad.

El que ama, siempre es amado. Varela, amó á todos los hombres, y Varela ha sido amado por todos. Pero los cubanos le deben á Varela, no sólo amor, sino veneracion profunda. Le deben la instruccion que tienen. Le deben lo que hoy son. Y á no haber sido por su extraordinario talento, su constancia, su saber, su desinterés, ahora estaria el entendimiento de ellos oprimido bajo el peso de la autoridad de los hombres que escribieron en siglos muy atrasados.

Cuando Varela apénas tenia veinte y cinco años, sin dinero, sin influjo, sin otro poder que su inteligencia y perseverancia, combatió las preocupaciones de aquella época, venció, con la razon y la verdad á los que gozaban de más prestigio, y rompió para siempre las cadenas que ataban el entendimiento de los cubanos. Desde entónces piensan éstos con libertad; y Cuba puede señalar, con orgullo, á muchos de sus hijos que la honran por su saber, y que imitadores de Varela comunican á sus compatriotas la libertad del pensamiento, y el amor á la-verdad.

Si Varela debe ser querido de todos los hombres por su amor al género humano, los cubanos deben quererle como á un padre, porque ha dado vida á su inteligencia, y ha desatado su espíritu, para que vuele libre de errores y se acerque más al trono del Altísimo, de donde proviene. Sí, Señores, los cubanos lo han querido, y lo quieren con entusiasmo; y el nombre de Varela será siempre venerado entre ellos, que lo están llorando constantemente como huérfanos desde el año de 1822.

En el instante en que supieron el mal estado de su salud, algunos discípulos y amigos suyos, quisieron haber podido correr hasta su lecho para consolarlo y aliviarlo; pero he venido ̣o sólo, á nombre de ellos, con el encargo de arrebatarlo, si era posible, á los brazos de la muerte, llevándolo para otro clima más cálido. Cuando llegué, el dia 3 de este mes, ya nuestro amado Varela, se habia despedido de los hombres. Estaba ya en el cielo; y no encontré sino sus despojos mortales, sepultados en este cementerio, bajo un monton de tierra que me designó mi bondadoso amigo, el venerable sacerdote Señor Aubril. Ante aquella tumba, contemplamos y oramos como católicos, lloramos como hombres, y nos sentimos consolados con el sentimiento de la inmortalidad.

He deseado llevarme á la Habana estas preciosas reliquias, para que el sepulcro de Varela esté al lado de su cuna, para que los cubanos las guarden con el respeto y veneracion que se debe, para que tengan el consuelo de poseer el cuerpo de su maestro y amigo, que no pudo pasar entre ellos los últimos treinta años de su vida, para que sus cenizas estén con las de sus ilustres y malogrados discípulos Escobedo, Govantes, Bermudez, y otros, y para que los cubanos puedan decir á sus hijos y nietos: "aquí está el hombre más amoroso de todos los hombres, el maestro más querido de los habaneros, el católico más sufrido y fervoroso, el filósofo cubano, el Padre Varela." Pero mi deseo, Señores, desagrada, segun he comprendido, á muchos de esta poblacion que lo amaban tiernamente, y sé que llevarme por ahora estos restos apreciables, causaria un profundo dolor á los amigos que aun le lloran, con especialidad á las personas que lo acompañaron y consolaron en su últimos dias, con tanto cariño, con tanto amor, como pudieran hacerlo los mismos cubanos, y estos en muestra de gratitud se privarán de la satisfaccion de tenerlos de momento en su país, sin renunciar nunca á la esperanza de llevárselo más adelante. Y miéntras tanto, interpretando yo la voluntad de mis compañeros y compatriotas, he creido de mi deber, levantar un monumento donde se depositen y sean custodiados esos restos por los católicos de esta ciudad, hasta que llegue la ocasion en que se remitan á la que tiene el honor de haber visto nacer al hombre benemérito que lloramos.

Ningun monumento, Señores, es más propio, por la santidad de este lugar, y por las eminentes virtudes de Varela, que una capilla donde pueda celebrarse el incruento sacrificio de la misa. Ninguno más duradero, pues la congregacion por sus sentimientos religiosos procurará sostenerlo contra las injurias del tiempo. Ninguno recordará más la religiosidad de Varela. Ninguno corresponderá más á su caridad, pues ese monumento no será sólo para él, pues ha de ser un templo para todos los fieles, donde vengan á pedir al Dios de las misericordias por el eterno descanso de las almas de sus amigos y parientes.

Cuande me ocurrió la idea de levantar en este sitio una capilla, á nombre de los cubanos, creo á la verdad, Señores, que fué una inspiracion del mismo Varela. Sí, lo creo. Luego, supe por el Reverendo Padre Aubril, que él habia deseado mucho, hasta en sus últimos dias, que se edificase una en este mismo cementerio. Yo nada sabia. La idea vino á mi mente en un lugar santo, cerca de su cadáver. Y así, mi corazon goza, en este momento en que se coloca la primera piedra del edificio, de un placer inefable que en nada se parece á los que tienen su orígen en el orgullo y en la vanidad. Me parece que oigo la dulce y cariñosa voz de Varela, aprobando la resolucion de los cubanos, y que todos los católicos sepultados aquí salen de sus fosas á presenciar llenos de regocijo este acto religioso, á que el mismo Dios, nuestro Padre, está presidiendo desde su trono celestial.

Conservad, pues, hermanos mios, el católico monumento que debe erigirse sobre esta piedra angular. Guardad con respeto, yo os lo suplico en nombre de los cubanos, las cenizas del más virtuoso, del más sufrido, del más caritativo de los hombres, las cenizas del Padre Varela, hasta que llegue la oportunidad de colocar su tumba donde se halla su cuna. Pedid á Dios, siempre que entreis en esta capilla, por el eterno descanso del alma de este ilustre cubano que tanto os quiso; y nunca olvideis, ni por un instante solo, sus consejos, su amor y su santidad.

A los dos dias de verificada esta ceremonia se volvió para la Habana el Señor Casal. Allí dió cuenta á sus comitentes de lo que habia hecho, y tuvo el gusto de escuchar de todos ellos la aprobacion de su conducta. Para auxiliarle en lo que faltaba para la definitiva realizacion de su pensamiento, se nombró, como comisionados especiales, á los Señores Presbítero Don Francisco Ruiz, y Don José de la Luz y Caballero.

Nos dice el Señor Casal en sus apuntes, que acto seguido contrataron en el conocido taller de carpinteria de fino, que habia entónces en la Habana, perteneciente á Don Tomas Atteridge, una mesa de altar, de bellas formas, y de exquisita caoba, con la tarima embutida y corrediza, y provista de una gaveta para guardar allí los ornamentos. La parte superior estaba cubierta con una tabla grande de excelente mármol estatuario. Allí mismo se hizo una magnífica cruz negra, de palo de rosa, con cantoneras de plata; y se labraron además dos candelabros de caoba, y dos atriles de la misma madera. Cuando todo estuvo listo, á satisfaccion de los comisionados, y de una manera capazde honrar al establecimento del Señor Atteridge, se aprovechó el primer momento para mandarlo á San Agustin.

La losa del sepulcro, que es de mármol blanco, se labró tambien en la Habana. Fué enviada juntamente con los objetos anteriores, y lleva esta inscripcion:

AL PADRE VARELA

LOS CUBANOS

OB. FEBRERO 25 DE 1853.

Otra losa de mármol, que tambien se remitió para
incrustarla á un lado en una de las paredes de la capilla, contiene una inscripcion en que se recuerda que
el monumento fué erigido por los cubanos para que en
él se conservasen las cenizas del Padre Varela.
Los trabajos de la capilla progresaron con grande
rapidez. En los primeros dias del mes de Abril estaba
aquella concluida, y colocados en sus puestos los
objetos que se habian enviado de la Habana, señalándose el dia 13 para inaugurar el monumento, trasladar
los restos del insigne sacerdote, y decir allí la primera
misa. El Reverendo Padre Aubril dió cuenta al Señor
Casal de estos sucesos, y de la carta que le escribió al
efecto, extractamos los siguientes párrafos:

Esté V. seguro de que nuestro buen Padre Varela jamás puede ser
olvidado en San Agustin. Desde el dia de San Hermenegildo, uno de
los santos favoritos de los españoles, han tomado más incremento el
respeto y la veneracion debidos á tan virtuoso sacerdote.

En dicho dia, el 13 de Abril de 1853, sus venerables restos fueron
reconocidos por mí, y por los celadores de la Iglesia, y conducidos en
procesion solemne á la capilla edificada por algunos de sus agradecidos
discípulos cubanos, y depositados bajo una losa de mármol en que se
lee su nombre.

Ese dia, á las nueve de la mañana, numerosos amigos de Varela lle-
naban la iglesia. Subí al púlpito, pronuncié una oracion preparada al
intento, y despues se formó la procesion, que fué en extremo vistosa é
imponente, y que se dirigió silenciosamente hácia el cementerio, uno
de los lugares más venerables del país, por haber sido el teatro san-
griento, en que hace trescientos años, un santo misionero fué sacrifi-
cado al pié del altar en que habia celebrado varias veces el santo sacrificio de la misa para los salvages mismos que lo asesinaron.

Bendije la capilla; y miéntras la concurrencia estaba arrodillada fuera

y se extendia por el cementerio, se dijo una misa solemne, en el mismo
bello altar que tambien costearon los antiguos discípulos del Padre
Varela.

Desde aquel memorable dia una comision de cinco Señoras, ha tomado á su cargo ir allí todos los lúnes en la tarde, para rogar á Dios
en aquella querida capilla, por las almas de los difuntos, y muy en especial por la del Padre Varela.

Oh! estoy seguro de que el buen Padre no será nunca olvidado en
San Agustin; y espero que si algun dia se conducen sus restos á la isla
de Cuba, algunos se dejarán en esta capilla.

En uno de los sermones pronunciados por el Reverendo Padre Baker, se hace una descripcion del cementerio de San Agustin, del que tomamos el siguiente
pasaje:

"Tolomato (este es el nombre del cementerio) contiene tambien el
bello monumento erigido por los cubanos sobre la tumba del Reverendo
Doctor Varela, un sacerdote instruido, santo y patriota, natural de la
isla de Cuba, y miembro que habia sido de las Córtes españolas en el
tiempo de la Constitucion. Desterrado de su país natal, donde su memoria ha sido siempre conservada con grande cariño, pasó la mayor
parte de los largos años que le quedaron de vida, consagrado á las
tareas de su ministerio, mostrándose á todas horas como un celosísimo
párroco y apóstol de su fé. Murió en San Agustin. Sobre su tumba se
levanta una linda capilla, con un altar de mármol y caoba. En el
centro del pavimento se extiende una grande losa de mármol blanco,
en que se ha inscrito esta sencilla pero elocuente frase: " Al Padre
Varela, los cubanos." *

Sabemos que todavía se conserva en San Agustin
la piadosa costumbre de que hablaba en su carta el
Reverendo Padre Aubril. Todavía las Señoras de la
ciudad visitan con frecuencia y regularidad el sepulcro
de nuestro santo y sabio compatriota. Las flores con
que adornan la capilla, en que se custodian sus ceni

* Sermons of the Rev. Father A. Baker, with a memoir of his life, by Rev.
A. F. Hewit.

zas, jamas se dejan marchitar. Siempre hay una mano piadosa que las renueve, y que las riegue. Nunca falta un alma pura, que desde allí levante al cielo, como una nube de suavísimo incienso, la plegaria ardorosa y caritativa que nuestra Iglesia recomienda por las almas de los difuntos.

FIN.

APENDICES.

APENDICE A.

Partida de Bautismo del Señor Don Félix Varela.

(Núm. 866, fólio 203 del Libro 6? de bautismos de blancos de la Parroquia del Santo Angel Custodio, de la Habana.)

Jueves 27 de Noviembre de 1788.—Yo Fray Miguel Hernandez, de la órden de Predicadores, Capellan del Regimiento fijo de esta plaza, bauticé y puse los santos óleos á un niño que nació á 20 de Noviembre próximo pasado, hijo legítimo de Don Francisco Varela, Teniente del mismo Regimiento, natural de la Villa de Tordesillas en el reino de Castilla la Vieja, y de Doña María Josefa Morales, natural de la ciudad de Cuba: y en él ejercí las sacras ceremonias y preces, en esta iglesia auxiliar del Santo Angel, y le puse por nombre *Félix Francisco José Maria de la Concepcion.* Fueron sus padrinos el Teniente Coronel Don Bartolomé Morales, Capitan del mismo Regimiento fijo, y Doña Rita Josefa Morales, á quienes advertí el parentesco espiritual que contrajeron; y lo firmé con el Teniente de Cura que estuvo presente.—

Fray MIGUEL HERNANDEZ.

Ber. JOSÉ DOMINGO SANCHEZ Y FLEITES.

APENDICE B.

Paralelo entre los oradores sagrados Fray Remigio
Cernadas y Pbro. Don Félix Varela.

(Del *Correo de Trinidad.*)

LITERATURA.

Elocuencia del púlpito.—Elogios fúnebres.—Paralelo entre el Presbíte-
ro Félix Varela y Fray Remigio Cernadas.

La oracion fúnebre es, en órden á la elocuencia, lo que la epopeya
respecto de la poesía. Las imágenes más brillantes, las figuras más
atrevidas, los movimientos más vivos, deben entrar en la composicion
de este discurso, donde tambien es necesario manifestar toda la pompa
de los períodos, y toda la magnificencia de las expresiones. El orador
como el poeta, puede evocar los muertos, abrir el cielo á ojos de los
vivos, hacer hablar á la Divinidad, y áun prestar á los objetos inani-
mados lenguaje y pasiones.

Los antiguos que han sido nuestros maestros en todos los géneros de
elocuencia, conocieron el de la oracion fúnebre. Plutarco nos enseña
que volviendo Pericles á Atenas, despues de la reduccion de Samos,
hizo exéquias magníficas á los que habian muerto en esta guerra, y él
mismo pronuncció su oracion fúnebre sobre su sepulcro. Este general
orador, hizo tal impresion en los atenienses, que al descender del lugar
donde habia hablado, recibió de todas las mujeres que lloraban, coro-
nas y cintas, como se daban á los atletas victoriosos.

Este uso de hacer el panegírico solemne de los guerreros muertos
por la patria, subsistia aun en el tiempo de Plutarco. No se nombra

personalmente á todos; pero se les designaba con una demostracion general, y se celebraban sus virtudes patrióticas, sus hazañas y los hechos particulares de valor y constancia que los habian ilustrado. Ya se vé que estas oraciones eran muchas veces, como lo son entre nosotros, el elogio de los vivos, tanto como la apoteósis de los muertos.

La elocuencia, como los demás talentos del genio, degeneró en la edad media. En tiempo de Enrique IV y de Luis X, las oraciones fúnebres en Francia ofrecian todavía un fárrago de metáforas exageradas, de puntos triviales, de proverbios y citas del griego y latin sacadas indistintamente de autores sagrados y profanos. En fin, Bossuet restituyó á la elocuencia su antigua magestad. "Fué un águila, dice Lammenais, que se elevó hasta el cielo y tuvo comercio con los dioses."

En nuestros dias aparece la oracion fúnebre con toda la pompa de la época de Massillon; se han distinguido en este género Fleury, Fenelon, Maury, Lammenais, y el dominico Lacordaire.

Entre los oradores cubanos podemos citar á Varela y el dominico Cernadas, los cuales han dado nombre á la elocuencia del púlpito. Entre estos dos sacerdotes, Cernadas, es ménos vehemente, pero más florido, ménos sublime pero tal vez más sensible; dá á la elocuencia del púlpito las riquezas de una imaginacion fecunda, los atractivos de un espíritu ingenioso, las gracias del estilo, y aquella energía suave y penetrante que nace de los sentimientos tiernos unidos á las reflexiones melancólicas.

Varela se apodera fuertemente de su asunto, lo domina, lo fecunda, y lo atrae á la altura de su genio. Ningun orador americano es dotado de una imaginacion más sublime, ni de una elocuencia más impetuosa. Las ideas, las imágenes, los movimientos mas imprevistos se suceden, se atropellan, arrastran la atencion del oyente y ponen en movimiento todas las facultades de su alma. Ninguno habla del tiempo y de la muerte, de Dios y de la eternidad, con más fuerza y grandeza. Cernadas sabe enriquecer un asunto árido, se sostiene á la par de un asunto elevado, pero no le dá una grandeza nueva: agrada al espíritu sin trastornar la imaginacion: habla al corazon sin atacar á un tiempo todas las facultades intelectuales y sensibles del hombre. Hace nacer emociones dulces y dilatadas; pero no ejerce el imperio inevitable de las pasiones. Tiene menos movimientos que imágenes; juzga á los hombres como filósofo, y los instruye como moralista. Ninguno es más atrevido que Varela en las formas de su estilo. Crea expresiones que tienen una suerte de inmensidad como sus pensamientos, somete la lengua á su genio, traspasa sus reglas sin ofender su delicadeza, la impone leyes, y la fuerza á tomar las formas nuevas que convienen á la audacia de sus conceptos. El dominico Cernadas no tiene expresiones originales; pero elige casi siempre la palabra propia. Su estilo es un modelo de correccion, elegancia y armonía. Se abandona mucho á la seduccion de los pensamientos ingeniosos, y las antítesis que prodiga son algunas veces contrarias á la grande elocuencia. Pero, qué dulce y penetrante es la suya! ¡ Qué brillante colorido! ¡ Qué delicadeza de ideas! ¡ Qué muchedumbre de reflexiones morales y edificantes! La religion en él es una madre indulgente y tierna que consuela á sus hijos y los perdona. En las imágenes de Varela es una diosa augusta y formidable, que promete á los hombres virtuosos recompensas magníficas, y amenaza y hace temblar á sus enemigos.

Los dogmas de la religion, sus misterios y prodigios son los grandes resortes de la elocuencia del púlpito. Parece que no puede pasar sin ellos, sin perder de su fuerza y magestad. Ellos solos dan la vida á las oraciones fúnebres, lo cual sin las ideas sobrehumanas sólo es una historia que toma los adornos de la elocuencia ordinaria, y un tejido de amplificaciones más ó ménos brillantes. Deja á la imaginacion de los hombres en la tierra, en lugar de transportarlos á aquellas desconocidas regiones, cuya memoria espanta á los mortales, ó los consuela con la idea y la esperanza de la suprema felicidad.

El Corresponsal Habanero.

APENDICE C.

_____

Legislacion de embargos de las Bibliotecas de Particulares.

El 15 de Abril de 1869, mandó el Gobernador Superior Civil de la isla de Cuba, Teniente General Don Domingo Dulce, al Gobernador político de la Habana, Don Dionisio Lopez Roberts, que procediese sin levantar mano, y con la mayor brevedad posible al embargo de todos los bienes pertenecientes á Don José Morales Lemus, y otras quince personas más que allí se nombran, comprendiéndose en el secuestro no sólo los bienes que actualmente se encontrasen ser suyos, sino tambien los que resultasen enajenados, en favor de terceros, á ménos que no se probase que estas enajenaciones se hicieron observando escrupulosamente todos los requisitos de la ley.

El dia 20 del mismo mes y año expidió otro decreto, ya de carácter general, bajo la forma de una circular á los Gobernadores y Tenientes de Gobernador de la isla, cuyo preámbulo con algunos de sus artículos dicen como sigue :

" Por la *Gaceta* de 15 del actual se habrá V. enterado de dos circulares, que he expedido, la primera con motivo de haberse recibido por el correo y circulado con profusion un papel impreso y firmado José Morales Lemus, Presidente de la Junta Central republicana de Cuba y Puerto Rico ; y la segunda disponiendo se proceda sin levantar mano al embargo de todos los bienes y demas propriedades que dicho Morales Lemus, é individuos que se expresan, poseen ó hayan poseido en esta isla."

" Como medida preventiva para impedir que algunas ventas de propiedades se verifiquen con fines ilícitos, tambien se habrá V. enterado de mi decreto fecha 1º del actual, publicado en la *Gaceta oficial* del 16, y por último en la del 18 se ha publicado otro decreto, creando un consejo administrativo de los bienes mandados embargar en 1? del actual."

"*Estas resoluciones bien meditadas, y ampliamente justificadas con los estragos causados por los insurrectos, corresponden á un sistema que es indispensable seguir para acabar de una vez con la insurreccion.**

"Con este fin usando de las facultades extraordinarias y discrecionales de que el Supremo Gobierno de la Nacion me ha investido, he resuelto lo siguiente:

"Artículo 1? Todos los individuos á quienes pueda probarse haber tomado parte en la insurreccion, dentro, ó fuera de la isla, bien con las armas en la mano, bien auxiliándola con armas, municiones, dinero y artículos de subsistencia, se declaran comprendidos en la circular de 15 del corriente relativa al embargo de los bienes de Don José Morales Lemus y otros.

"Artículo 3? Los individuos comprendidos en el artículo 1? quedan privados de los derechos políticos y civiles, que por nuestras leyes disfrutaban, retrotrayéndose esta resolucion al dia 10 de Octubre, en que comenzó en Yara la insurreccion, ó á la fecha en que pueda averiguarse que tomaron parte en los preparativos para la insurreccion.

Artículo 12. Los bienes embargados se depositarán en un vecino lego, llano y abonado, elegido por el Gobernador ó Teniente de Gobernador, quien pondrá el nombramiento en conocimiento del Consejo administrativo, entregándose al depositario. testimonio del embargo y de su nombramiento."

"Artículo 15. Los depositarios deberán conservar y administrar los bienes con todo cuidado y diligencia, siendo responsables hasta de la culpa leve: no podrán venderlos bajo ningun título, ni pretexto, sino cuando por el Gobernador, ó Teniente de Gobernador, se les ordenase, á consecuencia de resolucion del Consejo administrativo....."

En 31 de Julio de 1869, despues de la destitucion del General Dulce por los voluntarios de la Habana, y cuando gobernaba en Cuba el Teniente General Don Antonio Caballero de Rodas, autorizó éste al Presidente del Consejo administrativo de bienes embargados, para que procediera á la venta de todos los bienes muebles y animales pertenecientes á personas comprendidas en la circular de 20 de Abril.

En un informe fechado el 31 de Agosto de 1869, en que Don Dionisio Lopez Roberts, al dejar el puesto, da cuenta de sus trabajos como Presidente del Consejo administrativo de bienes embargados, se leen estas palabras:

---

* El éxito no habia justificado grandemente hasta 1877 al ménos, la eficacia de este sistema.

"Debo hacer mencion de que me proponia someter al Consejo, y á
V. E., *exceptuar de la subasta algunas bibliotecas, que existen entre los
bienes expresados, si como se asegura contienen obras de gran mérito, **
en cuyo caso, hecho el avalúo correspondiente por entendidos peritos,
me proponia remitirlas á la Biblioteca Nacional de Madrid."

En 4 de Octubre de 1869 acordó el Consejo administrativo de bienes
embargados: "1? Que se reunan todos los libros que contienen dichas
bibliotecas en un solo local, designando al efecto la casa n° 46 de la
calle de San Miguel del Señor Bachiller y Morales, en donde se encuentra la biblioteca de éste; 2? que se nombre un individuo para que se
ocupe de la formacion de los catálogos de dichos libros, con separacion
de los que á cada individuo corresponden; y 3? que se comisione á dos
consejeros para inquirir necesidades de los establecimientos literarios
públicos, y las localidades que tengan disponibles, á fin de proponer los
medios de destinar para su uso, aunque sea en clase de depósito, las
bibliotecas embargadas."

Em Marzo 9 de 1870, visto que ningun *instituto científico*, ni establecimiento literario de la Habana *se habia prestado á aceptar este*
encargo, se acordó por el Consejo que se entregasen los libros á la
Academia de Ciencias médicas, en depósito, y para que los custodiase
"formando con ellos una biblioteca general á disposicion del Consejo
y para el uso del público que podia consultarla."

En Marzo 21 de 1870 se acordó que junto con los libros se entregasen á la Academia los estantes en que se hallaban colocados.

En Junio 20 de 1870 acordó el Consejo que se entregasen en calidad
de depósito al Casino Español de la Habana, las bibliotecas embargadas á los Señores Don Miguel de Aldama, Don Leonardo Del Monte,
Don Nestor Ponce de Leon, y *alguna otra* (que no dice), entendiéndose
que este depósito comprenderia los libros y los estantes.

Es curioso observar en esta acta la solicitud del Presidente para que
no sufriera detrimento la moralidad del Casino, admitiendo en su seno,
sin discrecion, las referidas bibliotecas. El Presidente manifestó que
"no todas las obras podian entregarse," "por haber algunas de
índole poco conveniente; † pero que era de parecer que, elegidas éstas,
no habia reparo á su juicio en acceder á la solicitud del Casino."

---

* No dice quien debia decidir sobre ese mérito, ni el criterio que se seguiria
para la decision

† En la biblioteca embargada al autor de este libro habia una coleccion que
él estimaba completa de lo impreso sobre abolicion de la esclavitud y supresion
del trafico de esclavos africanos, así en España como en Francia, Inglaterra.
y los Estados Unidos de América.

APENDICE D.

(De *El Observador Habanero.*)

Análisis de las Lecciones de Filosofía escritas por el Presbítero Don Félix Varela, maestro de dicha ciencia en el Seminario de San Cárlos de la Habana.

Esta obra consta en cuatro tomos en 8? y está escrita en castellano. Contiene las doctrinas necesarias para un curso filosófico, expuestas con claridad y precision, omitiendo todas las disputas inútiles, y el lenguaje oscuro de las escuelas, pues uno de los principales objetos de su autor ha sido simplificar la enseñanza, acomodándola á la capacidad de todos. No nos detendrémos en el pormenor de su doctrina, contentándonos con indicar algunos puntos interesantes de ella.

Se manifiestan las operaciones del espíritu y el enlace que tienen; pero sin entrar en discusiones prolijas y refutaciones de sistemas, pues lo primero que ha procurado el autor es no seguir ninguno, y ni siquiera intimarlo, porque en una obra elemental parece que estos agregados no hacen más que distraer la mente de los principiantes, separándola de la senda del análisis. La erudicion filosófica sirve para brillar en las academias ; pero á veces produce graves males en la enseñanza, y esta verdad, demostrada por la experiencia, ha sido la norma de esta obra.

Entre otras cosas, se desvia el autor de la opinion comun en decir, que el juicio es la percepcion de un objeto por una de sus propiedades, y no la reunion de dos ideas, ni el concurso de dos sensaciones. * Que el alma tiene una sola facultad, y que la sensibilidad es del cuerpo, pues el alma no siente, y es un error decir que las sensaciones son ideas.

---

* Esta doctrina se halla demonstrada en la *Miscelánea filosófica* del autor
Nota del articulista.)

Demuestra, segun las doctrinas de los mejores ideólogos, que es un
absurdo aprender de memoria, establecer principios generales, definirlo
todo y creer que las definiciones son el medio de investigar la verdad,
reducir todo á sistema pretendiendo que la naturaleza se sujete á las
ideas del filósofo; y en una palabra, expone los principales obstáculos
de nuestros conocimientos, indicándose los grados de probabilidad que
podemos adquirir en ellos, conforme á las doctrinas de Laplace.

Otras muchas materias ideológicas contiene esta obrita que seria muy
dilátado el exponer; pero que, segun nuestro juicio, se hallan todas
conformes á las luces del dia, y tienen por objeto acabar de destruir
los resquicios del escolasticismo.

Como es imposible prescindir de la dependencia entre el órden moral
y el fisiológico, ha dado el autor una idea del cuerpo humano en la
segunda parte de su curso, dividiendo la vida en animal y orgánica ;
segun las doctrinas de Bichat, é indicando la influencia de cada una de
éstas en las pasiones. Demuestra que el alma no es el principio de la
vida, sino que acompaña al cuerpo, y le gobierna miéntras éste vive,
opinion diametralmente opuesta á la que comunmente se enseña; pero
manifestada por unos pasos analíticos los más sencillos y convincentes.
Estas opiniones sobre la sensibilidad y la vida, colocadas en el cuerpo,
y no en el alma, han servido al autor para aclarar muchos puntos de
difícil resolucion en un sistema contrario, en que jamas se explicará
con claridad la independencia del alma y del cuerpo, el imperio de éste
en ciertos movimientos, y su incapacidad para otros que ni produce, ni
puede impedir. Nos referimos á la misma obra por no permitir la
estrechez de este periódico una exposicion detenida.

Continuando el autor en la consideracion del hombre segun sus relaciones físicas y morales, expone la influencia de los objetos y de las
ideas en nuestras pasiones, la relacion de éstas, las fuentes de la moralidad, las virtudes que nacen de ellas, y últimamente asciende al
estado del hombre en sociedad y en religion, manifestando con sencillez las verdades más sólidas y los deberes más sagrados. En estas
dos partes se contiene todo el plan ideológico y moral, ó la consideracion del hombre, en cuanto á su naturaleza, sus ideas y sus pasiones.
Los dos tomos restantes incluyen la ciencia de los cuerpos ó el estudio
del universo.

Ni la moderacion del autor, bien conocido en esta ciudad, ni la amistad que le profesamos por haber sido nuestro maestro, nos permiten
tributarle los justos elogios á que son acreedores sus trabajos ; pero
no podemos ménos de decir que esta obra honraria á cualquiera pueblo
ilustrado.

APENDICE E.

(DE LA GACETA DE PUERTO PRINCIPE.)

Sábado 2 de Mayo de 1840. *

Comunicado.

Sr. Redactor de la *Gaceta de Puerto del Príncipe.*

Puerto Príncipe, 28 de Abril de 1840.

Muy Señor mio :

Acompaño á V. un artículo que me ha remitido de la Habana mi muy querido amigo y deudo Don José de la Luz y Caballero, quien pospone el placer de publicarlo en aquella ciudad al sentimiento amistoso de defender al amigo *Lugareño* en su propio terreno, el Camagüey, donde se ha suscitado la cuestion con el *Ciudadano del mundo.* Quedo de V. s. s. s. y amigo q. b. s. m.

A. DE O.

FILOSOFIA.
Rectificacion.

Al *Ciudadano del mundo*, residente en Trinidad, salud !

Grande es el honor que V. nos dispensa al Sr. Varela y á mí, al indicar que, no obstante nuestra íntima amistad, diferimos en opiniones filosóficas. Pero esta proposicion así aisladamente presentada, y sobre todo concebida en los términos en que V. lo ha hecho, merece más de

---

* Este periódico se publicaba solamente los mártes, jueves, y sábados, é insertaba todo lo de oficio y otras materias de interés general.

una rectificacion. He aqui las palabras del *Ciudadano del mundo:* "Hasta Don José de la Luz y Caballero, que segun tengo noticias es quizás más amigo que V. (el Lugareño) del Señor Varela, no sigue su filosofía." "Prueba evidente," añade V. llevando demasiado léjos la consecuencia de su misma premisa, "de que no está acorde, ni con su método, ni con sus doctrinas filosóficas." Dije que los asertos de V. habian menester más de una rectificacion y lo pruebo al punto.

Desde luego, no por discrepar yo en algunas pocas opiniones de las del Señor Varela, puede asentarse con fundamento que *yo no sigo su filosofía,* palabra bajo la cual se encierra todo un sistema de doctrinas. Sabido es que la obra de mi ilustre paisano sirve de texto á mis lecciones en todos los dias de la semana, excepto el sábado, y á veces otro más, que consagro exclusivamente á la impugnacion de las doctrinas de la escuela ecléctica francesa, valiéndonos de los mismos escritos de su famoso corifeo para blanco de nuestra polémica.

Y vea V. ahora brevemente, Sr. *Ciudadano del mundo,* como soy discípulo de Varela bajo muchos aspectos. Varela derrocó el escolasticismo en nuestro suelo; y yo aplaudo y aplaudiré su ruina. Varela fué nuestro legítimo Cartesio, en más de un sentido, ya por haber destruido el principio de autoridad con el consejo y el ejemplo, de palabra y obra, ya por haber introducido en su consecuencia la libertad filosófica de pensar, el verdadero eclecticismo; así es que, no contento con destruir, se empeñó en edificar, y edificar con los materiales de mas exquisita calidad que tuviera á su disposicion; precisamente con los que sirven hoy de base hasta á aquellas de mis doctrinas en que discrepamos, ó podemos discrepar.

Varela dió el grande, el atrevido paso de introducir la Fisiología, elemento indispensable para el estudio completo del *hombre,* en el campo de la ciencia. Yo, no como quiera, sigo en ésto sus huellas, sino que veo en aquel estudio el porvenir no sólo de la Filosofía estrictamente tal, sino hasta de la Educacion, la Moral, y la Legislacion.

Varela fué siempre enemigo declarado de toda *Ontología;* y yo no ceso de hacerle la guerra á ese Proteo, sean como fueren las formas especiosas, y aun venerandas, bajo las cuales procura presentarse.

Varela, columbró primero, y más que nadie en este país, la importancia de las ciencias físicas, no ya sólo para los adelantamientos materiales de la sociedad, sino para dirigir y robustecer al entendimiento en todo género de investigaciones, y muy particularmente para el progreso de la Filosofía *racional,* ó propiamente dicha. Yo tengo por excusado demostrar que abundo en semejantes principios por ser notorios mis conatos por la difusion de este género de conocimientos, que hacen falta en todas carreras y circunstancias, y muy especialmente á una gran parte de nuestra juventud que, dedicada exclusivamente á la Jurisprudencia, carece de criterio para juzgar de infinitos casos que se le presenten despues, en el vastísimo campo de las transacciones humanas; falta que es tambien causa muy principal de que cundan entre nosotros muchos de los errores de que están plagadas las obras de los metafísicos, y señaladamente de los nuevos pseudo-eclécticos, inclusos, los mismos que son fisiologistas de la escuela.

Por último, y por no prolongar más esta reseña, Varela no satisfecho con emancipar nuestro entendimiento, no satisfecho con lo que parecia *sustancial*, queriendo hacer la reforma *efectiva*, se ocupó tambien del *instrumento*, y á manera de Julio César *nihil actum reputans, si quid superesset agendum*, cortó tambien las trabas que encadenaban la exposicion de las ciencias á los signos de una *lengua muerta*, aunque idolatrada, y poseida por él (más mérito!) en un grado de que todavía no pueden formar idea los que sólo juzguen por sus escritos en aquel idioma divino á pesar de la elegancia y aticismo que los distingue: pues para graduar su *fuerza* era necesario haber experimentado en el dulce comercio con este dulcísimo Varela la soltura y facilidad con que manejaba en la conversacion familiar la lengua de Marco Tulio y de Terencio. Yo aunque tan aficionado como él, y como el que más, á la lengua robusta del Lacio, á esa lengua de hombres que eran *hombres*, no he menester decir (¿y quién puede ya poner en duda semejantes principios mediando el siglo XIX?) que sacrificaria todas mis aficiones, en gracia de proporcionar el vehículo más fácil y expedito para la difusion de los conocimientos.

Y con ésto me parece sobradamente *rectificado* el primer aserto del Sr. *Ciudadano del mundo*. Pasémos ahora á la otra *rectificacion* prometida.

" Prueba evidente, añade V., de que no está acorde (el que ésto escribe) ni con su *método*, ni con sus doctrinas." En primer lugar, tacho la consecuencia, pues de que difieran dos individuos en *algunas*, y hasta en muchas, opiniones en el vasto campo de una ciencia y sobre todo en la ciencia de las ciencias, no se infiere en buena lógica que discrepen hasta en el *método;* y tan no hay repugnancia, que aun en las ciencias de peculiar experimentacion, v. g. en la Química, siguiendo todos sus cultivadores el mismo método de apelar al laboratorio, y áun obteniendo á veces los mismos hechos, se suscitan las mas acaloradas controversias acerca de las inducciones que de los mencionados datos quieren sacarse, toda vez que esa operacion es obra de la cabeza de cada uno, y ha lugar por lo mismo al *tot capita tot sententiœ:* testigo las empeñadísimas contiendas que median hoy mismo entre el famoso químico sueco Berzelius y uno de los primeros de Francia que es Dumas.

En segundo lugar, muy probable es se haya figurado el Sr. *Ciudadano del mundo*, que por tener el Sr. Varela su Lógica y Moral ántes de la Física, en sus " Lecciones de Filosofía," y haber yo sostenido, y á mi parecer probado, que las ciencias *físicas* deben estudiarse previa, ó independientemente de las llamadas *morales*, difiramos completamente en la cuestion de *método*, ú órden, en la enseñanza. Y á fé que en esta parte ha tenido motivos para juzgar así el Sr. *Ciudadano*, que no encontrará en mí más que justicia é imparcialidad. Pero voy á exponer con brevedad lo que media en el particular, y espero dejar completamente satisfecho mi propósito de rectificar el segundo concepto de usted.

Bien podria ser que el Señor Varela no estuviese en aquella época (hace más de veinte años) en mis ideas acerca de la cuestion de *método;* pero aunque lo estuviera, no se hallaba en su mano exclusivamente alterar el órden general de los estudios en aquel tiempo, así en el mismo Seminario de San Cárlos, como en la Real y Pontificia Universidad de quien pendia y pende ese establecimiento. * Verdad es que los Estatutos del Colegio daban mucha más amplitud que los de la Universidad al profesor para hacer alteraciones y mejoras, y nuestro patriótico y celoso maestro se aprovechó de tan preciosa circunstancia para realizar cuantas reformas pudo en obsequio de la juventud estudiosa del país. ¡Qué más ! traspasó los límites del estatuto en más de una reforma importantísima y trascendental, como queda probado, luchando, y siempre luchando, que nada grande se consigue sin lucha, y apoyado á veces por las insinuaciones y consejos del grande Espada, (sí, *unicuique suum*) cabeza suprema del Seminario, y cabeza nacida para todo.

Diversas, empero, han sido las circunstancias en que yo me he encontrado respecto á la cuestion de órden en los estudios. Puede decirse con verdad que no he tenido sino *querer y lograr*. Tratábase efectivamente de establecer cátedras de Filosofía en los colegios de San Fernando y San Cristóbal, por los años de 1833, y como por la Real disposicion del caso se cometiese al siempre lamentado Señor Don Francisco de Arango y Parreño, á título de comisionado especial para el

---

* Hoy mismo, el Sr. Ruiz, que profesa en el Seminario y en Carraguao, principia el curso en el primer establecimiento por la Lógica, y en el segundo por la Física.

plan de estudios, la inspeccion y sancion interina de cuanto propusiesen al intento los Directores de dichos establecimientos, que lo eran á la sazon, Don Narciso Piñeyro del primero, y el que habla, del segundo, aprovechamos la coyuntura de promover cuantas mejoras y reformas juzgamos útiles y entre ellas la precedencia, no preferencia, del estudio de la Física, en el curso de Filosofía, segun los ramos que en nuestro suelo le constituyen; y con tanto mas aliento, aprovechamos la coyuntura cuanto que estábamos seguros de la aprobacion del ilustrado Señor Arango sobre cuanto redundase en beneficio del país, objeto incesante de sus desvelos en su larga carrera pública. Tuvo la fortuna la consabida mejora de obtener, no ya su mera aprobacion, sino su más decidido aplauso, como no hay quien lo ignore al presente, ni ménos en Puerto Príncipe, despues de la polémica, allí promovida en principios de 1838 por el Sr. Rumilio, y continuada por *El Dómine* en la misma *Gaceta del Camagüey*, con el que traza estos toscos renglones.

Pero sea de ello lo que fuere, sepa el Señor *Ciudadano del mundo*, que me cabe la honra de contar al Señor Varela entre los decididos partidarios del método de enseñar Física primero que Psicología, segun me lo ha manifestado expresamente en carta escrita meses hace, desde Nueva York, y que no tengo ahora á la vista; por más señas, que en ella me agrega, si la memoria no es infiel, que era en todo de mi opinion, y acaso tambien por otras razones (ni quito ni pongo) que no habia yo alegado,—ó cosa semejante, pues recuerdo el espíritu más que la letra.

Así que, creyendo haber llenado mi propósito de *rectificar* el equivocado concepto en que labora el Señor *Ciudadano del mundo* respecto de mis opiniones filosóficas en cotejo con las de mi ilustre maestro, concluyo esperando de su justificacion se sirva aplicar al caso la preciosa máxima tan oportunamente invocada por *El Lugareño*, por ese patriota á toda prueba, que todo se vuelve hidalguía y buena intencion, *sapientis est mutare consilium;* y sepa el *Ciudadano*, y sepa el mundo, que al rendir el modesto *Lugareño* aquel testimonio de su celo al esclarecido Varela, no hizo más que ceder á un sentimiento profundo de gratitud, de justicia, de amor á su suelo, pues miéntras se piense en la isla de Cuba, se pensará en quien nos enseñó primero á pensar.

Habana 20 de Abril de 1840.

JOSÉ DE LA LUZ.

APENDICE F.

---◆---

Extracto del trabajo inédito del Señor Don Anselmo
Suarez y Romero, titulado "Mi vida como preceptor."

VIII.

No es mi intento escribir aquí un tratado sobre el método explicativo, sino expresar brevemente á quien se debe su introduccion entre nosotros, y cual es su índole y eficacia.

Creo que ántes que Luz lo adoptase en las clases primarias, ya lo habia empleado hacia muchos años Félix Varela en los estudios filosóficos. En los tiempos precedentes á Varela nadie enseñaba de otro modo que obligando á los discípulos á la penosa y estéril tarea de encomendar á la memoria literalmente las mismas palabras de los textos. Iban á la clase de Filosofía en el *Seminario de San Cárlos*, tan absurdamente preparados los alumnos, que bajo la direccion de aquel inolvidable sacerdote sacudirian prontamente el letargo producido en sus entendimientos por el pésimo método de no cultivar más que la memoria de palabras. A Varela reemplazó en aquella catedra de Filosofía José Antonio Saco, á este José de la Luz, luego la ocupó Francisco Xavier de la Cruz, al cual sucedió Francisco Ruiz. Con los dos últimos estudié yo ; pero es muy sabido que cuantos jóvenes pasaban de las escuelas al célebre instituto, donde habia profesores de mucho valor, y donde hasta en los menores detalles se advertia la influencia de su liberal protector Espada, empezaban repitiendo con escrupulosa exactitud los vocablos del texto, y despues de muchos esfuerzos era cuando lograban, como el pájaro que encerrado en una jaula no puede desde el momento en que adquiere la libertad batir gozoso sus alas, ir entendiendo los pensamientos contenidos en el libro. Esto era lo que entónces se significaba con decir que, olvidadas las voces, se sacara la substancia. Tal método, unido á la mas amplia libertad de exámen y discusion, fué el que, iniciado allí por el denodado reformador Varela, se trasmitió á todas las demas cátedras del citado instituto. En la de Derecho, en que primero estuvo sentado Justo Velez, y en seguida José Agustin Govantes; en la de Economía política, sucesivamente servida por los mismos; en la de Constitucion, ganada en oposicion con muy recios adalides por Varela; y en cuantas otras encumbraron aquel establecimiento á la altura á que llegó, dando por resultado una multitud de hombres sobresalientes, el método fué siempre el inaugurado por Varela.

Este nos lo declara en la *Introduccion* á sus LECCIONES DE FILOSOFÍA, impresas, 5ª edicion, en Nueva York, 1841. Meditad sobre las palabras que paso á copiar : "Sin pretender dirigir á los maestros, espero que no llevarán á mal una insinuacion que es fruto de la experiencia de algunos años que consagré á la carrera de la enseñanza; y redúcese á hacerles observar que miéntras más hablen ménos enseñarán, y que por tanto un maestro debe hablar muy poco, pero muy bien, sin la vanidad de ostentar elocuencia, y sin el descuido que sacrica la precision. Esta es indispensable *para que el discípulo pueda conservarlo todo*, y no sea un mero elogiador de los brillantes discursos de su maestro, *sin dar razon de ellos. La gloria de un maestro es hablar por la boca de sus discípulos.*"

Si Varela queria que el discípulo *pudiese conservar todo* lo contenido en las lacónicas explicaciones del profesor, y además afirmaba que *la gloria de éste es hablar por la boca de sus discípulos*, se deduce evidentemente que condenaba esa infructuosa y cansada repeticion de los vocablos de un texto, con la cual nunca se logrará formar profundos pensadores.

Pero, introducido desde principios de este siglo el método explicativo en las altas regiones de la enseñanza por el Descartes cubano, trascurrieron muchos años ántes de que derramase su provechosa influencia en las clases primarias.· El ejercicio de todas las facultades intelectuales por medio de su aplicacion á descubrir lo encerrado dentro de la corteza de la forma, á Luz fué á quien se debió que alborease en las clases inferiores, y hasta escribió un libro de lectura graduada para ir acostumbrando los niños á meditar. Comprendióse inmediatamente por las personas ilustradas que aquella innovacion, como fuese seguida con entusiasmo en las demas escuelas, haria una verdadera revolucion en el desarollo de la inteligencia de los alumnos.

Sorprendíanse los concurrentes á los exámenes dados por Luz del enorme peso que puede sustentar el entendimiento de un niño, á quien se le lleva de un escalon á otro hasta abarcar, como el que asentando sus pasos piedra sobre piedra sube á la cresta de una montaña, extensos horizontes hasta allí escondidos para su espíritu. La Sociedad Patriótica hizo cuantos esfuerzos estuvieron á su alcance para propagar el nuevo sistema; pero doloroso es confesar que, si bien algunos preceptores no vacilaron en caminar por el sendero que Luz habia trazado, la mayor parte permanecieron esclavizados á la antigua rutina. Hoy mismo son muy pocos los institutos en que se penetra hasta el fondo de los libros, ya porque cuesta ménos trabajo tomar lecciones daguerreotípicamente estampadas en la memoria, ya porque no se ama el porvenir intelectual de los escolares, ya porque se opina que los niños no son capaces de otra cosa que de reflejar estrictamente las páginas de los textos, ya porque en su concepto es fatigarlos demasiado, y ya, en fin, porque semejante método exige que el preceptar sea un hombre dotado de cierta instruccion, deseoso de ensancharla contínuamente, incansable para responder á las preguntas de sus discípulos, y destituido del necio orgullo que estima ser una mengua el confesar que se ignora alguna cosa.

Mas, ¿ en qué consiste ese método tan terrífico para la muchedumbre de maestros ? Frecuentemente conferencié con Luz acerca de él, y toda la teoría del preclaro educador se concretaba á que el profesor fuese adaptando las explicaciones á los graduales progresos de sus discípulos, á que paulatinamente los avezase á decir ellos mismos lo que habian aprendido, y á que mas adelante, callado casi siempre, no se escuchase en el recinto de la clase sino la voz de aquellos, con lo cual se verificaria que "la gloria de un maestro es hablar por la boca de sus discípulos."

APENDICE G.

Discurso pronunciado por el Presbítero Don Félix Varela, en la apertura de la clase de Constitucion, de que es catedrático.

(Del *Observador Habanero.*)

Si al empezar mis lecciones en esta nueva cátedra de Constitucion pretendiera manifestar la dignidad del objeto, exigiendo vuestros esfuerzos y empeños en su estudio, haria sin duda un agravio á las luces, y una injuria al patriotismo; pues, hablando á españoles en el siglo XIX, debe suponerse que no sólo aman su patria, su libertad y sus derechos, sino que por un instinto, fruto de los tiempos, saben distinguir estos bienes, y que un código político que los representa con tanta armonía y fijeza merecerá siempre su consideracion y aprecio.

Fácil me seria prodigar justos elogios á este nuevo establecimiento debido al patriotismo de una corporacion ilustrada, y al celo de un Prelado, á quien distinguen más que los honores, las virtudes; y yo llamaria á esta cátedra, la cátedra de la libertad, de los derechos del hombre, de las garantías nacionales, de la regeneracion de la ilustre España, la fuente de las virtudes cívicas, la base del gran edificio de nuestra felicidad, la que por primera vez ha conciliado entre nosotros las leyes con la Filosofía, que es decir, las ha hecho leyes; la que contiene al fanático y déspota, estableciendo y conservando la Religion Santa y el sabio Gobierno; la que se opone á los atentados de las naciones extranjeras, presentando al pueblo español no como una tribu de salvajes con visos de civilizacion, sino como es en sí, generoso, magnánimo, justo é ilustrado.

Mas éstos y otros muchos elogios me alejarian demasiado de mi objeto que es dar una corta idea del plan que me propongo seguir en la explicacion de nuestras leyes fundamentales, para manifestar el armonioso sistema político que contiene una constitucion, que, para valerme de las expresiones del heróico y sensato Agar, si no es la obra más perfecta del entendimiento humano, al ménos es la mejor que conocemos en su clase, y el fruto más sazonado que podia prometerse la España, en las angustiadas circunstancias del año de 1812. El mundo entero vió con asombro salir casi de entre las filas un código en que se proclamaba y establecia casi de un modo permanente la libertad del más noble pero más desgraciado de los pueblos. Sus opresores temblaron ánte este nuevo esfuerzo de la antigua madre de los héroes. Viéronla, viéronla, sí, conmoverse á la tremenda voz de libertad lanzada por el patriotismo, y temieron pisar su suelo que de cada punto brotaba miles de Alfonsos y Pelayos, que la hacian no ménos insigne y admirable en la política, que gloriosa y formidable en las batallas. El teatro de la guerra fué el centro de las luces; y la virtud pensó tranquila, discurrió sensata, miéntras la perfidia acometia turbada, proyectaba vacilante. La patria dictaba leyes justas, miéntras el déspota maquinaba inicuas opresiones. La patria hacia felices, mientras el tirano inmolaba víctimas.

Los inmortales autores de nuestra sabia Constitucion clasificaron con tanto acierto las materias, que ahorran todo trabajo en su enseñanza; y juiciosamente se ha establecido en el Reglamento de esta Cátedra que se expliquen los artículos por su órden, pues ellos mismos van conduciendo por pasos analíticos exactísimos al conocimiento de todo el sistema político que forma la base de toda la monarquía española, sistema que consiste en un conjunto de normas sencillas, bien enlazadas, y deducidas, no de vanas teorías y delirios políticos, sino de la experiencia y observacion exacta sobre la naturaleza y relaciones de España, sobre sus leyes, religion y costumbres, sobre el estado actual de las potencias de Europa, y últimamente sobre el progreso de los conocimientos humanos y el distinto aspecto que el tiempo ha dado á la política como á todas las cosas.

Sin embargo, un código jamás puede ser una obra elemental, pues los legisladores establecen reglas sin exponer razones y sin explicar las doctrinas en que estriba, y que deben ser como los preliminares al estudio de las mismas leyes. Para explicar, pues, con alguna propiedad la constitucion política de la monarquía española, creo que debo empezar fijando algunas ideas, y el sentido de algunos términos, que suelen tener diversa acepcion áun entre los sabios, y de otros que vul-

garmente se confunden, produciendo el mayor trastorno en el plan de
'los conocimientos.

Expondrémos con exactitud lo que se entiende por Constitucion política, y su diferencia del Código civil y de la Política general, sus fundamentos, lo que propiamente la pertenece, y lo que es extraño á su
naturaleza, el orígen y constitutivo de la soberanía, sus diversas formas en el pacto social, la division y el equilibrio de los poderes, la
naturaleza del gobierno representativo, y los diversos sistemas de
elecciones, la iniciativa y sancion de las leyes, la diferencia entre el
veto absoluto y temporal, y los efectos de ámbos, la verdadera naturaleza de la libertad nacional é individual, y cuales son los límites de
cada una de ellas, la distincion entre derechos y garantías, así como
entre derechos políticos y civiles, la armonía entre la fuerza física protectora de la ley, y la fuerza moral.

Con estos preliminares, fácilmente se podrán entender y aplicar los
artículos de nuestra Constitucion política, que no son más que un
extracto de las mejores ideas adquiridas sobre dichas materias, que
expondré verbalmente, segun lo exijan los artículos que deban explicarse, y dentro de poco tiempo espero presentar á Vds. una obra
pequeña en que procuraré tratarlas con toda la brevedad y claridad que me sea posible. Respondo de mis esfuerzos ; no de mi acierto.
Pero sea cual fuere el resultado, yo tendré una gran complacencia en
dar un ligero testimonio de mi deseo de contribuir á facilitar el estudio
de las leyes fundamentales de la nacion española á una juventud que
acaso un dia será su más firme apoyo. Anticipo una promesa que
parecerá intempestiva, y que algunos graduarán de imprudente ; más
la práctica en la enseñanza me ha hecho conocer lo que desalienta, á
todo el que empieza, la carencia de algun texto para dirijirse en el
estudio privado, y verse en la necesidad de conservar en la memoria
lo que se explica en las lecciones públicas, mayormente cuando éstas
no son diarias. He querido, pues, ocurrir á un inconveniente que haria
vano todo mi empeño, manifestando que en lo sucesivo no será la memoria, que es la más debil de las operaciones del alma, sino los sentidos con repetidas impresiones, el órgano de nuestra inteligencia.

He manifestado mi método que espero produzca los mejores efectos,
pues tiene por base la razon, y por auxilio el entusiasmo patriótico de
una juventud cuyas luces me son tan conocidas. La clase se compone
de 193 individuos, y de ellos solo 41 no han sido mis discípulos en
Filosofía.

Concluyo, pues, esta leccion preliminar, congratulándome con las
lisonjeras esperanzas de los abundantes frutos que conseguirá la na-

cion del establecimiento de esta nueva cátedra, que será la gloria de la sabia é ilustrada Sociedad Patriótica que la ha dotado, el elogio de su digno fundador, el Excmo. é Illmo. Obispo diocesano Don Juan José Diaz de Espada y Landa, no ménos conocido por su acendrado patriotismo, ilustracion y virtudes, que por su alta dignidad, y el ornamento del Seminario de San Cárlos de la Habana.

APENDICE H.

Breve exposicion de los acontecimientos políticos de
España, desde el 11 de Junio hasta el 30 de Octubre
de 1823, en que de hecho se disolvieron las Córtes.

(Manuscrito inédito del Padre Varela.)

La defeccion del Conde de Abisval, y la de otros muchos militares,
que aunque más disimulada, no era ménos criminal, proporcionó al
ejército francés un paso franco hasta la ciudad de Sevilla, donde se
hallaban el Gobierno y las Córtes, que si bien estaban persuadidas de
la superioridad de las fuerzas enemigas, no pudieron ménos de ver con
indignacion que sin disparar un solo tiro, se hallasen los enemigos á
muy corta distancia, en términos que, sin gran esfuerzo, podian en cuarenta y ocho horas apoderarse de la Real Persona, y disolver el Congreso. Todo el mundo sabe que Sevilla no es plaza de defensa, y mucho ménos cuando casi no habia en ella tropa alguna organizada, á
pesar de haberse proporcionado recursos suficientes para el intento.
Era, pues, absolutamente inevitable la destruccion del Gobierno y de
las Córtes, y mucho más cuando se encontraban en medio de un pueblo
fanático que creia que no podia ser religioso, si no era esclavo. En tan
apuradas circunstancias se propuso al Rey su pronta traslacion á Cádiz, y habiéndose negado S. M. abiertamente, sin embargo de las encarecidas súplicas y reflexiones que se le hicieron, el Congreso creyó
que debia salvar las libertades patrias y el decoro nacional por un medio extraordinario. Prescindiendo de la opinion privada de cada diputado sobre los sentimientos del Rey (que seguramente ninguno se ha
engañado) es innegable que el Congreso, como cuerpo legislativo, no
podia considerar al Señor Don Fernando VII, sino como Rey consti-

tucional, y juzgar de sus sentimientos por la exposicion pública y solemne que habia hecho de ellos, desde el dia en que juró la Constitucion. Viendo, pues, una conducta tan contraria en momentos tan difíciles, creyó que su Real ánimo padecia una gran perturbacion, causada tal vez por la naturaleza misma del caso, y por el temor de la epidemia á que podria exponerse pasando á Cádiz. En tal estado no tenia S. M. la aptitud moral absolutamente necesaria para gobernar y que exigia la Constitucion.

No habiendo, pues, otro recurso, procedieron las Córtes, con el mayor sentimiento que puede ponderarse, á nombrar una Regencia que se hiciese cargo del Gobierno, durante su traslacion á la isla gaditana, y nada más, guardando á S. M. y Real familia todo el decoro debido á su dignidad, y proporcionándole todas las comodidades posibles. El nombramiento de la Regencia se hizo á las once de la noche del 11 de Junio, teniendo ya el Congreso doce horas de sesion, y continuó en ella hasta las ocho de la noche del dia siguiente. En este tiempo estuvo en gran peligro la vida de los diputados, pues quiso realizarse una conspiracion, que estaba proyectada con anterioridad, y cuyo objeto era pasarlos á cuchillo, á ellos, y á los principales patriotas, y apoderarse de la Real persona. Los conspiradores tenian sus juntas en palacio, donde fueron sorprendidos afortunadamente por dos ó tres patriotas, á tiempo que estaban dando ya las órdenes para su proyecto sanguinario. A la cabeza de esta conspiracion estaba el General Downe, inglés al servicio de España, á quien el Rey le habia dado el mando del Alcázar de Sevilla: le acompañaban otros muchos militares; y todos estaban con sus uniformes é insignias, como para entrar en accion. Todos fueron presos, y conducidos á Cádiz, á los dos ó tres dias.

El Congreso esperó imperturbable el éxito de las cosas hasta que llegó á su noticia que se habia efectuado la salida de S. M. y Real familia. Suspendió sus sesiones despues de treinta y tres horas, debiendo embarcase aquella noche los diputados en el único buque de vapor que hay en el Guadalquivir, y esperar la marea del dia siguiente para emprender su viaje. Efectivamente lo verificaron en éste y otros buques casi todos los diputados, á excepcion de tres, que voluntariamente se quedaron, dando una prueba clara del concepto que siempre se tuvo de ellos. Uno solo de los que permanecieron merece excepcion de esta regla, y no expresamos su nombre por no perjudicarlo, si está preso.

Apénas habian salido el Gobierno y las Córtes de Sevilla, cuando aquel pueblo se entregó á los mayores excesos, robó los equipajes, destruyó todo lo que pertenecia al Congreso, maltrató las personas de los patriotas, y entre otras pérdidas causó la de casi todos los papeles de la Secretaría del Congreso, y de manuscritos preciosísimos de algunos particulares que contenian trabajos científicos de muchos años. En el momento en que llegó S. M. á la isla gaditana, cesó la Regencia en sus funciones, expresándole del modo mas respetuoso su sumision, pues no habia ejercido las funciones gubernativas, sino en cuanto lo exigia imperiosamente la causa de la libertad. El Rey fué recibido en Cádiz con el mayor respeto.

Desgraciadamente, á pesar de todos los esfuerzos de las Córtes en proporcionar medios al Gobierno, éstos no se realizaron, y la plaza de Cádiz, léjos de hallarse en estado de defensa, apénas tenia uno ú otro cañon montado, estando en igual abandono toda la isla. No habia tampoco fuerzas marítimas, y sólo se contaba con un pequeño número de lanchas, pues el navio *Asia*, y algun otro buque de cruz, no siendo capaces de hacer frente á mayores fuerzas francesas, ni á propósito para aproximarse á las costas, sólo servian para hacer que guardaban el puerto.

Se encontró el Gobierno teniendo que proporcionarlo todo, y absolutamente sin medios, porque no podian cobrarse las contribuciones en las provincias invadidas, que ya lo eran casi todas, y por otra parte el manejo de los enemigos le habia privado de recursos fuera del reino. Se habia hecho un contrato con la casa de Bernales, de Lóndres, con unas condiciones enteramente ventajosas para la casa, y que sólo se hubieran admitido en extrema necesidad. Sin embargo, la casa faltó al pago de las letras, y dejó al Gobierno no sólo sin recursos, sino comprometido en su decoro. Del mismo modo, habiendo dispuesto de unos fondos que existian en Francia, pertenecientes á particulares por indemnizaciones, obligándose á ellas el Gobierno, tuvo su Comisionado al intento bastante arresto para negarse al pago, desobedeciendo las órdenes. Se deja á la prudencia de los lectores deducir las causas de uno y otro procedimiento.

En consecuencia era preciso que todos los gastos de la Real Casa, del ejército, del Congreso y de todas las dependencias del Gobierno, saliesen del heroico vecindario de la isla gaditana, y con especialidad del comercio de Cádiz. Es casi increible como pudo sostenerse por tres meses y medio una erogacion tan grande, y mucho más si se atiende á que el estado de sitio reducia la isla á una carestía considerable.

A los tres dias de haber llegado las Córtes á Cádiz se presentaron los franceses en el Puerto de Santa María, mandados por el General Baudessoult, y empezaron á emplear más que los medios de guerra los de seduccion, bajo el especioso pretexto de que no venian á destruir la libertad de España, sino á rectificarla : que inmediatamente seria dada una nueva Constitucion que estuviese en armonía con las demás de Europa, y que conservarian intactos los principios fundamentales. En una palabra se inculcó de todos modos la doctrina de las modificaciones, que fué el arma empleada desde el principio, mucho ántes de la invasion, y que ha sido tan perjudicial á la libertad de España, pues causó una division entre los liberales. Debilitados éstos fueron vencidos fácilmente por los serviles, que se habian enmascarado, dándose un aspecto seductor, pero que distaba mucho de convenir á sus verdaderas intenciones. Los hombres juiciosos percibieron esta trama, pero desgraciadamente fué grande el número de los incautos.

Miéntras la opinion se dividia en estos términos, deseando el General en jefe del ejército de la isla hacer una prueba de la pericia de sus tropas, y del sentido en que estaban, ordenó una salida el 16 de Julio sobre la línea francesa, y habiéndose empeñado una accion fué admirable el valor y bizarría con que se batieron las tropas españolas y la milicia local, especialmente la de Madrid, que podrá servir de modelo á todas las milicias en los tiempos futuros, pues seria preciso ocupar todo este artículo en hablar de ella, si quisiéramos dar alguna idea de sus virtudes cívicas y de su valor militar. Estos valientes eran unos espartanos del siglo XIX, que unian á una impasibilidad heroica el valor y táctica de los más ilustres guerreros.

Satisfecho el General en jefe del ejército de la isla del buen sentido y valor de las tropas, esperaba que el General Ballesteros atacase por la espalda á los enemigos, para ordenar otra salida, y por un movimiento combinado destruirlos, ó compelerlos á levantar el sitio ; más ya no era el patriota, sino el pérfido, ó por lo ménos, el alucinado Ballesteros, con quien se contaba. El General francés Lallemand, á quien las Córtes habian habilitado para el mando de tropas españolas, y que estaba á las órdenes de Ballesteros, le demostró hasta la evidencia que podia levantar el sitio de Cádiz, pues se sabia el corto número de las tropas francesas que la sitiaban en aquella época, y ocupando Ballesteros el centro del arco entre Cádiz y Madrid tenia tres ataques ventajosos, uno sobre Cádiz donde la fuerza enemiga era inferior, otro sobre Córdova para interceptarlos, y otro sobre Madrid donde no habia fuerza alguna, y era fácil desorganizar el nuevo Gobierno, y obligar á que subiesen las tropas de Andalucía ; pero toda reflexion fué inútil porque Ballesteros ya era otro.

El dia 16 de Agosto llegó el Duque de Angulema al Puerto de Santa María, y al dia siguiente envió una carta autógrafa al Rey, proponiendo tratar con S. M. *solo y libre*, y haciendo responsables á los que lo impidieran. En dicha carta decia que luego que S. M. estuviese libre, le suplicaria que *diese, ó prometiese dar á sus pueblos* unas instituciones acomodadas á sus necesidades, é insinuaba que se convocarian las antiguas Córtes de España. El Gobierno constitucional, que no podia ver en este procedimiento otra cosa que un desprecio, pues ni siquiera se queria tratar con él, ni con las Córtes, consultó á S. M., de acuerdo con el Consejo de Estado, que respondiese de un modo enérgico, pero decoroso, y de ningun modo exasperante, insinuando de paso que habiendo habido en España tan diversas clases de convocaciones de Córtes, y no siendo ninguna de ellas aplicable á la nacion en general, y mucho ménos en su estado presente, equivalia la propuesta de Angulema á si se propusiera en Francia la convocacion de los Estados Generales. Con esta contestacion quedaron suspensas las comuni caciones.

El 30 de Agosto, á las tres de la madrugada, se perdió el Trocadero del modo más sensible, á pesar del patriotismo del jefe que mandaba aquel puesto. Fué tomado por sorpresa, á la *baja mar*, que era precisamente el tiempo en que debia esperarse el ataque, pues en marea llena era imposible que pasasen los enemigos. Hubo sospechas y muy fundadas de que se hizo todo de acuerdo con parte de la tropa, y algunos de los oficiales que se hallaban en el lugar por donde se ejecutó la sorpresa. Lo cierto es que dos compañías de milicianos de Madrid fueron batidas por la espalda, cuando esperaban á los enemigos de frente, pues todo consistió en el descuido ó en la traicion de unos pocos. Se escaparon en buques menores como mil doscientos hombres, favoreciendo el embarque la milicia de Madrid, que sostuvo el fuego hasta el último momento. Unos 600 hombres fueron hechos prisioneros.

Esta pérdida aunque sensible no era de tanta importancia, como procuraron darle los que deseaban la decantada composicion con los enemigos, pero lograron difundir la desconfianza y desalentar á gran parte de los hombres sencillos, al paso que otros por pura malicia demostraban un desaliento que no tenian.

En vista de este acontecimiento pasó S. M. una carta autógrafa al Duque de Angulema, conducida por el General Alava, haciéndole cargo de la sangre que se derramaba, por quererse arrogar la Francia un derecho de intervencion no reconocido entre las naciones, ó mejor dicho por no haber querido la Francia entrar en explicacion alguna; pero que ya que S. A. queria tratar con S. M. solo y libre, explicase en qué consistia su prision, y cuando le consideraria libre. El Duque de Angulema contestó en otra carta autógrafa, que sólo consideraria al

Rey en libertad, cuando estuviese con su Real familia fuera de la isla gaditana y bajo la proteccion del ejército francés. De palabra se le aseguró al general Alava que no tuviese cuidado alguno, que á las cuarenta y ocho horas de estar el Rey en el Puerto de Santa María era seguro que daria una constitucion liberal á la España; pero el Duque de Angulema jamás quiso poner cosa alguna por escrito que pudiese indicar que la Francia salia garante de que el Rey conservaria las libertades patrias, dejándolo todo á la voluntad de S. M. Preguntando el General Alava qué haria S. A. el Duque de Angulema, si el Rey no queria dar tal constitucion, sino mandar despóticamente, se le contestó que lo abandonaria retirándose á Francia con sus ejércitos. ¡ Buen modo de salir garantes !

Deseando el Gobierno constitucional dar todos los pasos que sin degradarle pudieran conducirle á una composicion, se propuso por medio de otra carta autógrafa de S. M., que siguiendo los ejemplos que presenta la historia se eligiese un punto igualmente distante de ámbas líneas, ó bien un buque neutral en medio de la bahía de Cádiz, donde concurriesen el Rey y el Duque de Angulema, con iguales guardias de honor, ó sin ellas. Esta proposicion fué igualmente desechada, y se cortaron nuevamente las comunicaciones.

Siguió el plan de seduccion y se vió con dolor pervertido el Regimiento de San Marcial, uno de los más constitucionales, pues era el mismo que con la denominacion de "Regimiento de Aragon," en compañía del " de Asturias," habia dado el primer grito de libertad bajo las órdenes de Riego. A pocas guardias que hicieron en Palacio, quedaron pervertidos, y en Cádiz se sabia privadamente hasta las personas que efectuaban esta seduccion, que poco á poco llegó á contaminar casi todo el ejército. Sólo se podia contar con la milicia local de Madrid, y parte de la de Sevilla, que abandonando á esta ciudad, se habian reunido en la isla gaditana. La milicia activa estaba tan pervertida como el ejército permanente, llegando el caso de ser preciso disolver algunos batallones de dicha milicia. No bastó para impedir este contagio el gran número de sacrificios que se hacian para que al soldado nada le faltase, y efectivamente jamás dejaron de tener buen rancho, ropa y paga corriente, cuando el estado de sitio encarecia los comestibles, y cuando no habia ningun empleado, á no ser militar, á quien se le pagasen sus sueldos por entero, y á todos se les debian muchos atrasados.

El gabinete inglés ántes de la traslacion de las Córtes y del Gobierno á Cádiz habia ofrecido su mediacion. El Gobierno español contestó que estaba pronto, pués sólo deseaba la tranquilidad; pero que una mediacion suponia una guerrra, ó por lo ménos una queja ó desavenencia entre dos gobiernos, y que absolutamente se sabia cual era la queja de la Francia, y así que empezase por explicarse. En consecuencia el Gobierno francés manifestó que absolutamente tenia queja alguna de la España; pero que las doctrinas establecidas en esta nacion podian ser perjudiciales á la Francia. Las Cortes y el Gobierno jamás hubieran procedido á alterar la Constitucion, porque no tenian facultades; pero á lo ménos, si el Gabinete francés hubiera procedido con franqueza, hubiera señalado los artículos que deseaba se alterasen, y no hubiera hablado genéricamente. Mas no se queria sino la total destruccion de la libertad española, y el Gabinete inglés permanecia pasivo observador de este grande atentado.

El Gobierno constitucional que por éstos y otros antecedentes, estaba íntimamente persuadido, de que el verdadero orígen de los males de España era el Gabinete inglés, quiso hacer evidente esta verdad, y dar una prueba de que no omitia medio alguno de composicion. Propuso, pues, al Gobierno británico que mediase en el asunto, y la respuesta fué, que para eso era preciso que la Francia admitiese la mediacion, y que lo comunicaria al Duque de Angulema. Este respondió què de ningun modo la admitia, y la Inglaterra, afectó no percibir la gran diferencia que hay entre ser árbitro, y ser mediadora, una nacion, pues, para lo primero, es indispensable que ámbas partes convengan en constituirla árbitro, mas para la segunda, basta el carácter de amigo respetable que desea conciliar los ánimos, además de que, trataba de un interés comun, cual era el no reconocer el derecho de intervencion que ejercia la Francia contra todos los pactos de las naciones, y ha permitido que de cierto modo se sancione para lo futuro, que los pueblos no pueden arreglar sus cosas interiores, sino que han de estar á la merced del más fuerte.

Habiendo capitulado indecorosamente el general Ballesteros, despues de la defeccion de Abisval, de Morillo, y de otros muchos, teniendo los enemigos ganadas las tropas, y no habiendo ya de donde sacar dinero alguno, se veia reducido el Gobierno Constitucional á la más triste situacion. Esta fué mucho más crítica, cuando se hizo público el abandono, en que le dejaba la Inglaterra, cuya proteccion siempre esperada por los incautos, habia sido entónces un prestigio para el Gobierno Constitucional. Acaeció la entrega del castillo de Sancti-Petri por una sublevacion de la tropa contra su comandante, y aunque los franceses hicieron la apariencia de un ataque marítimo, solo consistió este, en que un navio disparase algunas descargas á tanta distancia del castillo, que ni siquiera una bala dió en sus murallas. Esta desgracia estrechó un poco el sitio de Cádiz, pues ya no era fácil la introduccion de víveres por el rio cuya entrada dominaba aquel castillo. Sin embargo, este apremio no produjo el efecto que esperaban los enemigos, y emprendieron otro abiertamente contrario al decantado respeto que decian tener al Rey y su familia, cual fué el haber aproximado sus lanchas cañoneras y botes á la muralla del Norte de la ciudad, que era cabalmente la situacion del Real Palacio, y haber arrojado en el espacio de tres horas y media, cerca de trescientas entre bombas y granadas, de las cuales muchas cayeron cerca de aquel edificio. Sin duda creyeron los franceses que el pueblo de Cádiz obligaria al Gobierno á capitular; pero sucedió todo lo contrario, porque jamás ha tenido tanta serenidad y sólo se apoderó de una justa indignacion hácia los que así le trataban.

Conociendo, pues, los enemigos que no podia n contar con el pueblo para su intento, doblaron sus empeños con las tropas. Al dia siguiente, el Regimiento de San Marcial (¡quién lo creyera!) proclamó al Rey absoluto, y una parte de él iba á entregar por traicion una de las baterías de la isla. El general hizo fusilar inmediatamente á siete de los conspiradores, haciendo pasar á los demás por sobre los cadáveres; pero nada bastó. Al dia siguiente, el mismo general manifestó al Gobierno que absolutamente tenia confianza en su tropa; y por último, llegaron los soldados á tal grado de insolencia, que abiertamente dijeron, que si el general ó el Gobierno no capitulaban con el enemigo, ellos lo harian. No en balde con mucha anticipacion predecian todos los sucesos los franceses, y el dia del bombardeo contaban con ese Regimiento de San Marcial, y con un batallon de la milicia activa, que ámbos estaban dentro de la plaza; pero afortunadamente se habian hecho salir el dia ántes, sea por casualidad, ó por datos que ya se tuvieran.

En consecuencia de estos hechos y de los partes del General en Jefe del Ejército, formó el Gobierno una junta compuesta de todos los generales que habia en la isla, y todos unánimemente convinieron en que era imposible hacer la defensa de la plaza en el estado en que se hallaba la tropa, y que al menor ataque de los enemigos, no habria medios para evitar que el heróico vecindario de Cádiz fuese víctima de la barbarie de una soldadesca así española, como francesa.

Visto que ya absolutamente habia recurso, pues los defensores se convirtieron en los más temibles enemigos, las Córtes contestaron al Gobierno, que cuando la necesidad llegase al extremo, procurase sacar del enemigo todo el partido posible en favor de las libertades patrias, protestando las Córtes contra la fuerza que inducia esa necesidad, y dejando á salvo los derechos de la nacion para que los reclamase luego que pudiese.

El Gobierno, esto es, el Ministerio, no llegó á hacer uso de este acuerdo de las Córtes, ántes bien, los Ministros fueron de opinion que se debian dar algunos pasos, y tomar algunos recursos, ántes de que S. M. pasase al Puerto de Santa María, lo cual sólo debia hacerse en el último extremo; mas el Rey determinó por sí mismo el hacerlo, á pesar de que los Ministros renunciaron sus destinos. Fué admitida su renuncia; pero se les dijo que estuviesen al lado de S. M. hasta su salida, como lo efectuaron.

Para preparar un golpe como éste se dió el manifiesto de 30 de Setiembre, que S. M. se hizo leer con mucha detencion ántes de firmarlo, y por su órden se borraron expresiones y aun renglones enteros, de modo que todo indicaba que su ánimo era no comprometerse á más de lo que queria cumplir, como así lo manifestó claramente de palabra. Pocos dias ántes habia dicho S. M. que en caso de que las cosas se alterasen, pensaba muy mal y le injuriaba el que creyese que en su Real ánimo podia caber la idea de persecucion, pues sólo deseaba que las cosas se compusiesen de modo que todos estuviesen satisfechos, y hubiera paz entre los españoles.

A los dos dias de estar S. M. entre los franceses, expidió una órden en que decia, que hallándose *restablecido en la plenitud de sus derechos*, y deseando que gozasen de la misma libertad todos sus fieles *vasallos*, disponia que fuese puesto en libertad el general Downe, y demás presos de la conspiracion de Sevilla, pues *su delito no era otro que haber sido fieles al Rey*. Este lenguaje ya no dejaba duda de las intenciones del Monarca. Sin embargo, las Córtes permanecieron tranquilas hasta que el dia 3 de Octubre á las cinco de la tarde, se recibió otra órden para entregar al dia siguiente la plaza á las tropas francesas, y en esa órden dirigida al general Valdés, no se le daba tratamiento alguno, indicando todo que ya se le habia condenado como traidor.

Los diputados y demás patriotas comprometidos empezaron precipitadamente á buscar medios de escapar, y efectivamente salieron, cuando ya iban entrando las tropas francesas. Los más se refugiaron en Gibraltar, y otros en Tánger.

Tal es en resúmen, la desgraciada historia de los últimos sucesos políticos de España.

APENDICE I.

El escandaloso atentado cometido en la traslacion á Cádiz de la sagrada persona del Rey Nuestro Señor y su Real familia, ha puesto á la Regencia del Reino en la inevitable necesidad de adoptar medidas prontas y eficaces que puedan asegurar su preciosa existencia de ulteriores y más horrorosos resultados, á cuyo efecto ha acordado adoptar los siguientes:

Artículo 1º—Se formará una lista exacta de los individuos de las Córtes actuales, de los de la pretendida Regencia nombrada en Sevilla, de los Ministros, y de los oficiales de las milicias voluntarias de Madrid y de Sevilla que han mandado la traslacion del Rey de esta ciudad á la de Cádiz, ó han prestado auxilio para realizarla.

Artículo 2º—Los bienes pertenecientes á las personas expresadas en dicha lista serán inmediatamente secuestrados hasta nueva órden.

Artículo 3º—Todos los diputados á Córtes que han tenido parte en la deliberacion en que se ha resuelto la destitucion del Rey Nuestro Señor, quedan por este solo hecho declarados reos de lesa Magestad, y los tribunales les aplicarán, sin más diligencias que el reconocimiento de la identidad de la persona, la pena señalada por las leyes á esta clase de crímen.

Articulo 4º—Quedan exceptuados de la disposicion anterior, y serán digna y honradamente recompensados los que contribuyeren eficazmente á la libertad del Rey Nuestro Señor y de su Real familia.

Artículo 5º—Los Generales y oficiales de tropa de línea que han seguido al Rey á Cádiz, quedan personalmente responsables de la vida de SS. MM. y AA., y podrán ser puestos en Consejo de guerra para ser juzgados como cómplices de las violencias que se cometan contra S. M. y Real familia, siempre que, pudiendo evitarlas, no lo hayan hecho.

Artículo 6º—Se comunicarán por el medio más pronto y oportuno órdenes terminantes al gobernador de Ceuta para que estorbe la entrada en aquella plaza, caso de intentarla, á las Córtes y el Gobierno, cuidando escrupulosamente que en su resistencia, á ningun riesgo queden expuestas las Personas Reales.

Artículo 7º—Al mismo tiempo se acordarán con S. A. R. el Sermo. Sr. Duque de Angulema los medios más exquisitos de vigilancia por mar y tierra, dirigidos á impedir que SS. MM. y AA. sean trasladados á Ultramar si por desgracia se intentase

Artículo 8º—Continuarán por ocho dias más las rogativas generales para implorar la divina clemencia en tan extraordinarias y críticas circunstancias, cerrándose durante aquellas los teatros, y prohibiendo las demás diversiones públicas.

Artículo 9º— Se comunicarán por correos extraordinarios estas medidas á las principales Córtes de Europa.

Tendreislo entendido y lo trasladareis á quienes corresponda para su puntual cumplimiento.

Está rubricado.

Palacio, á 23 de Junio de 1823.

A Don José García de la Torre.

APENDICES J Y K.

Manifiesto Real de 30 de Setiembre de 1823.

REAL DECRETO DE 1º DE OCTUBRE DE 1823.

I.

Siendo el primer cuidado de un Rey el procurar la felicidad de sus súbditos, incompatible con la incertidumbre sobre la suerte futura de la nacion y de sus súbditos, me apresuro á calmar los recelos é inquietud que pudiera producir el temor de que se entronice el despotismo, ó de que domine el encono de un partido.

Unido con la nacion, he corrido con ella hasta el último trance de la guerra, pero la imperiosa ley de la necesidad obliga á ponerle un término. En el apuro de estas circunstancias sólo mi poderosa voz puede ahuyentar del reino las venganzas y las persecuciones; sólo un gobierno sabio y justo puede reunir todas las voluntades; y sólo mi presencia en el campo enemigo puede disipar los horrores que amenazan á esta isla gaditana, á sus leales y beneméritos habitantes, y á tantos insignes españoles refugiados en ella.

Decidido, pues, á hacer cesar los desastres de la guerra, he resuelto salir de aquí el dia de mañana; pero ántes de verificarlo, quiero publicar los sentimientos de mi corazon, haciendo las manifestaciones siguientes:

1ª Declaro de mi libre y espontánea voluntad, y prometo bajo la fé y seguridad de mi Real palabra, que si la necesidad exigiere la alteracion de las actuales instituciones políticas de la monarquía, adoptaré un Gobierno que haga la felicidad completa de la nacion, afianzando la seguridad personal, la propiedad y la libertad civil de las Españas.

2ª De la misma manera prometo libre y espontáneamente, y he resuelto llevar, y hacer llevar, á efecto, un olvido general, completo y absoluto, de todo lo pasado, sin excepcion alguna, para que de este modo se restablezcan entre todos los españoles la tranquilidad y la union, tan necesarias para el bien comun, y que tanto anhela mi paternal corazon.

3ª En la misma forma prometo que, cualesquiera que sean las variaciones que se hagan, serán siempre reconocidas, como reconozco, las deudas y obligaciones contraidas por la nacion y por mi gobierno, bajo el actual sistema.

4ª Tambien prometo y aseguro que todos los generales, jefes y oficiales, sargentos y cabos del ejército y armada, que hasta ahora se han mantenido en el actual sistema de gobierno en cualquiera punto de la Península, conservarán sus grados, empleos, sueldos, y honores. Del mismo modo conservarán los suyos los demas empleados militares y los civiles y eclesiásticos, que han seguido al gobierno, y á las Córtes, ó que dependan del sistema actual; y los que, por razon de las reformas que se hagan, no pudieren conservar sus destinos, disfrutarán á lo ménos la mitad del sueldo que en la actualidad tuvieren.

5ª Declaro y aseguro igualmente que así los milicianos voluntarios de Madrid, de Sevilla ó de otros puntos, que se hallen en esta isla, como cualesquiera otros españoles, refúgiados en su recinto, que no tengan obligacion de permanecer por razon de su destino, podrán desde luego regresar libremente á sus casas, ó trasladarse al punto que les acomode en el reino, con entera seguridad de no sér molestados, en tiempo alguno, por su conducta política, ni opiniones anteriores, y !os milicianos que lo necesitasen obtendrán en su tránsito los mismos auxilios que los individuos del ejército permanente.

Los españoles de la clase expresada y los extranjeros que quieran salir del reino, podrán hacerlo con igual libertad, y obtendrán los pasaportes correspondientes para el país que les acomode.

FERNANDO.

Cádiz, 30 de Setiembre de 1823.

II.

Bien públicos y notorios fueron á todos mis vasallos los escandalosos sucesos que precedieron, acompañaron y siguieron al establecimiento de la democrática Constitucion de Cádiz, en el mes de Marzo de 1820. La más criminal traicion, la más vergonzosa cobardía, el desacato más horrendo á mi Real Persona, y la violencia más irritable, fueron los elementos empleados para variar esencialmente el gobierno paternal de mis reinos, en un código democrático, orígen fecundo de desastres y de desgracias. Mis vasallos acostumbrados á vivir bajos leyes sabias, moderadas y adaptadas á sus usos y costumbres, y que por tantos siglos habian hecho felices á sus antepasados, dieron bien pronto pruebas públicas y universales del desprecio, desafecto y reprobacion del nuevo régimen constitucional. Todas las clases del Estado se resintieron á la par de unas instituciones en que preveian señalada su miseria y desventura.

Gobernados tiránicamente en virtud y á nombre de la Constitucion, y espiados traidoramente hasta en sus mismos aposentos, ni les era posible reclamar el órden, ni la justicia, ni podian tampoco conformarse con leyes establecidas por la cobardía y la traicion, sostenidas por la violencia, y productoras del desórden más espantoso, de la anarquía más desoladora y de la indigencia universal.

El voto general clamó por todas partes contra la tiránica Constitucion; clamó por la cesacion de un código, nulo en su orígen, ilegal en su formacion, injusto en su contenido; clamó finalmente por el sostenimiento de la Santa Religion de sus mayores, por la restitucion de sus leyes fundamentales, y por la conservacion de mis legítimos derechos, que heredé de mis antepasados, que con la prevenida solemnidad habian jurado mis vasallos.

No fué estéril el grito general de la nacion : por todas las provincias se formaban cuerpos armados, que lidiaron contra los soldados de la Constitucion; vencedores unas veces, y vencidos otras, siempre permanecieron constantes á la causa de la Religion y de la monarquía : el entusiasmo en defensa de tan sagrados objetos nunca decayó en los reveses de la guerra ; y prefiriendo mis vasallos la muerte á la pérdida de tan importantes bienes hicieron presente á la Europa, con su fidelidad y su constancia, que si la España ha dado el ser y abrigado en su seno á algunos desnaturalizados, hijos de la rebelion universal, la nacion entera era religiosa, monárquica, y amante de su legítimo soberano.

La Europa entera conociendo profundamente mi cautiverio y el de toda mi real familia, la mísera situacion de mis vasallos fieles y leales, y las máximas perniciosas que profundamente esparcian á toda costa los agentes españoles por todas partes, determinaron poner fin á un estado de cosas que era el escándalo universal, que caminaba á trastornar todos los tronos, y todas las instituciones antiguas cambiándolas en la irreligion y la inmoralidad.

Encargada la Francia de tan grande empresa, en pocos meses ha triunfado de los esfuerzos de todos los rebeldes del mundo, reunidos para desgracia de España, en el suelo clásico de la fidelidad y lealtad. Mi augusto y amado primo el Duque de Angulema, al frente de un ejército valiente, vencedor en todos mis dominios, me ha sacado de la esclavitud en que gemia, restituyéndome á mis amados vasallos fieles y constantes.

Sentado ya otra vez en el trono de San Fernando, por la mano sabia y justa del Omnipotente por las generosas resoluciones de mis poderosos aliados, y por los denodados esfuerzos de mi amado primo el Duque de Angulema y su valiente ejército ; deseando proveer de remedio á las más urgentes necesidades de mis pueblos, y manifiestar á todo el mundo mi verdadera voluntad, en el primer momento en que he recobrado mi libertad, he venido en decretar lo siguiente :

1° Son nulos y de ningun valor todos los actos del gobierno llamado constitucional, (de cualquier clase y condicion que sean) que ha dominado á mis pueblos desde el dia 7 de Marzo de 1820 hasta hoy 1° de Octubre de 1823, declarando como declaro que en toda esta época he carecido de libertad, obligado á sancionar las leyes, y á expedir las órdenes, decretos y reglamentos que contra mi voluntad se meditaban y expedian por el mismo gobierno.

2° Apruebo todo cuanto se ha decretado y ordenado por la Junta provisional de gobierno, y por la Regencia del Reino, creada aquella en Oyarzun el dia 9 de Abril, y esta en Madrid el dia 26 de Mayo, del presente año, entendiéndose interinamente, hasta tanto que, instruido competentemente de las necesidades de mis pueblos, pueda dar las leyes y dictar las providencias más oportunas para causar su verdadera prosperidad y felicidad, objeto constante de todos mis deseos.

Tendreislo entendido, y lo comunicareis á todos los ministerios.

RUBRICADO DE LA REAL MANO.

Puerto de Santa María: 1° de Octubre de 1823.

A Don Víctor Saez.

APENDICE L.

Artículo escrito para la "Revista Bimestre Cubana,"
por el Prebítero Don Félix Varela.

GRAMÁTICA DE LA LENGUA CASTELLANA SEGUN AHORA SE HABLA,
ORDENADA POR D. V. SALVÁ.—PARIS, 1830.

Nada más comun que una Gramática, y nada más raro que una
buena. El Sr. Salvá nos ha proporcionado esta prenda inestimable, y
cábenos la honra de darla á conocer. Sin parcialidad por el autor,
aunque digno del mayor aprecio, ni por la obra, aunque nueva y acabada en su género, podemos asegurar que ha pasado felizmente entre
Scila y Caribdis; pues que ha evitado la rutina fastidiosa de la mayor
parte de las Gramáticas, y el afectado filosofismo de otras, cuyos autores, consultando una naturaleza ideal, parece que cerraron los ojos,
para no observar la obra del Eterno, cuyas lecciones los hubieran conducido á resultados más sencillos y planes más luminosos.

Confesamos con placer, que la simple lectura de algunas de las máximas difundidas en el prólogo de la obra nos previno en su favor,
pues desde luego anticipamos que el juicio más que la imaginacion, la
experiencia más que la teoría, y la utilidad más que la brillantez, habian dictado unas páginas consagradas á la más noble y hermosa de
las lenguas por uno de los más constantes y felices de sus cultivadores.

Nada parece más sencillo á algunos, dice el autor, que hacer de un
golpe todas las mejoras imaginables de la Gramática y escribirla de una
manera verdaderamente filosófica. Así deberia ser sin disputa, si miéntras el sabio examina en pocas horas los diversos sistemas de una

ciencia, y aun crea nuevas hipótesis, no costase muchos años á la mayor parte de los hombres el adelantar un sólo paso. El análisis del lenguage, de que tantas ventajas reporta la Metafísica, puede ser á veces perjudicial, aplicado á los elementos para enseñar la Gramática de una lengua.

Los que pretenden que los jóvenes pueden recibir toda doctrina de cualquier modo, y en cualquiera dósis que se les suministre, se olvidan de las muchas vigilias que les ha costado desenmarañar y poner en claro la de los autores que han leido.

No olvidemos que hay unos límites prefijados á nuestro entendimiento, como los tiene la ligereza de los ciervos y la fuerza de los leones. Quizás por este motivo, la tal cual perfeccion de las cosas humanas precede tan de cerca á su decadencia. El ideólogo toma una especie de este idioma, y otra de aquel, y analizando el rumbo y progresos del discurso humano, describe las lenguas como cree que se han formado ó debieron formarse. Pero al escritor de la Gramática de una lengua, no le es permitido alterarla en lo más mínimo: su encargo se limita á presentar bajo un sistema ordenado todas sus facciones, esto es, su índole y giro; y la Gramática que reuna más idiotismos, y en mejor órden, debe ser la preferida. Estas sólas máximas son sin duda el fruto de contínuas y acertadas reflexiones sobre el poder creador que alucina, y la mesurada observacion que instruye. Nada se sabe, si nada se practica, y por más que quiera engalanarse la ignorancia con nombres vanos de una afectada exactitud, deja siempre traslucir su triste orígen en la misma inutilidad de sus aplicaciones. La piedra de toque es la experiencia, y el medio de aplicarla es la observacion. Esta doctrina, que hace tanto tiempo forma la base del método en las ciencias, llamadas naturales, ha sido muy poco observada por los filólogos.

Entregados al placer de superar dificultades, no advirtieron que las producian, y mientras tomaban por experiencia el sentido íntimo, á su parecer de un sano juicio, cuando solo era de una desatinada imaginacion, se erigieron en atormentadores de la juventud, autorizados por los años, y detestados por la ciencia.

Mas el tiempo, que halaga al error permitiéndole que usurpe y goce los honores de la verdad, al fin le destruye, para escarmiento de la soberbia humana, y ventaja de la Filosofía. Si sabemos, es á veces porque otros han errado, y los vestigios del error destruido vienen á ser, como los restos flotantes de la nave deshecha, que indican el funesto escollo, para que lo eviten otros. ¡Qué triste cuadro presenta á nuestra vista la série de años malgastados en almacenar sin órden y con sumo fastidio un fárrago de reglas gramaticales, que basta saberlas para no saber Gramáṭica! Divisiones minuciosas, términos mal aplicados, preceptos numerosos, excepciones infinitas, contra-excepciones, y contra-contra-excepciones.... todo, todo forma en la Gramática un bosque espeso y tenebroso, que sólo penetra la juventud, á fuerza de la autoridad de los maestros, el temor de los castigos, y la irreflexion de los primeros años.

Los reformadores de estos abusos han caido en otros no ménos lamentables, aunque paliados con el interesante nombre de investigaciones filosóficas, cuyo objeto son las lenguas, como se cree que se han formado, ó que debieron formarse, segun observa con sumo juicio el autor de la Gramática que revisamos. No solamente los antiguos dómines, sino tambien los ideólogos modernos, han estropeado la verdadera Gramática llenándola aquellos de giros y escondrijos caprichosos y estos de vanas abstracciones, que de simples pasan á tontas: y acaso el célebre maestro del duque de Parma no se presenta al observador filósofo de una manera más favorable, que aquel antiguo Orvilio, bajo cuya férula se formó el taimado y penetrante Horacio.

Efectivamente, desde que Condillac estableció su carpinteria filosófica, en que á su sabor, divide, reune, angosta, rebaja, contornea, pule y acaba, ora ideas, ora juicios, ora discursos, cual pudieran formarse bancos, mesas, estantes y otros muebles, llevando al extremo su sistema de sensaciones: desde que el fácil y claro, pero locuaz y minucioso Desttut Tracy dió cierto aire de misterio á las más frívolas observaciones, parece que la Gramática se ha convertido para muchos en el conocimiento de la lengua de un pueblo ideal, sin que pueda corresponderla el juicioso título de "Gramática de la lengua castellana, segun ahora se habla." que tanto recomienda á la obra de que nos ocupamos.

Dijo muy bien aquel Séneca juicioso, que la ignorancia de ciertas cosas forma gran parte de la sabiduría; pues parece que los hombres dedicados á crear las ciencias, y á aprenderlas, yacen en el profundo sueño del error al silbo funesto de la sirena del orgullo; y miéntras unas generaciones acusan á otras de inertes y poco apercibidas, la naturaleza se burla de todas, ya ocultando el verdadero principio de las cosas, ya probando la inutilidad de conocerlo.

¡Cuánto se ha escrito sobre el orígen del lenguage! ¡Con cuánta prolijidad se han seguido los pasos de la infancia, y el desarrollo de la juventud para indicar el orígen de las ideas, los fundamentos de la Gramática general y sus aplicaciones á la particular de cada idioma! Pero, son exactas las observaciones? Lo son las inferencias? Y puesto que todo sea exacto ¿podrá su conocimiento conducir al de la lengua de un pueblo determinado? Ah! Las lenguas son hijas del capricho, más que de la reflexion, y de la casualidad más que del cálculo. Lejos de nosotros la vana pretension de la singularidad: no se crea que con un ridículo y osado pirronismo, desconocemos el mérito de las investigaciones, y pretendemos marchitar los laureles recogidos en el campo de las ciencias por genios que su tiempo admiró y la posteridad venera; pero séanos permitido aplicar el *ne quid nimis* respecto á una aparente sencillez, principio á veces de grandes confusiones. Creemos que el autor lo ha aplicado con acierto, y que el análisis de la obra probará nuestra opinion.

Comprende la Etimología, Sintáxis, Ortografía y Prosodia, tratadas sin un laconismo que produzca oscuridad, y sin una difusion que cause fastidio. Tuvo sin duda el autor, muy presente la observacion de Horacio: *Brevis esse laboro, obscurus fio. Sectantem lenia, nervi deficiunt, animique. Professus grandia turget*.... y parece que todo su empeño ha sido conducir al lector por el camino que siempre ha trillado, haciéndole observar aquí y allá los defectos y bellezas con sumo tino y sagacidad. Léese esta Gramática sin parecer que se aprende; pues no se atormenta la memoria con voces raras, ni el entendimiento con reglas abstractas.

Excusado es decir que no pudo reducirse á un volúmen muy pequeño, si bien no es tan extensa que arredre á los lectores. Ha evitado el autor un gran defecto de otras Gramáticas que se reducen á un conjunto de reglas aisladas que bastan para recordar al que ya sabe, mas no para instruir al principiante.

Empieza por unas juiciosas observaciones sobre la lectura, notando la naturaleza y uso de los acentos, pero con suma prudencia para no avanzar reglas que serian poco perceptibles sin otros conocimientos. Observamos que ha erigido en regla con bastante razon lo que el uso tiene recibido con generalidad en Castilla, y casi en toda España; esto es, que la *d* no suena, ó apénas suena entre *a* y *o* al fin de diccion: v.g. *quemado*, pronunciándose *quemao*. Sin embargo, creemos que esta regla no puede extenderse á censurar como defectuosa la pronunciacion contraria; pues que ha sido en otro tiempo la legítima española, y es en el dia la de todas las partes de América, donde se habla nuestra lengua. Sin duda, un defecto al principio de la pronunciacion del vulgo se ha llegado á extender á la parte culta de la sociedad, y á formar el que puede llamarse uso, *quem penes arbitrium est et jus et norma loquendi;* mas no es tan universal que baste á destruir el uso contrario, conservado por muchos millones de individuos. A la verdad que en algunos casos suena muy mal, por lo ménos á nuestros oidos, la pronunciacion de los actuales castellanos. ¿Quién sufre *amao esposo*, en lugar de *amado esposo?* Parécenos una portuguesada completa. Convenimos en que pronunciando la *d* resulta el sonido ménos suave, pero es más distinto, y se asemeja ménos á la pronunciacion de un balbuciente. Evítase además una imperfeccion en el idioma, cual es escribirse de un modo y pronunciarse de otro, como ya nos sucede respecto de la *h*, que bien podria desterrarse del alfabeto español con solo alterar la Ortografía. Merece, no obstante, nuestra aprobacion la regla introducida por el autor, que no hemos leido en otro alguno, puesto que se propone darnos la Gramática de la lengua, cual ahora se habla. Todos los castellanos dicen *tratao*, y *tratao* ha de ser, que no *tratado*, aunque mil autores escriban lo contrario. Dícenos con suma prudencia, que la *d* no se pronuncia, ó apénas se pronuncia entre *a* y *o* al fin de diccion, como para indicarnos que deberia pronunciarse, aunque no tan fuerte como en otros casos; pero él sabe mejor que nosotros, que apénas se encontrará un castellano que deje percibir la *d*, pronunciando *quemado* ú otra palabra semejante.

A estas nociones sigue un artículo sobre las partes de la oracion, en que ha procurado el autor no complicar las reglas, interpolando excepciones, que sólo se encuentran á manera de notas. Nos ha parecido muy conveniente este método, que ya lo habia observado Heinecio; pues la lectura no interrumpida sirve para fijar las ideas, y percibir el plan de la obra.

Nos parece muy exacta la definicion del nombre, diciendo que es la voz que significa un ser ó cualidad, y que es susceptible de número y género; mas quisiéramos que hubiese terminado en la palabra *cualidad*, por razones que alegarémos cuando indiquemos los descuidos que hemos notado en esta obra.

Lo mismo decimos de la definicion del verbo, que, segun el autor, es la parte de la oracion, que, expresando la accion, estado ó existencia de las personas ó de las cosas, se conjuga por modos, tiempos y personas. Desearíamos que la definicion terminase en la palabra *personas*, poniendo *expresa*, en lugar de *expresando*.

Presenta el autor con bastante claridad la conjugacion de los verbos y sus irregularidades. Sobre este asunto es muy importante una pequeña nota (Página 76) en que observa el autor, que tanto en las lenguas antiguas, como en las modernas, son casi unos mismos los verbos irregulares, proviniendo de su frecuente uso, el cual los gasta, ni más ni ménos que las cosas materiales. Por eso los verbos *haber* y *ser* son siempre los más irregulares. Efectivamente, si consideramos que la irregularidad proviene del capricho, es fácil inferir que este ha sido mayor en los verbos que se han usado más, diciéndose lo mismo de los nombres; pues como observa el autor, los más comunes, como José, Francisco, han recibido más transformaciones, v. g. Pepe, Pancho.

Debe, sin embargo, notarse que las alteraciones en los nombres no han destruido el primitivo, ántes se tienen nombres como de confianza, de los cuales jamás se usa, hablando de los nombres de personas de respeto, ó en discursos sérios; mas las alteraciones en los verbos pasan á ser reglas, destruyendo la conjugacion ordinaria.

Siguen despues algunos verbos de su conjugacion particular, v. g. *adquirir*, *andar*, y esta parte nos ha parecido muy útil; pues solo familiarizándonos con toda la conjugacion de dichos verbos, podrán evitarse errores de lenguaje, en que vemos caer aun á muchos que creen saber nuestro idioma.

Síguese una utilísima lista de los verbos, que tienen dos participios de pretérito, igualmente recibidos, y termina el tratado de la Etimología por un capítulo sobre las partículas indeclinables, sin omitir nada interesante.

Dice el autor en una nota, que á imitacion de algunos extranjeros que han escrito gramáticas españolas en sus lenguas, él ha dado el nombre de futuro condicional de indicativo al tiempo acabado en *ría*, como *amaria*, que hasta ahora se ha tenido por pretérito imperfecto de subjuntivo. Nota que trae su orígen del infinitivo y el auxiliar *haber*, pues los antiguos decian, *cantar habia ó hia*, y nosotros *cantaria*: observa igualmente que dicho tiempo puede resolverse por el *habia de* del infinitivo, v. g. "que se anunció que cantaria," esto es, "que habia de cantar." Advierte, por último, que tiene las mismas anomalias que el futuro de indicativo, y así parece que es de la misma naturaleza.

Poco interesa que el tiempo acabado en *ia* se llame de indicativo ó subjuntivo, si en ambos casos sugiere una misma idea, y exige un mismo regímen gramatical, y así no impugnamos esta innovacion, ni la sostenemos. El condicional siempre es futuro, y siempre es subjuntivo, esto es, siempre va unido á otro, del cual depende. Cuando se presenta por sí solo, nos deja en suspenso, deseando saber la condicion de que depende : si decimos, v. g. "tendríamos mucho dinero," el que oye espera que digamos en qué caso ó bajo que condicion le tendríamos, y así este tiempo depende de otro, aunque tácito. Recordando el orígen latino de la palabra subjuntivo, que casi no está alterada, conocerémos que la cuestion es de nombre. Viene de *subjungere*, compuesto de *sub* y *jungere*, esto es, *debajo* y *unir*; de modo que *subjungere* es *unir debajo*. Por tanto, siempre que un tiempo se halle precisamente unido á otro, que debe precederle, no puede ménos de ser subjuntivo; y tambien futuro, pues dicho antecedente aun no existe. Ambas circunstancias concurren en el tiempo acabado en *ia*, segun hemos observado, y así creemos que es un verdadero futuro de subjuntivo. Nada obsta que traiga su orígen del infinitivo con el auxiliar *haber*, pues este le dá el carácter de futuro y de subjuntivo; pues cuando se dice *cantar* conviene á todos tiempos ó es infinitivo; más diciendo *cantar habia*, se indica un futuro, que igualmente es subjuntivo, porque supone otro verbo, que forme una oracion precedente, v. g. "me dijo que cantar habia." Este ejemplo acaso prueba que el futuro *cantaria* no es condicional; pues se resuelve en *cantar habia*, que no expresa, ni supone condicion, ántes parece indicar una promesa absoluta. Convenimos en que todo condicional es futuro, más no al contrario, y dudamos que siempre lo sea el acabado en *ia*, pues á veces aun excluye toda condicion; v. g. "le dije ayer que vendria," esto es, "que le dije ayer, vendré;" pues el que habla se supone en el dia en que habló, esto es, ayer, y su exposicion no es más que un recuerdo de la absoluta, de que usó entónces.

Acaso parecerá extraño que algunos gramáticos hayan considerado este tiempo como pretérito, y otros como futuro; mas todo se aclara, si consideramos las circunstancias y tiempos que se imaginan. Si decimos, v. g. "el aire entraria, si rompiesen los cristales de la ventana:" unos gramáticos se suponen existiendo en el momento en que habiendo sido rotos los cristales, empieza á entrar el aire, y así consideran el tiempo *entraria*, como posterior á otro que acaba de pasar, esto es, como pretérito perfecto. Otros se figuran que están presentes, cuando se profiere la proposicion anterior, y entónces ciertamente es futura la entrada del aire. Todos dicen bien, y así nada decidirémos en cuanto á la exactitud de la doctrina; pero si nos inclinamos á caminar por la senda trillada, aplaudimos la imparcialidad, con que el autor se expresa en otra de sus notas. (N. 52.)

Si quisiéramos indicar todo lo que merece nuestra aprobacion en la segunda parte, que trata de la Sintáxis, incurriríamos en una prolijidad fastidiosa, y acaso para evitarla, no atinariamos en dar la preferencia á lo que dijésemos, sobre lo que dejásemos de decir. Bástenos asegurar que en ella se hacen notables la exactitud, la claridad y el método, con una abundancia de ejemplos, juiciosamente escogidos, y observaciones imparciales que demuestran á veces los descuidos de los autores más celebres, sin rebajar su mérito, ni desconocer sus servicios.

Como la ignorancia siempre es atrevida, y la soberbia siempre es baja, pusieron ámbas en ejercicio varias plumas, ciertamente malhadadas, cuyas horribles composiciones procuraron elevarse á la dignida·\ də clásicas, por medios muy rastreros, que solo sirven de oprobio á los que tuvieron la imprudencia de emplearlos. No son estos monstruos los escollos de la juventud, pues el vicio manifiesto lleva la corrección consigo mismo : y así el autor de esta nueva Gramática no ha hecho caso alguno de ellos, dirigiéndose únicamente á objetos dignos de consideracion por su indudable mérito y fama bien fundada.

Merece la pena el borrar ligeras manchas en rostros muy hermosos; pero se malgasta el tiempo en mejorar los feos, que siempre lo serán, y vale más conservarles su derecho al ridículo. Lo que más recomienda la Gramática del Sr. Salvá es la noble franqueza y loable osadia con que se notan en ella los defectos cometidos por los que podemos llamar genios de la lengua española. Conviene mucho evitar que la veneracion sirva de velo al error, y que unos defectos, cuyo orígen es acaso una distraccion, lleguen á arraigarse en el hermoso campo de las ciencias, por timidez del cultivador, que no se atrevió á tocarlos. Léjos de complacer á los verdaderos literatos este disimulo de unos defectos que no los degradan, lo consideran como una prueba de la idea mezquina que se ha formado de su generosidad. Mira el sabio sus descuidos como el sueño, á que le obliga la naturaleza, y en que suele divertir á sus compañeros, que al fin lo despiertan, rien todos, y reina la armonía : ó como el polvo que cayó sobre diamantes, y fué disipado al soplo benéfico de la amistad, para que aquellos aumentasen su brillo y ostentasen su riqueza.

Tal es el gran servicio que ha hecho á la juventud la Gramática de Salvá. Los italianismos del dulce y encantador Garcilaso, no ménos que las violentas colocaciones del grandioso Jovellanos y del ameno Quintana, sirven á los jóvenes de alarma, para que viendo caidos á los grandes maestros, atiendan cuidadosamente á percibir los obstáculos, y no desprecien los consejos de la experiencia, en la peligrosa carrera de la literatura española. Es nuestra hermosa lengua como aquellos órganos delicados que formó la naturaleza para manifestar su poder y variada sensibilidad, pero que se resientan de la menor injuria. Un polvo imperceptible ofende la vista : una lijera disonancia atormenta el oido; miéntras que el duro cútis de las manos recibe sin pena impresiones más fuertes. A esta manera otros idiomas conceden á sus escritores muchas libertades, que la rigurosa madre española condena en los suyos, imponiéndoles, ó un prudente silencio, ó un castigo merecido. Todo es dificil escribiendo en castellano : aquí las vocales no hermanan y disgustan ; allá dos consonantes como que tropiezan y riñen; ora parecen violentos los incisos, ora el período pierde su armonía. Ocurrimos cuidadosos á *enmendarlo.... vénse las marcas de la lima, y se manifiesta el arte. Invertimos la colocacion, y como que volvemos las palabras para ocultarle..... queréllase el pensamiento, porque le presentamos débil. Substituimos otras voces.... resiéntese la precision del estilo. Buscamos otras.... mas no tienen el sello de la antigüedad, y tememos la férula de un purista. Deslízase la pluma de la mano, fastidiámonos del período, y le dejamos para momentos de más feliz inspiracion.... Volvemos á emprenderlo, dejámoslo otra vez; y solo al cabo de repetidas alteraciones y de ensayos numerosos, quedamos, no satisfechos, sinó ménos disgustados.

No debe sin embargo arredrarse la juventud á vista de tantas dificultades, pues la mediania es un grande honor, en materias en que la perfeccion es muy rara. Tiene además el trabajo la gran virtud de premiar á sus amantes con dádivas oportunas, que siempre los recrean, pero jamás los alucinan ; pues son muy bisoños en la carrera del saber, los que los creen limitado en algunos de sus ramos. Por la invencion del juicioso y modesto nombre de Pitágoras, que lo contrariaba tras un velo, que cubria más su malicia, que su persona, comunicóse por medio de sus favoritos, el degradante *magister dixit* á una turba de discípulos fascinados, que creyó dirigirse al templo de la sabiduría por el camino de la insensatez. ¡ Puedan nuestros jóvenes más apercibidos merecer aquel ilustre nombre en el interesante estudio de su lengua, cultivada en otro tiempo con el mayor esmero, y ahora abandonada á la merced del pueblo irreflexivo ! Mas volvamos á la Gramática de Salvá.

Son muy exactas las observaciones sobre los artículos, principalmente en cuanto al uso de *la* y *lo* ; pues, como dice el autor, no hay duda que debe ponerse *la* con el acusativo, v. g. *castigarla;* pero no con el dativo, esto es, cuando hay otro nombre, sobre que recae la accion, v. g. *asi que vió á nuestra prima, le dio esta buena noticia.* "Con todo, dice, es muy frecuente en el lenguaje familiar el uso del *la* y *las*, particularmente en Castilla la Vieja y la provincia de Madrid. " Conviene advertir á los principiantes que hay muchos verbos, que piden este pronombre femenino, ya en acusativo, ya en dativo, segun es ó no el término de la accion del verbo. Diremos : *la aconsejé que se arrojase,* y *le aconsejé tal cosa,* porque estas oraciones, vueltas por pasiva, dirán : *ella fué aconsejada por mi, que se arrojase, y tal cosa fué aconsejada por mi á ella."* "Algo más dudoso está el uso de los doctos respecto del pronombre masculino ; y si bien hay quien dice siempre *lo* para el acusativo, sin la menor distincion, y *le* para el dativo : lo general es obrar con incertidumbre ; pues los autores más correctos, que dicen *adorarle,* refiriéndose á Dios, solo dirán *publicarlo,* hablando de un libro. Pudiera conciliarse esta especie de contradiccion, estableciéndose por regla invariable usar del *le* para el acusativo, si se refiere á individuo del género animal, y del *lo* cuando se trata de cosas, que carecen de sexo, y de las que pertenecen á los reinos mineral y vegetal. Quisiéramos que el autor solo hubiera dicho las que pertenecen al reino vegetal; que las del mineral están incluidas en las que carecen de sexo, y es una redundancia. "Debemos de usar tambien del *le* y no del *lo,* si está delante de ella la redupliclacion *se* en las frases de sentido pasivo v. g. *en el reino de Valencia se coje mucho esparto y se le emplea para sogas. Lo*s parece el acusativo más proprio del plural, v. g., *los aniquilaron,* locucion que es indispensable, aunque no seria ni una....." Creemos que la regla precedente no es tan universal, como la establece el autor, pues hay infinitos casos en que no se pone *les,* aunque preceda *se,* v. g. *tenia muchos doblones, y se los robaron todos;* no podiamos decir, *se les robó. Tomó varios anillos y se los puso todos;* no diriamos *se les puso todos.* El mismo ejemplo de Quintana seria muy propio si se refiriese á otro objeto ; v. g. *el ladron percibe que hay peligros en la empresa; mas por grandes que se los suponga, no le arredra su idea, porque le ciega el interés.* Inferimos, pues, que la regla debe limitarse á los nombres masculinos ó femeninos por significar individuos de algun sexo, usando de *los ó las* despues de *se.* Acaso es este el sentido del autor, aunque expresado do manera que indica que es universal la regla, y que sirven como ejemplos de ella los casos, en que se emplean los pronombres masculinos ó femeninos, por significar individuos de algun sexo. En tal caso podria hacerse una lijera inversion del modo siguiente : "Locucion que es indispensable retener, cuando precede *se* al verbo, refiriéndose á personas del género masculino ó femenino, que solo está bien dicho, *se les acusó* y *se las acusó.*"

Es igualmente acertada la observacion sobre la impropiedad en usar del pronombre *ese,* en lugar de *aquel.* Llama el autor andalucismo á este defecto, y lo nota en la Poética de Martinez de la Rosa (p: 369), cuando dice : *"Son como esas plantas, que nacen al arrimo de otras..."* y en la p. 370 : *"Este pegadizo importuno... es el defecto de ese drama."* Ese es cabalmente, dice Salvá, el pronombre que ménos debe ocurrir en los escritos y el que ménos dificultad ofrece en su uso ; pues nunca lo empleamos, sino en el diálogo, ó cuando el autor lo forma en cierto modo con el que lee, y personificándole, casi le dirige la palabra, respondemos, "eso yo lo sabia."

No permiten los estrechos límites de un artículo presentar todos los pasajes en que se hace notable el autor por sus sensatas observaciones sobre la sintáxis; pero no omitirémos un justo elogio á los tres últimos capítulos, que contienen doctrinas sobre el estilo castellano actual, y los arcaismos. Nada más necesario, ni más bien desempeñado; pues ha conseguido presentar con suma sencillez "dos vicios que deben huirse igualmente en toda lengua viva: incurren en el uno, los que están tan aferrados á los escritores clásicos, que nos han precedido, que no creen pura y castiza ninguna voz, si no está autorizada por ellos; y el otro, que es el más frecuente, como que se hermana más con la ignorancia, consiste en adoptar sin discrecion nuevos giros y nuevas voces, dando á las cosas que ya conocieron, y llamaron por su nombre nuestros antepasados, aquel con que á nuestros vecinos les parece designarlas ahora."

Evitados estos dos vicios se veria libre la literatura española de una multitud de puristas impertinentes, que sin acordarse de que el lenguaje es obra de los hombres, y debe ceder á la voluntad general, nos atormentan con observaciones fundadas en el descubrimiento de voces de antaño, que pasaron con la generacion que las inventó, y ningun derecho tienen que reclamar contra la presente. Tambien nos libertariamos de los caprichos, ó más bien de la ridiculez de la Francia española, ó si se quiere la España francesa, que tanto llegó á dominar no ha muchos años, mas, por fortuna va decayendo, y pronostica muy corta duracion, como sucede á los monstruos. No creemos que hay mucha semejanza entre nuestra lengua y la francesa; pero al fin algo se parecen, y esto basta para que una ridícula admiracion haya encontrado fundamento para introducir palabras, frases y construcciones totalmente francesas, quitando toda su hermosura al noble lenguaje castellano. El autor indica muchas frases del siglo XVI, que ya se consideran anticuadas, y seria absurda pretension el revivirlas. Opónese al Diccionario de la Academia, que considera como tales muchas voces, solo porque son de poco uso, ó no tienen ya un equivalente. Nota muy bien que varias voces de que usaron nuestros clásicos, serian hoy miradas como galicismos, v. g. afamado por hambriento, defender por prohibir, etc. A este modo hace otras indicaciones utilísimas que prueban lo mucho que se ha penetrado del genio del idioma antiguo y moderno, ahorrando á la juventud el gran trabajo de una dilatada lectura, y penosa comparacion de innumerables autores. Una de las principales causas de la corrupcion de nuestra lengua es la multitud de traducciones que á ella se hacen de obras escritas en idiomas de un carácter sumamente opuesto. La gran dificultad del negocio y la falta de instruccion en los traductores han introducido insensiblemente, no sólo voces, sinó frases y áun giros en los períodos, que á veces nos hacen desconocer la lengua de los Cervantes y Saavedra. Para ocurrir á este gran mal, traduce el autor, como por ensayo, la introduccion al "Siècle de Louis XIV," ajustándose al giro francés sin faltar á la propiedad castellana. Preséntanos despues una traduccion del mismo texto, segun el estilo, que podemos llamar del dia, para que se note la diferencia, y se eviten los defectos, siendo uno de los mayores el monótono clausulado que tan mal se amalgama con la pompa y majestad de la lengua castellana. Tradúcenos tambien un pasaje de la vida de Alfieri, para que evitemos los italianismos, en que es tan fácil caer por la mayor semejanza de las dos lenguas : y últimamente traduce un rasgo de Hume, para hacer notar hasta qué punto puede aspirarse á la exactitud en las traducciones del inglés al español. Confesamos, sin embargo, que ha excogido un autor, y un pasaje de los más parecidos en su estilo al de nuestra lengua. Sigue un hermoso paralelo entre el estilo de Cervantes y el que debe observarse actualmente ; pues seria muy ridículo el autor, que escribiese imitando al Quijote, y solo conseguiria el desprecio por los mismos medios, que grangearon á Cervantes tanta gloria. Quiere el tiempo que obedezcamos sus órdenes irrevocables, y castiga severamente á los que intentan detenerle su carrera. Bástenos decir sobre el capítulo de los arcaismos que se presentan con brevedad, sencillez y exactitud en solo cuatro páginas, que bien valen un volúmen.

Dice muy bien el autor que " no ha sido casualidad, ni inadvertencia de los autores que han escrito grámaticas el no haber tratado ninguno de ellos esta materia sin cuidadoso estudio, nacido del conocimiento de su delicadeza y de sus espinas. Porque las tiene, en efecto, el señalar las pequeñas y casi imperceptibles particularidades, que varian la diccion de un mismo idioma en distintas épocas." Debemos sin embargo, felicitarle por haber manejado con tanto tino este difícil negocio, sin punzarse con tantas espinas.

El tratado sobre la Ortografía, aunque muy recomendable en su totalidad ofrece pocos puntos, que llamen la atencion, á no ser las observaciones sobre el uso actual de la *b* y de la *v*; pues esta ha perdido mucho, miéntras aquella ha ganado: sobre la utilidad de conservar la *x* en los nombres proprios como Xenofonte, reprobando el uso de escribir Jenofonte; y sobre las siguientes reformas, que el autor propone: "1ª Usar, para la conjuncion *y*, igualmente que para todos los diptongos en que entra la *i*, de esta vocal y nunca de la *y*, cuyo oficio no debe ser, sinó el que corresponde á una consonante. 2ª Como la *r* es siempre doble al principio de diccion, y parece por tanto que no pueda empezarse sílaba por ella, tal vez convendria, cuando es suave, seguir la práctica de los que dividen las sílabas, uniéndola con la vocal que precede, v. g. *car-o, dur-o.* 3ª La *rr,* como que es una sola letra, nunca debia partirse al fin de renglon por la misma causa, que no separamos la ch, ni la ll ; y ya que dividimos así á *ta-cha, ca-ba-llo,* tambien debiéramos silabear *a-rrebol, ca-rro.* 4ª La acentuacion quedaria mucho más simplificada, no acentuando más monosílabos que los pocos que requieren para distinguirse de otros de distinto significado, ó por constar sólo de un diptongo, y pronunciarse el acento en la segunda de las dos vocales.

No es ménos interesante la Prosodia, en que se explican con la mayor claridad todas las reglas, sin darles aquel órden mecánico que suele observarse en otras obras. Es muy juiciosa la observacion del autor sobre la Poesía antigua, y su diferencia de la moderna. " Se tiene generalmente la idea de que los antiguos median sus versos por piés, cuyas .sílabas debian ser de una cantidad determinada, y que en los versos que admitian variedad en sus piés, podia resultar mayor número de sílabas en uno que en otro ; miéntras que los modernos están por el contrario, atenidos al número estricto de sílabas, sin cuidarse nunca de la mayor ó menor pausa en su pronunciacion. Pero poco exámen se necesita para conocer que la mayor parte de los versos de los antiguos, aunque de distinto número de sílabas, tenia uno mismo de tiempos; por cuanto el exámetro, por ejemplo, no pudiendo constar sino de seis piés, ó dáctilos, ó espondeos, precisamente ha de resultar de veinte y cuatro tiempos, siendo de cuatro así el espondeo como el dáctilo. Lo propio sucede entre nosotros ; pues el verso octosílabo, y lo mismo puede decirse de cualquiera otra especie de metro, puede estar cabal con siete sílabas, si es aguda la última : con ocho, cuando se halle el acento en la penúltima : con nueve, si concluye por esdrújulo; y con diez tambien en mi opinion, si el acento está en la cuarta sílaba ántes del fin." Así se expresa el autor, y le creemos bien fundado.

Manifestadas las bellezas, que tanto nos deleitan en la obra que hemos analizado, permítasenos indicar algunos ligeros lunares, que minoran su gracia, y que no dudamos corregirá el autor, en cuanto creyere fundadas nuestras observaciones. Empieza presentando el alfabeto español, y al canto la pronunciacion de cada letra por medio de una sílaba, v. g. B—b....be. H—h....ache. J—j....jota. Si el principiante no sabe pronunciar b, c, h, j, ménos sabrá pronunciar be, ce, ache, jota, en que entran dichas letras; y en vez de enseñarle la pronunciacion á vista de estas combinaciones de letras, que le confunden, vale más presentarle limpiamente a, b, c. Podria el autor omitir toda la tabla alfabética, sin que perdiese cosa alguna su Gramática. Desearíamos se hubiese omitido en la página 7 el párrafo en que dice el autor que no tratará de la letra gótica ó semi-gótica; pues quisiéramos que los jóvenes encontrasen en la Gramática lo que deben aprender, y no lo que no se quiere enseñarles. Estos y otros descuidos semejantes provienen del deseo de evitar la crítica de los profesores, á quienes convendria olvidar teniendo solo presente á los discípulos. Con dificuldad pueden conservarse en la memoria los innumerables diptongos que se expresan en la página 8, y valdria más indicarlos en términos generales. En varios pasajes supone conocida la significacion de voces que no se han explicado, y que acaso no se explican en la obra, como en la página 9 en que se dice que el acento está en la penúltima, si es la persona de algun verbo terminado en *n;* y aun no se ha dicho que son verbos, ni que son personas. En la página 14 se comete el mismo defecto, diciendo que carecen de plural los infinitivos de los verbos, sin saberse áun lo que es infinitivo. En la página 49 : " pero si la reduplicacion está en dativo por hallarse además un acusativo en la oracion, etc." sin haber dicho lo que es dativo en parte alguna, aunque sí lo que es acusativo en una nota que se halla en la página 13. En la página 12 reduce las partes de la oracion, ó indica sin necesidad las suprimidas, cuyos nombres nada interesan por entónces al discípulo, y ó bien fatigan su memoria, ó excitan una curiosidad que no queda satisfecha. Valdria más poner como nota la extensa lista de nombres que solo tienen plural, que se halla en la página 15, dándole un aspecto aterrador para los principiantes, que más bien sufren estos catálogos cansadísimos y fastidiosísimos, aunque útiles, cuando se presentan como cosa accesoria. En la página 27 se dice que en castellano se necesita para la formacion del comparativo de un rodeo que excusaban la lengua griega y latina, y que excusan hoy dia algunas lenguas de Europa. En la página 419 se entra en la averiguacion de la causa que tienen los italianos para no fijar la semi-rima, y se hace una lijera observacion sobre la naturaleza de los verbos ingleses, empleando casi dos párrafos. Todo esto es inútil; pues los discípulos no están aprendiendo ni griego, ni latin, ni ninguna de las lenguas extranjeras. En nada debe ponerse más cuidado que en no avanzar nociones innecesarias, cuando nos proponemos enseñar. Notamos una especie de redundancia en el lenguaje de la regla siguiente : página 27. Podria decirse que el superlativo se forma añadiendo al positivo la terminacion *ísimo:* pero quitándole la vocal, si acaba por ella. Tenemos igualmente algunos reparos contra varias definiciones del autor. En la página 12 dice : los gramáticos reputan por nombres á las voces, que significan un sér ó calidad, y que son suceptibles de números y géneros. Esta última cláusula es redundante, aunque usada por todos los gramáticos; pues la naturaleza del nombre queda suficientemente explicada sin ella, y la brevedad es lo principal en una definicion. El ser susceptible de números y géneros es una propriedad y áun podremos decir una consecuencia del objeto, á que se refiere el nombre y si pretendiésemos indicar todas sus propiedades, escribiríamos un tratado difuso para explicar ó definir cada nombre. Parécenos además que en el pasaje en que se halla la definicion, podia haberse omitido la última cláusula por no haberse aun dado idea de números y de géneros. Decimos lo mismo sobre la siguiente definicion del verbo: es aquella parte de la oracion que expresando la accion, estado ó existencia de las personas ó de las cosas se conjuga por modos, tiempos y personas: debió omitir desde "se conjuga." Para que no se crea que es un exceso de rigor de nuestra parte, ó una afectacion de exactitud filosófica suplicamos á nuestros lectores que se figuren que han perdido todos los conocimientos que poseen, y que se hallan en el estado de un jóven que empieza, y que por no saber ni aun sabe la Gramática de su lengua. En este estado puede el entendimiento percibir de golpe, ó por lo ménos con una cortísima explicacion; lo que quieren decir las voces: calidad, accion, existencia; pero no percibirá tan fácilmente el significado de las palabras: números, géneros, modos, tiempos y personas; que aunque son tan claras como las precedentes, su mera colocacion en las definiciones indican que están tomadas en un sentido que aun no se comprende, ó por lo ménos se duda si se ha comprendido. La niñez y la juventud en sus primeros años necesitan muy poco para fastidiarse, y nada produce este efecto con más prontitud que la complicacion de voces. Miéntras ménos se hable enseñando, tanto más progresa el discípulo si afortunadamente atina el maestro á no omitir nada necesario. Nuestro autor ha tenido esta fortuna en la mayor parte, y aun casi dirémos en la totalidad de su obra; y él mejor que nosotros, podrá limarla y ofrecer á la juventud la segunda edicion, mucho más perfecta. Es imposible que una obra salga á luz por primera vez sin algunos ligeros descuidos, mucho más cuando el autor la presenta solo como un primer ensayo, de que él mismo desconfia, convidando con suma modestia y generosidad á todos los amantes de la literatura, á que le indiquen los defectos que notasen. Por nuestra parte creemos que en justicia debemos explicar á esta apreciable obra los juiciosos versos de Horacio:

Non ego paucis
Offendar maculis, quas aut incuria tulit
Aut humana parum cavit natura.

APENDICE M.

" Sentimos que los límites de este trabajo no nos permitan detenernos en estudiar el orígen del movimiento literario, que datando de unos cincuenta años, tendria un porvenir brillante, si tiempos ménos rigorosos para la inteligencia siguieran al estado actual de las cosas. Con gusto presentariamos el cuadro de un Padre Varela, de un clérigo ilustrado y liberal, siempre al alcance de las ideas, rechazando las trabas escolásticas, principal rémora del adelanto, é iniciando osadamente á la juventud en el estudio de la Filosofia moderna; y esto á la vista de sus colegas de la Universidad Pontificia, los que felizmente no lo comprendian. Señalariamos tambien como á uno de sus mejores discípulos á Don José Antonio Saco, hoy proscripto y residente en Paris, que habiendo heredado en 1821 su cátedra y sus doctrinas, continuó la obra del maestro con éxito nada comun en los fastos de la enseñanza, y llegó á ser pronto uno de los hombres más influyentes en la isla. Asistiriamos con gusto al desarrollo intelectual de ese pueblo perdido en medio del oceano, y que despertado de su letargo por la voz de un sacerdote, comienza á pensar, á discutir, y á escribir, funda periódicos, academias y sociedades, en sus momentos de respiro, y logró en poco tiempo hacer germinar en su seno un espíritu público, y así mismo un principio de arte indígena, que es á un tiempo su expresion y su principal alimento."

APENDICE N.

Lista de las obras del Padre Varela mencionadas en este libro.

1. *Propositiones variæ ad Tyronum exercitationem.*
2. Elenco cuya portada dice:
   Sub auspiciis Ill. D. D. Joannis Josephi Diaz de Espada et Landa hujus diœcesis meritissimi præsulis Regii Conciliari &c. &c. has propositiones ex universa Philosophia depromptas tuebitur B. D· Nicolaus Emmanuel de Escovedo in hoc S. Caroli Seminario Philosophiæ auditor. Discussio habebitur in generali gimnasio prædicti Seminarii, præside D. Felice Varela, Philosophiæ magistro, die 16 Julii, anni MDCCCXII. Typis Ant. Gil.
   Este elenco tiene 25 páginas.
3. El primer tratado de Filosofía, de que escribió en latin los dos pri-meros tomos, y los demás en castellano, bajo estos títulos:
   Institutiones Philosophiæ ecclecticæ ad usum studiosœ juventutis editæ. Habanæ. Ant. Gil. MDCCCXII. Tomos 1º y 2º
   Instituciones de Filosofia ecléctica para el uso de la juventud. Tomo 3º 1813. En la oficina de Don Estéban José Boloña.
   Instituciones de Filosofia ecléctica para el uso de la juventud. Tomo 4º. 1814. Imprenta de Don Estéban Boloña.
4. El Elenco de 1813, cuya portada lee como sigue:
   Examen philosophicum de correctione mentis a D. Francisco Garcia et D. Cecilio Doval sustinendum in hoc S. Caroli habanensis Seminario. Præside D. Felice Varela. Calend. Augusti anni MDCCCXIII. Habanæ. Typis D. Stephani J. Boloña.
   Este folleto tiene seis páginas.

5. El Elenco de Filosofía del año de 1814, cuya portada dice así :
*Resúmen de las doctrinas metafísicas y morales enseñadas en el
Colegio de San Cárlos de la Habana, sobre las cuales serán examinados Don Francisco García, y Don Juan de Ortega, colegiales del
número, y Don Joaquin Suarez y Don Antonio María de Escobedo, presidiéndolos el Presbítero Don Félix Varela, Maestro de
Filosofía. Se hará el exámen en dicho Colegio el dia — de Julio,
á las nueve de la mañana. Habana. En la oficina de Don Estéban José Boloña, impresor de la Armada nacional. Año de
MDCCCXIV.*
Este folleto tiene 13 páginas.

6. El Elenco de Doctrinas físicas, cuya portada lee como sigue:
*Doctrinas físicas que expondrán por conclusion del trienio veinte
alumnos de la clase de Filosofía del Real Seminario de San Cárlos
de la Habana en diversos exámenes, distribuidos sn el órden siguiente :*

*Exámen Primero.—Don José María Campos, colegial del mismo
Seminario, Don Juan Bautista Ponce, Don José María Collazo,
Don Francisco Barroso, y Don Pablo Velarde.*

*Exámen Segundo.—Don Juan Soler, colegial del número, Don
Jacobo Gavilan, Don Rafael Diaz, Don Pedro de Hara, y Don
Angel Cowley.*

*Exámen Tercero.—Don Francisco Garcia, colegial del número,
Don Antonio Maria de Escobedo, Don Agustin Encinoso de
Abreu, Don Justo Gonzalez Carvajal, y Don Joaquin Santos
Suarez.*

*Exámen Cuarto.—Don Vicente Adot, Don Zeferino de los Reyes,
Don Juan Sobrado, Don Francisco Gastelumendi, y Don Mariano
Chaple.*

*Presidiéndoles el Presbítero Don Félix Varela, Catedrático de
Filosofía.*

*Están señalados para dichos exímenes los dias *** de Julio, á
las nueve de la mañana. Con licencia.—Habana.—Imprenta del
Comercio.*

7. El sermon de 25 de Octubre de 1812, inserto en la página 44 y siguientes del presente libro.

8. Los demás sermones de que se habla en las páginas 41, 42, y 43.

9. El Elenco de 1816, cuya portada lee como sigue:
*Doctrinas de Lógica Metafísica y Moral enseñadas en el Real
Seminario de San Cárlos de la Habana por el Presbítero D. Felix
Varela, en el primer año del curso filosófico, las que expondrán en*

diversos exámenes veinte alumnos en el órden siguiente:

Exámen Primero.—Don Andrés y Don Desiderio Solís, colegia les de número; y el Señor Don Ignacio de Peñalver, Marqués de Arcos, Don Manuel Castellanos, y Don Felix de Hita.

Exámen Segundo.—Don Cárlos Matanzas, y Don José Maria Llanos, colegiales de número; y Don Manuel Gonzalez del Valle, Don Gabriel Valdés y Peñalver, y Don Juan Cascales.

Exámen Tercero.—Don José María Casal, colegial de número, y Don Gregorio Aguiar, Don José Maria Morales, Don Francisco Palacios, y Don Silvestre Alfonso.

Exámen Cuarto.—Don Diego Jimenez, colegial de número, y Don Basilio Lasaga, Don José María Beltran, Don Francisco Ruiz, y Don José Gonzalez Carbajal.

Se tendrán dichos exámenes los dias 16, 17, 18 y 19 *de Julio, á las nueve de la mañana.*

Con licencia.—En la oficina de la Cena.—Habana.—1816.

10. Discurso de ingreso en la Real Sociedad Patriótica de la Habana, sobre la *Influencia de la Ideología en la marcha de la sociedad, y medios de rectificar este ramo.*

Este discurso pronunciado el 20 de Febrero de 1817 se encuentra inserto en las páginas 57 y siguientes del presente libro.

11. Los diferentes trabajos relativos á negocios de la Real Sociedad Patriótica, de que se habla en el capítulo VIII de este libro, páginas 65 y 66, y el librito denominado MÁXIMAS MORALES Y SO-CIALÉS, de que insertamos varias en las páginas 67, 68, 69 y 70.

12. El Elogio de S. M. el Rey Don Fernando VII, pronunciado en junta pública de la Real Sociedad Patriótica, el 12 de Diciembre de 1818. (Véase capítulo IX.)

13. El Elogio del Illmo. Señor Don José Pablo Valiente, pronunciado en la Santa Iglesia Catedral de la Habana, el 10 de Marzo de 1818. Este discurso es el asunto del capítulo X del presente libro.

14. Oracion pronunciada en elogio de S. M. el Rey padre Don Cárlos IV de Borbon, en la ceremonia de sus exequias funerales en la Santa Iglesia Catedral de la Habana, el 12 de Mayo de 1819. (Véase capítulo XI.)

15. La *Leccion preliminar* de 1818, que se publicó con este título: *Leccion preliminar dada á sus discípulos por el Presbítero Don Félix Varela, al empezar el estudio de la Filosofía, en el Real Colegio de San Cárlos de la Habana, el dia 30 de Marzo de 1818.*

Con superior permiso. En la imprenta de Don Pedro Nolasco Palmer.

La insertamos en las páginas 103 y siguientes.

16. Los APUNTES FILOSÓFICOS, cuya primera edicion, de 1818, tiene el siguiente título:

Apuntes filosóficos sobre la direccion del espíritu humano, hechos por el Presbítero Don Félix Varela para que sus discípulos puedan recordar las doctrinas enseñadas acerca de esta materia. Con licencia. — Habana.—Imprenta de Don Pedro Nolasco Palmer.—1818.

De esta obrita se hicieron posteriormente diversas ediciones en la Habana, y una que sepamos en Santiago de Cuba. El título completo de la edicion de la Habana de 1822 se dió en una nota al pié de la página 107. La edicion de 1824, tambien de la Habana se hizo en la "Imprenta Fraternal," de los hermanos Diaz de Castro, (página 109).

La de Santiago de Cuba es de 1835.

Estos *Apuntes* se reprodujeron tambien como parte integrante de la MISCELÁNEA FILOSÓFICA.

17. La MISCELÁNEA FILOSÓFICA, de que se han hecho tres ediciones, con los siguientes títulos:

1ª—*Miscelánea filosófica escrita por el Presbítero Don Félix Varela, catedrático de filosofía en el Real Colegio de San Cárlos de la Habana. Tomo I. Con licencia. Habana. Imprenta de Palmer.* 1819.

2ª—*Miscelánea filosófica escrita por el Presbítero Don Félix Varela, catedrático de Filosofía del Colegio de San Cárlos de la Habana. Madrid.* 1821. *Imprenta que fué de Fuentenebro.*

3ª---*Miscelánea filosófica, por Félix Varela. Tercera edicion. Por Enrique Newton, calle de Chatham, núm.* 157. *Se vende en casa de Behr y Kahl, núm.* 183, *Broadway.* 1827.

18 Las LECCIONES DÉ FILOSOFIA, obra distinta de las *Instituciones,* de que se han hecho, por lo ménos para Cuba, las cinco ediciones siguientes:

La primera en la Habana en 1818.

La segunda en Filadelfia en 1824.

La tercera en Nueva York en 1828.

La cuarta en Nueva York en 1832.

La quinta en Nueva York en 1841.

(Véase el capítulo XIX, y tambien la nota de página 235.)

19. Discurso de apertura de la Cátedra de Constitucion.

(Véase página 165 y Apéndice G.)

20. *Observaciones sobre la Constitucion de la Monarquía española, es-critas por el Presbítero Don Félix Varela, catedrático de Filosofía y de Constitucion, en el Seminario de San Cárlos de la Habana. Habana. Imprenta de Don Pedro Nolasco Palmer, é hijo. Año de 1821.*

(Véase capítulo XVI.)

21. Diversos informes y discursos, sobre asuntos vários, en las Córtes de España, en 1822 y 1823.

(Véase capítulo XVIII.)

22. *Breve exposicion de los acontecimientos políticos de España desde el 11 de Junio hasta el 30 de Octubre de 1823.*

Manuscrito del Padre Varela que imprimimos como apéndice.

(Véase Apéndice H.)

23. *El Habanero, papel político científico y literario, redactado por Félix Varela.*

(Véanse páginas 229, 230, 231 y 232.)

24. *Manual de práctica parlamentaria para el uso del Senado de los Estados Unidos, por Tomás Jefferson, al cual se han agregado á Reglamento de cada Cámara, y el comun á ámbas, traducido del inglés, y anotado por Félix Varela. Nueva York. Por Enrique Newton, calle de Chatham, núm. 157. 1826.*

(Véase página 238.)

25. *Elementos de Química aplicada á la agricultura por Humphrey Davy, traducidos del inglés por Félix Varela. Nueva York. En la imprenta de Juan Grey y Comp. 1826.*

(Véase página 241.)

26. Edicion de las poesías de Don Manuel de Zequeira.

(Véase página 242.)

27. Artículos escritos para el periódico denominado *El Mensagero Semanal.* (Véase página 243.)

28. Un catecismo de la doctrina cristiana escrito en inglés.

(Véase página 256.)

29. Varios cuadernos en inglés, conocidos bajo la denominacion general de *Biblical Tracts.*

(Véase página 256.)

30. *The Protestant Abridger and Expositor.*

(Véase página 257.)

31. Diversos artículos publicados en el periódico católico, que salia á luz en Nueva York con el título de *The Truth Teller*, y en otros de la misma época. (Véase página 270.)

32. Varios trabajos de controversia. (Véanse capítulos XXVII y XXVIII.)

33. Artículos publicados en la *Revista Bimestre Cubana* que veia la luz en la Habana, especialmente el que se ocupa de la *Gramática de la Lengua Castellana. de Don Vicente Salvá.* (Véanse capítulos XXIX y Apéndice L)

34. Carta del Padre Varela á los Redactores de la *Revista Bimestre Cubana*, Febrero 28 de 1832. (Véase página 289.)

35. Carta del Padre Varela al Señor Don José de la Luz y Caballero· Marzo 7 de 1832. (Véase página 292.)

36. *Cartas á Elpidio sobre la impiedad, la superstición y el fanatismo en sus relaciones con la sociedad, por el Presbítero Don Félix Varela.*
    Del tomo primero que trata sobre la *impiedad* se han hecho dos ediciones:
    La primera en Nueva York, en 1835.
    La segunda en Madrid, en la imprenta de Don Leon Amarita, en 1836.
    Del segundo tomo que trata de la *Superstición* no hay mas que una edicion, que es la de Nueva York, hecha en la casa de G. P. Scott y Compañía en 1838.
    (Véanse capítulos XXX y XXXIII.)

37. Escritos inéditos sobre *la distribucion del tiempo, máximas para el trato humano, y reflexiones sobre las prácticas religiosas.* (Véanse páginas 333 y 334.)

38. Escrito inédito titulado *Entretenimientos religiosos en la noche Buena.* (Véase página 334.)

39. Libro inédito titulado *Advertencia á los católicos principalmente á los españoles que vienen á los Estados Unidos del Norte de América, acerca de los protestantes y sus doctrinas.* (Véanse páginas 334 y 335.)

40. Carta del Padre Varela dirigida al Señor Doctor Don Manuel Gonzalez del Valle, Octubre 22 de 1840. (Véanse páginas 337 á 347.)

41. *The Catholic Expositor and Litterary Magazine. A monthly periodical edited by the Very Rev. Félix Varela D. D. and Rev· Charles Constantine Pise: D. D. New York.* (Véase capítulo XXXV.)

<u>Carta del Padre Varela al Señor Don Cristóbal Madan</u>

Philadelfia 28 de Julio
de 1824

Cristovalito he recibido la carta que me incluía
la libranza. Gracias, gracias, gracias a mi consultito por
su actividad, y deseo de servir a sus amigos.

Mi estada aquí tiene por término la llegada de las
canadísimas láminas, y así en el momento en que venga
algun buque de la Habana te estimaré que ocurras a ver
si las trae algun pasajero.

Le escribo a Peñalver con esta ftha. Ten la bondad
de dirvela por si se pierde la carta como ha sucedido
con la de Houland.

Estoy sumamente ocupado. Mi memoria a los a-
migos. y manda en cuanto gustes. a tu afmo

Félix Varela